松山高校記念館(東松山市)

日本聖公会川越キリスト教会礼拝堂(川越市)

鳳翔閣(現さいたま市立浦和博物館 さいたま市)

千貫樋(さいたま市)

慈光寺法華経一品経
（比企郡ときがわ町）

鉢形城跡
（大里郡寄居町）

慈光寺板石塔婆
（比企郡ときがわ町）

吉見百穴（比企郡吉見町）

文化財

埼玉古墳群(行田市)

長船住景光　短刀

長船住景光　太刀

(表)　(裏)
稲荷山古墳金錯銘鉄剣

小川の和紙（比企郡小川町）

鴻巣の雛人形（鴻巣市）

桶川の紅花（桶川市）

狭山茶の茶畑（入間市）

地場産業

羽生の藍染(羽生市)

加須の鯉のぼり(加須市)

春日部の桐箪笥(春日部市)

岩槻の雛人形(さいたま市)

祭り

猪俣の百八燈（児玉郡美里町）

吉田の龍勢祭り（秩父市）

秩父夜祭（秩父市）

脚折雨乞い行事（鶴ヶ島市）

鷲宮催馬楽神楽（久喜市）

庄和の大凧揚げ（春日部市）

氷川神社大湯祭の十日市（さいたま市）

川越祭り（川越市）

もくじ　赤字はコラム

川越街道

❶ 中核市「小江戸」川越 4

蔵造りの町並み／川越・季節の祭り／時の鐘・札の辻・菓子屋横丁／市民の願いと運動が保存させた河越館跡／蓮馨寺／川越市立博物館／氷川神社／川越氷川祭り／川越城跡／旧川越織物市場／武家屋敷「永島家住宅」／川越キリスト教会と佐久間旅館／喜多院／仙波東照宮／五百羅漢／日枝神社／成田山川越別院本行院／中院／光西寺／万葉遺跡占肩の鹿見塚／「仙波河岸史跡公園」／カワモク本部事務所棟

❷ 川島とふじみ野・富士見・三芳 25

遠山記念館／上福岡周辺を歩く／福岡河岸記念館／古尾谷八幡神社／水子貝塚／三富新田と大井宿

❸ にいくらの里——志木・新座・朝霞・和光 32

志木河岸周辺／平林寺／法台寺／岡の城山／旧高橋家住宅／柊塚古墳／朝霞市立博物館／膝折宿／伸銅工場／一乗院

鎌倉街道

❶ 狭山丘陵をめぐる 44

航空記念公園／小手指ケ原古戦場／山口城跡／高倉寺／旧石川組製糸西洋館／円照寺／八幡神社／狭山茶／堀兼の井／梅宮神社／広瀬神社

❷ 高麗郷・飯能 52

聖天院／高麗神社／武蔵国と渡来人／智観寺／能仁寺と天覧山／復活した飯能焼／福徳寺／高山不動尊／武州世直し一揆と飯能戦争／竹寺から子の権現へ

❸ 山吹の里から龍神の里へ 61

山吹の里／龍穏寺／ウメとユズ／出雲伊波比神社／鎌倉街道遺跡とその周辺／大宮住吉神社／日枝神社から雷電池へ

❹ 比企丘陵を歩く 71

吉見百穴と地下軍事工場跡／松山城跡／吉見観音と源範頼館跡(息障院)／箭弓稲荷神社／等覚院と将軍塚古墳／高済寺と高坂氏館跡／岩殿観音と埼玉県平和資料館／青鳥城跡／丸木美術館／大谷の里・宗悟寺／武蔵丘陵森林公園とその周辺／杉山城跡から小倉城跡へ／菅谷館跡／大蔵館跡

と鎌倉街道／和紙の里小川／小川和紙／慈光寺

❺ 寄居で中世をしのぶ ……………………………………………………… 93
鉢形城跡／正樹院・具学永の墓／正龍寺から少林寺へ／男衾の里／川の博物館

❻ 重忠生誕の地川本と植木の里・万葉の里 …………………………… 98
畠山重忠館跡／鹿島古墳群／北根代官所跡／長坂聖天塚古墳／小前田の宿／猪俣党の里から万葉の里へ

❼ 児玉党武士のふるさと ………………………………………………… 103
東石清水八幡神社／雉岡城跡／百体観音堂／塙保己一旧宅／金鑽神社古墳・鷺山古墳／旧陸軍児玉飛行場跡／元三大師・金鑽神社／三波石峡

秩父往還

❶ 長瀞周辺を歩く ………………………………………………………… 116
日本一の青石塔婆／埼玉の板碑／寛保洪水位磨崖標／宝登山神社／長瀞岩畳／長瀞七草寺霊場／水潜寺

❷ 皆野から秩父へ ………………………………………………………… 123
円福寺／二十三夜寺／大塚古墳／和銅採掘遺跡／飯塚・招木古墳群／広見寺／秩父神社／金仙寺

❸ 秩父札所とその周辺 …………………………………………………… 130
妙音寺(四萬部寺)／金昌寺石仏群／語歌堂／秩父札所／西善寺／慈眼寺／定林寺／岩之上堂／童子堂／音楽寺／秩父の食にふれる／円融寺

❹ 西秩父・奥秩父 ………………………………………………………… 143
法性寺／観音院／秩父氏館跡／塚越の花祭り／甲源一刀流燿武館道場／橋立鍾乳洞／長泉院と清雲寺／贄川宿／太陽寺／三峯神社／栃本関所跡／中津峡

●**特集　秩父の祭りと芸能** ……………………………………………… 155
秩父夜祭／秩父の祭りにおける屋台・笠鉾／春祭り／夏祭り／秩父歌舞伎／獅子舞と人形芝居／秩父の奇祭

●**特集　秩父事件をみつめ直す** ………………………………………… 163
秩父事件とは／羊山公園／困民党結集の地／秩父コミューン成立／風布組のこと／大宮郷から皆野へ／群馬，長野への転戦／秩父の地場産業

中山道

❶ **宿場町・養蚕の町本庄からレンガの町深谷へ** ……………………… 180
　本庄宿仲町郵便局と諸井家住宅／旧本庄警察署／本庄市の祭りを体感する／旧本庄商業銀行倉庫／岡部六弥太と普済寺／深谷上杉氏と深谷城址／深谷宿の賑わい／渋沢栄一と近代化遺産／渋沢栄一のふるさと

❷ **武蔵武士のふるさと** ……………………………………………… 188
　熊谷氏と熊谷寺／埼玉県の近代化遺産／中条氏と常光院(中条家長館跡)／成田氏と龍淵寺／久下氏と東竹院／斎藤氏と聖天山歓喜院／別府氏と安楽寺／中山道熊谷宿を歩く／荻野吟子生誕の地／久下の忠魂碑／熊谷寺大原霊園の朝鮮人供養塔／戦没者慰霊の女神像

❸ **鉄剣の里** …………………………………………………………… 199
　埼玉古墳群／地蔵塚古墳／八幡山古墳／忍城跡／石田堤／真観寺

❹ **人形の街・紅花の街** ……………………………………………… 206
　箕田氷川八幡神社／伝源経基館跡／鴻神社／勝願寺と人形町／桶川宿／上尾宿／谷津観音／桶川臙脂

❺ **ニューシャトルに沿って** ………………………………………… 212
　鉄道博物館／相頓寺と妙厳寺／伊奈氏屋敷跡／明星院と西光寺

❻ **荒川の流れに沿って** ……………………………………………… 214
　馬室埴輪窯跡／石戸城跡と東光寺／泉福寺と熊野神社古墳／三ツ木城跡と知足院／馬蹄寺／八枝神社／高城寺・治水橋周辺／大泉院から田島ヶ原へ

❼ **武蔵一の宮** ………………………………………………………… 220
　秋葉神社／水波田観音／側ヶ谷戸古墳群／氷川神社／寿能城跡／万年寺

❽ **さいたま新都心周辺** ……………………………………………… 227
　さいたま新都心／与野の大カヤと与野宿／調神社と浦和宿／見沼田んぼ／見沼通船堀／清泰寺／氷川女体神社

❾ **戸田の渡しから蕨宿へ** …………………………………………… 235
　戸田渡船場跡／妙顕寺／蕨宿／和楽備神社／如意輪観音堂と長徳寺／中山道をいく旅人

日光道中

❶ **利根川旧流路に沿って** ················ 244
　甘棠院／天王山塚古墳／鷲宮神社／私市城跡と玉敷神社／不動ヶ岡不動尊／龍蔵寺／『田舎教師』小林秀三の墓／田中正造の墓

❷ **日光御成道をゆく** ···················· 253
　善光寺／峯ヶ岡八幡神社／赤山城跡／鳩ヶ谷宿／大門宿／不二(富士)講中興の祖・小谷三志／遷喬館と時の鐘／岩槻城跡／慈恩寺／黒浜貝塚／寅子石／新井白石と久伊豆神社／西光院とその周辺

❸ **日光道中の町々** ···················· 266
　富士浅間神社／草加宿／草加松原／茶屋通りとその周辺／草加煎餅／見田方遺跡と大聖寺／久伊豆神社／越ヶ谷宿／粕壁宿／最勝院と観音院／八幡神社／梅若塚／大畑香取神社やったり踊り／永福寺とその周辺／目沼浅間塚古墳／幸手宿と権現堂河岸／栗橋関所跡／童謡のふる里おおとね

❹ **中川に沿って** ······················ 282
　八潮市立資料館／迎摂院／清浄寺と密厳院／静栖寺とその周辺／鯰料理／大凧の里

あとがき／埼玉県のあゆみ／地域の概観／文化財公開施設／無形民俗文化財／おもな祭り／有形民俗文化財／無形文化財／散歩便利帳／参考文献／年表／索引

目次

［本書の利用にあたって］

1. 散歩モデルコースで使われているおもな記号は，つぎのとおりです。
   ・・・・・・・・・・・・ 電車　　　　―・―・―・―・― 地下鉄
   ――――― バス　　　　―・―・―・―・― 車
   ・・・・・・・・・・・・ 徒歩　　　　〜〜〜〜〜〜〜 船

2. 本文で使われているおもな記号は，つぎのとおりです。
   🚶　徒歩　　　🚌　バス　　　P　駐車場あり
   🚗　車　　　　⛴　船
   〈M▶P.○○〉は，地図の該当ページを示します。

3. 各項目の後ろにある丸数字は，章の地図上の丸数字に対応します。

4. 本文中のおもな文化財の区別は，つぎのとおりです。
   国指定重要文化財＝(国重文)，国指定史跡＝(国史跡)，国指定天然記念物＝(国天然)，国指定名勝＝(国名勝)，国指定重要有形民俗文化財・国指定重要無形民俗文化財＝(国民俗)，国登録有形文化財＝(国登録)
   都道府県もこれに準じています。

5. コラムのマークは，つぎのとおりです。
   泊　歴史的な宿　　　憩　名湯　　　食　飲む・食べる
   み　土産　　　　　作　作る　　　体　体験する
   祭　祭り　　　　　行　民俗行事　　芸　民俗芸能
   人　人物　　　　　伝　伝説　　　産　伝統産業
   ‼　そのほか

6. 本書掲載のデータは，2017年1月現在のものです。今後変更になる場合もありますので，事前にお確かめください。

川越街道
Kawagoekaido

ユネスコ無形文化遺産に登録された「川越氷川祭の山車行事」(川越祭り)

川越街道の藤久保松並木から東京方面をのぞむ

2　川越街道

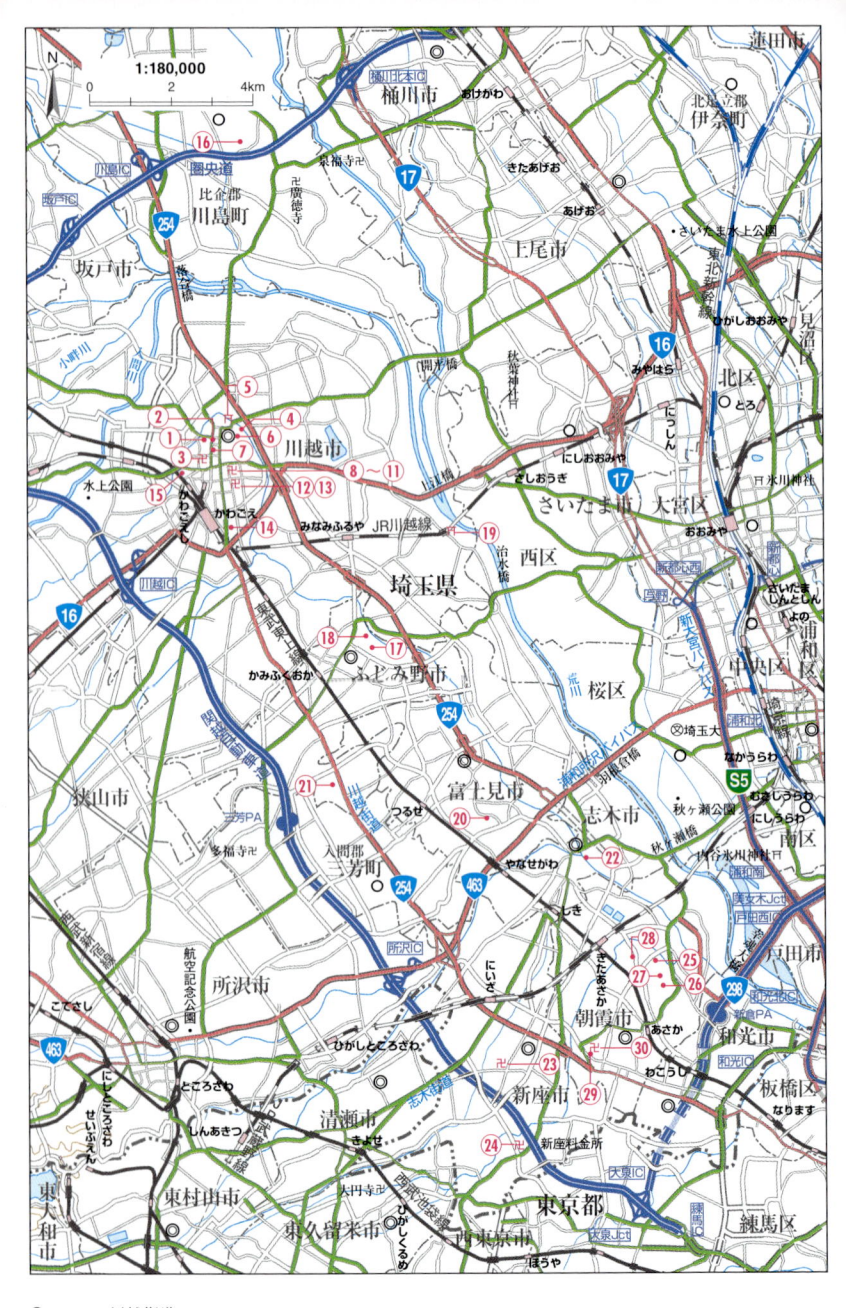

◎川越街道散歩モデルコース

1. 東武東上線川越市駅 _8_ 西武新宿線本川越駅前 _7_ 蓮馨寺 _10_ 時の鐘 _3_ 蔵造り資料館 _2_ 大沢家住宅 _3_ 養寿院 _2_ 菓子屋横丁 _10_ 東明寺 _10_ 氷川神社 _4_ 川越市立博物館 _1_ 川越城本丸御殿 _1_ 三芳野神社 _5_ 富士見櫓 _10_ 浮島神社 _3_ 成田山川越別院本行院 _3_ 喜多院 _1_ 日枝神社 _2_ 仙波東照宮 _3_ 中院（ _15_ 西武新宿線本川越駅前 _8_ 東武東上線川越市駅／ _20_ 東武東上線・JR川越線川越駅）

2. 東武東上線・JR川越線川越駅 _5_ 第1番妙善寺(毘沙門天) _11_ 第2番天然寺(寿老人) _15_ 第3番喜多院(大黒天) _3_ 第4番成田山川越別院本行院(恵比寿天) _8_ 第5番蓮馨寺(福禄寿) _8_ 第6番見立寺(布袋尊) _10_ 第7番妙昌寺(弁財天) _13_ 東武東上線川越市駅

3. 東武東上線志木駅 _20_ 平林寺・総門 _3_ 放生池 _5_ 松平信綱夫妻の墓 _5_ 野火止塚・業平塚 _5_ 津田左右吉博士の墓 _10_ 平林寺・総門 _20_ 野火止用水伊豆殿橋 _30_ 多福寺 _20_ 西武線所沢駅

①蔵造りの町並み	⑪成田山川越別院本行院	⑳水子貝塚
②時の鐘・札の辻・菓子屋横丁	⑫中院	㉑三富新田と大井宿
③蓮馨寺	⑬光西寺	㉒志木河岸周辺
④川越市立博物館	⑭万葉遺跡古肩の鹿見塚	㉓平林寺
⑤氷川神社	⑮カワモク本部事務所棟	㉔法台寺
⑥川越城跡	⑯遠山記念館	㉕岡の城山
⑦川越キリスト教会と佐久間旅館	⑰上福岡周辺	㉖旧高橋家住宅
⑧喜多院	⑱福岡河岸記念館	㉗柊塚古墳
⑨仙波東照宮	⑲古尾谷八幡神社	㉘朝霞市立博物館
⑩日枝神社		㉙膝折宿
		㉚一乗院

中核市「小江戸」川越

江戸の文化をうけた「小江戸」川越は、1922(大正11)年に県内初の市制施行を経て2003(平成15)年4月に中核市へ移行した。

蔵造りの町並み ❶

<M▶P.2> 川越市元町1・2,幸町,仲町地内
東武東上線・JR川越線川越駅,西武新宿線本川越駅🚌仲町・一番街・札の辻🚶すぐ

「明治」を伝える国重要伝統的建造物群保存地区

仲町交差点から北に向かって札の辻交差点までの通りが,通称「蔵造りの町並み」とよばれる。地域住民の保存運動が高まり,1999(平成11)年12月1日に国重要伝統的建造物群保存地区に指定された。札の辻近くにある大沢家住宅(国重文)が,1893(明治26)年の川越大火のときに焼け残ったことがきっかけであった。

仲町交差点の「亀屋」山崎家は,1783(天明3)年創業の川越藩御用達の老舗菓子商で,現在の店蔵は大火後の1893年に建築され,袖蔵をあわせもつ,唯一現存するものである。4代目山崎嘉七(山崎豊)は有力な川越商人で,第八十五国立銀行(現,埼玉りそな銀行川越支店)や川越商業会議所(現,川越商工会議所)設立などにかかわった。隣に山崎美術館があり,古美術品や製菓の古文書などを公開し,橋本雅邦の作品も多数ある。

なお,仲町交差点を東に約5分歩くと,佐久間旅館裏手に旧山崎家別邸(市指定)がある(庭園〈国登録〉)。設計は,辰野金吾に師事した保岡勝也。5代目山崎嘉七の隠居所として建てられたが,1912(大正元)年11月に陸軍大演習が行われた際,皇族が宿泊した私的迎賓館でもあった。

その東側に川越商工会議所(旧武州銀行川越支店,国登録)がある。1898(明治31)年1月に川越町実業組合ができ,1900年2月に川越商工会議所が設立された。商工業者2625人

大沢家住宅

川越街道

川越市中心部の史跡

で組織され，資本家と労働者の関係などを研究した。1902年1月には「川越会館」（現，川越市民会館）を完成させた。川越商工会議所は，1970(昭和45)年3月に現在地に移った(建物は1928〈昭和3〉年に武州銀行がつくったもの)。その向かい側に菓子商分家の製茶小売業「亀屋」山崎家がある。店蔵は1905(明治38)年の建築である。

中核市「小江戸」川越

仲町交差点北側に，1915(大正4)年建築の土蔵造りの田中家住宅(市指定)と，1923(大正12)年に木造で川越初の百貨店(旧山吉デパート)としてできた建物がある(後者の一部は，1936〈昭和11〉年に保岡勝也がルネサンス様式を基調としたイオニア式大列柱4本と壁面レリーフを配した鉄筋コンクリート造り3階建てに改築)。1951年に丸木百貨店(現在の丸広百貨店)が使用したが，1964年に現在地(川越市新富町)に移転したためしばらく建物だけが残った。2008(平成20)年に改修復元された(現在の保刈歯科医院)。そこから北に向かうと，左手に荻野銅鉄店がある。旧北野家で，代々「釜屋」小兵衛を名乗った金物商である。4代目北野操六は1792(寛政4)年に生まれ，鍛治町の名主をつとめた。彼は江戸日本橋小舟町(現，東京都中央区)に出店し，文人たちとの交際もあり，狂歌では宿屋飯盛(石川雅望)に師事した。大田南畝(蜀山人)が書いた額も保存されている。現在の建物は1893年の川越大火後にでき，北野家のあとを荻野家が引きついだ。

　道の反対側にある「くらづくり本舗」分店の建物は，もと豪商中島孝昌の家で，現在の建物は川越大火後に呉服太物商2代目小林佐平がたてた。道路から奥へ店蔵・オク(住居)・庭・文庫蔵(家什蔵)と連続した造りになっているのが川越町屋の典型例である。なお，個人所有住宅など川越市指定の有形文化財は52点(2015〈平成27〉年現在)ある。鍛冶町名主もつとめた「絹屋」中島家の孝昌は，青年時代に商売と学問の修業(海保青陵らに師事)で江戸にいたとき，評判だった『都名所図会』『江戸名所図会』に触発され，『三芳野名勝図会』(3巻，1801年)をまとめた。中島孝昌墓(県旧跡)は喜多町の広済寺にある。

　そこから北に向かうと，右手に埼玉

蔵造りの町並み

川越・季節の祭り

コラム

川越祭りだけではない歴史ある市内の祭りの数々

南大塚の餅つき踊り　南大塚，西福寺・菅原神社，西武新宿線南大塚駅徒歩5分，1月第2月曜日(成人の日)。

安政年間(1854～60)から"帯解き"(七五三)の祝いとして行われてきたという。餅の曲づきもある。西福寺境内から隣の菅原神社へ，綱で臼を引きながら餅をつく「引きずり餅」もみどころ。

南大塚の餅つき踊り

老袋の弓取式　下老袋，老袋氷川神社，東武東上線・JR川越駅よりバス，平方・上尾駅西口行き老袋徒歩6分，2月11日。

かつては1月11日に行われていた。"ユミトリッコ"という小さな男の子たちがみまもるなかで，"ユミトリ"の大人たちが弓を射る。あたった矢の数でその年の天候や豊凶を占うという，年占いの行事である。

老袋の万作　弓取式と同じ，4月11日。

万作は，かつては埼玉県内各地で行われていた農村の芸能である。老袋の万作も，1892(明治25)年ころに川島から伝わった。この老袋の万作は"段物"とよばれる芝居が特徴で，「お半長衛門」「お玉が池」「焼坂峠」などの演目がある。

老袋の万作

石原のささら獅子舞　石原町1丁目，高沢山観音寺，東武東上線・JR川越駅バス神明町車庫行き札の辻徒歩5分，4月第3土・日曜日。

1607(慶長12)年にはじまると伝えられる。先・中・後(雄2頭，雌2頭)の3頭の獅子が激しく舞う。花笠をつけ，ささらをもった"ササラッコ"は女の子たち。軍配を手に獅子をいざなう"山の神"は，1人の小さな男の子である。

石原のささら獅子舞

中核市「小江戸」川越　7

ほろ祭り(ほろかけ祭り) 古谷本郷、古尾谷八幡神社、JR川越線南古谷駅徒歩30分、9月第3日曜日(敬老の日の前日)。

古尾谷八幡神社例祭である。男の子4人が、紙花をつけた竹ひごの束を籠にさしたもの(ホロ)を背負い、六方をふみながら、八幡神社からお旅所まで神輿の供をして歩く。元服・出陣の儀式という意味あいをもっている。

ほろかけ祭り

そな銀行川越支店(国登録)がみえてくる。旧第八十五国立銀行本店本館で、保岡勝也が設計したビザンチンのヤブラ模様を基調とするデザインで高さ約25m、1918(大正7)年に建築された。第八十五国立銀行は、川越藩の御用商人だった横田五郎兵衛や黒須喜兵衛らによって1878(明治11)年3月に国立銀行設立願がだされた。5月に85番目の許可を得、10月には株式会社組織となり、12月に川越南町(現、幸町)の横田五郎兵衛屋敷の一角であるこの場所に開業した。県内最古の銀行である。紙幣発行は1879年から1899年まで行われた。1943(昭和18)年に武州・忍商業・飯能の3銀行とともに埼玉銀行に合併され、同行川越支店となった。その後「協和埼玉銀行」「あさひ銀行」を経て現在に至っている。

旧第八十五国立銀行本店本館(現、埼玉りそな銀行川越支店)

さらに北へ向かうと左手に「町勘」宮岡家がみえてくる。ここは1830年代(天保期)初めに、宮岡正兵衛が金物商をはじめてから現在に至っている。今の建物は1897(明治30)年にたてられたもの

で，高さ1.6mの巨大な鬼板と目塗り台がある。宮岡家に残る1854(嘉永7)年8月付「仲間儀定連印帳釘鉄銅物打物砥石組行司」という史料から，江戸で組織された十組問屋に似た問屋組合があったことがわかっている。1879(明治12)年，アメリカの動物学者エドワード・S・モースは吉見百穴の調査にいく途中，ここで宿泊した。

その並びにある蔵造り資料館は，1977(昭和52)年10月に開館した。幕末期，煙草元売り捌き所「万文」旧小山家の土蔵で，川越大火後に4代目小山文蔵がたてた。店蔵に袖蔵を併合させた袖蔵形式の蔵造りである。近くには川越まつり会館がある(2003〈平成15〉年9月28日開館)。道路反対側の「山新」服部家は，「山田屋」服部新七商店として薬種や下駄をあつかった小間物商である。川越大火直後の1893年4月に上棟式が行われたが，現在の間取りは1857(安政4)年にたてられたときの家相図とほぼ一致している。現在は「服部民俗資料館」として，代々伝わる商家の民具などを一般公開している。

時の鐘・札の辻・菓子屋横丁 ❷

<M▶P.2,5> 川越市幸町・元町
東武東上線・JR川越線川越駅，西武新宿線本川越駅 🚶 5分

江戸時代は町人が集住していた地域

時の鐘(高さ16.2m，奈良の大仏と同じ)は，藩主酒井忠勝のころ(1627〜34)につくられたが大火で焼失し，藩主松平信綱の1653(承応2)年に再建。その後藩主となった秋元喬知は1704(宝永元)年に甲州の鋳物師がつくった銅鐘をここに移した。そのときの家老高山右衛門繁文は殖産などで功績をあげた人物で，高山繁文墓(県旧跡)は石原町の本応寺にある。1893(明治26)年の大火で時の鐘も焼失したが，翌年に川越の鋳物師矢沢四郎右衛門によって江戸時代そのままに再現された。この地域は昔，桶大工が多く箍町とよび，好字をあてて多賀町とした(現在は幸町)。時の鐘下に薬師堂がある。「め」の絵馬が多く，病気平癒を祈願する人がたえない。

札の辻は明治初期まで藩や郡役所の高札場があった十字路で，交通の中心地かつ城下町の繁華街だった。ここから東側の突き当りに川越城大手門(現，市役所)があり，札の辻から南側は南町(現，幸町)，北側は北町(現，喜多町)とよばれた。江戸時代にはここに灰市場があり，穀市の日には肥料の灰などがあきなわれた。ここから

時の鐘

西側は高沢町とよばれたところで,江戸時代は素麺をつくって売る店が並んだ。特産川越素麺は新河岸川舟運で江戸に運ばれた。小川・越生・坂戸方面への街道口でもあり,旅籠も数多くあった。1808(文化5)年,江戸・熊谷・草津へ向かった俳人小林一茶はここにあった明石屋に一泊した。大蓮寺門前から「南町」の養寿院にかけて,和菓子・アメなどを手づくりで製造している店が並んでいる。この通りは,もと養寿院の墓参路であった。明治初期に川越砂出身の菓子職人で,芋菓子や麦こがし,だんご類をつくりはじめた鈴木藤左衛門が,ここにきて菓子をつくったことがきっかけとなったといわれる。彼の下で修業した弟子たちがのれん分けし,さらに各地の菓子職人が軒を連ねるようになった。日清戦争後,1895(明治28)年ごろから大量の台湾産砂糖が輸入され,まんじゅう・羊かん・アメなどがつくられた。1923(大正12)年の関東大震災直後,都内の菓子屋が壊滅状態になったころに最盛期を迎え,1930(昭和5)年ころには70〜80軒のアメ屋があった。

その南に位置する青龍山養寿院(曹洞宗)は,江戸時代に寺領10石の御朱印をうけ,徳川家康も鷹狩りの際に立ち寄った。鎌倉時代寛元年間(1243〜47)に,河越太郎重頼の曽孫河越経重が開基した。はじめ密教の古道場だったが,1535(天文4)年に曹洞宗に改められた。河越荘は平安末期から鎌倉時代にかけて河越氏の荘園で,後白河法皇のとき,この荘園が京都の新日吉山王社の社領として寄進され,河越荘内にも日吉山王宮(現,河越館跡そばの日枝神社)がまつられた。河越経重は「文応元(1260)年」銘の銅鐘(国重文)を養寿院に寄進した。養寿院内には,河越重頼の供養塔もある。重頼は源頼朝と親しく,彼の妻は頼家の乳母に,彼の娘は義経の妻になった。しかし義経が頼朝との不仲から殺害されると,娘はあとを追って死

川越街道

市民の願いと運動が保存させた河越館跡

コラム

河越館跡(国史跡,川越市上戸新田屋敷192-1ほか。東武東上線霞ヶ関駅徒歩10分。常楽寺・市立上戸小学校一帯)は,桓武平氏の血筋だが,その後鎌倉幕府の有力御家人となった河越氏が,平安時代末期頃にたてた館跡である。1932(昭和7)年に県指定史跡になったが,第二次世界大戦後の高度経済成長期の開発で危機を迎え,1969年に宅地造成がはじまった。

「川越郷土保存会」が署名運動と市への陳情活動を行い,さらに文化財保存全国協議会や歴史学研究会なども加わった広範な文化財保存市民運動が展開された。1972年,文化庁から川越市長に「発掘や保存のための適切な措置を」との通知がだされ,建設中の道路は,急遽急カーブに史跡上を避ける形で計画を変更した。1984年に国指定史跡。

2009年(予定)史跡公園化に向け検討が続く河越館跡

に,彼自身も死に追いやられた。

蓮馨寺 ❸
049-222-0043
〈M▶P.2,5〉川越市連雀町7-1
西武新宿線本川越駅 🚶 4分

戦国時代の興亡のなかからできた「呑龍様」の寺

本川越駅前から蔵造りの町並みに至る中央通りは,1933(昭和8)年10月に完成した。それまでは蓮馨寺の寺域が大きく張りだし,大正浪漫夢通り(旧銀座通り)が本通りで,仲町交差点もT字路だった。上杉持朝(関東管領)は足利成氏(古河公方)に対抗するため,太田道真・道灌父子に命じて川越城をつくらせた(1457く長禄元)年完成)。その後,1535(天文4)年に北条氏綱(小田原北条氏,後北条氏ともよぶ)が川越城を攻め,1537年には後北条氏の支配下になったが,その後も松山城の上杉氏と川越城の後北条氏との小競りあいが続いた。1546年4月20日夜,後北条軍は東明寺付近で上杉軍を奇襲攻撃して大勝し,後北条氏の支配が確立した(東明寺合戦,川越夜戦)。川越夜戦は,毛利元就の厳島合戦(1555年),織田信長の桶狭間の戦い(1560年)とともに「日本三大奇襲戦(夜戦)」とよばれる。

1549年,後北条氏は大導寺氏(北条早雲重臣の家系)に川越をおさめさせた。このころ,大導寺氏は伝馬制度を確立し,商業を奨励した。また,相模国から多くの刀鍛冶職人を集めた区域は鍛冶町(現,幸町)とよばれ,金山神社がつくられた。商人のなかには伝馬を利用して商品を運ぶもののほか,2片の板に縄をつないで背につける連尺に荷物をくくりつけ,市から市へ行商する連尺(雀)衆もいた。

中核市「小江戸」川越　　11

東明寺境内にある川越夜戦跡の碑

蓮馨寺の門前町(立門前通り付近)で連尺(雀)衆が店をだしたところから連雀町の名ができた。大導寺政繁は1567(永禄10)年に、亡くなった母蓮馨尼のために、浄土宗の僧感誉上人を開山として蓮馨寺をつくらせた。上人は蓮馨尼の帰依をうけた見立寺にいた僧で、のちに東京芝の増上寺10世住職となった。関東十八檀林の1つで、1591(天正19)年に寺領20石を得た。

　1893(明治26)年の川越大火で、水舎と鐘楼以外はすべて焼失した。鐘楼にある銅鐘は1695(元禄8)年製、本尊である木造阿弥陀如来坐像は1278(弘安元)年につくられた。本堂(呑龍堂)には子育ての呑龍上人をまつる像があり、毎月8日は縁日「呑龍デー」になっている。

川越市立博物館 ❹
049-222-5399

〈M▶P.2,5〉川越市郭町2-30-1
東武東上線・JR川越線川越駅🚌宮下町🚶8分、小江戸名所めぐり🚌または川越シャトル🚌博物館、川越駅小江戸巡回🚌本丸御殿、西武新宿線本川越駅🚌宮下町🚶8分、小江戸巡回🚌本丸御殿🚶1分

市制施行の60周年事業でできた博物館と美術館

　川越市立博物館は旧川越城二の丸跡にたち、1990(平成2)年3月1日に開館した。丸木舟(県考古)、絹本着色東照権現像(国重美)、榎本弥左衛門覚書(弥左衛門夫妻画像付、県文化)もある。隣接して、市制施行80周年にあたる2002年12月1日(川越市民の日)に開館した川越市立美術館がある。

氷川神社 ❺

〈M▶P.2,5〉川越市宮下町2-11-3
東武東上線・JR川越線川越駅🚌、または小江戸名所めぐり🚌宮下町🚶すぐ

江戸の天下祭を今に伝える川越祭りの神社

　古墳時代6世紀なかばごろ、さいたま市の武蔵一宮(現、大宮氷川神社)から分祀されたという。川越氷川祭り山車(祭礼絵馬1面、祭礼絵巻1巻付。県有民)の絵馬と絵巻は川越市立博物館が管理する。1850(嘉永3)年建立の本殿(造営関係文書4冊付。県文化)は

川越氷川祭り

コラム

江戸の天下祭の形態を今に伝える川越祭り

　"小江戸川越"を象徴する「川越祭り」は，川越の総鎮守・氷川神社の祭礼行事に由来する。慶安年間(1648〜52)に当時の川越藩主松平信綱が神輿と獅子頭，太鼓などを奉納したのをきっかけに祭りがはじめられたといわれている。

　1698(元禄11)年に高沢町(現，元町2丁目)から，はじめて踊り屋台がでて以来，年々盛大になり，天保年間(1830〜44)には当時の川越十カ町(現在の喜多町，元町1丁目，元町2丁目，大手町，志多町，仲町，松江町2丁目)すべてが山車の上に人形をのせるようになった。また，江戸との密接な経済的・文化的つながりのなかで，"江戸の天下祭"の形が取り入れられ，山車の型式にも囃子台や欄干をつけた江戸風のものが伝わった。

　山車は，4輪または3輪のうえに，囃子台と「鉾」とよばれる高い部分がのる。しかし，鉾部分が2重になって下段から上段がせりあがり，その最上部に人形をのせるという構造は江戸にはあまり例がなく，川越の特徴のようだ。

　明治になって，旧十カ町以外の町も，山車をだすようになった。現在，川越祭りには約30台の山車が各町内から参加するが，そのうち1893(明治26)年の川越大火に焼け残ったものを中心に，10台の山車が埼玉県の有形民俗文化財に指定されている。そのなかで，5体の人形と3台の山車が江戸時代の作である。また，この「川越氷川祭りの山車行事」そのものが県指定無形民俗文化財でもある。

　人形はそれぞれの町のシンボルである。1992(平成4)年に電線が地中化されたことで，昔のように人形を高々とあげることも可能となり，明治以前の山車祭りの姿が復活した。

　川越の囃子は江戸の神田囃子の流れをくむといわれるが，1つのものではなく，王蔵流，堤崎流，芝金杉流の，大きく3つの系統がある。県の無形民俗文化財に指定されている「中台囃子連中」(王蔵流)は仲町の山車に，同じく「今福囃子連中」(芝金杉流)は六軒町の山車にのる。祭りをみるとき，山車ごとに少しずつ雰囲気の異なる囃子に耳を傾けてみるのも一興だろう。

　祭りの最高潮は，辻ごとに行われる「曳っかわせ」。2台，3台の山車がゆきあうと，山車の囃子台がくるりとまわっておたがいに向きあい，激しく囃子を打ちあって踊り比べをする。いっせいに，山車を引く若い衆の雄叫びがあがる。壮観である。

　旧暦9月14・15日の氷川神社の例大祭は，1872(明治5)年12月に新暦が採用されて以来10月14・15日に行われてきたが，1997(平成9)年から10月第3土・日曜日に

行われることとなった。

　山車巡行の中心で、祭りのもっとも賑やかな場所は、西武線本川越駅から札の辻までの通りである。「川越氷川祭の山車行事(川越祭り)」を含む全国18府県33の「山・鉾・屋台行事」は、2016(平成28)年12月1日(日本時間)、ユネスコ無形文化遺産に登録された。

　川越の豪商・榎本弥左衛門は、江戸にきた朝鮮通信使を見物にいった様子を日記に書き残した。また、川越市立博物館には川越祭りの絵馬・絵図・絵巻が残っていて、1826(文政9)年の「氷川祭礼絵巻」は、朝鮮通信使が描かれている。

氷川祭りの山車　蔵造りの町並みを練り歩く。
山車の人形

銅瓦葺き入母屋造で、川越祭りの山車の人形を主題にした彫刻がある。朝鮮通信使行列図大絵馬は、江戸時代の朝鮮通信使をうかがい知ることができる(川越市立博物館管理)。八坂神社社殿(県文化)は銅瓦棒葺きの入母屋造で、1637(寛永14)年に江戸城二の丸東照宮内宮として建立された。1656(明暦2)年に三芳野神社(郭町)外宮として移築、1872(明治5)年に氷川神社境内に再移築された。

川越城跡 ❻

〈M▶P.2,5〉　本丸御殿：川越市郭町2-13-1
※「交通」は川越市立博物館参照

　川越市立博物館一帯は川越城跡(県史跡)で、城の中心地だった。関東管領が古河公方足利成氏に対抗するため、1457(長禄元)年に家臣の太田道真・道灌父子に命じてつくらせたのが起源である。1537(天文6)年に後北条氏(小田原北条氏)の支配になり、その後上杉氏が奪還をはかったが、1546年4月20日夜、北条氏康軍の奇襲攻撃で

城下町川越の中心地域だった界わい

旧川越織物市場

コラム

関東唯一の織物市場の遺構

　川越はもともと絹織物産地だった（「川越絹平」）。1859（安政6）年の開国後、良質で安価な唐桟（唐は外国、桟留は日本に流入したインドのセント・トーマス地方産の高級縞木綿。極細の綿糸2本をあわせて織ったもの。手触りは絹のように柔らかい）が流入した。川越商人中島久平が大量買い付けし、川越と周辺地域の農家で川越唐桟（「川唐」）の生産を進めさせ、これがヒットした。

　川越はその集散地として幕末〜明治時代末期に繁栄し、1910（明治43）年3月には川越織物市場株式会社が設立され、5・10のつく日（月6回）に定期市が開かれた。しかし恐慌や、豊田・三菱といった大資本が進出して衰退し、1920年代に閉鎖された。

　第二次世界大戦後、三国連太郎主演映画『無法松の一生』（1963年、東映）で、富嶋松五郎の家のロケに使われた。織物市場建築としては関東唯一の遺構という（埼玉県近代化遺産調査）。

　マンション開発で取り壊される寸前、市民運動の高まりをうけて2005（平成17）年3月、川越市は隣接する旧栄養食配給所（中小織物工場主が従業員のために設立）とともに文化財指定した。

敗走した（東明寺合戦、川越夜戦）。1549年、後北条氏は城代に重臣の大導寺政繁を配置した。1590（天正18）年、豊臣秀吉の関東攻略で落城し、同年8月徳川家康が関東に移る際、川越には重臣の酒井重忠があてられた。

　1639（寛永16）年、天草・島原一揆を「鎮圧」した直後に藩主となった松平信綱は、正保年間（1644〜48）に川越城の拡張・整備を行った。また、野火止用水開削、川越城下の上下10カ町制度化、川越祭り開始、川越街道と新河岸川舟運整備など、人びとの生活に大きな影響をあたえた。川越は「江戸の北の守り」と「江戸への物資供給地」として幕府から重視され、のちに老中・大老格・大老など要職についた城主も多い。

川越城本丸御殿

中核市「小江戸」川越　　15

川越城は1871(明治4)年の廃藩置県を機に解体され，現存するのは本丸御殿および家老詰所(県文化)のみである。本丸御殿は武徳殿ともいい，1848(嘉永元)年に藩主松平斉典が造営。家老詰所は，1987(昭和62)年に上福岡の星野家から移築されたもの。

　本丸御殿から川越市民プールへ向かう途中に，三芳野神社社殿および蛭子社・大黒社(「明暦二〈1656〉年」の棟札付，県文化)がある。銅板葺き，本殿に幣殿・拝殿を付した複合社殿で，幕府の命をうけて酒井忠勝が1624(寛永元)年に完成させた。川越城の鎮守で，童謡「通りゃんせ」(「ここはどこの細道じゃ，天神様の細道じゃ」)発祥の場所とされる。三芳野天神絵巻(金梨地漆塗外箱付，県文化)は松平信綱が奉納したもので，神社創建から遷宮までを描いた絵巻物である(川越市立博物館管理)。「至徳四(1387)年」銘の拵え付太刀(県文化)，「寛永十七(1640)年」銘の太刀(県文化)，銅製扇形額(国重美)なども所有する(いずれも川越市立博物館管理)。

　参道をぬけ，突き当りを西(右)におれて約4分歩くと右手に小高い丘がみえる。かつては，頂上に高さ15m，三重の富士見櫓が天守閣がわりにたてられていた。現在は土塁のみが残り，頂上には御嶽

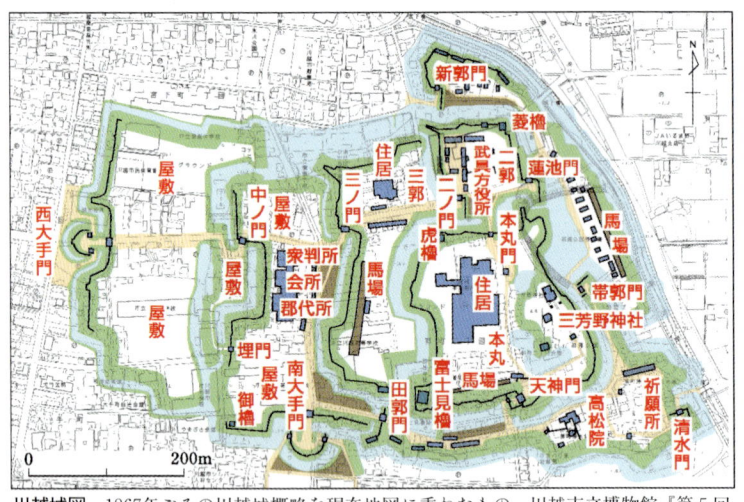

川越城図　1867年ごろの川越城概略を現在地図に重ねたもの。川越市立博物館『第5回企画展図録』による。

武家屋敷「永島家住宅」

コラム

中・上級武士が居住していた江戸時代の武家屋敷

　川越市久保町の永島家住宅は江戸時代の武家屋敷で、川越城南大手門(現、川越第一小学校校庭付近)に近い、中・上級武士が居住していたところに位置する。

　松平大和守家(まつだいらやまとのかみ)が川越藩主であった1767(明和4)年から1866(慶応2)年当時の城下絵図によると、ここには250石から300石の藩士が住んでいた。木造平屋180㎡で、屋根は茅葺き(かやぶき)(現在は金属板をかぶせている)で、棟の高さは3段、柱などの痕跡から大きく2回の増改築がなされたと推測される。接客目的の部屋と日常生活を営む部屋が分かれるという武家住宅の特徴を残しており、屋敷周りなども当時の状況をよく保存している。

神社がまつられている。川越市は1989(平成元)年に堀跡を含め城全体を復元する「初雁公園整備基本構想」を策定したが、バブル崩壊で頓挫した。その後、富士見櫓の復元を目指す動きがあったが、歴史ある樹木伐採等が必要となることから中断。2022年の市制施行100周年に向けて計画を再策定中である。

　直進して市立川越第一小学校グラウンドのT字路を右折すると、左手に同小学校正門(川越城南大手門の碑あり)、右手に県立川越高校正門にて、さらに進み信号の交差点にでる。右手のクランク状カーブは川越城の堀跡である。直進すれば氷川神社、左折すれば市役所にでる。市役所前は西大手門のあったところで、江戸時代の参勤交代の大名行列はここから川越街道を南(川越駅方面)へ向かった。市役所交差点の手打ちそば百丈(ひゃくじょう)(旧湯宮(ゆみや)釣具店、国登録)は、昭和初期建築の店舗併用住宅で看板建築である。

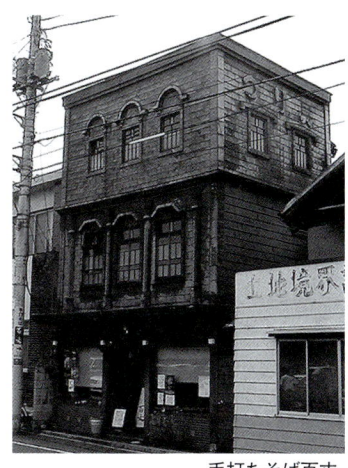

手打ちそば百丈

川越(かわごえ)キリスト教会(きょうかい)と佐久間(さくま)旅館(りょかん) ❼
049-224-0012

〈M▶P.2,5〉川越キリスト教会：川越市松江町2-4-13、佐久間旅館：同町2-5-4
東武東上線・JR川越線川越駅🚃、または小江戸名所めぐり🚌松江町2 🚶すぐ

中核市「小江戸」川越　17

川越市役所から川越街道を南に進むと、川越郵便局へ向かう分岐にでる。川越郵便局と川越市立図書館の敷地には、1908(明治41)～1954(昭和29)年に石川組製糸所川越工場があった。近代日本経済をささえた生糸産業は、工女たちの過酷な労働で発展した。1893(明治26)年に、石川幾太郎が現入間市黒須に設立した石川製糸は全国有数の会社。熱心なキリスト教徒石川和助(1900年前後の廃娼運動にも参加)の影響で石川家はクリスチャンが多く、工場では工女への教化活動を行い、労働待遇も当時はよいほうだったという。

　松江町2丁目バス停のある信号のところに川越キリスト教会と佐久間旅館がある。1878(明治11)年に横山錦柵と田井正一両牧師によって伝道が開始され、1921(大正10)年に日本聖公会川越キリスト教会礼拝堂(国登録)ができた。アメリカ人技師ウィリアム・ウィルソン設計で、中世ゴシック折衷様式のスレート葺きレンガ造りである。佐久間旅館は1894(明治27)年創業で、著名人が宿泊したこともある老舗旅館である。『夜明け前』『破戒』などの作者島崎藤村も、原稿執筆のため数回宿泊した。奥の間(国登録)は、1911年に建築された瓦葺き書院造である。

日本の近代化時代の文化がしのばれる

喜多院 ❽
049-222-0859
〈M▶P.2,5〉川越市小仙波町1-20-1
東武東上線・JR川越線川越駅小江戸名所めぐり🚌喜多院前、または小江戸巡回🚌喜多院前🚶すぐ

徳川家との関係が深い天海ゆかりの寺院

　平安時代初期の、830(天長7)年、3世天台座主慈覚大師円仁(最澄の弟子)が星野山無量寿寺を開いたのが始まりだが、その後の戦乱や大火などで荒廃した。鎌倉時代の1296(永仁4)年、比企郡都幾川村慈光寺の尊海が、慈恵大師良源(966〈康保3〉年に18世天台座主となった天台宗中興の祖。「厄除け大師様」の愛称あり)をまつって無量寿寺を再興し、仏地院(中院)・仏蔵院(北院)・多門院(南院)をたてた。戦国時代、1537(天文6)年の川越合戦で焼失したが、1599(慶長4)年、慈眼大師天海が第27代無量寿寺住職となり、その後徳川家康の信任を得ると、北院は幕府の全面支援をうけ急発展した。1612年に家康から「東叡山喜多院」の名をうけ、1613年には関東天台宗580余寺の本山とされた。

　1638(寛永15)年の川越大火で、山門(棟札付、国重文、1632年建

川越街道

立)以外は焼失した(鐘楼門も焼失しなかった可能性あり。後述)。山門は四脚門で,屋根は切妻造本瓦葺き,欄間の表に竜と虎,裏に唐獅子の彫刻がある。山門横に門番人の詰所で,江戸末期に建築された切妻造の番所(県文化)がある。1639年に再建された際,江戸城内から建物が移築され,庫裏(渡廊・玄関・広間付)・客殿・書院(すべて国重文)ができた。庫裏は栃葺き形銅板葺きで,入母屋造と寄棟造とからなる。客殿は柿葺き入母屋造で,眼前に「轉合(「ご冗談でしょう」)の庭」が広がり,3代将軍徳川家光手植えの枝垂れ桜がある。家光の厠と湯殿を経て「家光誕生の間」にでる。ここには狩野探幽筆とされる墨絵山水図の襖や,81枚の花模様が描かれる格天井がある。書院は柿葺き寄棟造で,8畳間の1つは春日局(明智光秀の家老斎藤利三の娘福。1604年に家光乳母となる)の「化粧の間」で,眼前に枯山水「曲水庭」が広がる。

鐘楼門(銅鐘付,国重文)は本瓦葺き入母屋造で,銅鐘(「元禄十五(1702)年」銘,国重美)もある。1階は袴腰とよばれる囲いがつき,2階には竜(前)と鷹(背)の彫刻がほどこされている。正保年間(1644〜48)の再建とされるが,1633(寛永10)年に建造された記録(『星野山御建立記』)以外はなく,1638年の大火から焼失を免れた可能性がある。

慈眼堂(木造厨子付,国重文)は本瓦葺き宝形造で,禅宗様式に和様をおり込んでいる。107歳で亡くなった天海の没後2年目の1645(正保2)年,家光の命で建立された。1638年の大火以前には東照社(のちの東照宮)があった。慈眼堂内に,厨子(本瓦形板葺き向唐破風造)にはいった木造天海僧正坐像(県文化)がおさめられる(非公開)。堂のたつ丘は6〜7世紀ころの古墳で,堂の裏には歴代住職の墓が並ぶ(中央が天海の墓)。また,南北朝時代「暦応五(1342)年」銘がある板石塔婆(板碑)の暦応の古碑(県史跡)があり,無量寿寺歴代住職の名をきざむ。並んで「延文三(1358)年」銘の延文の板碑があり,これは60人による結衆板碑である。

慈恵堂(県文化)は慈恵大師良源と慈眼大師天海をまつる堂で,現在は喜多院本堂(大師堂)である。銅板葺き(もと栈瓦葺き)入母屋造で,1638年の大火焼失後に再建された。延暦寺根本中堂,日光

喜多院多宝塔　　　　　　喜多院五百羅漢

輪王寺三仏堂などと同一形式である。堂内西入口に「正安二(1300)年」銘の銅鐘(国重文)がつるされている。堂の裏手に松平大和守家廟所がある。1767(明和4)～1866(慶応2)年の城主7代約100年間，川越藩は17万石を領したが，このうち川越で亡くなった5人の藩主(朝矩・直恒・直温・典則・直候)の墓である。

多宝塔(県文化)は三間多宝塔で，下層は方形，上層は円形，屋根のうえに相輪を配している。現在は，内部に阿弥陀如来をまつっている(非公開)。もともとは1639(寛永16)年に，現在の山門前駐車場と道路にまたがる位置(前方後円墳の中央)につくられた。1912(明治45)年に山門前道路が新設される際，多宝塔は一層屋根のものに改築され客殿と慈恵堂との間に移築された。その後，江戸時代の標準的な形に復元して，1975(昭和50)年に現在地に移築された。

仙波東照宮 ❾　〈M▶P.2,5〉川越市小仙波町1-21-1
※交通は喜多院を参照

喜多院境内南に，本殿(宮殿付)，瑞垣および唐門，拝殿および幣殿，石鳥居，随身門(棟札付，いずれも国重文)をもつ仙波東照宮がある。1617(元和3)年，遺言どおり家康の遺骸は久能山(静岡県)から日光へ移されることになり，途中3月23～26日に天海によって喜多院で法要が営まれた。この縁で1633(寛永10)年に，喜多院境内に東照宮がたてられた。1638年の大火で焼失し，現在ある建物は1640年にできた。当時そこに中院があったが，それを寺域外に移し土盛りをして建築した。本殿は銅瓦葺きの三間社流造，宮殿は板葺き

久能山・日光とともに重要視されている神社

五百羅漢

コラム

豊穣祈願と先祖供養・子孫繁栄の羅漢像

　五百羅漢は，釈迦入滅後に乱れた仏法を正すため，インドに集い，仏典の編纂にあたった500人の阿羅漢をモチーフにしている。「羅漢」とは阿羅漢の略で，修行を積んで悟りに達して釈迦の近くに仕える僧侶の称号である。

　喜多院の五百羅漢は，中央に釈迦三尊(中央に釈迦如来，左に騎獅の文殊菩薩，右に乗象の普賢菩薩)，釈迦三尊に向かって左に阿弥陀如来，右に地蔵菩薩がおかれ，その周囲に535体の羅漢が配置されている。

　由緒書きには「川越北田島村の百姓・志誠の発願により，天明2(1782)年より文政8(1825)年にわたり建立された」とある。しかし，川越鴨田村の関根仙右ヱ門が，父親の供養のため寄進したと考えられる像(釈迦三尊と地蔵菩薩のすぐ前)の台座には「安永四(1775)年」ときざまれ，左に母親の供養の追刻と思われる「天明八(1788)年」がきざまれている。そのため志誠の発願前にすでにつくられていた可能性がある。

　旧入口近くの「板碑三尊五百羅漢記(享和3〈1803〉年)」によると，志誠は釈迦三尊および五百聖像をつくるため，出家して浄財を募り制作にとりかかったが，4年後に40体ほどつくったところで死亡。その後，喜多院の学僧が志誠の遺業をうけついだとある。阿弥陀如来像の台座中央には「文政八乙酉(1825)年」ときざまれており，この年に完成したと考えられる。

　五百羅漢は，飢饉や社会不安を背景にして，豊穣祈願する思いと寄進した人びとの先祖供養・子孫の繁栄を目的につくられた。羅漢の大半に，切断痕があったり，顔面や腕が失われたりしているが，これはおもに明治時代初期の廃仏毀釈運動に伴う破壊の影響によるものである(その後修復されているが，不完全なものも多い)。

の円形厨子，唐門は銅板葺きの平唐門，拝殿は銅瓦葺きの入母屋造，幣殿は前面が拝殿に接続した銅瓦葺き，後面は入母屋造である。本殿内部には馬上に鎧姿の木像家康像をまつっている。

　石鳥居は造営奉行堀田正盛が奉献し，左柱に「寛永十五(1638)年」銘がある。随身門は八脚門の栃葺き形銅板葺き切妻造で，「寛永十七年」銘の棟札がある。三十六歌仙額(36面，国重文)は岩佐又兵衛勝以筆で，1640年のものである(埼玉県立歴史と民俗の博物館管理)。鷹絵額(12面，県文化)は狩野探幽筆と伝えられ，1637年に岩槻城主阿部重次が奉納した。

日枝神社 ⑩

〈M▶P.2,5〉川越市小仙波町1-4-1
※交通は喜多院を参照

東京赤坂日枝神社にも分祀された神社

830(天長7)年，慈覚大師円仁が無量寿寺をつくる際，比叡山坂本の日枝山王社をまつった。元久年間(1204～06)の兵火で焼失し，1639(寛永16)年に再建された。東京赤坂の日枝神社(旧官幣大社)は，江戸郷の守護神として江戸氏が山王宮としてまつっていたものに，さらに，1478(文明10)年に太田道灌が江戸城を築くにあたって鎮護神として紅葉山にこの川越日枝神社から分祀した(1657年の明暦の大火後は，現在地の東京赤坂に移築)。本殿(宮殿付，国重文)は銅板葺きの三間社流造，宮殿は板葺き宝形造である。江戸時代初期のものとされる。

成田山川越別院本行院 ⑪
049-222-0173

〈M▶P.2,5〉川越市久保町9-2
東武東上線・JR川越線川越駅小江戸名所めぐり🚌成田山前🚶すぐ

蚤の市でも知られる成田山新勝寺の別院

成田山新勝寺の別院で真言密教寺院，「久保町のお不動様」で親しまれる。目の病を不動明王に祈願して全治した千葉の石川照温が，廃寺となっていた川越久保町の本行院を1853(嘉永6)年に再興したのが起源である。本尊の不動明王は，内外の諸難や穢れを焼き払い人びとをまもるとされ，境内には絵馬堂もある。毎月28日には蚤の市が開かれ，東京はじめ近在の古物商が露天の店を並べる。

中院 ⑫

〈M▶P.2,5〉川越市小仙波町5-15-1
東武東上線・JR川越線川越駅小江戸巡回🚌中院🚶すぐ

喜多院とは独立した島崎藤村・狭山茶ゆかりの寺院

中院は星野山無量寿寺の中心で，1301(正安3)年には関東天台宗580余寺の本山となり，関東天台教学の中心であった。日蓮は20歳のころに尊海の導きで比叡山で修行し，1253(建長5)年に日蓮

中院

川越街道

宗を開き，その後中院で尊海から恵心流の伝法灌頂をうけたという。江戸時代に天海が家康の信頼を得ると，中心は喜多院に移った。現在は関東八檀林の一寺院として「天台宗別格本山特別寺」の称号をもち，喜多院とは独立している。

なお，南院は明治初期の廃仏毀釈のなかで廃寺となり，現在は埼玉県立川越総合高校近くに小さな墓地を残すのみである。「蓮月不染大姉」こと加藤みき(島崎藤村の義母)の墓がある。藤村が1929(昭和4)年に義母加藤みきに贈った茶室「不染亭」が，1992(平成4)年に移築された(建物前に藤村書「不染」の碑)。狭山茶発祥之地碑もある。

光西寺 ⓭
049-227-1670

〈M▶P.2,5〉川越市小仙波町5-4-7
※交通は中院を参照

最後の川越城主ゆかりの寺院

中院の南にある浄土真宗松井山光西寺には，松平周防守家廟所がある。松井松平家は1836(天保7)年に石見国浜田(島根県)城主だったが，陸奥国棚倉(福島県)城主を経て1866(慶応2)年に松平康英が最後の川越城主となった。それとともに光西寺も浜田から棚倉・川越と移動した。1869(明治2)年4月，家督が子の松井康載に移り，同年6月には版籍奉還で河越藩知事とされ，1871年の廃藩置県で職を解任された。「松井家文書」(県文化)がある。

万葉遺跡占肩の鹿見塚 ⓮

〈M▶P.2,5〉川越市富士見町21-1
東武東上線・JR川越線川越駅🚶10分

鹿骨を焼く占い習俗の『万葉集』ゆかりの碑

川越駅東口から南東方向約10分のところに，浅間神社古墳がある。高さ5m・直径42mの円墳で，頂上に浅間神社があり，万葉遺跡占肩の鹿見塚(県旧跡)の石碑がある。かつてこの近くに巨大な鹿見塚古墳があったが，東武東上線開通工事により消滅した。これが，『万葉集』巻十四の東歌「武蔵野に　占へ肩焼き　真実にも　告らぬ君が名　卜に出にけり」(武蔵野でシカの肩骨を焼いて占ったが，まことには打ち明けもしないのに，愛していることが占にもでてしまいました)と結びつけられ，その故地としてたてられた。場所の特定にはむりがあるが，当時の武蔵国にシカの骨を焼く占いの習俗があったことは注目される。

コラム

「仙波河岸史跡公園」!!

新河岸川舟運の面影残す自然保全の史跡公園

　1879(明治12)～80年ごろ、新河岸川舟運の出発点が仙波河岸までのびた。すでに幕末の1846(弘化3)年には大仙波の名主と町年寄の連名で、川越藩に仙波河岸開設の許可願がだされていたが、明治維新後、地元有力商人らが出資し、愛宕神社下の湧水などを利用して実現した。これにより、烏頭坂という急坂を利用しなくても物資輸送が可能になった。

　その後、1914(大正3)年に東上鉄道(現、東武東上線)ができるなど交通事情が変化していくとともに衰退し、河川改修後の1930(昭和5)年に運行が禁止された。2004(平成16)年5月に史跡公園として整備された。

カワモク本部事務所棟 ⑮

北米風とフレンチ・ルネサンス様式の建物

〈M▶P.2,5〉川越市田町5-1
東武東上線川越市駅 ▲ 4分

カワモク本部事務所棟

　東上線川越市駅から北へ約300mにあるカワモク本部事務所棟(旧六軒町郵便局、国登録)は、1927(昭和2)年の建築で、北米風の様式にフレンチ・ルネサンス様式を加味した洋風建築である。志村岩太郎設計・森留吉施工で、屋根をつきあげ、塔屋風にみせる独特の造りで鋭角の角地を活用した。もとは川越の木材商鈴木家の材木展示場であったが、1937年ころから1980年ころまで六軒町郵便局として使用された。1997(平成9)年に国の登録有形文化財となり、現在はレストランとなっている。

2 川島とふじみ野・富士見・三芳

川越とその周囲には、古代から近現代まで相互に関連・交流する歴史をきざむ文化財が多い。

遠山記念館 ⑯　〈M ▶ P.2〉比企郡川島町白井沼675
049-297-0007　東武東上線・JR川越線川越駅🚌桶川行牛ヶ谷戸🚶15分

平安期からエジプト・ペルーまで多彩な出土品

　牛ヶ谷戸バス停でおり、諏訪神社の横をとおって、北西方向に約1.3km(約15分)歩くと、遠山記念館の堀に面した武家屋敷風の白い塀と重厚な長屋門がみえてくる。1970(昭和45)年に財団法人として開館した遠山記念館は、川島町出身で日興證券の創始者遠山元一が母のためにたてた邸宅と、その敷地内に付設された美術館からなる。

　邸宅は、1933(昭和8)年から2年7カ月をかけて完成したもので、平屋建て茅葺き屋根の東棟、書院造の大広間をもつ中棟、数寄屋造の西棟が渡り廊下でつながれており、それぞれの棟から眺める庭も趣深い。

　美術館は、遠山元一が長年蒐集した東西の美術品を収蔵・展示するために、財団法人認可の際にあらたに付設されたもので、邸宅とともに一般に公開されている。収蔵品は、秋野蒔絵手箱(鎌倉時代、国重文)、寸松庵色紙(伝紀貫之筆、平安時代、国重文)、一休宗純筆消息(室町時代)、白地波に松原模様文字入帷子(江戸時代中期)をはじめ、4〜5世紀エジプトのコプト裂、イラン・ササン朝時代のカットガラス碗、ペルー・チャピン文化時代やナスカ文化時代の壺、トルコ・先ヒッタイト時代の土器など、多岐にわたっており、季節ごとにテーマを決めた企画展をもよおしている。

　牛ヶ谷戸バス停に戻って、さらに南東に5分ほど歩くと広徳寺(真言宗)がある。開基である三保谷郷出身の武士三尾谷四郎広徳は、源頼朝の家臣として『平家物語』にも登場する。境内にある大御堂

遠山記念館内部

川島とふじみ野・富士見・三芳　25

広徳寺大御堂

(国重文)は，北条政子が願主となって建立されたと伝えられる寄棟造・茅葺きの美しい阿弥陀堂で，室町時代の再建と考えられている。

広徳寺から西に5分ほどで養竹院(臨済宗)に着く。太田道灌の陣屋があったところに，道灌の甥の太田資家が建立した寺である。そこからすぐの新堀バス停から，川越駅に戻ることができる。

上福岡周辺を歩く ⓱　〈M▶P.2,27〉ふじみ野市上野台
東武東上線上福岡駅

取り壊された貴重な戦争遺跡。継承が課題

毎年8月初旬に七夕祭で賑わう上福岡駅前通りをぬけると，そこが火工廠跡である。旧東京第一陸軍造兵廠川越製造所(通称火工廠)は，1937(昭和12)年から操業を開始し，全盛期には学徒動員を含めて8500人ほどの従業員が，銃弾や風船爆弾の信管などの製造に従事していた。敷地面積は16万8000坪(約55万4400㎡)におよび，境界には高さ2mほどのコンクリート塀をおよそ東西600m・南北1100mにめぐらせていた。火工廠は第二次世界大戦の終戦とともに廃止され，跡地には，市役所，小・中学校，団地，民間会社などがたてられた。現存する当時

かつての給水塔 　　　　　　　　　　　　　　　　防爆壁

ふじみ野市の遺跡

の施設は，防爆壁の一部と数棟の施設のみである。市役所近くにあった給水塔には，建設当時の「昭和十二年」の刻印が打たれており，2001(平成13)年まで市の水道施設として使用されていたが，2004年に取り壊された。防爆壁の一部は上福岡郵便局横の総合コミュニティセンター駐車場に残っている(現在は駐車場ではなくなり，はいってみることはできない)。

　防爆壁から南東へ約5分ほど歩いて坂をくだると長宮氷川神社である。参道が往時には4町16間(約460m)にもおよび「長宮千軒町」とよばれていたことから長宮の名がつけられたという。寛永年間(1624～44)と墨書された，県内でも最古の部類に含まれる「向かい天狗図絵馬」をはじめ多くの絵馬が所蔵されている。すぐ近くには，新河岸川の舟運関連資料や，伝統工芸の座敷ぼうきの道具などを展示している上福岡歴史民俗資料館がある。

　資料館から北に向かって徒歩5分の新河岸川をみおろす台地のうえに権現山古墳群(県文化)がある。権現山といわれているのは，徳川家康が鷹狩りでこの地を訪れた際に休息したとの伝承による。塚のうえには「東照神祖命」ときざまれた石がたっている。遺跡には古墳や，縄文時代から奈良・平安期の住居跡の遺構が認められるが，中心は3～4世紀にかけての前方後方墳1基と方墳11基の初期古墳群である。とくに2号墳は，全長33mの前方後方墳で，土師器も出土しており，古墳時代初期の貴重な遺跡である。

福岡河岸記念館 ⑱　　〈M▶P.2,27〉ふじみ野市福岡3-4-2
　　　　　　　　　　東武東上線上福岡駅🚶20分

　権現山古墳から新河岸川の上流に向かって15分ほどで，福岡河岸

川島とふじみ野・富士見・三芳

記念館がある。

　福岡河岸は、江戸時代後半から明治時代中頃にかけて新河岸川舟運で栄えたところである。そこには、吉野家・江戸屋・福田屋(旧星野家)の3軒の船問屋があった。そのうちの福田屋の建物が、福岡河岸記念館となって、公開されている。福田屋には、明治時代の中頃には十数棟の建物があった。現在は、帳場がおかれた主屋と台所・文庫蔵・離れが残っている。明治期の船問屋の様子を伝える貴重な文化遺産である。

　新河岸川の下流福岡橋の近くに、船頭や船関係者の守護を祈願して、1878(明治11)年に建立された大杉神社がある。社殿内にある天狗の面のついた奉納額には、新河岸川をはじめ、江戸川・荒川など関東各地の船頭ら約100人の名前が記され、かつての舟運の繁栄を伝えている。

　上福岡駅から直接福岡河岸記念館にいくなら、駅北口をでて商店街をぬけ、スクランブル交差点を左折する。旧火工廠の跡地にあたる上野台団地や大日本印刷などをすぎ、右にまがると記念館がある。福岡河岸記念館から新河岸川に向かって歩くと、駐車場には船問屋吉野家の土蔵が残っている。その脇の養老橋を渡った対岸は、古市場河岸があったところである。

※ 欄外(右): 新河岸川舟運で繁栄した船問屋建物を利用

古尾谷八幡神社 ❶⓽

〈M▶P.2,27〉川越市古谷本郷1408
JR川越線南古谷駅🚶25分

　南古谷駅前の道を直進すると、住宅街のなかにひときわ大きくそびえるクスがみえる。これが並木の大クスである。JRの線路沿いに2km余り歩くと、見渡す限りの水田地帯と荒川の自然堤防上に形成された集落がみえてくる。ここには古尾谷荘という中世の荘園があった。この地が古仏群の里として注目されるようになったのは、1975(昭和50)年、浦和第一女子高校金子智江の郷土研究からだった。それが端緒となり、古尾谷の里の古仏群がつぎつぎ発見され、話題をよんだ。

　JR川越線沿いの荒川のそばまで歩いたところにある古尾谷八幡神社は、源頼朝によって石清水八幡宮から勧請されたと伝えられる。社殿(県文化)と旧本殿(県文化)があり、とりわけ銅造阿弥陀三

※ 欄外(右): 石清水八幡宮から勧請されたと伝えられる

尊懸仏(県文化)は，鎌倉時代後期の大型の仏像である。神社から50mさきに山門と鐘楼のある灌頂院(天台宗)がある。本尊は木造薬師如来坐像(県文化)である。さらに，南西に1kmほど歩くと，長屋門の前に奥貫友山墓(県旧跡)がある。奥貫友山はこの地の名主で，1742(寛保2)年の寛保の水害の際に，私財をなげうち被害者を救済した。

水子貝塚 ⑳

〈M▶P.2,32〉富士見市大字水子2003-1
東武東上線みずほ台駅🚶20分

縄文時代前期の貝塚　発掘調査の状況も再現

みずほ台駅東口をでて北東へ20分ほど歩くと，水子貝塚(国史跡)がある。ここは北方が荒川低地に面する武蔵野台地縁辺部に位置し，貝塚の形成された縄文時代前期(約5500年前)には，縄文海進によりすぐそばまで海が迫っていた。その豊かな海の幸を求めて，人びとが集まったのであろう。1937(昭和12)年以降数回の発掘調査の結果，約60の貝塚が直径160mの環状に分布していると判明した。その規模の大きさや分布状態から，貝塚形成期の集落の規模形態を推測しうる遺跡として，1969年に国の史跡に指定された。1994(平成6)年，「縄文ふれあい広場　水子貝塚公園」として整備され，竪穴住居の復元や貝塚跡の表示などがなされている。園内の展示館では，出土遺物の展示や発掘調査の再現など興味深く遺跡を学習できる。隣接する資料館では羽沢遺跡出土縄文土器(県文化)をはじめ，富士見市内の遺跡から発見された考古資料が展示されている。

公園正門前の信号を左折しゆるやかな坂をおりると，木染橋に至る。新河岸川舟運の盛時，この橋から約15m下流に木染の渡しがあった。橋をすぎ約300mのところを右折し，しばらく歩くと難波田氏館跡(県旧跡)がある。戦国時代の平城で，荒川低地に形成された標高約6mの自然堤防上に築かれている。難波田氏は武蔵七党村山党の一族で，小太

水子貝塚

川島とふじみ野・富士見・三芳

郎高範を祖とする。その子孫の難波田弾正憲重は戦国時代，扇谷上杉氏の重臣として勇名を馳せた。城はその後，後北条氏の家臣，上田周防守の居住となるが，1590(天正18)年同氏の滅亡とともに廃城となった。江戸時代には，十玉院という修験寺院がおかれていた。現在は難波田城公園として整備され，城の一部が復元されるとともに，富士見市内に残る古民家が移築されている。また，園内の資料館では難波田氏に関する映像をはじめ，中世から現代までの富士見市の歩みが展示説明されている。

三富新田と大井宿 ㉑

江戸時代の新田開発と宿場町の面影を残す

〈M ▶ P.2,30,31〉 三富新田：入間郡三芳町上富1279番地ほか 大井宿：ふじみ野市大井
東武東上線鶴瀬駅 🚌 西原住宅循環線上富小学校 🚶 すぐ

三芳町上富から所沢市中富・下富にかけての約1400haにおよぶ三富新田は，1694(元禄7)年から1696年にかけて川越城主柳沢吉保によって開拓された畑作新田集落である。その短冊型の地割りが現在もほぼ継承されていることから，地割りそのものが三富開拓地割遺跡(県旧跡)として文化財の指定をうけている。バス停上富小学校の辺りはその歴史的景観をよく残しており，ケヤキ並木の六間道に面して屋敷地・耕地・雑木林が整然と配置されている。また，バス停近くの旧島田家住宅は，文化・文政期(1804〜30)の建築と推定され，三富地区最古の民家住宅として当地に移築復元されたものである。

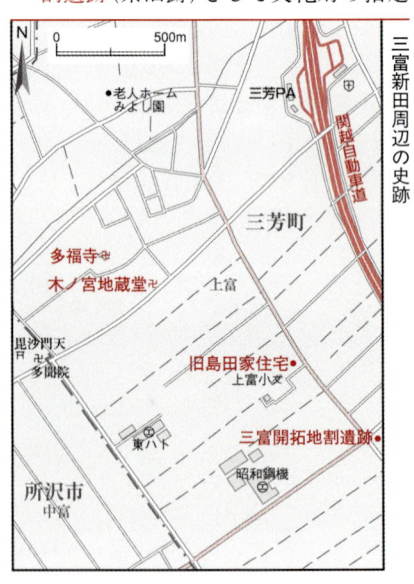

三芳町は，循環型農法，生態系や土地景観，習慣，伝統文化など農業に関連する文化的な要素も含め次世代へ継承していくことをめざした。

三富新田周辺の史跡

多福寺

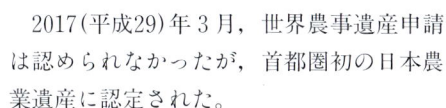

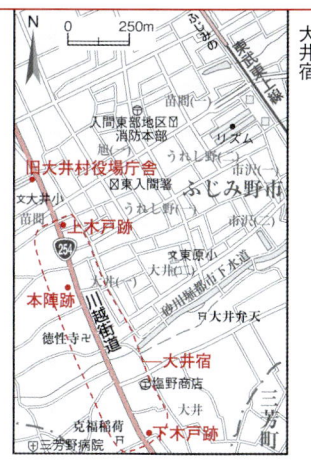

　2017(平成29)年3月，世界農事遺産申請は認められなかったが，首都圏初の日本農業遺産に認定された。

　さらに，ここから北に800mほど進むと多福寺(臨済宗)に至る。三富新田開拓入植農民の菩提寺として1696年に吉保が建立した寺である。境内には三富開拓の由来のきざまれた銅鐘(県文化)をはじめ元禄の井戸，穀倉などがある。境内に続く雑木林を南に進むと木ノ宮地蔵堂がある。坂上田村麻呂建立との伝説があり，三富開拓以前から信仰を集めたという。地蔵堂境内にはこの地区特産のサツマイモの栽培を普及させた青木昆陽をたたえる甘藷先生頌徳碑がたつ。

　多福寺から北東に3kmほど進むと，川越街道にでる。東入間警察入口交差点を川越方面に少し歩くと，旧大井村役場庁舎(国登録)がある。大正から昭和初期にかけて流行した，官公庁建築形式の建物として貴重である。再び交差点方面に戻り川越街道を東京方面に進むと，左手に大井宿の上木戸跡の標柱がたっている。ここから約900mさきの下木戸跡の標柱の地点までが，かつての大井宿である。

　大井宿は川越街道の6宿場の1つとして寛永期(1624～44)までには宿場の町並みがほぼできあがったと考えられる。本陣は代々名主と問屋役を兼帯した新井家がつとめ，宿場の規模も江戸中期には家数94軒，人口479人と賑わいをみせたが，明治期の3度にわたる大火で宿場の景観は失われた。下木戸跡の標柱をすぎると並木がみえ，車の排気ガスなどで立ち枯れたり植え替えられたものも多いが，高くそびえるマツの古木に往古の街道の姿をしのぶことができる。

③ にいくらの里——志木・新座・朝霞・和光

奈良時代，移り住んだ渡来人にちなんで爾比久良とよばれた。新河岸川と川越街道という2つのルートによって繁栄した地。

志木河岸周辺 ㉒

〈M▶P.2, 32〉志木市本町2
東武東上線志木駅 🚶15分

新河岸川舟運の河岸場市場通りを中心に発展

　志木駅東口をでて本町通りを市役所方面に10分ほど歩くと，市場通りにでる。道の両側には古風な土蔵造りの建物が点在し，古い商業町を思わせる。この辺りが引又宿で村山からつうじる引又街道の宿場であった。バス停市場坂上付近に市場跡の標柱がある。この地に六斎市がたてられたのは寛文年間(1661～73)ころからで，近郷の人びとで賑わったという。また，1965(昭和40)年に暗渠になるまで道の中央を野火止用水が貫流していた。大正初期にこの地を訪れた田山花袋は，溝渠を中央にもつ風情に富む町，との旨を『東京の近郊』(1916年)でのべている。また，引又宿にはかつて上・中・下の水車とよばれる3つの水車が用水沿岸に設置されていた。多くの人が集まる地としての米飯の需要や酒造業者が多かったことによるものである。

　市場坂上の交差点にいろは樋の模型が展示されている。いろは樋とは，野火止用水を水の不足しがちな対岸の宗岡地区の灌漑用水にも利用しようと1662(寛文2)年，新河岸川のうえにかけられた木樋である。48本の木樋をつなぎあわせたことから，いろは樋

志木駅北部の史跡

と称した。これに由来するものとして、交差点を右におりたところに<ruby>いろは樋<rt>おおます</rt></ruby>の大枡がある。

さらにしばらく堤防沿いに進むと、左側に引又河岸場跡の標柱がある。新河岸川沿岸の数ある河岸場のなかでも、引又河岸(1874〈明治7〉年より志木河岸)は後背地の広さと集散する物資の量の点で群をぬいていた。それは、交通上の要衝の地であることとともに六斎市がたてられていたことが関連していた。

再び市場坂上の交差点に戻り、信号を渡ると旧西川家潜り門が復元されている。門柱などに武州一揆の際の刀の傷痕があることや伝承から、1866(慶応2)年ころの建築と推定される。ここから交差点の反対側、いろは親水公園中州ゾーンに旧村山快哉堂がある。本町通りで薬屋業を営んでいた1877(明治10)年建築の村山家の店蔵を移築復元したもので、随所に特有の意匠構成がみられる。

平林寺 ㉓

〈M▶P.2,36〉新座市野火止3-1-1
東武東上線志木駅、JR武蔵野線北朝霞駅、西武池袋線大泉学園駅・ひばりヶ丘駅・東久留米駅、いずれも🚌平林寺🚶1分またはJR武蔵野線新座駅🚶30分

境内林と用水の散歩道
4月17日に半僧坊の大祭

正式名称金鳳山平林禅寺(臨済宗妙心寺派、県文化・県名勝)は、武蔵野の面影をとどめる広大な自然林に囲まれている。この境内林(国天然)はスギ・ヒノキ・アカマツ・コナラ・クヌギ・エゴノキ・イヌシデなどで構成され、生息する多くの野鳥のさえずりとともに、四季折々の風情をかもしだしている。

寺は、もともとは現在の岩槻市に、南北朝時代の1375(永和元=天授元)年、岩槻城主太田氏の帰依により、石室善玖によって開山されたが、江戸時代の1663(寛文3)年にこの地に移築された。松平信綱は3代将軍徳川家光のもと老中として幕政の確立にあたったが、川越藩主としても

平林寺三門

にいくらの里―志木・新座・朝霞・和光

武蔵野の新田開発や野火止用水の開削などに尽力した。彼は江戸と川越の中間にある所領，野火止の原野に用水を引くことができたこともあって，平林寺を移築することを切願したがかなわず，その子輝綱（てるつな）の代に実現したのである。輝綱の子信輝は1694（元禄7）年，古河（こが）に転封となったため，寺は以後10年間，柳沢吉保が支配することとなった。その後1704（宝永元）年，高崎藩主松平輝貞（てるさだ）（輝綱の子）にあたえられ，再び信綱からつづく大河内松平氏（おおこうち）の支配するところとなり，明治維新を迎え，現在に至っている。

　川越街道からの参道に面する総門をはいると，2層造りの三門がみえる。それぞれに掲げられている「金鳳山」「凌霄閣（りょうしょうかく）」の額は，江戸時代初期の漢詩人で，京都に詩仙堂をたてたことでも知られる石川丈山（いしかわじょうざん）の揮毫（きごう）によるものである（本堂の「平林禅寺」の額も同様）。この三門は岩槻から移築したものだという。三門をくぐると唐様式（から）の仏殿が目にはいる。これら茅葺（かやぶ）きの主要な建造物は，一直線上に並ぶ禅宗様式の伽藍（がらん）配置となっている。本尊は釈迦如来坐像（しゃかにょらい）である。そのさき，中門をくぐると本堂がある。本堂は幕末に火災で焼失し，1880（明治13）年に再建された。本堂奥には松平信輝が1691（元禄4）年に寄進した釈迦如来坐像をはじめ達磨大師坐像（だるまだいし）・大権菩薩倚像（だいげんぼさついぞう）などが壇上にまつられている。

　本堂の左側には平林僧堂がある。禅僧を育成するための教育施設で，1901（明治34）年に開かれた。現在は30人余りの修行僧が寝起きをともにし，午前3時から夜10時の消灯まで座禅や作務（さむ）にいそしんでいる。

　中門の手前を左におれ，放生池（ほうじょう）の脇から本堂の左側に足を進めると，墓域になる。亡僧や家臣の眠る下卵塔（しもらんとう）（下手にある卵塔＝僧侶などの墓石の意味）の一角に島原の乱戦没者供養塔（くようとう）がある。1863（文久3）年，犠牲者のため松平家が供養を行った際（信綱は乱の鎮圧に出兵している），松平家の一門が藩主をつとめる三河国吉田藩（みかわよしだ）（現，愛知県豊橋市（とよはし））の家臣大嶋左源太（おおましまげんた）が建立（こんりゅう）したものである。そのほか，武田信玄の2女で武田家の有力武将穴山信君（あなやまのぶきみ）（梅雪）夫人（ばいせつ）となった見性院（けんしょういん），豊臣秀吉につかえ，五奉行の1人で大坂城落城後，岩槻で自刃（じじん）した増田長盛（ましたながもり），用水の功労者の安松金右衛門（やすまつきんえもん）と小畠

松平信綱夫妻の墓所

助左衛門,「電力王」ともよばれた実業家松永安左衛門も葬られている。野火止用水をまたいで本堂の裏手にまわると大河内松平家の廟所があり,ひときわ目をひくのは,信綱夫妻の五輪塔(県史跡)である。境内林には野火止塚や,業平塚をみることもできる。上山霊園には,古墳時代の石棺を模した墓碑に「無」ときざまれている歴史学者津田左右吉の墓もある。

なお,2002(平成14)年,参道をはさんで総門の向かい側に,松永がかつて飛驒高山から移築して茶室として利用していた睡足軒と,その周囲の森が整備されて,「睡足軒の森」として市民に開放された。毎年,4月17日は半僧坊の大祭で,平林寺の門前には露店や植木市などが,軒を連ね大いに賑わう。

法台寺 ㉔

〈M▶P.2,36〉新座市道場11013
西武池袋線大泉学園駅🚌新座駅南口行片山小学校🚶5分

時宗の道場として栄えた板石塔婆で名高い

平林寺と西武池袋線大泉学園駅を結ぶバス路線の途中に,法台寺がある。この寺は,現在は浄土宗だが,もともとは鎌倉時代末の1310(延慶3)年に,関東における時宗の道場として,一遍の弟子で,一遍亡きあとは遊行2世とよばれた他阿真教上人が開いたとされる。門をはいると左手にある収蔵庫に,板石塔婆(県文化)が10基余り保管されているのをみることができる。鎌倉から室町にかけてのもので,なかには2mをこえる立派なものもある。

本堂には,寄木造の他阿真教上人坐像(県文化)が安置されている。13世紀後半の作といわれる。なお,近くに新座市立歴史民俗資料館があるの

法台寺

で寄ってみるのもよいだろう。

岡の城山 ㉕

〈M▶P.2,39〉朝霞市岡3
東武東上線朝霞駅🚌花の木・神明神社前🚶5分

黒目川から新河岸川に至る低地に対してつきでた形の台地のうえに築かれた城跡で，空堀や土塁がよく残っている。この城は，太田道灌によって築城されたとの伝説もあるが，発掘調査の結果から戦国時代に築かれたことが判明している。現在は公園として整備され，とくに春にはサクラの名所として親しまれている。なお，黒目川沿

室町時代の城跡。春にはサクラの名所として賑わう

いに500mほど歩くと笹橋に着くが、ここはかつて新河岸川の舟運で栄えた根岸(黒目)河岸のあったところである。

旧 高橋家住宅 ㉖

〈M▶P.2, 39〉朝霞市根岸台2-681
東武東上線朝霞駅🚶25分、または🚌市内循環バス(根岸台線)わくわくどーむ行岡3丁目🚶5分

江戸中期の農家建築。いにしえを彷彿させる景観

江戸期から続く旧家で代々農業を営んでいた旧高橋家住宅(国重文)は、主屋とその敷地、2階建の納屋・倉・井戸小屋・木小屋などから構成されている。主屋の周辺には畑がひろがり、東側には雑木林、北側は防風林が残り、林の先はヤツ(谷津)の傾斜が続いている。旧高橋家住宅を訪れると、住宅ばかりでなく、このような今日では見ることが少なくなった武蔵野の農家景観を眺めることができることも楽しみのひとつである。

主屋が建てられたのは、18世紀前半と推定され、古民家としての価値は高い。

寄棟造・茅葺きの主屋は、居間(ザシキ)や客間(デイ)のような表向きの部屋の外側に面する部分がシシ窓といわれる格子窓や土壁を多く使って閉鎖的にしてあるところに特徴がある。これは、建築当時、動乱の時代の防御の習慣が残っていたことや、当時多かったキツネなどの野生動物から幼児などをまもる工夫ではなかったかと推定される。また、畳が普及する前の建造物のため、客間や「オタノヘヤ」は竹簀子敷きの床、その他の部屋は板敷の床となっているが、客間が簡素な竹簀子敷きの床というのは全国的にもめずらしい。

居間には、客間にある床の間とは別に、床の間の前身である押板という装飾がある。このことも、この時期につくられた古民家の特徴といわれている。

2008年、文化財ゾーンと緑地ゾーンからなる民家公園として整備された。訪ねると、しばしいにしえの農村生活に

旧高橋家住宅

にいくらの里―志木・新座・朝霞・和光

思いをはせることができるだけでなく、昔のおもちゃで遊んだり、資料をとなりの根岸台市民センターで閲覧することもできる。

柊塚古墳（ひいらぎづかこふん）㉗

〈M▶P.2,39〉朝霞市岡3-26-4 ほか
東武東上線朝霞駅市内循環🚌宮台（みやだい）🚶2分

> 根岸古墳群の盟主墳古墳を囲む歴史広場

柊塚古墳（県文化）は、黒目川の南側の台地縁辺部に位置する数ある古墳（根岸古墳群）の１つ。荒川下流域では現存する数少ない前方後円墳で、長さ約60m・高さ７mある。前方部は失われている部分も多いが、後円部は保存状態がよく、２基の埋葬施設（粘土槨（ねんどかく）、もしくは木棺直葬（もっかん））も遺存していることが確認されている。これまでの調査で、馬形埴輪や家形埴輪が出土しており（朝霞市立博物館で見学可能）、６世紀前半につくられたと考えられている。2004（平成16）年に遺跡公園としてオープンした。

なお、近くの朝霞第二小学校の校庭には、径約50mの円墳で、方格規矩鏡（かくきくきょう）や馬具などが出土した一夜塚古墳（いちやづか）があったことを示す説明板が設置されている。

朝霞市立博物館（あさかしりつはくぶつかん）㉘

〈M▶P.2,39〉朝霞市岡2-7-22
東武東上線朝霞台駅・JR武蔵野線北朝霞駅🚶15分

> 河岸・宿・伸銅工場のジオラマ黒目川を利用した水車を復元

駅から東側に歩いて黒目川を渡ると、東洋大学の校舎が点在する一画に朝霞市立博物館がある。考古・歴史・民俗・美術工芸の４分野による展示と、さまざまな講座・講演会・体験学習といった催しからなる"まなびとやすらぎの空間"。黒目川の河岸・膝折宿（ひざおり）・伸銅（しんどう）工場などがジオラマで復元され、伸銅業で使われた水車もみることができる。図書室、映像コーナーもあり、屋外には、あずま屋・遊歩道が整備されている。裏手には東圓寺（とうえんじ）（真言宗（しんごん））があり、「文永五（1268）年」銘の板碑が安置されている。

膝折宿（ひざおりしゅく）㉙

〈M▶P.2,36〉朝霞市膝折
東武東上線朝霞駅🚶30分、または市内循環🚌膝折坂下🚶すぐ

> 往年の雰囲気を残す、本陣・脇本陣

現在の川越街道（国道254号線）にほぼ並行して走る県道新座和光線沿いに、膝折宿がある。この道は、室町時代に関東管領であった上杉持朝が太田道真（もちとも）・道灌父子に命じてつくらせた江戸城と川越城の連絡路として、軍事上の目的から開かれたのが始まりとされているが、江戸時代には、中山道の脇往還（わきおうかん）として整備され、川越城主の

伸銅工場

コラム

水車の動力を利用して針金を製造

　伸銅とは，銅の棒に熱を加えてやわらかくして，水車の力を利用して細い針金をつくることをいう。古来，この地では，黒目川の水力を利用し，水車を使った製粉業が盛んだったが，江戸期になると，伸銅の技術が伝わり，奥住・大畑・徳生の3家によって伸銅生産がはじまったという。史料によれば，奥住家は，1844(天保15く弘化元))年には，炎上した江戸城本丸の再建のため，銅瓦の製造を行っていることが確認できる。

　明治期には時計の歯車，日清・日露戦争期には軍需資材の製造などが行われたという。その後，1960年代にはいると，アルミ製品の普及や銅の自由化による大企業の参入などもあり，現在では，市内に数軒を残すだけだが，伸銅業に使われた水車は，復元されたものを朝霞市立博物館でみることができる。また，工場の並びの一画には，1919(大正8)年にたてられた「奥住君興業碑」がある。

大名行列はいうにおよばず，徳川家康が川越の喜多院を訪ねた際や鷹狩りのためにたびたび通ったといわれている。また，この街道は，日本橋をたつと追分(現在の巣鴨)で分かれ川越までがいわゆる川越街道，そこから新道が熊谷まで通じていて，ふたたび中山道に合流するようになっており，中山道が河川の氾濫で通行止めになった際など遠国の大名が利用したこともあった。膝折の名は，1423(応永30)年，常陸国(茨城県)判官小栗小次郎助重が国を追われて三河(愛知)の地へおちのびる途中，愛馬「鬼鹿毛」が坂をのぼる際，膝を折って死んでしまったことに由来するという。古くは市場町として，その後は江戸から数えて4番目の宿場として発展した。なお，

「朝霞」の地名の由来は以下のとおり。1932(昭和7)年の町制施行と同時期，東京府荏原郡駒沢町(現在の世田谷区駒沢オリンピック公園)にあった東京ゴルフ倶楽部が移転し

朝霞市の史跡

にいくらの里―志木・新座・朝霞・和光

てくることになった。その際、皇族で倶楽部の名誉総裁の朝香宮鳩彦王にちなんで、許可を得て一字変え「朝霞町」と改名した。

　朝霞警察署から川越方向に向かって歩くと、右側に一乗院への入口を示す石柱、左側に子の神永川神社参道口を示す1909(明治42)年造の道標などがある。約400mさきの右側に格子戸が印象的な木造家屋がある。村田屋の屋号をもつ膝折の中宿脇本陣で、建造は江戸時代中期という(現在は高麗家の住宅)。高麗家は高麗郡(現、日高市周辺)を開いた一族で、室町期に高麗豊丸が「膝於利」に移り駒三郎を名乗ったと伝えられる。

　脇本陣から約15mさき、左側には膝折郵便局の裏手に本陣をつとめた牛山家がある。牛山家は膝折宿の問屋もかね、寛文年間(1661～73)より代々名主をつとめた家で、キリシタン禁制などの高札や、この周辺が、尾張藩の鷹場となっていたことから、それに関係する文書が保存されている。

　本陣跡からさらに300mほど進むと膝折宿町内会館の五差路があり、この辺りが膝折宿下宿であった。左手に進む道が川越街道で、道を折れてすぐ右側に、明治初期から続く旅人宿の増田屋がある。武州世直し一揆(1866年)のとき、膝折にきた一揆勢に対してこの宿が供応・献金したので名主宅は事なきを得たと伝えられる。自由民権運動の激化事件が頻発する1884(明治17)年、民権演説会が開かれ、志木の三上七十郎をはじめ運動家たちが熱弁をふるった宿という新聞報道も残っている。

一乗院 ㉚

〈M▶P.2,36〉朝霞市膝折町1-16-17
東武東上線朝霞駅🚶30分、または🚌膝折坂下🚶1分

　並流山平等寺といい、本尊は十一面観音である。現在は真言宗智山派に属し、室町時代にこの地に移り住んだ高麗氏とその家臣による創建と伝える。寺には、本堂内に元禄期(1688～1704)に描かれたと考えられる閻魔庁図がある(非公開)。境内には、南北朝期から室町時代の年号がきざまれた小ぶりな板石塔婆約195基をはじめ、1850(嘉永3)年の筆塚、明治期にこの地におかれた膝折学校(現、朝霞第一小学校)などで教鞭をとり31歳(碑文では32歳)の若さで死去した横山久子の顕彰碑(1891〈明治24〉年)がある。

南北朝期から室町時代までの板碑が一九五基

Kamakurakaido 鎌倉街道

嵐山渓谷

復元整備事業が進む鉢形城史跡公園内庭園

鎌倉街道

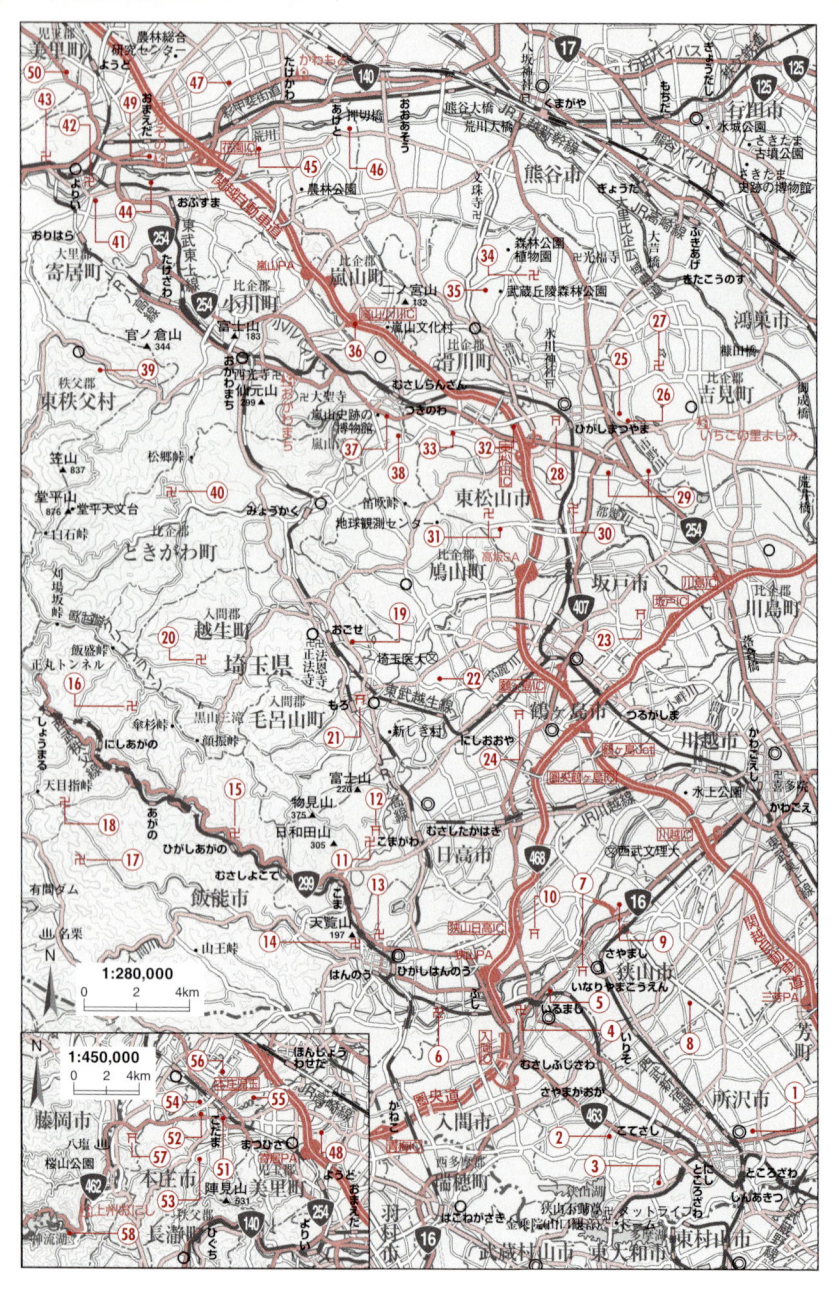

◎鎌倉街道散歩モデルコース

1．東武東上線高坂駅 10 埼玉県平和資料館 5 岩殿観音 20 丸木美術館 10 浄空院 10 若宮八幡神社古墳 25 吉見観音 10 吉見百穴 2 松山城跡 10 東武東上線東松山駅

2．東武越生線川角駅 20 鎌倉街道掘割状遺構 8 毛呂山町歴史民俗資料館 6 川角古墳群 6 延宝の庚申塔 4 崇徳寺跡 2 延慶の板碑 6 堂山下遺跡 4 神明台石仏群［大類古墳群］ 4 十社神社 6 苦林古墳（きた道を戻り） 40 川角駅

3．JR八高線児玉駅 7 競進社模範蚕室 2 東清水八幡神社 15 雉岡城址 5 塙保己一旧宅 10 元三大師 3 金鑚神社 2 石重寺 10 三波石峡 20 児玉駅

4．秩父鉄道・東武東上線・JR八高線寄居駅 10 正樹院 20 天正寺 20 正龍寺 10 善導寺 20 少林寺 30 鉢形城 30 川の博物館 5 男衾の里（神社・寺院） 10 寄居駅

---

①航空記念公園
②小手指ケ原古戦場
③山口城跡
④高倉寺
⑤旧石川組製糸西洋館
⑥円照寺
⑦八幡神社
⑧堀兼の井
⑨梅宮神社
⑩広瀬神社
⑪聖天院
⑫高麗神社
⑬智観寺
⑭能仁寺と天覧山
⑮福徳寺
⑯高山不動尊
⑰竹寺
⑱子の権現
⑲山吹の里
⑳龍穏寺
㉑出雲伊波比神社
㉒鎌倉街道遺跡とその周辺
㉓大宮住吉神社
㉔日枝神社から雷電池へ
㉕吉見百穴と地下軍事工場跡
㉖松山城跡
㉗吉見観音と源範頼館跡（息障院）
㉘箭弓稲荷神社
㉙等覚院と将軍塚古墳
㉚高済寺と高坂氏館跡
㉛岩殿観音と埼玉県平和資料館
㉜青鳥城跡
㉝丸木美術館
㉞大谷の里・宗悟寺
㉟武蔵丘陵森林公園とその周辺
㊱杉山城跡から小倉城跡へ
㊲菅谷館跡
㊳大蔵館跡と鎌倉街道
㊴和紙の里小川
㊵慈光寺
㊶鉢形城跡
㊷正樹院・具学永の墓
㊸正龍寺
㊹川の博物館
㊺畠山重忠館跡
㊻鹿島古墳群
㊼北根代官所跡
㊽長坂聖天塚古墳
㊾小前田の宿
㊿猪俣党の里から万葉の里へ
�францu 東石清水八幡神社
㊿② 雉岡城跡
㊿③ 百体観音堂
㊿④ 塙保己一旧宅
㊿⑤ 金鑚神社古墳・鷺山古墳
㊿⑥ 旧陸軍児玉飛行場跡
㊿⑦ 元三大師・金鑚神社
㊿⑧ 三波石峡

狭山丘陵をめぐる

①

東京に隣接した狭山丘陵は狭山茶の産地として知られ、新田義貞ゆかりの地や、有名な神社が数多い。

航空記念公園 ❶
04-2998-4388
〈M▶P.42,45〉所沢市並木1-14
西武新宿線航空公園駅 🚶 5分

日本最初の飛行場建設の地

　航空公園駅前には、国産旅客機YS11が展示されている。市内あちこちにみられる「日本の航空発祥の地」の文字は、1911(明治44)年日本最初の飛行場が所沢に建設されたためである。所沢飛行場は格納庫や気象観測所を備え、のちに陸軍飛行学校を創設して飛行機の研究やパイロットの訓練などを行い、1945(昭和20)年まで航空技術の発展に貢献した。第二次世界大戦後米軍の占領下におかれたが、1982年までに約7割が返還され、跡地には学校や団地、航空記念公園がつくられた。公園内には、C-46中型輸送機が展示され、わが国最初の航空犠牲者である木村・徳田両中尉像などのほか、野球場やテニス場・万葉植物園もあり、武蔵野の面影を残している。また、1993(平成5)年には所沢航空発祥記念館が開館し、日本初の国産軍用機など実物航空機の展示をはじめとして、飛行の原理・飛行機の構造や歴史の説明があり、フライトシュミレーターで操縦体験をすることもできる。近くには市民文化センター(ミューズ)があり、文化活動の中心となっている。

　航空記念公園から所沢駅方面への道は「飛行機新道」「ファルマン通り」とよばれている。近くの銀座通りはかつて江戸道とよばれ市で賑わったところで、通りの両側に見世蔵といわれる商家の代表的な土蔵造を、建築年代の違いを比較しながらみることができる。駅に通じるプロペ通りは、プロペラとの関連をうかがわせる。所沢駅

所沢航空発祥記念館

鎌倉街道

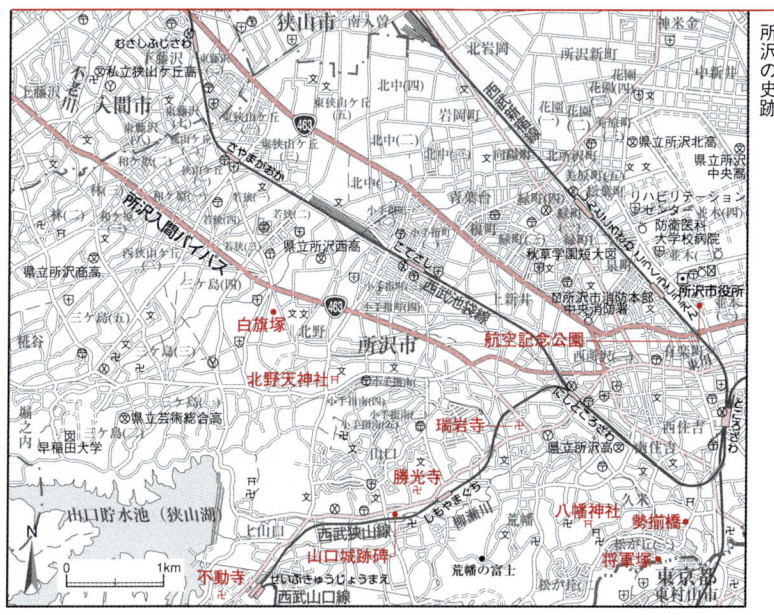

前には「日本航空の地所沢」のモニュメントがあり、描かれているのは日本公式初飛行のアンリ・ファルマン機である。

小手指ケ原古戦場 ❷

〈M▶P.42〉所沢市北野
西武池袋線小手指駅 🚶20分

　所沢は鎌倉街道に沿った場所に位置するため、しばしば戦いの舞台になった。駅から国道463号線にてて入間市方面に向かったところにある小手指ケ原は、1333(元弘3)年鎌倉に向かう途中の新田義貞軍と鎌倉幕府軍との戦い、1352(正平7)年の新田義貞の二男義興と足利尊氏との戦いの舞台として『太平記』に記されており、北野中学校脇の畑のなかに小手指ケ原古戦場(県旧跡)碑がたっている。碑の近くには、義貞が源氏の白旗を掲げたとされる白旗塚、部下との間で盟約をかわしたとされる誓詞橋がある。義貞に関連して、市内久米には将軍塚や勢揃橋があり、近くの八幡神社には、義貞が鎌倉攻めの際に兜を脱いでかけたという「兜掛け松」の話が伝えられている。神社本殿(県文化)は見世棚造とよばれる室町時代の社殿様式を伝える建築物である。

　小手指ケ原古戦場碑から畑のなかを1kmほど歩くと北野天神社

狭山丘陵をめぐる

小手指ケ原古戦場碑

にでる。『北野天神縁起』(県文化)は室町時代初期につくられた菅原道真の一生を描いたものである。境内には小手指での合戦の際に、後醍醐天皇の皇子宗良親王が詠んだという「君のため　世のため何か　をしからむ　すてゝかひある　命なりせば」という歌碑がたてられている。

小手指駅隣の狭山ヶ丘駅から南西に20分ほどの所沢商業高校近くには、新田義貞の3男義宗と足利尊氏がたたかったといわれる金井ヶ原古戦場があり、近くには18世紀初頭に建築された入母屋造の典型的な開拓農家の面影を残す小野家住宅(国重文)や歌人三ヶ島葭子の資料を展示している三ヶ島公民館がある。

山口城跡 ❸   〈M▶P.42,45〉所沢市山口1517
西武山口線下山口駅 🚶 8分

武蔵七党の一つ村山党山口氏の城跡

所沢は武蔵七党の1つ村山党の根拠地で、鎌倉街道の交通上の要衝地であるため城郭が築かれた。駅前の県道を西にいった山口城跡(県旧跡)は村山党の山口氏の城で、平安時代末期から戦国時代まで利用されていた土塁や空堀をもつ雄大な城であったが、現在は土塁の一部を残すのみである。近くにある勝光寺は北条時宗の創建と伝えられ、山門は禅宗様式を伝える貴重なもので、室町期につくられたという木造不動明王像がある。県道沿いに西所沢方面へ10分ほど歩いた山口氏の菩提寺とされる瑞岩寺では、慶長年間(1596～1615)に関西から伝わったという岩崎簓獅子舞が毎年10月第2土曜日に行われている。また、上山口の不動寺には、徳川家光が建立した旧台徳院(徳川秀忠)霊廟勅額門・丁子門・御成門(国重文)が芝増上寺から、多宝塔(県文化)が大阪高槻市から移築されている。ほかにも、市内坂の下(関越自動車道所沢ICの近く)には1844(天保15)年建築と伝える黄林閣(旧村野家住宅、国重文)が移築されている。

東所沢駅から北東約1kmのところに、滝の城跡(県史跡)がある。

46　鎌倉街道

台地の東端柳瀬川をみおろす高台に位置し、戦国期の八王子城主北条氏照の支城の1つという。本丸を囲んでつくられた土塁や空堀などが比較的よく残されている中世の代表的な城郭である。

高倉寺 ❹
04-2962-2912

〈M▶P.42,47〉 入間市高倉3-3-4
西武池袋線入間市駅 🚌 てぃーろーど・博物館行 牛沢町 🚶 10分

禅宗様式を伝える室町初期の建造物

牛沢町バス停から道沿いに北東300mの信号を南東へ折れ、約300mの左手にある光昌山高倉寺(曹洞宗)は、天正年間(1573～92)飯能市にある能仁寺の末寺としてたてられた。境内にある観音堂(棟札付、国重文)は室町時代初期のもので、もと飯能市白子の長念寺にあった。1744(延享元)年に高倉寺5世・白翁亮清がゆずりうけ移築し、1951(昭和26)年に修復された。関東地方における、禅宗様式(唐様)の代表的建造物である。観音堂内には、中村芝翫(のちの4代目中村歌右衛門)の「九変化」の扁額が保存されている。

高倉寺観音堂

旧 石川組製糸西洋館 ❺

〈M▶P.42,47〉 入間市河原町13-13
西武池袋線入間市駅 🚌 狭山市駅西口行 入間黒須団地 🚶 5分

石川組製糸は、石川幾太郎が1893(明治26)年に創業し、国内有数

入間市の史跡

狭山丘陵をめぐる

の製糸会社に発展した。入間市駅北口の階段をおりて突き当りを左に道なりに坂をくだると，左手に旧石川組製糸西洋館(国登録)がある。セピア色化粧レンガ張りの西洋館は，1921(大正10)年に取引先外国人接待用につくられた迎賓館(室岡惣七設計，建築は川越の宮大工・関根平蔵)である(2006年度全面供用開始予定)。関東大震災・世界恐慌で石川組製糸本店は倒産し(川越工場は1954〈昭和29〉年まで存続)，第二次世界大戦中は陸軍士官学校長宿舎，戦後はジョンソン基地将校ハウスとなり，1958年に米軍から返還された。石川一族はキリスト教信仰が篤く，幾太郎は，約1000坪(3300㎡)の敷地を提供して，1924(大正13)年5月に工期1年と工費3万円をかけ教会をつくらせた。それが国道16号線の反対側にある武蔵豊岡教会である。

> テレビ番組撮影にも使われる石川組製糸の迎賓館

円照寺 ❻
04-2932-0829
〈M▶P.42,47〉 入間市野田158
西武池袋線元加治駅 🚶 2分

円照寺は元加治駅のすぐ南側の入間川左岸上にある。1205(元久2)年，加治家茂が，二俣川の戦で死んだ父家季の冥福を祈るため，円照上人を開山として建立した。加治氏は武蔵七党の1つ丹党の武士である。寺内にある供養板碑(国重文)のうち，道峯禅門(加治家貞)板碑にある「元弘三(1333)年五月二十二日」は，鎌倉幕府の権力者北条高時が新田義貞軍に敗れて鎌倉東勝寺で自刃した日で，幕府方の家貞もそこで死亡した。

板碑の収蔵庫は，毎月21日晴天時に開扉され，拝観できる。円照寺裏手の西久保氏宅地内から蔵骨器および板石塔婆(県文化)が出土した(入間市博物館保管)。蔵骨器は14世紀の常滑焼である。

> 鎌倉幕府滅亡に関する板碑がある

八幡神社 ❼
04-2954-2511
〈M▶P.42,45〉 狭山市入間川3-6-14
西武新宿線狭山市駅 🚶 5分

地域としての入間川は，鎌倉街道と入間川の流れが交差するところに位置し古くから重要な地であった。駅西口すぐの市立中央図書館向かいの坂をのぼったところにある八幡神社には，1333(元弘3)年5月新田義貞が鎌倉攻めの際，馬をつないだという「駒つなぎの松」がある。本殿は透彫りや浮彫りの彫刻がほどこされている。神社には銅・錫・鉛の合金で室町時代の作とされる砂破利の壺(県

> 新田義貞「駒つなぎの松」の神社

狭山茶

コラム

「色は静岡,香りは宇治よ,味は狭山でとどめさす〜」とうたわれている狭山茶の栽培は,鎌倉時代の明恵上人が「武蔵河越」の地に広めたのが始まりとされている。室町時代には全国の銘茶の産地として,山城・大和・伊勢・駿河と並んで「武蔵河越」があげられている。江戸時代後期には,宇治茶の製法を学んで良質の煎茶をつくり,江戸の茶問屋山本嘉兵衛(山本山の創業者)らと販売契約を結んで,狭山茶は江戸で売られるようになった。

横浜開港後,茶は生糸と並んで輸出の主要品目となり,狭山茶は横浜にもっとも近いという地の利をいかして増産され,盛んに輸出された。明治になると,外貨獲得・粗製濫造の防止・製茶業者の保護育成をはかって「狭山会社」が設立されたが,アメリカではコーヒーに人気が移り,輸出量が減少したため,狭山茶の市場は国内へと移っていった。

明治末年から大正時代にかけてしだいに機械製茶に転換し,1928(昭和3)年には,県立の茶業研究所が豊岡町に設立された。その後「農業試験場茶業支場」「茶業試験場」「農林総合研究センター」と変遷を続け,製茶技術の研究などにつとめている。今では,埼玉県の茶業は栽培面積で全国8位,荒茶生産量では12位を占め,入間市・狭山市・所沢市で8割以上を生産している。

茶の産地としては寒冷の土地で生産される狭山茶は,越冬茶葉の新芽も葉肉も厚く,そのためにコクのある茶ができる。さらに,茶の仕上げ工程で熱を加えて,味や香りを向上させる「狭山火入れ」という独特の仕上げ技術が特色である。

狭山茶の発展を示す記念碑は入間市内に多くたてられている。おもなものに出雲祝神社境内の狭山茶の由来が記されている重闢茶業碑,茶どころ通りといちょう通りの交差点脇にある高さ4.1m,重さ20tの日本一大きな道標北狭山茶場碑入り道碑がある。この辺りは一面の茶畑で,4〜5月初旬茶の新芽の生育期におりる霜を防止するために冷気を取り除く防霜ファンとよばれる扇風機が数多くみられる。

入間市博物館(愛称アリット)では「茶の世界」のコーナーがあり,世界の茶・日本各地の茶・茶の文化・狭山茶について展示をしている。また,日本や世界の茶体験・狭山茶の手揉み実演なども行っている。

「狭山火入れ」で「味は狭山でとどめさす」

北狭山茶場碑入り道碑

狭山丘陵をめぐる

八幡神社

文化)が伝えられている。また，毎年9月14・15日に奉納される獅子舞は「八幡神社の鹿子舞」とよばれ，鹿子の袴にみられるヘビの鱗模様は，雨乞いや五穀豊穣祈願を示しているとされる。

近くの中央図書館から徳林寺の辺りは，14世紀なかばに足利尊氏の子基氏が滞在し，新田氏の攻撃に備えた「入間川御所」の地であるとされている。

1895(明治28)年川越鉄道の国分寺—川越間が開通すると入間川駅が開業し，入間川から飯能や青梅との間に馬車鉄道が運行された。その後池袋・飯能間に鉄道が開通したため，わずか15年で廃止されたが，はたした役割は大きかった。西武池袋線稲荷山公園駅近くの狭山市立博物館には，馬車鉄道の原寸模型が展示されている。

八幡神社の石段をくだり，毎年8月に七夕祭りで賑わう七夕通りから，国道16号線にて，入間市方面に5分ほど歩くと「清水冠者源 義高 終焉の地」の案内板がある。木曽義仲の嫡男義高が，頼朝の追手に殺されたのち，北条政子が社殿をつくったものという。きた道を戻り，新富士見橋を渡って1kmほどいったところには，義高が身を隠したといわれる影隠し地蔵がある。

堀兼の井 ❽

〈M▶P.42〉 狭山市堀兼2220
西武新宿線入曽駅🚌新狭山駅南口行赫下🚶20分

古くから歌に詠まれ，『枕草子』にも記されている「ほりかねの井」がどこをさすのかはあきらかではなく，江戸時代には「ほりかねの井」と称する井戸は10カ所以上あったという。バスをおりて右手に歩いた堀兼神社境内にある，石の柵に囲まれたすり鉢状の井戸もこうした「ほりかねの井」の1つと考えられている。脇には江戸時代にたてられた「堀兼井碑」(県旧跡)がある。神社の随身門の左右には色あざやかな2体の神像がみられる。境内には山地に自生

『枕草子』にも記されている「ほりかねの井」

七曲井

するマツ科の樹木バラモミが，この平坦地に巨木として繁茂していて，県天然記念物に指定されている。

　入曽駅近くの十字路を狭山市方面に3分ほど歩くと，直径26m・深さ11mの大規模な七曲井（県史跡）がある。ここは鎌倉街道に沿った場所で，地表から，らせん状の道が井戸に向かっている。これも「ほりかねの井」の1つとされている。近くの入間野神社には，入曽の獅子舞（県文化）の記念碑が鳥居の脇にたてられている。埼玉県西部地方を代表する郷土芸能として，毎年10月第3土曜日には金剛院に「揃獅子」が，翌日曜日には入間野神社に「本獅子」が奉納される。かつては村内を舞って歩いたという。寺と神社の両方に奉納されるのは，神仏混淆の名残りであるとされている。神社の前にはイラスト入りの鎌倉街道の説明板が設置されている。

梅宮神社 ⑨
04-2952-5570　〈M▶P.42〉狭山市上奥富508
西武新宿線新狭山駅 🚶25分

頭屋制によって運営される「甘酒祭」の神社

　駅から国道16号線にでて，入間市方面に10分ほど歩き，狭山環状道路と交わるところから北西約5分のところにある梅宮神社は，平安時代初期に京都の梅宮神社を分霊して創建したと伝えている。毎年2月に行われる甘酒祭り（県文化）には，盃をすすめてはそれを飲み干し，謡いをあげては再び盃を重ねる座揃式という厳粛な神事がある。この祭りは，関東地方ではほかにみられない頭屋制によって運営されるという特色がある。頭屋はその年の祭りの世話役のことで，頭屋制とは，氏子を数組に分け，そのなかの1組が1年ごとの輪番制で祭りに奉仕するものである。頭屋を引きつぐ「頭渡し」も謡いをあげながら盃をやりとりする神事である。近くには山門の白壁が美しい竜宮造の広福寺がある。徳川家光が鷹狩りのたびに立ち寄ったり，『東海道中膝栗毛』の作者十返舎一九もここに立ち寄ったと伝えられている。

狭山丘陵をめぐる

広瀬神社 ⑩
04-2953-2606

〈M▶P.42〉 狭山市広瀬2-23-1
西武新宿線狭山市駅🚌飯能行上広瀬🚶3分

> 「延喜式」神名帳に記されている古社

新狭山駅南口すぐのところに,15世紀に上杉氏と北条氏の戦いが行われた三ツ木原古戦場跡がある。また,ここから南西の方向へ歩いて25分ほどのところに天岑寺がある。惣門は本堂創建時の寛永(1624~44)初期の面影をとどめる建物で,沖縄風の様式がただよう総欅造である。境内には,1482(文明14)年の月待供養の板碑がある。

上広瀬バス停からすぐ北の広瀬神社は『延喜式』神名帳に記載されている武蔵国44座の1つとされ,『延喜式』が完成した927(延長5)年以前に創立された古社である。境内に樹齢700~800年と推定される大ケヤキがある。神社に奉納される広瀬囃子は,神田古囃子をうけつぐもので県内でも珍しいものである。

2 高麗郷・飯能

高麗郷は古代武蔵国の歴史を語る渡来人の里。奥武蔵の山里の史跡巡りは,豊かな自然のなかのハイキングも楽しめる。

聖天院 ⑪
042-989-3425

〈M▶P.42,54〉 日高市新堀990
西武池袋線高麗駅🚶35分, JR川越線高麗川駅🚶25分

> 高麗一族の菩提寺 境内からの景観は絶景

西武高麗駅で下車し,駅前広場ですぐ目にするのは,トーテムポールに似た将軍標(チャンスン)である。これは朝鮮に伝わる悪魔退治・災厄防除の守り神で,村の入口にたてられる。広場から右折し,西武池袋線のガード下をくぐり国道299号線へでてすぐ左手に,高麗石器時代住居跡(縄文期,国史跡)がある。現在は芝生状になり溝跡や礎石がみられる。国道へ戻り南下し,台の交差点を左折,400mほど歩くと県道日

聖天院

高・川越線にぶつかる。右折して鹿台橋を渡り高麗本郷のT字路を左折しカワセミ街道にはいり30分ほど歩くと、左手に聖天院(真言宗)の山門がみえてくる。

高麗山勝楽寺と号するが、聖天尊(歓喜天)を本尊としているので、聖天院の通称がある。この寺は高麗王若光の子聖雲と若光の孫弘仁が、王の侍念僧であった勝楽の冥福を祈り建立したものでこの名がある。勝楽はもともと若光の冥福を祈り、菩提をとむらうためこの寺の草創を思いたったが、志なかばで没したため聖雲らでこの意志をついだのである。いわば若光の菩提寺といえる。

山門右手には若光の墓と伝えられる石塔がある。砂岩を5個重ねた塔で高さ2.3mあり、永年の風化により下部にきざまれていた彫刻を読みとることはできない。現在は山門東側にあるが、近世以降は、伽藍最奥に位置していたと思われる。

山門をくぐると正面奥には、2000(平成12)年に新築された本堂がみえる。なかに県内では数少ない鎌倉期作の梵鐘(国重文)が収蔵されており、当時一流の鋳物師の手によるものという。ほかに応仁銘の鰐口(県文化)があり、面経23cmの銅製で白岡市の久伊豆神社に奉納されたものがゆえあって寺宝となった。

高麗神社 ⑫
042-989-1403
〈M▶P.42,54〉 日高市新堀833
西武池袋線高麗駅🚶40分, JR川越線高麗川駅🚶20分

聖天院より東へ5分のところに高麗王若光をまつった高麗神社がある。7世紀後半、高句麗の滅亡と前後して多くの人がわが国へ渡ってきたが、若光もその1人である。『続日本紀』の716(霊亀2)年に東国7カ国の高麗人1799人を武蔵国に移して高麗郷をおくとあり、若光はその首長とされた。さほど地味豊かでないこの地方をよくおさめ、彼の死後その徳をしのんでまつったのである。今、宮司はその子孫である60代高麗文康がつとめるが、

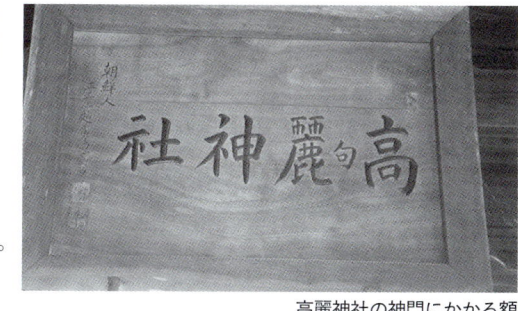

高麗神社の神門にかかる額

高麗郷・飯能の史跡

日朝交流史を語る参拝者名額やハングル絵馬

代々高麗氏は日朝交流史をみつめてきた。

境内の二の鳥居西側には歴史上の著名人が数多く並ぶ参拝者名士芳名額があり、参道両側には記念植樹が並んでいる。そのなかに李朝最後の皇太子の李王垠、王妃方子植樹の2本のスギがある。そこには複雑な歴史が影をおとしている。垠の父親、韓国皇帝高宗は1907(明治40)年に伊藤博文によって退位させられ、その年垠は日本に留学。やがて日本との融和策のために、日本の皇族である梨本宮方子と結婚した。社殿入口には、「高句麗神社」と書かれた額が掲げてあるが、「句」を入れて高麗と区別した。本殿は一間社流造(前流れの屋根がのびて向拝になったもの)で県指定文化財。

神社には13世紀、本社ゆかりの慶弁が鶏足寺(栃木県)で筆写した大般若経(国重文)や、鍍金鳩榊文長覆輪太刀などが所蔵されている。境内の奥には高麗家住宅(国重文)があり、代々高麗神社の宮司である高麗氏の住宅であった。江戸前期の建築と推定されるが、入母屋造の茅葺きで、柱は手斧仕上げである。表座敷には押板を構え(床の間の原形)、古い民家の形式手法をよく伝えている。

高麗神社をあとにして聖天院方向へ引き返し、途中で左折して県

武蔵国と渡来人

コラム

渡来人は東国開発と律令国家建設の立役者

桓武帝の母，高野新笠は百済系渡来人和氏の出身であり，わが国皇室と朝鮮とは古代より深い関わりがある。歴史学者の上田正昭によれば，朝鮮からわが国への渡来の波は4つに分けられ，最後の波が天智朝のころである。当時朝鮮半島は百済が滅亡し，白村江での倭軍の大敗，高句麗滅亡と混乱した時期であった。半島からその難をのがれ多くの人びとが渡ってきた。そして，大和地方をはじめ畿内に多く移り住み渡来人の里を形成していた。彼らは大陸の進んだ技術や政治制度・学問など多くの文化を倭国に伝えた。

8世紀東国には渡来人を集住させた郡が5カ所建設され，武蔵国はうち3カ所を占めた。高麗・新羅・幡羅郡である。現在の日高・飯能，新座・和光，熊谷付近と比定される。畿内からの移住はなんのためであったのか。当時の東国はまだ未開の地で，彼らの技術や軍事力は未開地の開拓や，蝦夷対策には欠かせない存在であった。また人口増加による口分田不足に悩む政権には新天地が必要であった。武蔵国の3郡は律令政府が支配力を東国へ拡大していく前線基地と考えられる。武蔵国に3郡が集中したのは，上野国に勢力をもつ反畿内的性格を強くもった上毛野氏への牽制でもあった。

県内には渡来文化の影響を示す遺跡が多くみられる。大谷瓦窯跡(東松山市)など多くの登り窯跡，また騎馬の習慣を示す馬冑(馬の顔につける冑)が将軍山古墳(埼玉古墳群)から出土している。これら多くの文物を伝えたのは渡来系の人びとであった。高句麗ゆかりの高麗神社も多くの参詣者を集めている。新羅郡ゆかりの和光市牛房山付近からは火熨斗(中国・朝鮮でみられる古代のアイロン)が出土している。このように古代武蔵国と渡来人との関係は密接なものがあり，また律令国家建設に貢献した彼らの功績は絶大なものがある。坂上田村麻呂・行基・国仲公麻呂や最澄らも渡来系という。『懐風藻』『大宝律令』の編集者の3分の1以上が，渡来系の人びとであった。東国への支配権を彼らの力を借りて拡大しつつあった当時の律令政府にとっては，蝦夷より近い存在だったのかもしれない。

道日高・川越線にでる。高麗駅に向かって35分弱で天神橋に着く。この土地は高麗川が大きく湾曲していて，その形が巾着の形に似ていることから巾着田と名づけられた。その昔，この土地を開拓したのは渡来人たちだったといわれている。夏にはバードウォッチン

高麗郷・飯能　55

グや水遊び，秋にはマンジュシャゲ（ヒガンバナ）の見物客で賑わう。

智観寺 ⑬
042-972-3552　〈M▶P.42,54〉飯能市中山520
西武池袋線飯能駅，JR八高線東飯能駅🚶25分

水戸黄門の養育係・中山信吉ゆかりの寺

飯能は武蔵七党の1つ丹党に属する加治氏や，その後裔中山氏が鎌倉時代から戦国時代にかけて勢力を張った土地である。江戸時代にはさらに中山氏および黒田氏の領有地となる一方，奥武蔵の山々から切りだされる西川材とよばれる材木を筏で積みだし，山地と平地の物資交流の場として市がたつなどの賑わいをみせた。

飯能駅から北へ25分ほど歩くと中山の交差点があり，その西200mほどのところに常寂山蓮華院智観寺（真言宗）がある。9世紀，加治氏の祖である丹治武信により創建され，代々加治氏・中山氏の菩提寺であった。往時の伽藍は現存しないが，鎌倉期の銘文をもつ板碑が3基（県文化）ある。このうち「仁治三(1242)年」銘のものは，中山氏をはじめに名乗った加治助季が，父家季の供養のために建立したもの。境内には江戸時代に活躍した中山氏歴代の墓もある。そのなかでひときわめだつのが中山信吉の墓で，高さ3mの宝篋印塔（県文化）である。信吉は徳川家康にみいだされて水戸藩付家老となり，水戸光圀の養育係として有名である。平素学問を好み，林羅山とも親交があった。その羅山撰文による信吉木碑（県文化）とさきの板碑3基は収蔵庫にあり，毎年10月の最終日曜日に公開される。

寺の北東100mほどのところには，信吉の父中山家範館の堀跡（県史跡）があり，さらに東に歩いて5分ほどのところに「中山の天神様」の愛称で親しまれる加治神社がある。中山家範の家臣本橋貞潔が1596（慶長元）年に勧請したもので，社殿の左の塚に石碑がたつ。19世紀前半，この地で寺子屋を開いて親しまれた本橋渓水の顕彰碑（県史跡）で筆塚とよばれ，渓水の七回忌にたてられた。

能仁寺と天覧山 ⑭
042-973-4128　〈M▶P.42,54〉飯能市飯能1329
西武池袋線飯能駅，JR八高線東飯能駅🚶25分

四季に彩られる名刹山道に微笑む羅漢像

智観寺から西へ約1km，西武線の高架をくぐって市街地をいくとやがて広い駐車場にでる。その右側にある武陽山能仁寺（曹洞宗）は16世紀初めに，中山家範の父家勝によって開かれた名刹である。幕末の飯能戦争の兵火をうけたため当時の建物は現存しないが，本

コラム

復活した飯能焼

作

幕末にうまれ、庶民の香りただよう郷土の窯

埼玉には数少ない窯が飯能にあった。飯能焼である。江戸末期の1832(天保3)年、飯能の事業家双木清吉（きせいきち）が陶工を招いてはじめたもので、鉄分の多い茶色い土に、白絵土を筒書きしたイッチンとよばれる絵付け模様を特徴とし、郷土色豊かな日常雑器としてつくられた。しかし大量生産される他産地の器には勝てず、創業から50年ほどたった1887(明治20)年ころには廃窯となってしまった。

それから1世紀近くを経て、飯能焼を復活すべく2つの窯があいついで開かれた。1つは直竹川沿いの飯能市苅生（かろう）の飯能窯（☎042-973-9099）。虎澤英雄（とらざわひでお）が1975(昭和50)年に開いた窯で、飯能の土を使ったイッチン技法による伝統的な器のほか、現代的な美術作品も生産している。もう1つは破草鞋窯（はそうあいきん）（☎042-977-0654）。岸道生（きしみちお）が飯能市中藤上郷（なかとうかみごう）に1982年に開いた窯で、徹底して飯能の土を陶土として使い、地元の草木による灰釉薬（かいゆうやく）にこだわる。イッチンも復元した。日常雑器を中心に生産し、飯能焼の精神をうけつごうとする。2つの窯とも陶芸教室を開いている（予約制）。

イッチン技法による飯能焼

堂の裏には桃山時代の作庭と推定される池泉式の名庭園がある。

寺の東側の道をのぼって天覧山（県名勝）に向かう。古くは愛宕山（あたごやま）とよばれたが、1883(明治16)年の陸軍大演習にあたって、明治天皇がこの山頂から視察したことから天覧山と名前がついた。山道の両脇は紅葉（もみじ）の木におおわれ、5月の新緑、11月の紅葉の時期はあざやかな色彩につつまれる。さらにいくとやがて切りたった岩場に十六羅漢（らかん）の石仏が点在している。これは、江戸幕府5代将軍徳川綱吉（つなよし）の病気にあたって、母桂昌院（けいしょういん）が能仁寺の住職に平癒（へいゆ）祈願を依頼し、快癒（かいゆ）の礼に献納したものである。一時、山は羅漢山ともよばれた。山頂は、5月にはツツジの花が美しい。

天覧山から北西にのびる山道を歩いて25分、多峰主山（とうのすやま）山頂の手前に黒田直邦（なおくに）の墓がある。直邦はもとは中山氏だが黒田家をつぎ、綱吉以降吉宗（よしむね）まで50年にわたって将軍につかえ、老中（ろうじゅう）を経て沼田城（ぬまた）3万石の大名となった。能仁寺は中山・黒田両氏の菩提寺である。

高麗郷・飯能

なお飯能市南部の直竹川沿いに、1366(貞治5)年創建の風林山長光寺(曹洞宗)がある。惣門(県文化)は室町から桃山時代にかけての特徴をもつ四脚門で、ここから三門・本堂が一直線に並ぶ。本堂には「正和二(1313)年」銘の鋳銅製雲版(国重文)がある。現存する中世の雲版のなかで、全国で3番目に古い銘文である。

福徳寺 ⓯
049-224-0589
〈M▶P.42〉飯能市虎秀71
西武池袋線 東吾野駅 🚶10分

紫陽花が似合う流麗な姿の阿弥陀堂

東吾野駅で下車し、国道299号線を200mほど北上し、酒屋で右折し高麗川支流の虎秀川を道沿いに400mほどのぼると、右手にこじんまりとした揚秀山福徳寺の阿弥陀堂(国重文)がみえてくる。にぶく光る屋根は銅板葺きであり、その流麗な曲線は平泉の中尊寺金色堂を思わせる。1956(昭和31)年に復元修理を行った際に、茅葺きから銅板葺きに変更された。宝形造という屋根の様式は、中尊寺金色堂や白水阿弥陀堂と同じである。堂前面は精巧な蔀戸(格子組みの裏に板を張り、光や風雨を防ぐ戸)となっている。堂内には、全国的にも珍しい鉄造阿弥陀三尊像(県文化)が安置されている。

福徳寺阿弥陀堂

高山不動尊 ⓰
〈M▶P.42〉飯能市高山346
西武池袋線吾野駅 🚶120分、🚗30分

関東三大不動の一つ秘仏は軍荼利明王

吾野駅で下車し、徒歩では2時間かかるので車を利用する。国道299号線から顔振峠への道をのぼり、奥武蔵グリーンラインを西に向かうと、30分ほどで到着する。

高山不動尊は高貴山常楽寺(真言宗)といい、654(白雉5)年、藤原鎌足の子長覚坊上人らによって開山された。716(霊亀2)年、行基が大木で五大尊明王像を彫り奉納したとの伝承があり、のち火災をまぬがれた軍荼利明王(国重文)だけが残ったといわれるが、

武州世直し一揆と飯能戦争

コラム

幕末、飯能をゆるがす大事件があいついでおこった。1866(慶応2)年の武州世直し一揆と1868年の飯能戦争である。

外国との貿易は物価高騰をもたらし、好調な生糸輸出で養蚕を営む地主がうるおう一方、貧民は生活苦にあえいでいた。1866年の第2次長州征討をきっかけとして米価が高騰すると、6月13日夕刻に名栗村の百姓たちが蜂起。翌日には吾野や成木の農民と合流して飯能宿を打ちこわし、さらに青梅や入間に進んで、一揆は北武蔵一帯にまで広まった。

一揆の参加者は十数万人といわれる。質屋や米屋をかねた豪商・豪農など、520軒が打ちこわされた。指導者は30人ほどが確認されている。一揆勢は草鞋に足袋ばき、手に斧やなた、鳶口、かけやといった日常の農工具をもち、「世直し大明神」と大書した旗や幟をたてて進んだ。彼らの行動は富の偏在を打破しようとしたものとうけとめられるが、まもなく幕府や川越藩・忍藩によって鎮圧された。しかし農民の「世直し」意識はやがて秩父事件の農民によみがえる。

そして1868年。4月に江戸城は無血開城となったが、これに抵抗しようとする幕臣たちは彰義隊を組織した。頭取は一橋慶喜に仕官していた渋沢成一郎。渋沢栄一の従兄弟である。しかし隊では抵抗の場所をめぐって意見が分かれた。あくまで江戸での抵抗を主張するものに対して、渋沢は江戸郊外の田無村(現、東京都西東京市)で振武軍を結成した。渋沢を頭取とし、幹部は従兄弟の尾高惇忠やその弟の尾高平九郎。彼らは水戸学を学んだ草莽の志士であった。

はたして彰義隊が壊滅すると、振武軍は5月18日に一橋領の多い飯能にあらわれ、村役人や寺院との押し問答の末、能仁寺を本陣として、智観寺や観音寺、広渡寺、心応寺、玉宝寺の6カ寺に500人ほどが分宿した。これに対して新政府軍は恭順した川越藩や忍藩など2000~3000人の兵で飯能を取り囲んだ。5月22日、笹井河原で戦闘がはじまり、翌未明に新政府軍による総攻撃が行われた。兵数・武器ともに新政府軍がまさり、振武軍はたちまち敗走した。この戦闘で能仁寺をはじめ振武軍が立てこもった寺院の多くが焼けおち、民家200戸以上が焼失した。飯能の人びとはやがてくる新しい時代を前に大きな苦しみに直面したのである。なお能仁寺境内には飯能戦争の石碑がたち、智観寺には新政府軍の砲弾をうけた門扉が収蔵庫に保管されている。

幕府を揺るがす世直し一揆
旧幕府軍抵抗の飯能戦争

作風からは平安期の作とされる。

境内にはいるとまず目にはいるのが大イチョウ(県天然)である。

高麗郷・飯能

目通10m・樹高37mで，樹齢800年という。別名子育てイチョウといい，祈願すれば乳の出がよくなるという。石段をのぼると不動堂(県文化)がみえてくる。軍荼利明王は，その裏手の宝蔵殿におさめられている。軍荼利とは甘露＝不死の意味で，強い力で外敵をのぞく五大明王の1つである。高さ2.26mの素朴な味わいをもった一木造の仏像である。そのほか絹本着色不動明王画像(県文化)がある。縦2.8m・幅1.2mの大作はいく分形式化された装飾的要素もみうけられるが，不動明王の緊張感が伝わってくる。

竹寺から子の権現へ ❶❶

042-977-0108・042-978-0050

〈M▶P.42〉 飯能市南704，南461
西武池袋線飯能駅 🚌 中沢行終点 🚶 45分

東日本唯一の神仏習合遺構の残る竹寺

名栗川の支流中藤川に沿って進むバスを終点の中沢でおり，さらに舗装された山道を道標にしたがって2kmほどのぼると，やがてみごとな竹林に囲まれた竹寺に着く。正式には医王山薬寿院八王寺(天台宗)という。857(天安元)年，慈覚大師が東国の疫病を払うために開いたという。古くから山岳信仰の道場でもあったが，参道入口には「醫王山」という額のかかった鳥居がたつ。明治に神仏分離令がでたが山奥のために通達がとどかず，神仏習合の姿を今に伝える東日本唯一の遺構となった。本尊は牛頭天王，本地仏は薬師如来である。7月15日の牛頭天王祭は仏式で行われるほか，神殿造の本殿には鰐口がかかる。本殿は江戸初期の建築だったが，1999(平成11)年に焼失，2002年に再建された。なお春と秋には季節の素材による精進料理を，竹の器で楽しむことができる(予約制)。

再建された竹寺本殿

竹寺から尾根筋の関東ふれあいの道を北西に1時間ほど歩くと子の権現に着く。正式には大鱗山雲洞院天龍寺(天台宗)という。911(延喜11)年子ノ聖がこの地に十一面観音をまつって創建。弟子が聖を大権現とあがめてか

らこの地は子の権現とよばれ、人びとの足腰を守る厄除けの神仏として信仰されてきた。境内には巨大な鉄草鞋や下駄のほか、信者からの奉納物には履物に関係するものがめだつ。本坊は江戸時代末期の建造で、左手の玄関上には明治時代の人力車関係の団体からの奉納額がかけられている。仁王門の門前には2本のスギの大樹(県天然)がそびえる。推定樹齢800年余り。子の聖が食事に使ったスギの枝箸を挿したものが根づいたとのいわれがあるが、北側の1本は1959(昭和34)年の伊勢湾台風で折れた。子の権現へは、さきの中沢バス停方面や吾野方面から車でいくこともできる。

③ 山吹の里から龍神の里へ

越生から坂戸・鶴ヶ島に至る丘陵地には古代・中世の遺跡が多く、流鏑馬・神楽・雨乞いなどの諸行事が継承されている。

山吹の里 ⑲

〈M▶P.42,62〉 入間郡越生町24-3 ほか
JR八高線・東武越生線越生駅 🚶10分

越生町は山吹伝説など太田道灌ゆかりの地

越生駅から東に約10分のところに山吹の里(県旧跡)がある。ここは太田道灌の「山吹伝説」の伝承地の1つで、復元された水車小屋やヤマブキが多く植えられた歴史公園となっている。

江戸城や川越城(川越市)、岩槻城(岩槻市)などの築城で有名な室町時代の武将太田道灌が鷹狩りにでたところ、にわか雨にあい、近くの農家に立ち寄って蓑を求めた。ところが家からでてきた少女が、蓑ではなく1枝のヤマブキをさしだした。その場で意味が理解できなかった道灌は、のちに家臣から「七重八重　花は咲けども　山吹の　実の(蓑)一つだに　なきぞ悲しき」という古歌にかけて蓑のない言い訳をされたのだ、といわれて自分の無学を恥じ、以後いっそう勉学にはげんだという。江戸時代にあらわされた武将論『常山紀談』に書かれたエピソードである。

山吹の里から東へ徒歩約10分、丘のうえまでのぼると如意輪観音堂がたっている。隣接する収蔵庫には、木像の如意輪観音像(県文化)がおさめられている。胎内に「応保二(1162)年」の銘があり、県内では最古の銘をもつ平安末期の仏像である。春秋の彼岸や「ト

越生・毛呂山の史跡

ッカエ餅」とよばれる秋の祭りなどの際に開帳される。

越生駅から西に向かって徒歩ですぐ,県道をこえたところに法恩寺(真言宗)がある。法恩寺は,行基により開かれ,源　頼朝の保護のもと越生次郎家行によって再興されたと伝えられている,越生でもっとも古い歴史をもつ寺院である。

法恩寺の北にはかつて織物会館(越生織物商工業協同組合事務所)がたっていた。これは越生がかつて養蚕や絹織物で栄えた町であったことを物語る木造の洋風建築で,1937(昭和12)年に竣工したが,2008(平成20)年に取り壊された。

龍穏寺 ⑳
049-292-3855
〈M▶P.42〉入間郡越生町龍ヶ谷35-2-1
JR八高線・東武越生線越生駅🚌黒山行上大満🚶30分

太田道真・道灌父子が再興した曹洞宗の名刹

バスをおりてから渓流に沿って「山吹街道」とよばれる道路を30分ほどのぼっていくと,右手に龍穏寺(曹洞宗)の境内がみえてくる。

龍穏寺のある龍ヶ谷は,その西にある黒山という修験の地の影響をうけた地でもあり,龍穏寺の前身も天台宗の寺院であったと考えられている。また,一時衰退したこの寺院を,室町幕府6代将軍足利義教が上杉氏に命じて再興させた,という伝承もある。

龍穏寺はたび重なる戦乱により焼失したが,1472(文明4)年に太田道真・道灌父子によってその伽藍が再興され,以後戦国時代まで武蔵国の曹洞宗の中心寺院として発展した。本堂の左手を少しのぼったところに,太田父子の墓がある。龍穏寺は豊臣秀吉や江戸幕府からも保護をうけ,1612(慶長17)年には曹洞宗の関東三カ寺の地

鎌倉街道

ウメとユズ

コラム

食

小さな旅に 越生のウメと毛呂山のユズ

　越生町は関東三大梅林の1つである越生梅林(県名勝)がある町として有名である。大宰府に流された菅原道真の霊を越生の梅園神社にまつった際に植えられたウメが梅林の起源ともいわれている。中国原産のウメは、すでに奈良時代以前から薬木として日本にもたらされて栽培されていた。越生町においても江戸時代からウメの出荷がはじまっている。

　元禄年間(1688～1704)ごろよりシソで着色する梅干しづくりがはじまったといわれているが、塩ぬきした果肉に砂糖をまぜた梅びしおなども江戸時代には多くつくられたようである。現在越生では梅干しはもちろん、ウメを用いたようかん・ジャム・うどん、ウメの実がはいったアルカリ飲料などさまざまな加工品も特産品として販売されている。

　ユズは奈良時代に中国から朝鮮半島を経て日本に伝えられたと推定されている。昭和初期に、毛呂山町滝ノ入の農民が養蚕から経営転換をはかったのが、日本で最初のユズ栽培だといわれている。この桂木ユズからは、ゆずうどんやゆずワインなどがつくられている。滝ノ入特産の里レインボーパークでは、12月第2土・日曜日に、ゆずまつりが開催され、新鮮なユズが販売される。晩秋、山一面に植えられたユズは黄色く色づく。なかには樹齢100年をこえたものもある。

位を幕府からあたえられ、全国の曹洞宗の寺院を統制することとなった。

　1841(天保12)年に再建された三門は、2階建ての楼門で四天王像を安置する。三門から参道をまっすぐに進むと本堂に至るが、その途中を左にはいったところにある経蔵(県文化)は、1841年に建立された土蔵造の建物で、外壁に道元の一代記の彫刻などがほどこしてある。また、1672(寛文12)年に鋳造された銅鐘(県文化)は、細身でわずかな膨らみをもった日本的な鐘であると同時に、鐘をつりさげる部分の竜頭が1

龍穏寺

山吹の里から龍神の里へ

頭で，尾のところに筒を配する，という朝鮮様式の鐘としての特徴も備えている。

龍穏寺をでて道沢から右にはいり山道をのぼって横吹峠をこえると黒山にでる。黒山は関東における熊野霊場ともいえる信仰の地で，中世以来修験者たちの修行の場所として，また江戸時代の庶民の旅行地として，多くの人びとが滝のあるこの地を訪れた。越辺川の水源として三滝川からおちる男滝と女滝，藤原川からおちる天狗滝の3つの滝を総称して黒山三滝といい，今も多くの観光客が訪れる。

出雲伊波比神社 ㉑
049-294-5317

〈M▶P.42,62〉入間郡毛呂山町岩井2915
東武越生線東毛呂駅 徒歩5分，JR八高線毛呂駅 徒歩3分

出雲族の東国移住伝説　農民が継承した流鏑馬

東毛呂駅におりたって左手に進み，県道(坂戸・毛呂山線)を右折して毛呂本郷方面に向かうと，ほどなく左手にこんもりした杜があらわれる。出雲伊波比神社の神域，臥龍山である。県道きわの鳥居をくぐりうっそうとした山道をたどるのも趣深いが，県道を杜に沿って進むと，本殿正面に続く参道にでる。

大名牟遅神・天穂日命を祭神とする出雲伊波比神社は，古墳文化成立以前にこの地に移住した出雲族の祖霊祭祀を起源とするという。土地の総産土神(飛来大明神)をまつる本殿と，八幡神をまつる別宮があるが，古代の官幣社・『延喜式』式内社と考えられ，明治維新後に現在の名称に統一された。平安時代中期(11世紀)にこの地に土着し，鎌倉幕府の御家人として活躍した毛呂藤原氏との関わりが深く，現存する本殿(棟札2枚とともに国重文)は，1528(享禄元)年に毛呂顕繁が再建したものである。県内最古を誇る一間社流造の端正なたたずまいは，当時の建築様式を今によく伝えている。

本殿に向かって左側には100mほどの馬場があり，毎年春秋に流鏑馬(走る馬上から3つの的につぎつぎに矢を射る武芸，県選民)が奉納される。1063(康平6)年源頼義・義家が前九年の役の勝利記念に奉納したことがおこりと伝えられ，とくに11月3日の例大祭の流鏑馬は，稽古・精進・出陣・合戦・凱旋という鎌倉武士の一連の生活を表現したものだという。現在の流鏑馬は，農作物の豊穣を願って江戸時代初期(17世紀)から連綿と続いてきた神事であって，地元の小中学生が扮するりりしい若武者姿に見物衆の喝采が飛ぶ。

出雲伊波比神社の流鏑馬

武者小路実篤記念美術館

　神社の東南約2kmのところに、武者小路実篤が自他共生の理想をもってはじめた「新しき村」がある(武者小路実篤記念美術館は月曜休館)。

　また神社の西北約4km、ユズ林に囲まれた桂木山腹には、行基開山の伝承をもつ桂木寺(曹洞宗)がある。本堂・仁王門・観音堂からなる境内は関東平野を一望する眺望絶佳の地であり、近世以降桂木観音の名称で親しまれてきた。本尊の木造伝釈迦如来坐像(県文化)は平安初期彫刻の特徴をもつカヤ材の一木造で、10世紀の彫刻として関東屈指とされている(毛呂山町歴史民俗資料館寄託)。

鎌倉街道遺跡とその周辺 ㉒

〈M▶P.42,67〉 入間郡毛呂山町市場
東武越生線川角駅 🚶15分

今に残る鎌倉街道苦林野古墳群と古戦場

　川角駅の1kmほど北の県道(川越・越生線)を越生方面に進んで右折すると、ほどなく道の右手が雑木林になる。その雑木林のなかに約100mほど、鎌倉街道の掘割状の遺構がみられる。低湿のため近世以降使われず道路面には大木が生いしげっているが、『新編武蔵風土記稿』に「古街道の蹟は今も残れり」と記された場所と推察される。1982(昭和57)年の埼玉県立歴史資料館による発掘調査の結果、堆積土の下には幅5mの旧道面があり、両側には排水溝が認められたという。

　鎌倉時代に、鎌倉を起点に上野から信濃・越後へと続く幹道として整備された鎌倉街道上道は、軍事的にも文化的にも重要な役割をになった。その沿道には古代から中世にかけての遺跡・史跡が多

山吹の里から龍神の里へ　　65

鎌倉街道の遺構

く，文字どおり歴史の道でもある。「鎌倉街道遺跡」の標柱のある育心会付近からまっすぐ北上して，越辺川岸に至る約1.5kmの道が，かつての鎌倉街道である。古道の雰囲気をただよわす小径には道跡がはっきり残っており，場所によっては道幅までも往時の面影をとどめているといわれる。途中，県道(川越・坂戸・毛呂山線)との交差点近くに毛呂山町歴史民俗資料館がある。地域の全貌を概観するためにもぜひ立ち寄りたい。

　県道との交差点をそのまま直進すると武蔵野の面影を彷彿とさせる雑木林にはいるが，その付近一帯が川角古墳群である。毛呂山町には西戸・川角・大類の3古墳群あわせて100基余の大小古墳が確認され，一帯は県内有数の群集墳として知られる(坂戸市域とあわせて苦林野古墳群ともいう)。多くは6世紀から7世紀にかけての円墳であり，越辺川流域の沖積台地の開発にたずさわった人びとの成長をうかがわせる。

　ここ鎌倉街道は，江戸時代には近隣の生活道として利用されたらしく，街道が林間道と交差する地点の円墳上には，大類村の農民が建立した1676(延宝4)年の庚申塔がたっている。街道からそれて延宝の庚申塔を左折し，毛呂山養護学校の柵沿いの小径を100mほど進むと，前方に広がる山林一帯は中世の寺院崇徳寺跡である。その地から出土した古瀬戸や常滑産の蔵骨器4点(県文化)は中世蔵骨器の好資料である。同地にあった延慶の板碑(県文化)は，高さ3m・幅80cmの緑泥片岩が墓塔として用いられたもので，現在は崇徳寺跡前の車道を隔てた山林中に移されている。

　崇徳寺跡前の車道を北に500mほど進むと，北進してきた鎌倉街道が台地をぬけて越辺川を渡る地点にあたり，かつては大類越出とよばれた。右手，大類グラウンドの周辺一帯は1990(平成2)年，南関東ではじめて発見されたという室町時代の集落跡堂山下遺跡で，

鎌倉街道沿いに屋敷地が整備され、多数の井戸や火葬跡が確認されたことから、中世の文献にみえる苦林宿に比定されている。

大類グラウンドの北方に広がる平坦(たん)な田畑・宅地一帯が、苦林野古戦場(県旧跡)である。1363(正平18・貞治(じょうじ)2)年、一説には1365年、鎌倉公方(くぼう)足利基氏(もとうじ)と越後の守護職(しゅごしき)であった芳賀禅可(はがぜんか)の軍勢が激戦し、その合戦で基氏の関東支配は安定したという。また1477(文明9)年におこった太田道灌と長尾景春(ながおかげはる)方の武将矢野兵庫助(のひょうごのすけ)の合戦地にも比定されるなど、多くの合戦の舞台となった。

グラウンド北の車道を、沿道の石仏群を眺めながら右折し、まもなく左折して住宅地をぬけて森にはいると、うっそうとした木立のなかに、大類古墳群に属する6世紀ごろの円墳が10基ほど確認できる。苦林野合戦で壮烈な死をとげた10士の霊をまつったという十社(じっしゃ)神社をすぎ、稲荷(いなり)神社のさきで左折するとまもなく、沿道左側に前方後円墳の苦林古墳があらわれる。墳頂に苦林野古戦場の石碑と説明板があり、後円部には1813(文化10)年、近在の農民たちが合戦の供養と岩殿(いわどの)観音遥拝(ようはい)のために建立した石仏十一面千手(せんじゅ)観音がたっている。なお苦林古墳へ直接いくには、東武東上線坂戸駅から大橋行きバスに乗り善能寺(ぜんのうじ)で下車するとよい(バスは1時間に1～2本)。

苦林野周辺の史跡

大宮住吉神社(おおみやすみよしじんじゃ)❷❸ 〈M▶P.42,68〉坂戸市塚越(つかごし)254
東武東上線若葉(わかば)駅🚌八幡団地行住吉神社前🚶7分

坂戸東部の田園地帯大宮住吉神楽が有名

バス停住吉神社前でおりると、道路脇に「郷社大宮住吉神社是(これ)より東五町」と記された大きな石標が目にはいる。そこを東へいくと、すぐに義家塚のある塚越神社に着く。源頼朝の命によって源義家をまつったと伝えられている。

さらに東へ進むと、左手前方にこんもりとした大宮住吉神社の杜がみえてくる。神社は959(天徳(てんとく)3)年に長門(ながと)国一宮(いちのみや)住吉神社を勧請したものと伝えられ、祭神は海神・水神とされる住吉三神である。

山吹の里から龍神の里へ

坂戸市東部の史跡

周囲は古くから開けた水田地帯で、神社の前に湧水池があるところから、有力者の水源確保や水田支配となんらかの関わりをもって発展したものといわれている。鎌倉時代には源頼朝から社領を拝して北武蔵12郡(入間・高麗・比企・男衾・大里・秩父・幡羅・榛沢・賀美・那賀・児玉・埼玉)の総社とされ、神主の勝呂氏は神職の触頭に任じられた。室町時代にはいると関東管領足利持氏によって社殿が再建され、さらに1602(慶長7)年には徳川家康から勅願所としての朱印状をあたえられた。以来2月23日には、北武蔵12郡の社家を集めて治国平天下の祈願を執行した。これが「天下祭」とよばれる行事で、明治以後は4月3日の例大祭に行われている。

　例祭は2月23日(祈年祭)・4月3日(例大祭)・11月23日(新嘗祭)の3回。例祭には社殿正面の神楽殿で大宮住吉神楽(県文化)が奉納される。太々神楽と称されるこの神楽は、江戸の里神楽を継承したものといわれ、代々神社の氏子である塚越の人びとによって伝えられてきた。平素は緑深い木立に囲まれて静かな境内も、例祭には近隣からの参拝客でたいそう賑わう。

　大宮住吉神社から南に向かってしばらく歩くと、戸宮地区の鎮守八幡神社に着く。ここには、応神天皇と天御中主大神がまつられている。毎年10月第3土曜日

大宮住吉神楽

鎌倉街道

には「ささら獅子」とよばれる獅子舞が行われている。

八幡神社から西へいくと、ほどなくきらびやかな建物がみえてくる。道教の寺院聖天宮である。主神は三清道祖で、開廟は1995（平成7）年と歴史は新しいが伝統的な道教の建築様式をもっている。

2010（平成22）年に発見されて話題となった東山道武蔵路の遺構は、聖天宮や大宮住吉神社の西側を南北に走っている。

なお、大宮住吉神社の東方約700mのところには、坂戸市内最大級の雷電塚古墳（県史跡）がある。時間があれば足をのばしてみたい。

日枝神社から雷電池へ ❷

〈M▶P.42,70〉 鶴ヶ島市高倉36・脚折1715
東武越生線一本松駅 🚶 20分

日枝神社の高倉獅子舞 4年に一度の雨乞い行事

一本松駅から東へいくと、20分ほどで日枝神社へ着く。日枝神社は、高倉朝臣が近江から武蔵へ移ってきたときに、近江の日吉神社の神を勧請したのが始まりとも伝えられている。祭神は大山咋神で、11月2・3日の例祭では、地元の保存会によってうけつがれている高倉獅子舞が行われる。県内の獅子舞には、秩父を源流とする山岳系統のものと、川越を中心とする平野系統の2つがある。高倉獅子舞は山岳系統を基本にしながら、平野系統を折衷したものとされる。この獅子舞は、悪霊・悪疫退散のための芸能であるが、五穀豊穣感謝の行事でもある。11月2日は日枝神社出発後に稲荷神社と高福寺跡で舞が行われ、3日は日枝神社がその舞台となる。

脚折才道木の交差点まで歩くと、才道木日光街道道しるべがある。文政年間（1818〜30）に建立されたものである。ここは日光と八王子、川越と越生を結ぶ2つの街道がまじわっているところで、日光街道に残る数少ない道しるべである。「南　八王子たかはぎ道　北　日光さかど道　東　江戸川こえ道　西　慈光をこせ道」という文字がきざまれている。

ここから北へ向かうと、

高倉獅子舞

山吹の里から龍神の里へ

鶴ヶ島の史跡

　ほどなく右手に白鬚神社がみえてくる。高句麗系渡来人の高麗王若光が，崇拝していた猿田彦命と武内宿禰を白鬚大神と称して数社をまつったうちの１つだと伝えられている。社地には，樹齢900年といわれる脚折の大ケヤキ(県天然)がたっている。また，後述する雨乞い行事の舞台でもある。

　東へ進むと，雷電池にでる。かつて雷電池には雷と雨をつかさどる大蛇が棲んでいて，池のほとりにある雷電社に祈ると，雨をふらせることができるという信仰があった。ところが，寛永年間(1624〜44)にこの池が開発され，大部分が水田化したため，大蛇は上州板倉へ移ってしまったと考えられた。そこで日照りの夏には，板倉雷電神社から貰い水をするとともに，竹と藁で巨大な竜蛇をつくるという独特の雨乞い行事が行われるようになった。現在は4年に1度，夏季オリンピックがある年の8月上旬に行われている。白鬚神社を出発した竜蛇は善能寺を経由して雷電池に到着すると，池のなかを勇壮に泳ぎまわる。脚折雨乞い行事(県民俗)は一時期とだえていたが，1976(昭和51)年に脚折雨乞行事保存会によって復活している。

　雷電池から若葉駅へ向かい駅の東口にでると，その周辺一帯は古代の大規模集落跡(若葉台遺跡)である。近代には陸軍士官学校坂戸飛行場が置かれたため，近年まで多くの戦争遺跡が見られた。

4 比企丘陵を歩く

中世武士にまつわる史跡・城館跡が多い。吉見百穴や丸木美術館など、古代から現代まで幅広い見どころがある。

吉見百穴と地下軍事工場跡 ㉕

〈M▶P.42,71,76〉比企郡吉見町北吉見325
東武東上線 東松山駅🚌免許センター行吉見百穴🚶1分

古代の横穴古墳群と戦時中の地下工場跡が併存

東松山駅から鴻巣方面にバスで10分ほど進むと、市野川の対岸に比企丘陵の支脈である吉見丘陵が姿をあらわす。その先端部が松山城跡(県史跡)で、左手に目を移すと、凝灰岩が露呈した山肌に、多くの横穴が口をあけているのがみえる。ここが吉見百穴(国史跡)で、6世紀末から7世紀にかけてつくられた横穴墓群である。

百穴から北東約4kmの八丁湖畔にも、大半は未発掘ながら、総数500基をこえると推定されている黒岩横穴墓群がある。

吉見丘陵周辺に散在するこれらの横穴墓群は、東京の大森貝塚の発掘で有名なエドワード・モースが訪れるなど学問的関心を集めていた。こうしたなか、1887(明治20)年に、吉見百穴の発掘調査が実施された。これは、地元の素封家根岸武香らの援助のもと、帝国大学大学院生坪井正五郎によって行われたものである。それまで横穴の入口の多くが緑泥片岩などでふさがれていたが、この調査で237基を露出させたという。

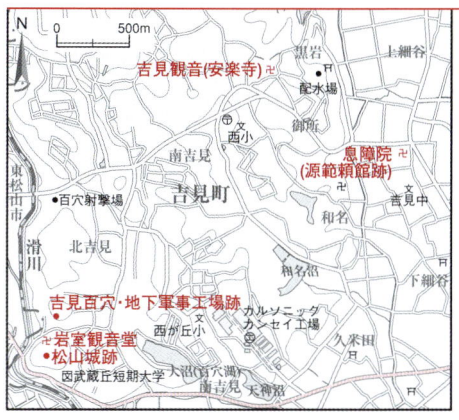

吉見町の史跡

吉見百穴

実際に内部へはいってベッド状の棺座施設を見学できるものもある。

　これらの横穴群は，同じころ周辺で築造された「胴張型」とよばれる特異な石室をもつ墳墓とともに，いわば突如として出現した。6世紀後半，吉見丘陵周辺に横渟屯倉という大和政権の直轄地がおかれ，その管理者として渡来系の壬生吉志氏が摂津から移住してきた。新しい墓制への転換は，こうした動きが背景にあるものとされる。

　百穴にはひときわ大きな横穴が数カ所あいている。これは第二次世界大戦末期に，本土爆撃が激しくなるなか，中島飛行機株式会社の大宮製作所を疎開させるためにつくられた地下軍事工場跡である。1980年代以降に行われた県内の高校生や市民らによる地道な調査によって，その実態がかなりあきらかにされた。軍の計画では，百穴周辺の地下に，延べ面積1万坪（3万3000㎡），総延長8400mの隧道を掘り，原材料から仕上げまでの一貫したラインをもつ工場の建設を予定していた。1945(昭和20)年2月に起工し，敗戦時には80％が完成していたという。7月には，首相鈴木貫太郎が激励にきているが，一部が稼動した程度で敗戦を迎えた。現在公開されている地下トンネルは全体の10分の1ほどにすぎない。ところで，この地下工場建設には約3500人にものぼる朝鮮人労働者も従事していた。今，「日朝平和友好親善」を目的に植えられたムクゲの木が，百穴の右手奥で生長している。なお，一部の横穴に，平地では珍しいヒカリゴケ(国天然)が自生している。

　百穴から県道33号線沿いを桶川方面へ徒歩で約4kmいった江綱地区に，元巣神社がある。近代以降のたび重なる戦争を背景に，弾丸除けや徴兵のがれ，出征兵士の帰還をひそかに祈るための神社参拝が各地で流行した。元巣神社もそうした流行神の1つで，社名にあやかり，出征者が元の巣に無事帰ってきてほしいと願う人びとの信仰を集めた。神社が所有する祈願者名簿には，1万3000人余の名前があるという。日露戦争のころ，国家の弾圧により社名の変更を余儀なくされた歴史も秘める。境内にひっそりたたずむ「江綱神社」の石柱はその名残りである。

松山城跡 ㉖

〈M▶P.42,71,76〉比企郡吉見町北吉見298
東武東上線東松山駅🚌免許センター行吉見百穴🚶すぐ

武田信玄・上杉謙信らも争奪戦を展開した戦国の名城

　松山城は「連山ノ鼻ニテ，孤山ニ似タリ」とうたわれ，さらに市野川が地下軍事工場建設で流路をかえられるまでは，その流れが本丸下を洗うなど，まさに天然の要害といった景観を呈していた。

　松山城の起源については，いくつかの伝承はあるものの不明である。応永年間(1394〜1428)に至り，扇谷上杉氏の宿老で外秩父出身とされる上田氏が本格的な築城を行ったという。ののち，戦国時代前半までの松山城の役割は，古河公方に対抗する上杉方の拠点から，山内上杉氏との間で内紛を繰り返す扇谷上杉氏側の前線基地へと変遷をたどる。北条氏が台頭する戦国時代後半には，内訌をおわらせた両上杉氏が，北条氏に対峙するための根拠地の１つとした。しかし，北条方の支配下にはいった川越城の奪還をねらう上杉方は，1546(天文15)年の川越夜戦で惨敗し，松山城も北条方の手中におちた。その後も，武田信玄や上杉謙信らもまきこんで，北条・反北条による松山城争奪戦が数度にわたって展開される。やがて北条氏による関東支配がかたまるなか，同氏にくみした城主上田朝直が，ようやく安定を手にいれ，領国経営を進めた。だが，1590(天正18)年，豊臣秀吉による小田原攻めが行われた際，東山道方面から攻め入った前田利家を総大将とする３万余兵の包囲の前に松山城は降伏し，上田氏も滅亡した。同年，徳川家康の家臣・松平家広が１万石で入封したが，あとをついだ弟忠頼の浜松転封とともに，1601(慶長6)年，ついに廃城となった。

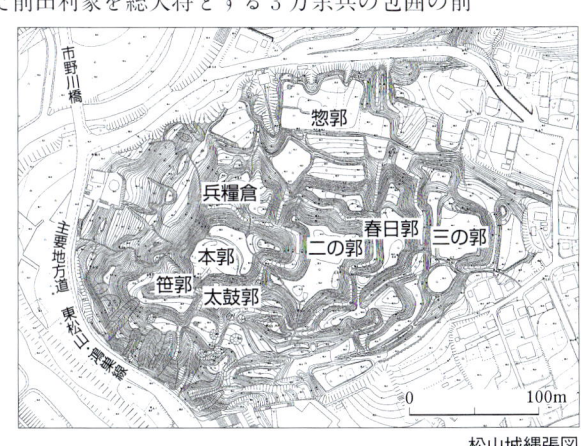

　現在，北東方向の外郭部分は姿をとどめてはいないが，本

松山城縄張図

比企丘陵を歩く　73

丸とそれをつぎつぎとつつみこむような3つの郭，その周辺に複雑に入り組んだ堀や平場などの縄張りは実見できる。散策するには落葉する冬場がおすすめである。また，城跡の北側には，弘法大師創建の伝説を残す岩室観音堂がある。四国八十八カ所の本尊を模した88体の石仏が安置されており，これを礼拝すれば，四国巡礼と同じ利益があるという。

吉見観音と源範頼館跡(息障院) ㉗
0493-54-2898・0493-54-0028

<M▶P.42,71> 比企郡吉見町御所374

東武東上線東松山駅🚌免許センター行吉見百穴🚶15分

非運の武将源範頼ゆかりの古刹と坂東札所

百穴から県道今泉東松山線にでて1kmほど東へ進むと，左手に，うっそうとした木立にいだかれた三重塔がみえてくる。ここが，平安初期の坂上田村麻呂を開基とする伝承をもち，坂東11番札所吉見観音として参詣者のたえない岩殿山安楽寺(真言宗)である。寺の縁起によれば，平治の乱(1159年)に敗れた源義朝が尾張で謀殺されたのち，その遺児範頼が，稚児僧としてこの寺にかくまわれたという。のち，この地を領した範頼は，三重塔や講堂などを寄進したと伝えられている。しかし，天文年間(1532～55)の松山城攻防戦の際，伽藍はことごとく灰燼に帰し衰亡した。寛永年間(1624～44)に呆慶(呆鏡)があらわれ復興に尽力し，その後，宝永年間(1704～11)ころまでに三重塔・本堂・仁王門(いずれも県文化)，諸仏が順次整った。

同じ御所地区に，吉見観音と「古くは一山なり」といつがれてきた息障院光明寺(真言宗)がある。息障院は源範頼館跡(県史跡)とされ，範頼および吉見氏を称したその子孫の5代が居住したと伝えられており，これが御所の地名のおこりという。また，同寺には鎌倉初期の作とされる不動明王坐像(県文化)や1465(寛正6)年作の絹本着色両界曼荼羅(県文化)などが所蔵されている。

息障院から南東へ約4.5kmいった大串地区に金蔵院がある。その西側約70mの畑のなかに，「永和二(1376)年」の銘がきざまれた宝篋印塔(県史跡)がたっている。1999(平成11)年の修復工事の際，その下から13世紀初頭に中国でつくられた白磁四耳壺(県文化)など

が出土した。この宝篋印塔は、『平家物語』の「宇治川先陣」の巻に登場する大串次郎重親の墓と伝えられるが、あきらかに時代に相違がある。

箭弓稲荷神社 ㉘
0493-22-2104　〈M▶P.42,76〉東松山市箭弓町2-5-14
東武東上線東松山駅🚶10分

商売繁盛の箭弓稲荷ぼたん園も見どころ

東松山駅西口から南西の方へ10分ほど歩くと、箭弓稲荷神社の鳥居がみえてくる。この神社の創建は、平安時代末期といわれているが、その名が知れわたったのは、江戸時代の中期をすぎてからである。箭弓稲荷は、おもに商売繁盛の神とされ、近隣ばかりではなく、江戸や関東一円の商人から信仰されていた。

社殿(県文化)は、天保年間(1830～44)に再建されたもので、建築様式は権現造、本殿は間口3間、屋根は切妻・銅葺きである。この社殿には、竜や獅子などの華麗な彫刻がかざられている。これは近隣の彫刻師によって彫られたものである。また本殿裏側の羽目板には仙界の理想郷をあらわす「烏鷺の図」もある。そのほか社殿をとりまく欄間には歴史上に登場する人物や出来事を題材とした絵馬が数多く掲げられている。神社の境内には7世市川団十郎が芸道成就のため奉納した石祠やぼたん園もあり、見どころが多い。

東松山一帯の中心部は歴史的に大きく移動している。戦国時代に松山城が隆盛のころは、松山城の直近である現、松本町付近であった。その後江戸時代にはいり、松山城が廃城となり、幕府の政策で諸国に街道が整備されるようになると、松山は日光脇往還、川越・熊谷道の人馬継立ての宿場町として発展した。したがって町の中心部は、街道に面した現、本町付近に移った。東松山駅東口から北東へ1kmほど歩いた本町の街道沿いには江戸から昭和初期まで、商店・旅籠・問屋・馬継が軒を連ねていた。明治中期から防火のため、建物を蔵造りにす

箭弓稲荷神社

比企丘陵を歩く　75

る商店もあり,昭和初期までは川越のような蔵造りの町並みがあった。現在も何軒か蔵造りの建物が残り,往時をしのばせてくれる。また,上沼公園の近くに市の神である八雲神社があり,社殿にほどこされたさまざまな題材の彫刻は,かつての本町の繁栄を象徴するかのような華麗なものである。

現在の東松山市の中心部である市役所付近(松葉町)には,幕末に前橋藩がその飛び地である比企地方6万石を支配するための松山陣屋がおかれていた。陣屋は面積6万5000㎡(約2万坪)という広大なもので,周囲には堀と土塁をめぐらせた本格的なものだった。松山

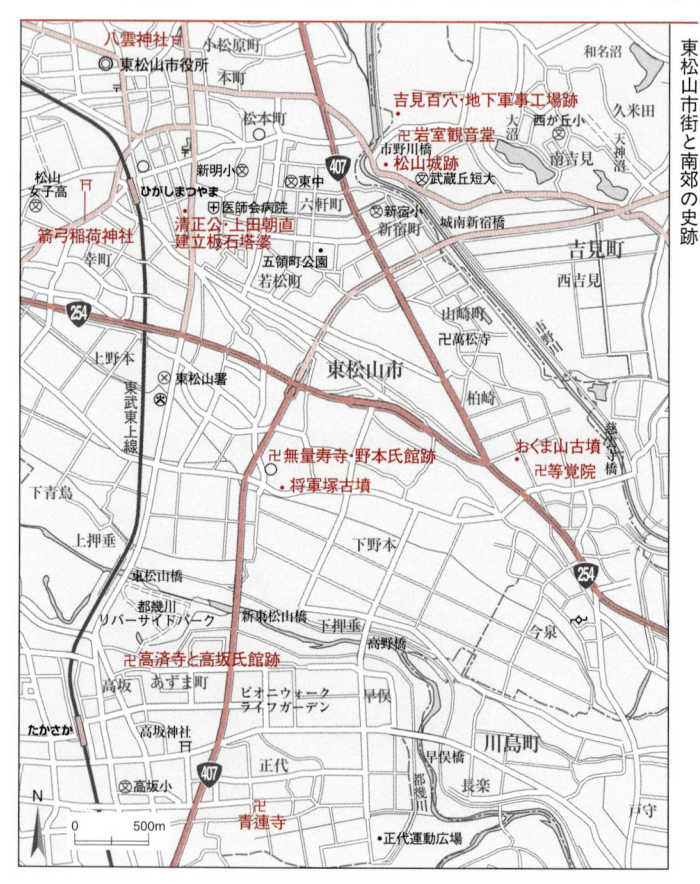

東松山市街と南郊の史跡

陣屋のなかには前橋藩の藩校博喩堂があり,ここに掲げられていた「博喩堂」の額は市役所に隣接した小学校に保管されている。なお,額のレプリカは川越市立博物館でみることができる。松山陣屋の建物・遺物はほとんど消失してしまった。現在は,市役所に前橋藩松山陣屋の碑を残すのみである。

　そのほか,市街地の史跡として,東松山駅東口から南東の方へ歩いて15分ほどの国道407号線沿いの清正公境内に,戦国時代の松山城主上田朝直建立の青石塔婆(県文化)がある。これは朝直が,戦いで亡くなった一族や家臣の冥福を祈ってたてたものだといわれている。

等覚院と将軍塚古墳 ㉙
0493-22-2165

〈M▶P.42,76〉東松山市古凍536・下野本612
東武東上線東松山駅🚌川越行古凍🚶5分・30分

県内第2の前方後円墳
鎌倉期の阿弥陀如来像

　国道254号線が縦貫する東松山市南東の台地は,比企郡の郡家があったことによると考えられる古凍(古郡)という地名が残るように,早くから開発された地域であった。古凍バス停の北約200mの畑のなかにあるおくま山古墳は全長62mの前方後円墳,6世紀前半の築造とされる。かつて幅10mもあった周濠は,現在は埋まってしまった。豊臣秀吉が松山城を攻めた天正の松山合戦では,古凍に搦手の上杉景勝の陣がしかれ,物見台として利用された。頂上から北をのぞめば,松山城跡の東に隣接する武蔵丘短期大学の白い校舎がみえる。

　その南東約200mには,来迎寺等覚院(天台宗)がある。鎌倉初期の阿弥陀如来坐像(国重文)はみのがせない。高さ88cm,寄木造で漆箔がほどこされ,東面して上品下生の来迎印を結んでいる。

　等覚院から古凍の大きな交差点をへて西に約2kmいくと,県内第2の規模をもつ将軍塚古墳(県史跡)がある。墳丘周縁部はかなり削りとられているが,それでも全長115mも

等覚院阿弥陀如来坐像

比企丘陵を歩く　　77

あり，6世紀初めの築造とされる。

　将軍塚古墳のすぐ北にある無量寿寺(曹洞宗)は，『今昔物語集』の芋粥の話で知られる平安中期の伝説的武将藤原利仁が，武蔵守となって営んだ陣屋の跡地。のちにその遺徳をしのんだ人びとが寺を建立し，利仁山野本寺と称したことにはじまるという。藤原利仁の後裔は鎌倉時代に野本氏を称してこの地に住んだが，その野本氏館跡の土塁の一部が境内に残っている。

高済寺と高坂氏館跡 ㉚
0493-34-4340

〈M▶P.42,76〉東松山市高坂834
東武東上線高坂駅🚶10分

高坂台地を本拠地とした中世武士団の足跡

　北の都幾川と南の越辺川が形成した沖積平野へ舌状にせりだした高坂台地には，かつて，縁辺部の急斜面を防御施設として利用した武士団の館が構築されていた。

　高坂駅から北東へ約10分歩くと，台地の北東縁に高済寺(曹洞宗)があるが，ここは秩父氏の流れをくむ高坂氏館跡とされる。高坂氏は，鎌倉末期から記録にあらわれ，南北朝動乱期に足利方として活躍したが，1368(応安元)年の平一揆で幕府にそむいて没落した。江戸初期，この地の領主となった幕臣の加々爪氏は，中世の館跡に大改修を加え，東西約170m・南北208mの規模を誇る陣屋をおいた。同氏は1681(天和元)年，4代目のとき，所領争論のことで領地没収，絶家となった。寺の西側には，約100mにわたって土塁と空堀がよく残る。土塁は一部古墳を利用してつくられ，後円部だったところに加々爪氏累代の墓(県旧跡)がある。

　高坂駅の南東に正代地区がある。ここは台地の南東縁にあたり，児玉党に属する小代氏が館を構えていた。小代重俊は勲功により肥後国野原荘の地頭職を補任されたが，1271(文永8)年，鎌倉幕府から，蒙古襲来に対する防御と領内の悪党鎮圧のため肥後下向を命じられ，以降一族の根拠地はしだいに九州に移った。重俊自身は本貫の地で亡くなったといい，青蓮寺(天台宗)境内には，重俊の供養塔である「弘安四(1281)年」銘の板石塔婆(県文化)がある。重俊の仁徳を慕って諸衆合力して建立したという。

78　鎌倉街道

岩殿観音と埼玉県平和資料館 ❸
0493-34-4156・0493-35-4111

〈M▶P.42,80〉 岩殿観音：東松山市岩殿1129，平和資料館：東松山市岩殿241-113
東武東上線高坂駅🚌鳩山ニュータウン行大東文化大学🚶5分・5分

　大東文化大学前バス停から裏参道を5分ほど歩くと，坂東10番札所岩殿観音として親しまれる岩殿山正法寺(真言宗)がある。養老年間(717〜724)の創建といわれ，その後衰微したが，源頼朝の命をうけた比企能員により復興をとげた。室町期には66坊を数える大伽藍に発展したというが，その後いく度かの兵火や火災に見舞われた。現在の観音堂は，日高市にあった堂宇を明治期に移築したもので，この観音堂を取り囲む崖には多数の石仏がはめこまれている。

　1322(元亨2)年に鋳造された正法寺銅鐘(県文化)を左手にみながら石段をおりると，観音菩薩の異称である「施無畏」の扁額を掲げた仁王門に到着する。ここから表参道を眺めると，昔ながらの門前町のたたずまいを感じさせる。なお，バス停近くの標柱をたよりに山道を5分ほど進むと，六面幢(県文化)がある。「天正十(1582)年」の銘がある供養塔で，6枚の板石塔婆にはおのおの種子や銘文・彫刻がほどこされているが，そのうち1枚が行方不明となっている。

　バス通りをはさんで反対側がツツジで有名な物見山で，その一角にユニークな展望塔が目じるしの埼玉県平和資料館がある。戦争の悲惨さと平和の尊さを伝えることを目的として，1993(平成5)年に開館した。入口のトンネルをぬけると，第二次世界大戦の序章たる昭和初期へタイムスリップするといった演出上の工夫もなされている。風船爆弾の模型などの展示のほか，国民学校の授業や空襲下の防空壕を疑似体験できるコーナーもある。資料館から高坂駅方面に戻る途中に「足利基氏館跡」という表示板がある。案内にしたがってしばらく進むと足利基氏塁跡がある。鎌倉公方基氏が，敵対する宇都宮氏の家臣芳賀入道との合戦に備えて構築した砦で，堀や土塁の跡が一部残る。

青鳥城跡 ❸
〈M▶P.42,80〉 東松山市石橋城山2104
東武東上線森林公園駅🚶30分・レンタサイクル10分

　東松山市街の西側である石橋・唐子地区は，開発の進むなかにあ

東松山市西部の史跡

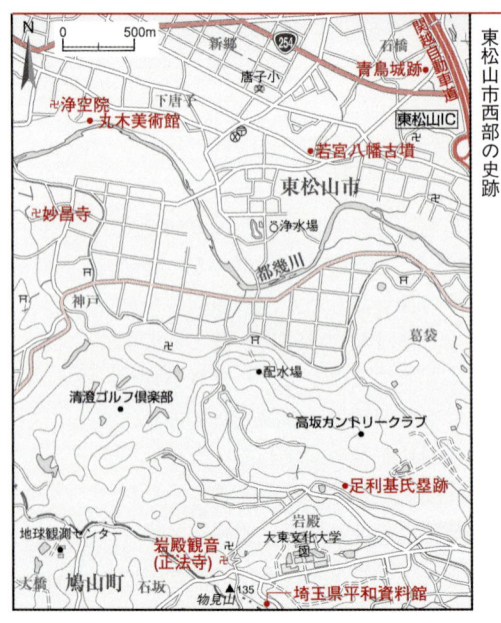

武蔵武士が松山台地に残した壮大な城館跡

って自然の姿を色濃く残す場所である。ただ，交通の便が悪く森林公園駅からは，自転車などを利用したほうがよい。

　森林公園駅南口の道路を南に進み，つきあたった国道254号線を左折して500mほどいくと，関越自動車道にでる。関越の手前を右折すると青鳥城跡(県史跡)である。青鳥城は，松山台地が都幾川の流れる低地におちこむ部分に築かれている。規模は東西750m・南北600mほどある。正方形の本郭(ほんくるわ)は，保存状態も良好である。その本郭を囲むように二の郭・三の郭が築かれている。本郭・二の郭を取りまく土塁・堀も非常によく残っている。築造年代は平安時代以降と考えられ，戦国時代まで拡張を繰り返した形跡がある。城主については藤原恒儀(こうぎ)ほか諸説があり不明である。

　青鳥城跡から南へ800mほど離れた唐子地区に，若宮八幡古墳(わかみやはちまん)がある。かつてはこの地域に古墳群が存在したが，現在はこの古墳を残すのみである。古墳は円墳で，規模は直径30m・高さ4mほどである。内部は横穴式石室になっている。石室の全長は約9mで，玄室(げんしつ)，前室(ぜんしつ)，羨道(せんどう)に分かれている。石室は開口していて，鉄格子をとおして内部をみることができる。古墳は，現在若宮八幡神社となっており容易に見学できる。

丸木美術館 ㉝
まるきびじゅつかん
0493-22-3266
〈M▶P.42,80〉　東松山市唐子1401
東武東上線つきのわ駅🚶30分，森林公園駅🚶60分またはレンタサイクル20分

　森林公園駅の南側一帯に整然と区画されて広がるのが，東松山工

丸木美術館

業団地である。かつてここは、第二次世界大戦の末期に、首都防衛飛行場群の１つとして急遽建設された松山(唐子)飛行場であった。未完成で敗戦を迎えた飛行場の遺跡は残っていないが、国道254号線の南にある唐子小学校からまっすぐにのびる側溝は、飛行場建設時のものである。

唐子小学校から南へ１kmほど離れた都幾川沿いにたつのが丸木美術館である。世界的に知られた反戦画家である丸木位里・俊夫妻の畢生の大作である「原爆の図」14部のほか、「水俣の図」「南京大虐殺の図」「アウシュビッツの図」などが展示されている。そのほか丸木夫妻の絵本作品などの画業もみることができる。

丸木美術館の西に浄空院(曹洞宗)がある。この寺院は1593(文禄２)年江戸幕府の旗本菅沼定吉により開基された。簡素な造りの庫裏・本堂・禅堂・裏門などは趣がある。

浄空院の南、神戸の妙昌寺(日蓮宗)には日蓮供養板石塔婆(県文化)をはじめ多くの板碑がある。

「原爆の図」を常設展示する世界的美術館

大谷の里・宗悟寺 ㉞
0493-39-0617
〈M▶P.42,82〉 東松山市大谷400ほか
東武東上線東松山駅🚌熊谷行藤山🚶30分

東松山市の北部大谷地区は、比企氏ゆかりの地である。藤山バス停から国道407号を北に５分、森林公園に至る道を左折して25分歩くと、右手に旗本森川氏の菩提寺である宗悟寺(曹洞宗)がある。寺伝によれば、若狭局(比企能員の娘)が夫源頼家供養のために建立した寿昌寺を、天正年間(1573～92)に森川氏がすぐ近くに移して中興したものという。比企氏館跡は、宗悟寺のある扇ケ谷の東隣にあたる城ケ谷辺りと伝えられるが、特定されてはいない。宗悟寺の北西には、山容のなだらかな比丘尼山がみえる。ここは比企の尼(能員の養母・頼朝の乳母)や若狭局が草庵を結んだところと伝えられる。

比丘尼山の北東に広がるゴルフ場のなかの、ひときわ高い尾根に

比企氏の根拠地、末期の板碑や石塔

比企丘陵を歩く

大谷の里の史跡

雷電山古墳がある。これは5世紀中頃に築造された全長76mの前方後円墳の前方部を著しく短くした形の帆立貝式古墳である。一帯には、かつて雷電山古墳を中心として二百数十基の古墳を数えた三千塚古墳群があったが、ゴルフ場開発によりほとんど失われてしまった。国道407号線の藤山バス停から西へ15分歩くと、大谷瓦窯跡(国史跡)がある。これは丘陵の斜面を利用してつくられた7世紀後半の半地下式登り窯の跡で、1基が整備されている。

藤山バス停の北方1.6kmにある東松山病院前のバス停から東に約5分歩けば、光福寺(曹洞宗)に至る。本堂手前左の建物には、「元亨三(1323)年」の銘をもつ、高さ2.1mの宝篋印塔(国重文)、「嘉元四(1306)年」の銘をもつ、高さ1.52mの板石塔婆(県文化)がある。板石塔婆は、阿弥陀三尊の来迎がきざまれたみごとなものである。しかし、保護のために覆堂に収められよくみえないので、拓本をみせてもらうとよい。

東松山病院から国道をさらに北に進むと、「上岡の馬頭観音」で知られた妙安禅寺がある。農家にウマが飼育されていたころは、ウマの守護仏として信仰が盛んであった。2月19日が縁日で、関東地方の絵馬頒布の習俗をよく伝えている。

武蔵丘陵森林公園とその周辺 ㉟

国営公園内に残る鎌倉古道と城館跡

0493-57-2111
〈M▶P.42,83〉比企郡滑川町山田
東武東上線森林公園駅🚶40分

森林公園駅北口から木々に囲まれた遊歩道を3kmほど歩くと、武蔵丘陵森林公園である。滑川町の北東部に広がる自然公園で、面積は約300haある。公園内には、散策コース・花木園・広場・サイクリングロードなどがあり、四季をとおして楽しむことができる。

公園の南口からはいって右手の小山のうえに、山田城跡がある。山田城は構造からみて、戦国時代の築城と考えられるが、史料がなく年代・城主など詳細は不明である。しかし、堀・土塁などの遺構はよく残っている。山田城跡から北へ300mほどいったところに、鎌倉街道の支道である鎌倉古道も部分的に残存している。

　武蔵丘陵森林公園の南口から、南西へ2km離れた場所に古窯跡の1つ五厘沼窯跡群がある。ここでは、須恵器とよばれる渡来系の土器が生産されていた。滑川町が行った発掘調査によると、出土品などから五厘沼窯跡群は、7世紀初頭に築かれたことがあきらかになった。比企地方における須恵器生産の古窯跡は、従来鳩山町など都幾川以南の南比企丘陵に限定されてきたが、この窯跡群の発見は旧来の見解に修正を迫るものであった。登り窯式の窯跡は、現在覆屋がかけられ、フェンスで囲われているので立ち入りできない。

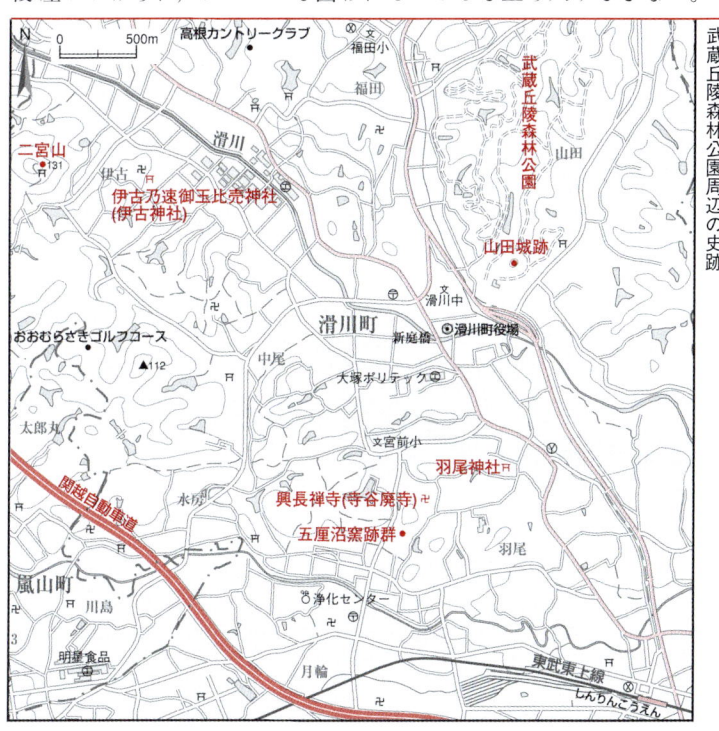

武蔵丘陵森林公園周辺の史跡

比企丘陵を歩く

五厘沼窯跡群の北側にある興長禅寺は，16世紀創建の曹洞宗の寺院である。この寺院の周辺には多数の古い瓦が出土することから，寺谷廃寺とよばれる古代寺院の存在が確認されていた。寺谷廃寺から出土した軒丸瓦の文様の特徴をみると，日本最古の寺院とされている飛鳥寺(奈良県)の古瓦の文様と類似していることから，寺谷廃寺の創建は7世紀初頭までさかのぼることができ，東日本最古の寺院の1つと推定されている。

　寺谷廃寺から北西3kmの場所に，『延喜式』神名帳(927年)に比企郡で唯一記載された式内社である伊古乃速御玉比売神社がある。通称伊古神社は，もともと北側にそびえる二ノ宮山(131.8m)の頂上にあったが，1469(文明元)年に現在地に移ったとされている。祭神は，気長足姫命・大鞆和気命・武内宿禰命であり，かつては比企の総鎮守として参詣する人も多く，東松山市石橋青鳥に一の鳥居，滑川町羽尾の鳥居坂に二の鳥居があったという伝承も残っている。神社の境内には，安産祈願のための神木ハラミ松があったが，近年枯れてしまい幹の部分をわずかに残すのみである。境内全体に自生する樹木は，暖帯常緑樹と温帯落葉樹が共生する珍しいもので，県指定の天然記念物となっている。

　伊古神社から，北へ2kmほど離れた和泉地区にあるのが，泉福寺(真言宗)である。泉福寺には平安時代末期の作で，著名な仏師である定朝の流儀がみられる木造阿弥陀如来坐像(国重文)，および鎌倉時代初期の作で両脇侍である観音・勢至菩薩像(県文化)がある。この仏像は保護のため現在覆屋がかけられ施錠されているため，見学するには滑川町教育委員会に事前申請が必要である。

　滑川町の南部，東武東上線つきのわ駅北口から北東へ1.5kmほどの場所にある月輪神社

泉福寺阿弥陀如来覆堂

は，709(和銅2)年創建といわれる古社である。祭神の1柱は九条(月輪)兼実であり，兼実と月輪地区の結びつきが指摘されているが，確たる証拠はない。なお，この神社は古墳のうえにつくられており，周溝の痕跡が一部残っている。月輪周辺には月輪古墳群があり，小規模の古墳が密集する地域であったが，近年の宅地開発などで多くは消失してしまった。月輪神社から1.5kmほど北東の羽尾地区に羽尾神社がある。この神社も古く829(天長6)年の創建とされている。一説によると，境内は祭神の1柱藤原恒儀の館跡ともいわれているが遺構は残っていない。

滑川町の近代以降の史跡としては，福田地区に，第二次世界大戦末期につくられた地下軍事工場跡があるが，崩落などの危険があるため現在は立ち入ることはできない。

杉山城跡から小倉城跡へ ㊱

〈M ▶ P.42,88〉比企郡嵐山町杉山雁城 645

東武東上線武蔵嵐山駅🚶40分

武蔵嵐山駅東口から図書館に向かい，住宅地を北にぬけると市野川の河川敷に広大な農地が広がるが，この市野川に並行して鎌倉街道(上道)がとおっていたようである。

そのまま杉山城に向かって歩いていくと，西北に小川町の高見城跡(県史跡)がのぞめるが，この2つの城は烽火による通信をかわしていたとも考えられている。

杉山城跡(国史跡)は，関東の戦国山城の傑作で，山の高低差を利用した多くの郭やそれを囲む空堀や土

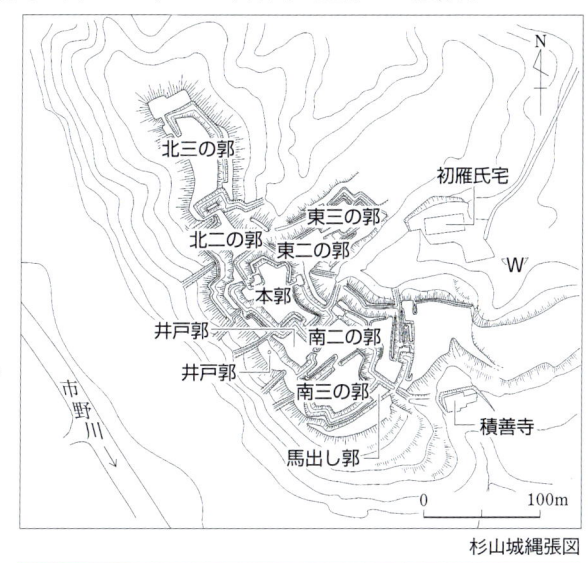

杉山城縄張図

塁，防御用の工夫の跡などがよく残されている。杉山城から北へ徒歩約15分，関越自動車道の脇に杉山出身で江戸時代後期の狂歌師元杢網夫妻の墓(県旧跡)がある。

杉山城から南へ嵐山渓谷をめざして国道254号線をこえ，徒歩約40分のところに白山神社がある。白山神社の境内には太田資康詩歌会跡(県旧跡)の碑がたっている。ここは1488(長享2)年に須賀谷原で山内上杉方と扇谷上杉方の合戦がおこった直後，禅僧の万里集九が太田道灌の子である資康らと詩歌会をもよおした場所である。また，白山神社の裏の長者塚からは享保年間(1716〜36)に鋳銅経筒(県文化)が発見されており，菅谷館跡にある埼玉県立嵐山史跡の博物館で見学できる。

白山神社のすぐ隣の平沢寺(天台宗)には，東日本最大規模の阿弥陀堂のあったことが発掘調査であきらかになった。『吾妻鏡』にもこの寺が幕府にとって重要な地方寺院であったことをうかがわせる記述があり，また浄土庭園が存在した可能性も指摘されている。

平沢寺から大平山の中腹をすぎて徒歩約30分，遠山盆地をのぞむ槻川沿いの丘陵上に築かれた山城跡が小倉城跡(国史跡)である。この山城は近くの城と連携し，菅谷城から小川方面へのルートを押さえるための城だったのではないかと考えられている。

小倉城跡のある丘陵を右手にみながら遊歩道を進むと嵐山渓谷にでる。ここは緑のトラスト保全第3号地として基金で取得・整備されたところで，嵐山という名称は，この渓谷が京都の嵐山に似ていることから名づけられた。渓谷の奥には与謝野晶子の歌碑がある。

小規模ながら杉山城は関東の戦国山城の傑作

菅谷館跡 ㊲

〈M▶P.42,88〉比企郡嵐山町菅谷城757
東武東上線武蔵嵐山駅 🚶 10分

武蔵嵐山駅西口から国道254号線をめざして南に歩き，古墳時代後期の円墳である稲荷塚古墳をすぎると，菅谷館跡(国史跡)にでる。

菅谷館は，南に都幾川をのぞむ台地上に築かれた戦国時代の城郭で総面積約12.4ha，本郭を4つの郭が取り囲む輪郭式の縄張りをもつ。自然の地形を利用したものも含めて多くの土塁や堀に囲まれており，関東地方を制した後北条氏の築城技術が随所に盛り込まれている。

畠山重忠の館を拡張した後北条氏の戦国城郭

鎌倉街道

菅谷館跡(旧埼玉県立歴史資料館パンフレットによる)

1488(長享2)年には山内上杉方と扇谷上杉方の合戦である須賀谷原の戦いがおこっているが、このあとの菅谷館は、後北条氏が比企地方を支配するための拠点である鉢形城(寄居町)や松山城(吉見町)を中心とする城郭群の1つとして機能していたと考えられる。

この地はもともと、畠山重忠が館を構えた場所であり、北条氏に滅ぼされることとなった二俣川の戦い(神奈川県横浜市)の際も重忠はこの菅谷館から鎌倉に向かって出発していた(『吾妻鏡』)。重忠の屋敷は長方形の本郭の辺りにあったのではないかと推定されているが、当時の面影はまったくない。

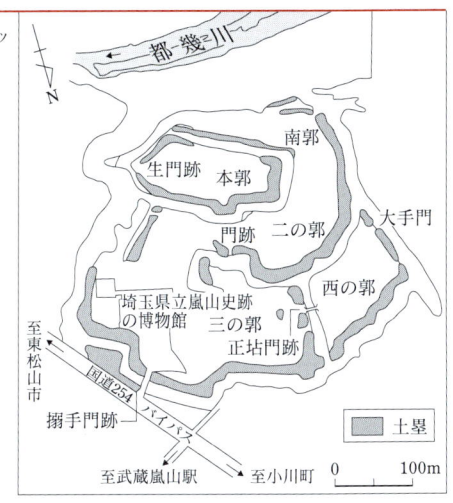

現在の埼玉県川本町で生まれた重忠は、桓武平氏の流れをくむ武蔵秩父平氏の嫡流であったが、のちに源頼朝にしたがい源平合戦や奥州合戦(1189年)でも活躍した典型的な武蔵武士である。重忠はまた「宇治川の先陣争い」や、「一の谷の戦い」で愛馬を背負って谷をおりたといった逸話でも知られている武将でもある。

菅谷館跡の三の郭跡にたっているのが、埼玉県立嵐山史跡の博物館である。ここには金泥の塗られた板碑、経典などをおさめる経筒で県内最古の鋳銅経筒(平沢寺蔵)や、粘土を焼成した小型の塔と堂である瓦塔・瓦堂(国重文)が展示されているほか、比企地方で活躍した武将や中世の城郭についてわかりやすく学べるようにもなっている。

大蔵館跡と鎌倉街道 ㊳

〈M▶P.42,67,88〉 比企郡嵐山町大蔵522
東武東上線武蔵嵐山町駅 🚶30分

鎌倉街道に沿って、木曽義仲ゆかりの地をめぐる

武蔵嵐山駅から南に向かい、国立女性会館の東側から都幾川を渡って右側にはいると、向徳寺(時宗)がある。鎌倉街道(上道)はこの辺りを通過し、笛吹峠に至っていたと考えられている。

向徳寺は清浄光寺(神奈川県藤沢市)の末寺で鎌倉時代に創建された。本尊は善光寺式阿弥陀三尊像の様式でつくられた銅造阿弥陀

嵐山町の史跡

如来及両脇侍立像(国重文)である。また、寺に伝わる中世の板碑群は、現在1カ所にまとめられて見学しやすいようになっている。

向徳寺をでて南に向かい、県道を西側に少し進むと大蔵館跡(県史跡)である。木曽義仲の父である源義賢は源為義の次男で、東宮御所の帯刀(護衛)の長官をつとめていたので帯刀先生ともよばれており、上野国多胡郡を本拠に北武蔵にも勢力をのばしていた。ところが鎌倉を根拠地とする兄の源義朝と対立し、1155(久寿2)年に義朝の長男義平によって大蔵館で滅ぼされた(大蔵合戦)。こうして幼児のときに父義賢を討たれた義仲は、信濃国木曽に送られることとなったのである。

大蔵館は義賢の居館と伝えられる方形館で、大蔵神社の辺りがその中心部であったと考えられている。鎌倉時代末期から南北朝時代にかけて何度か改修されたようだが、土塁や空堀に囲まれた東西170m・南北215mの規模で、鎌倉街道に面した東側に入口があった。東側の土塁跡が比較的よく残っている。笛吹峠に向かう道のすぐ東側の民家には源義賢の墓(県史跡)とも伝えられている古い様式の五輪塔がある。

鎌倉街道がとおっていたこの辺りは坂上田村麻呂の伝説も残る場所であるが、20分ほど笛吹峠をめざして南に歩くと、車道のすぐ右側の雑木林のなかに将軍沢の鎌倉街道跡がみえてくる。約200m

の長さにわたる典型的な堀割状遺構である。

さらに徒歩10分ほどで笛吹峠に達するが,ここは南北朝両軍による戦い(1352年)があった場所で,足利尊氏軍とたたかった新田義貞の3男義宗の奉じた宗良親王が笛を吹いたことから,笛吹峠と命名されたという。南北に走る鎌倉街道と峠で東西にまじわる道は,岩殿観音から慈光寺へ向かう道で,巡礼街道とよばれている。

大蔵館跡から都幾川の河川敷を西に向かうと鎌形八幡神社につきあたる。鎌形八幡神社は,平安時代の初めに坂上田村麻呂が宇佐八幡宮を勧請した社とも伝えられるが,源氏の氏神として源氏とのゆかりも深い神社である。境内には義仲の産湯に使われたと伝えられる清水もある。

神社の南にある班渓寺(曹洞宗)は,義仲の妻である山吹姫ゆかりの寺で,境内には山吹姫の墓と伝えられる供養塔がある。班渓寺の裏には木曽殿館跡と伝えられているところもあり,この辺りが義仲の生誕地である可能性もある。

鎌形八幡神社の北にある幼稚園敷地内には,日本赤十字社埼玉県支部旧社屋(県文化)が移築されている。もともとは,1905(明治38)年に浦和の県庁に隣接してたてられたもので,19世紀末のアメリカで流行した建築様式の影響をうけた,木造の西洋建築である。

鎌形八幡神社

和紙の里小川 ㊴

〈M▶P.42,90〉 比企郡小川町小川ほか
東武東上線・JR八高線小川町駅 🚶 10分

外秩父の山々に囲まれた武蔵の小京都

小川町駅から南西へ歩いて10分,国道254号線をこえて高台にのぼると,仙覚律師遺跡(県旧跡)がある。仙覚は常陸出身の天台宗の僧で,1269(文永6)年に,この地で『万葉集註釈』を完成させた。この場所は源義経につかえたという土豪猿尾種直の居城があったと伝えられ,中城跡とよばれている。近くには猿尾氏創建と伝えられ

比企丘陵を歩く　89

る大梅寺(曹洞宗)がある。墓地入口に「暦応四(1341)年」の銘がある緑泥片岩の二連塔婆がみられるが、頂部が山形に成形された珍しいものである。台地南斜面、八幡神社に接して、7世紀後半の築造とされる穴八幡古墳(県史跡)がある。2重の周溝を構え、一辺は28.2m、高さ5.6mをはかる大型の方墳である。

神社の鳥居から桜並木の参道をくだると、右手に赤レンガの煙突と蔵の連なりが目にはいってくる。晴雲酒造の建物で、良質の仕込み水にめぐまれた小川では、ほかに「帝松」「武蔵鶴」という地酒を醸造する蔵元がある。

駅から南東へ5分、国道から少しはいったところに小川和紙体験学習センター(旧埼玉県製紙工業試験場)があり、紙漉き体験ができる。国道をさらに東へ進むと、和紙の里に達し、細川紙(国重無)の製法を保持する工房や埼玉県伝統工芸会館を訪ねることができる。和紙の里の東、下里には1340(暦応3)年創建の大聖寺(天台宗)がある。法華院収蔵石造法華経供養塔(六面塔婆)・板碑(ともに国重文)には「康永三(1344)年」の銘があり、地元下里産の緑泥片岩を用材としており、下里・青山板碑製作遺跡(国史跡)がある。近くの室町時代後期創建の西光寺(曹洞宗)でも、緑泥片岩の阿弥陀三尊二連塔婆がみられる。

西光寺から東武線をこえ県道11号線を北東に約5km進むと、奈良梨にでる。後北条氏によって伝馬の道の宿駅がおかれたところで、鎌倉街道上道は、菅谷から市の川沿いにのびて、この場所に達した

和紙の里小川の史跡

鎌倉街道

小川和紙

コラム 作

高野山麓細川村伝来 風船爆弾にも使われた秘話

　小川和紙の起源は古く、朝鮮系渡来人がその技術をもたらしたともいわれているが、7世紀に創建された慈光寺(都幾川村)に871(貞観13)年の写経が残されており、写経用の和紙を大量に必要としたことから、この地の紙漉きがはじまったとする説などもある。

　江戸時代中期には、秩父・比企・男衾の3郡の製紙業は、紙の大消費地である江戸に近いということもあり、大きく発展することとなった。とくに小川には最盛期に約750戸の漉家や問屋があり、製紙業の中心地として栄えた。小川和紙は領主の保護・統制をうけずに生産を拡大したが、19世紀にはいり、江戸十組問屋以外に販売することが禁止されてからは、紙の価格を一方的に決められてしまうこととなった。

　小川和紙を代表する細川紙(国重無)は、江戸時代に紀州高野山麓の細川村(和歌山県高野町)で漉かれていた和紙の技術をうけついだ、楮のみでつくられる毛羽だちの少ない強靭な和紙で、現在も文庫紙・和本用紙・書画用紙などの用途がある。

　第二次世界大戦末期にアメリカ本土を爆撃するために打ちあげられた「ふ号兵器」(通称「風船爆弾」)にも、強靭で長い繊維をもつ小川の細川紙が使用された。

　なお、細川紙(小川町・東秩父村)は、2014(平成26)年11月に「日本の手漉き和紙技術」として、本美濃紙(岐阜県)、石州半紙(島根県)とともに、ユネスコ無形文化遺産(世界遺産)として登録された。

ものと推定される。諏訪神社奉祀跡(県旧跡)の北側山林に長さ50mの旧道跡がみられ、近くの伊勢根・能増にも、それぞれ140m・70mにわたる掘割状の遺溝がある。

　小川町駅の次のJR竹沢駅から国道を北西に5分歩き、小道を左折してのぼると、吉田家住宅(国重文)がある。1721(享保6)年に建築された、実年代の判明する県内最古の民家である。入母屋造・茅葺きの大型民家は江戸時代の典型である。

　小川町駅から県道11号線を東秩父の方に約4km進むと、松山城主上田氏の家老、山田伊賀守直定の居城とされる腰越城跡(県史跡)がみえる。槻川に三方を囲まれた天然の要害に築かれた戦国時代の典型的な山城である。東秩父村へはいると、日蓮の高弟日朗が開山した浄蓮寺(日蓮宗)がある。墓地の奥、スギの大木の下には、松山城主上田朝直の墓(県史跡)がある。浄蓮寺脇には、東秩父和紙の

比企丘陵を歩く

里があり，細川紙の製造工程が見学できる。

慈光寺 ❹
0493-67-0040
〈M▶P.42〉比企郡ときがわ町西平386
JR八高線明覚駅🚌大野・竹の谷行慈光寺入口🚶30分

関東天台宗の中心地、板碑や国宝の装飾経

　慈光寺入口のバス停から急坂をのぼること2kmで慈光寺（天台宗）に至る。途中「女人みち」の標識があり，未舗装の道をのぼるのもよい。寺伝では673年の創建とされ，770（宝亀元）年に鑑真の弟子道忠により開かれた。871（貞観13）年ころには清和天皇の勅願により天台別院となり，関東における天台系修験の本山的格式を誇った。源頼朝は奥州藤原氏追討にあたり，畠山重忠を中心とする秩父党が尊崇する当寺に戦勝を祈願したころは75坊を擁していたという。室町時代には松山城主上田氏により攻められて衰退したが，江戸幕府の庇護により復興し現在に至る。慈光坂の途中には，鎌倉から室町時代の9基の板石塔婆（県文化）が並ぶ。これだけの板碑が原位置のまま伝えられたのは貴重であるが，明治初期に山中の僧坊跡から移されたものが含まれているという証言もある。

　さらにのぼると開山塔（国重文）に至る。道忠の墓にたてられたと伝えられ，室町時代の木造宝塔では唯一のもの。覆堂内にあるためよくみえないが，埼玉県立歴史と民俗の博物館に複製がある。隣接する蔵王堂・釈迦堂・鐘楼は，1985（昭和60）年に焼失した。再建された鐘楼には，「寛元三（1245）年」の銘のある銅鐘（国重文）がある。作者は鎌倉建長寺の鐘を鋳造した物部重光である。宝物殿には，後鳥羽上皇や多くの公卿が書写した装飾経である法華経一品経（国宝）のほか，871年の奥書があり関東地方現存最古の写経である墨書大般若経（国重文），鎌倉時代の金銅密教法具（国重文）などがおさめられている。

　坂東観音霊場の第9番札所である観音堂は，1803（享和3）年の再

慈光寺板碑

鎌倉街道

建。履物のまま昇殿できるように外陣が吹放しであることや眺望のよい立地は、札所建築の特徴である。本尊の千手観音立像(県文化)は4月の第2日曜日と17日に開帳される。

さらに奥にいくと、寛元の銅鐘の願主栄朝が創建した霊山院(臨済宗)があり、鎌倉時代の鉄造阿弥陀如来坐像(県文化)を蔵する。

慈光寺入口バス停南方の萩日吉神社は、慈光寺鎮護のため比叡山の日吉神社を勧請したもの。3年に1度、1月の第3日曜日に行われる勇壮な流鏑馬(県民俗)は、木曽義仲の遺臣が奉納したことにはじまると伝えられる。

5 寄居で中世をしのぶ

荒川扇状地の扇頂部に位置する寄居は、中世以来の名城鉢形城跡をはじめ、武蔵武士の名残りをしのぶ史跡も多い。

鉢形城跡 ㊶

〈M▶P.42,95〉 大里郡寄居町鉢形
JR八高線・東武東上線・秩父鉄道寄居駅 🚶10分

国史跡の鉢形城跡は、公園整備が進む

寄居駅南口から直進すると、荒川にかかる正喜橋の対岸に鉢形城跡(国史跡)がみえる。橋を渡ると右手が史跡公園で、第1期発掘調査が終了し、土塁などの復元整備事業が進行しており、鉢形城歴史館も開館した。指定面積約24haの縄張りは広大で、自然に囲まれての春夏秋冬の散策には味わいがある。

荒川と深沢川の合流する河岸段丘に築城された鉢形城は、文明年間(1469〜87)に長尾景春の居城となったが、当時は山内と扇谷の両上杉家が上野地方や秩父口の押さえとして重視した城であった。16世紀にはいり、新興勢力の小田原の北条氏康と上杉氏の抗争のなか、1546(天文15)年の河越城の戦いで上杉方が敗北すると、上杉の重臣だった城主藤

鉢形城歴史館

寄居で中世をしのぶ

田康邦は北条氏の軍門にくだった。

氏康の4男乙千代丸(氏邦)が康邦の娘と婚姻して、鉢形城の大修築が行われた。城下町を形成した鉢形城は、北関東の北条方拠点となり、天神山城(長瀞町)・花園城(寄居町)・用土城(同)・雉岡城(本庄市)などの支城の中心として、武田信玄や上杉謙信らの侵攻にもたえ、上州沼田城までの版図をまもりとおした。

北条氏が武蔵国西北部を制圧して半世紀後の1590(天正18)年、豊臣秀吉の小田原攻めに際して、前田利家・本多忠勝・真田昌幸らの3万5000余の大軍に包囲されて鉢形城は落城し、廃城となった。北条氏邦は、預けさきの加賀国金沢で世を去った。

城跡には本丸・二の丸・三の丸の土塁や空堀がよく残り、深沢川をはさんで外郭があったが、御弓小路・鍛治小路・連雀小路などの古道が残り、往時の隆盛をしのばせている。明治維新期の廃仏毀釈で寺町は衰退した。

正樹院・具学永の墓 ㊷

〈M▶P.42,95〉大里郡寄居町寄居864
JR八高線・東武東上線・秩父鉄道寄居駅 徒歩10分

関東大震災の際虐殺された朝鮮人の墓

寄居駅南口をでて左手の道を進み商店街を左におれ、路地をはいった奥に正樹院がある。浄土宗の寺で、墓地に具学永の墓がある。

具学永は1923(大正12)年の関東大震災の際に、流言蜚語に踊らされた自警団員によって寄居警察署内で撲殺された朝鮮出身の行商人であった。事件後地元の有志によってここに葬られた。墓石には正面に「感天愁雨信士」、側面に「俗名具学永行年二十八歳　大正一二年九月六日　之朝鮮蔚山面山田里居」と書かれている。

正樹院から商店街を左にまがり天沼陸橋で線路をこえ、国道140号線もこえ鐘撞堂山麓にでる。徒歩20分のところに天正寺(曹洞宗、桜沢

正樹院・具学永の墓

4539)があり、高台なので町の中心部を眺められる。1981(昭和56)年に改築された鐘楼・梵鐘があるが、この梵鐘は、第二次世界大戦の末期に金属供出で供出されたものを再興したものである。そのいわれが梵鐘の銘にきざまれている。

正龍寺から少林寺へ ㊸

〈M▶P.42,95〉 大里郡寄居町藤田101-1
JR八高線・東武東上線・秩父鉄道寄居駅🚶25分

後北条氏ゆかりの寺 庶民信仰の石仏・板碑

正龍寺は寄居駅の北西約1.2kmの鐘撞堂山麓にある曹洞宗の寺で、藤田康邦夫妻の墓、北条氏邦夫妻の墓(ともに県史跡)および国認定工芸品漆蒔絵鼈甲小箱がある。墓は室町時代から戦国時代にかけてつくられた宝篋印塔で、寺の奥にある墓地の中央に覆い屋根がつけられている。

正龍寺の裏庭には玉垂の楓(県天然)がある。

鐘撞堂山南麓には末野の地名があるが、須恵器の産地からきたといわれ、古墳時代後期から平安時代の窯跡が多くみられ、末野窯跡群とよばれている。

正龍寺の西500mに善導寺がある。藤田出身の持阿良心を開基とする。本堂に「百人一首格天井」がある。寺の裏山は戦国期の花園城の跡である。

なお善導寺と正龍寺は、第二次世界大戦末期に学童疎開が行われた際に、疎開学童(東京市明石国民学校)の宿舎となったこともある。

正龍寺からさらに500m西に少林寺がある。曹洞宗の寺で文政年間(1818〜30)に24世住職大純万明和尚が勧進してつくられた五百羅漢(510体余の石仏)と千体荒神(960余の板碑)がある。裏山の頂上に釈迦牟尼像を安置し、そこへの左側の参道に五百羅漢、右側の参道に千体荒神がおかれている。

寄居駅周辺の史跡

寄居で中世をしのぶ

男衾の里

　吉見二郎・男衾三郎兄弟の対照的な武士の生き方と二郎の娘慈悲のシンデレラ物語である男衾三郎絵巻(国重文、東京国立博物館蔵)は、中世武蔵武士の日常生活をみごとに描きだした傑作である。寄居町男衾地区は、律令制下の8世紀には郡名がみえ、鎌倉街道がとおり、近世にはひなびた街道筋が形成されてきた。仏像や板碑が散見され、武士の館跡の存在が推測される。近年、開発で新興住宅地が広がり、町内でも人口急増地となっている。

　東武東上線男衾駅から1日行程でゆっくり散歩してもよいし、半日を自動車でめぐって、鉢形城跡に足をのばすのもよい。

　富田・小被神社　小被は男衾につうずる。『延喜式』式内社の1つで、古来から村里の信仰を集めた。参道の鳥居の脇にたつ(乃木)希典書の日露戦役紀念碑は、第二次世界大戦後、斜めに打ちわられ、のちに修復された。近代の1世紀の戦争と村人の意識がみてとれる。入口の幟旗立ても日露戦争時のものである。

　赤浜・出雲伊波比神社　赤浜の街道沿いの同社の入口には、いくつかの戦争記念碑がたてられているが、日清戦争に軍馬として徴用されたウマをとむらった「馬大神」の石碑がある。

　下郷・忠魂社　男衾中学校の向かいにJA男衾があり、その裏手に巨大な戦争記念碑がたつ。脇に忠魂社がまつられているが、こうした地域の戦死者慰霊施設も今では珍しくなった。

　赤浜・普光寺　平安時代後期の木造薬師如来坐像がおさめられている本堂の左手には、境内付近から掘りだされた53基の板碑が並ぶ。

男衾の里の史跡

96　　鎌倉街道

コラム

中世の武蔵武士の生活をしのぶ

小ぶりだが、鎌倉街道沿いの中世寺院への信仰心の篤さがみてとれよう。

塚田・三嶋神社 中世以来、鋳物師が居住していたといわれ、「武蔵国男衾郡塚田三嶋宮鰐口」（県文化）ときざまれた「応永二(1395)年」銘の鰐口があるが、直接にはみることができない。社殿には「大正七(1918)年」の伊勢神宮参宮記念の奉納額がかかっていて、今も続く地域の伊勢信仰の様子が伝わってくる。

今市・地蔵堂 室町時代前期の木造地蔵菩薩立像は、金箔地に青の線を彫り込んだ光背をもつ。鎌倉街道沿いならではの像である。

今市・泉立寺 鎌倉時代後期の三弁宝珠付荘厳体阿弥陀種子板碑は美しく、境内をめぐると、ここは鎌倉かと思わせる風情がただよう。本堂には、中国の宋・元時代の美術の影響をうけた室町時代前期の一木造の胎蔵界大日如来坐像もまつられている。

牟礼・長昌寺 小川町境の寺にも、戦国末期ごろの木造阿弥陀如来坐像がまつられている。本堂内右手には、曼荼羅図の前に柔和な顔の円空仏が安置されている。修験道の祖役行者像という。

富田・不動寺 鐘楼門前に阿弥陀種子板碑があり、境内は中世居館跡とも伝えられている。

富田・大日堂 「元亨二(1322)年」の銘がある胎蔵界曼荼羅板碑（県文化）は、風化もあって、屋内に保管されている。

赤浜・昌国寺 北条氏邦の家臣で、徳川家康の従兄弟であったことから旗本となった水野長勝の菩提寺。水野一族の墓が並ぶ。

今市の地蔵菩薩立像

三嶋神社の伊勢参宮記念奉納額

寄居で中世をしのぶ

少林寺の千体荒神

川の博物館 ㊹

〈M▶P.42〉大里郡寄居町小園39
東武東上線鉢形駅 🚶15分

荒川流域の自然・民俗の総合博物館

　鉢形駅から，国道254号線を横切ってさらに東へ約1km進んだ荒川沿いに，1990(平成2)年設立された。荒川流域の自然と民俗についての常設展示があり，漁撈や舟運に関する展示にはみるべきものがある。庭には荒川源流から下流までの模型がつくられ，流域全体を鳥瞰できる。

⑥ 重忠生誕の地川本と植木の里・万葉の里

荒川の両岸にひろがる豊かな田園地帯の川本や花園・美里には，古代からの遺跡が数多く残っている。

畠山重忠館跡 ㊺

〈M▶P.42,99〉深谷市畠山八幡520
秩父鉄道武川駅 🚶30分

鎌倉初期に活躍した非運の武将・畠山重忠

　旧川本町(現，深谷市)は，中央を荒川の清流が東西に流れ，流路に沿って秩父鉄道が走っている。荒川の河岸段丘の下位に発展した町で，標高およそ60〜70mである。

　武川駅から南に歩いて約8分の荒川の植松橋を渡ると，西が畠山地区である。すぐに右折して進むと満福寺(真言宗)がみえてくる。平安時代の弘誓房深海上人の開基といわれ，その後畠山重忠が寿永年間(1182〜85)に再興し，菩提寺とした。現在の建物は江戸時代中期のものである。本堂

畠山重忠館跡

旧川本町の史跡

に寄木造の不動明王像(1706〈宝永3〉年)がまつられ、重忠の位牌(1764〈宝暦14〉年)も安置されている。境内には、のちの時代に重忠の墓と彫られた、約1mの石碑がある。また収蔵庫に鎌倉時代の茶釜と茶碗、室町時代のものと考えられる太刀と長刀、江戸時代の御朱印状が8通保管されている。

　寺のすぐ裏手に井椋神社がある。畠山重忠の父重能が秩父からこの畠山に移るときに、代々信仰していた椋神社(現、秩父市下吉田)を勧請したと伝えられている。また、井椋神社の北に隣接して鶯の瀬公園があり、「鴬の瀬」の石碑がたっている。重忠が家来の館からの帰りに豪雨にあい荒川を渡れないでいると、ウグイスの鳴き声に浅瀬を教えられ、無事に川を渡ったという伝えがある。

　南西に5分ほど歩くと、木々に囲まれた畠山重忠館跡がある。ここで重忠が1164(長寛2)年に生まれた。文武両道にすぐれ、武蔵国の有力な御家人として、鎌倉幕府将軍 源 頼朝に仕え活躍した。しかし、頼朝亡きあと北条氏により謀反の疑いをかけられ、武蔵国二俣川で非業の死をとげた。ときに42歳であった。この館跡には、重忠とその従者のものと伝えられる6基の五輪塔が残されている。鎌倉期の『吾妻鏡』や江戸期の『新編武蔵風土記稿』などに逸話が残されている。

　また、近くに空堀・土塁の一部が残存している本田城跡がある。重忠の重臣本田次郎親恒(近常)の築城で、戦国時代にその後裔本田長繁の代に拡張したといわれている。2003(平成15)年、本田家館跡の堀跡の一部が発掘されたことにより、今後、中世の館跡の明確な所在地が判明してくることであろう。

鹿島古墳群 ㊻　　〈M▶P.42,99〉深谷市本多台・鹿島・平方の裏
　　　　　　　　秩父鉄道武川駅🚶35分

武川駅から南へ0.8km植松橋を渡って、東に約2kmのところに

重忠生誕の地川本と植木の里・万葉の里

鹿島古墳群

県内有数の古墳群
裏手は白鳥飛来地

鹿島古墳群(県史跡)があり、荒川沿いの約1kmの範囲に分布している。旧川本町町内に数カ所古墳群があるが、鹿島古墳群は数・範囲において最大である。この地域をおさめていた有力豪族の墓であり、古墳時代の終末期、7世紀後半から8世紀初頭にかけて築造されたものである。かつて100基以上が密集していたといわれているが、27基が発掘調査され、現在56基の小円墳が保存されている。前方後円墳はなく、すべて円墳である。直径10～30m前後、高さ3～5mほどのものが多く、現在は木が生いしげった塚となっている。直刀、鉄鏃、小刀などが出土している。最近の発掘で、一部の古墳から埴輪が発見された。古墳公園として市が整備をしているところである。

鹿島古墳群の北に広がる荒川河川敷には、白鳥飛来地がある。シベリア地方からのコハクチョウが、毎年10月下旬から翌年3月中旬まで越冬する。1991(平成3)年から餌づけをはじめ、毎年100羽以上飛来し、観光客の人気をよんでいる。

北根代官所跡 ❹7

〈M▶P.42〉 深谷市北根184
秩父鉄道永田駅 🚶20分

江戸時代の姿のまま残る郷代官の役所跡

永田駅から北に直進すると、国道140号線バイパスにつきあたる。さらに7分ほど歩くと花植木街道をこえ、北根の集落に着く。一角のやや奥まったところに代官所跡(県史跡)がある。現在宇野家の所有する敷地に門・役宅

北根代官所跡

100　鎌倉街道

が現存する。役宅の屋根はトタン葺きになっているが、ほかはほぼ18世紀ごろのままの様子を残している。宇野家の居宅として機能していたが、今は保存のみをしている。内部は非公開であるが、座敷牢・白州・馬小屋があり、とくに座敷牢は食物のみを出し入れできる穴が開いており、当時の様子がうかがえる。門は1749(寛延2)年当時のままの状態とのことである。

この地を知行とする日根野氏の郷代官に任ぜられた宇野家が代々管理してきた。日根野氏は豊臣秀次の臣下格であったが、のちに徳川家康につきこの地や長在家(深谷市)・柏合(深谷市)の地を知行とした。旗本であったので、分散する地をおさめるため、地元の名主を郷代官に任命し、年貢の徴収などの円滑をはかったものである。この近辺の農家はまだ北関東の造りの家並みが残り、防風林の役目のシラガシの垣根が北側に高くしげっているのが特徴である。

長坂聖天塚古墳 ❹❽

〈M►P.42〉 児玉郡美里町関2044-1
JR八高線松久駅🚶30分、または本庄駅🚌寄居行志戸川🚶20分

県内最大の銅鏡が出土した県北最古級の古墳

松久駅から本庄へ向かう県道を北に1kmほど直進し、志戸川を渡ったら交差点を東に向かい、関越自動車道の高架をくぐると丘陵がみえてくる。この丘陵の北側斜面に、半径50m・高さ5mほどの埼玉県北部最古とされていた長坂聖天塚古墳(県史跡)がある。丘陵をそのまま利用したもので、6カ所に埋葬された多埋葬施設である。出土物には、県内出土の銅鏡としては最大、直径32cmの菱雲文縁変形方格規矩鏡がある。大和地方の豪族と関係をもつ首長の墓と推定されている。この辺りはほかにもいくつもの古墳があり、いずれも4世紀後半から5世紀初めにかけてのもので、有力者への首長権の移動があったとされる。

ここから西北へ2kmほどいくと、条里制にちなむ地

長坂聖天塚古墳

小前田の宿 ㊾

<M▶P.42> 深谷市小前田
秩父鉄道小前田駅 🚶 3分

街道・村の形を残す鎌倉街道・秩父往還の宿場町

鎌倉街道の賑わいとともに、街道の分岐点として、さらに荒川の渡河地であり、中山道の脇街道、秩父と熊谷を結ぶ秩父往還として中世から江戸時代にかけて小前田の宿は物資が集積しはじめた。小前田駅を南に200mほどいくと旧国道140号線につきあたる。ここから東へ続く旧国道沿いの小前田地区は両側に家並みが整い、街村の様子をよく示している。

猪俣党の里から万葉の里へ ㊿

<M▶P.42> 児玉郡美里町猪俣・広木・水殿
秩父鉄道桜沢駅 🚶 25分

猪俣の百八燈は国指定の無形民俗文化財

桜沢駅から北西へ約2km、猪俣は武蔵七党の1つとされる有力な猪俣一族の中心地で、春には猪俣城跡とされる麓の畑地にポピーの花が一面に咲く。山裾にいだかれた観音堂の隅に、猪俣小平六範綱一族の墓石が並ぶ。小平六は保元・平治の乱で源義朝にしたがい、17騎の1人として一の谷の合戦や壇ノ浦の合戦でも大活躍した人物である。この地では現在でも猪俣一族の供養のための行事である百八燈（国民俗、8月15日）が子どもたちにうけつがれ、土の塔に108の篝火が山の尾根沿いに焚かれる。

この地から西北へ3kmほど、国道254号線沿いに進むと広木地区にでる。この辺り一帯には、『万葉集』に詠まれた曝井（県旧跡）や那珂郡檜前舎人岩前之妻大伴部真足女の防人の歌で知られる伝大伴部真足女遺跡（県旧跡）がある。またこの地区の国道をはさみ北側には態甕神社がある。酒造か土器に関係する神をまつったもので、那珂郡の総鎮守であったことと、この辺りに古墳や埴輪が多いことから埴輪職人たちの信仰を集めたものとも推測される。

神社から、北に1.5kmほど、田んぼを両側にみながら町道をいくと、集落のなかに水殿瓦窯跡（国史跡）がある。鎌倉時代の瓦窯跡であるが、細部に至るまでほとんど完全な形を残している。近くの児玉町は瓦産業が地場産業として発展しており、古くからこの地域で瓦が生産されていたことがわかる。この瓦窯跡からは押花蝶文様

水殿瓦窯跡

や剣菱文様の軒瓦も発見されており，鎌倉の永福寺修復の瓦にも使われている。すぐ北にある10aほどの水田は「かわら田」とよばれ，水殿は「陶器」からその語源がきているとの言説が郷土史家の間にある。窯の長さは3.3m，深さは1.15m，函窯と焚き場からできており，底部には4条の縦溝があり，これは火気のとおりをよくするためのもので，さらに奥壁には煙り出しの穴があいている。別に水殿瓦窯跡3基が発見されているが，保存のため埋められたままとなっている。

7 児玉党武士のふるさと

広大な田園風景が広がる児玉から神川・神泉の地は，源平合戦で名を馳せた児玉党などの史跡が数多く残っている。

東石清水八幡神社 (51)

0495-72-2656

〈M►P.42,105〉本庄市児玉町児玉198
JR八高線児玉駅 10分

児玉駅から国道254号線にでて南に500mほどいくと，ケヤキの大木に囲まれて東石清水八幡神社(祭神誉田別命ほか2神)が鎮座している。この神社は平安時代，源義家が父の頼義とともに前九年の役(1051～62年)に赴く途中この地に斎場を設けて戦勝を祈願し，奥州の安倍氏を滅ぼして1063(康平6)年に帰陣する際も再びこの地に寄り，八幡宮を勧請して「東石清水白鳩峯」と称したのが始まりという伝承をもつ。鎌倉時代には武蔵七党の1つ児玉党の豪族児玉時国が深く崇敬

東石清水八幡神社

八幡太郎義家と日蓮上人の伝説を残す神社と寺

し、さらに後世代々の雉岡城主が武運守護の神として崇拝した。

国道254号線より石造の鳥居をはいり、江戸時代の1756(宝暦6)年に建立された随神門をくぐると、左手に銅製鳥居(県文化)がたっている。この鳥居は1726(享保11)年に寄進されたもので、左右の柱には寄進者約250人の名前がきざまれており、佐野の鋳物師の作である。鳥居の奥の社殿(県文化)は、児玉時国より15代目にあたる久米六右衛門が発起人となって1722年に再建されたものである。拝殿の格天井には狩野直信筆の「飛龍の図」が描かれ、建物の周囲には江戸の彫刻師の手になる彫刻がかざられている。また、神社の西の入口付近にある高札場は江戸時代のもので、もともと本町と連雀町との境の道路にあったものをこの地へ移したものである。なお、連雀とは中世の行商人のことである。

神社の東側には玉蓮寺(日蓮宗)がある。この寺は児玉時国の開基で、境内は時国の館跡である。1271(文永8)年、日蓮が佐渡へ流される途中この時国の館に泊まり、さらに罪を許されて佐渡から帰る際にも泊まったと伝えられている。時国は深く帰依して弟子となり、日蓮没後には館のかたわらに草堂をたて、そののちに館の跡にこの寺院を建立したという。

国道245号線から参道をはいると、東側に日蓮が足を洗ったと伝えられる井戸があり、本堂裏の墓地には、「嘉元二(1304)年」銘の板石塔婆がたっている。この寺の東側の道路は、鎌倉街道と伝えられている。

競進社模範蚕室

また、神社の西に玉蔵寺(臨済宗)がある。この寺は、新田義貞が鎌倉幕府を討つために挙兵したときに、義貞にしたがった児玉党の戦死者の霊を慰めるため、僧元弘が康永年間(1342～45)に八幡山雉岡を供養の霊場とした

児玉駅周辺の史跡

ことが起源といわれる。のちに山内上杉氏が八幡山に築城した際に、霊場を現在の地に移すとともに堂宇を再興した。2度の火災で建物が焼失してしまったが、山門は上杉氏築城当時のもので、釘をまったく用いず飛騨の匠の作と伝えられている。

これらの寺社の北側の公園に「産業教育発祥の地」碑がたてられ、道を隔てて競進社模範蚕室(県文化)が保存されている。この建物は、養蚕技術の進歩に一生をささげた木村九蔵が1894(明治27)年に建設したもので、近代化遺産の一例である。

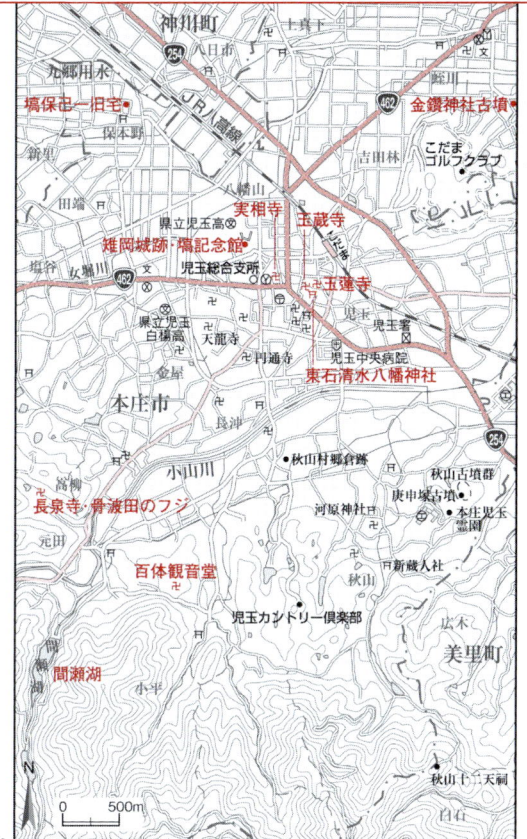

西へ向かうと浄土宗の実相寺があり、ここの本尊阿弥陀三尊(県文化)は、寄木造で鎌倉時代中期の作である。

雉岡城跡 ❺

〈M▶P.42,105〉 本庄市児玉町八幡山388ほか
JR八高線児玉駅 🚶 7分

児玉駅から西へ向かうと、700mほどで雉岡城跡(県史跡)がある。この城は丘陵の先端部を利用した城で、戦国時代に関東管領山内上杉氏によって築かれ、八幡山城ともよばれた。その後山内上杉氏は、上州平井城(群馬県藤岡市)に移り、ここには家臣の夏目豊後守定基をおいてまもらせた。永禄年間(1558〜70)には鉢形城の北条氏

戦国武将の築いた城は今はサクラの名所

児玉党武士のふるさと

邦によって攻略され，その属城となっていたが，1590(天正18)年の豊臣秀吉による小田原攻めのときに，前田利家・上杉景勝によって攻められ落城した。

その後徳川家康の関東入国後，松平家清が1万石をあたえられて領主となり居城としたが，1601(慶長6)年三河国吉田城(愛知県豊橋市)に転封されたあとは廃城となった。現在は，本郭あとの大規模な空堀や土塁などが残っており，公園として整備され，サクラの名所となっている。また，城の範囲はさらに広く，西側の児玉中学校が二の郭，その北の児玉高校が三の郭で，城跡のいちばん奥まったところに塙保己一記念館がある。

百体観音堂 53
0495-72-2685
〈M▶P.42,105〉本庄市児玉町小平647
JR八高線児玉駅🚗10分

さざえ堂ともよばれる珍しい寺院建築

児玉駅より南へいき，小山川を渡り西へ向かうと小平にでる。山の中腹に百体観音堂がみえる。この観音堂は，外観2層・内部3層で，1階に秩父34観音，2階に坂東33観音，3階に西国33観音，あわせて100観音がまつられており，螺旋状の回廊で礼拝できるようになっている。「さざえ堂」ともよばれる非常に珍しい，江戸後期の流れをくむ建築様式の建物である。

この百体観音堂は，1783(天明3)年の浅間山の大噴火の際，死者の霊を供養するために，元映上人が広く浄財を集めて建立したものである。このときの観音堂は1887(明治20)年に火災で焼失し，現在のものは1910年に再建されたものである。正面には，「寛政七(1795)年」の銘がある直径180cmの大きな鰐口がかけられている。付近には，高窓をのせた屋根をもつ養蚕農家が残っており，「高窓の里」ともよばれている。

小平からさらに県道長瀞児玉線を南にいくと，間瀬湖に至る。1937(昭和12)年，灌漑用に間瀬川をせきとめてつくられたコンクリート造りの堰堤式ダム湖(堰堤および管理橋は国登録)で，満水時の湖水面積は約7万km²である。サクラの名所としても有名で，新日本百景などに選ばれている。

小平の西側，小山川の対岸が元田で，秩父方面へいく県道から山沿いの道にはいっていくと長泉寺(曹洞宗)がある。1471(文明3)

鎌倉街道

年，関東管領上杉顕定を開基とする寺で，元禄期(1688〜1704)にたてられた山門をはいると，本堂の前に骨波田のフジ(県天然)の棚が広がっている。このフジの特徴は，葉の成長にくらべて開花が早く，花房が1m近くにもなることである。花の時期は4月下旬から5月中旬で，多くの参拝客で賑わう。

塙保己一旧宅 ㊴

〈M▶P.42,105〉 本庄市児玉町保木野325
JR八高線児玉駅🚗5分

江戸時代の盲目の大学者が生まれ育った家

児玉駅より北西方向約2km，保木野の地に塙保己一旧宅(国史跡)がある。茅葺き・入母屋造の2階建てで，建坪は103.6坪(約342㎡)，数年前に屋根の葺き替えを行ったときにほぼ往時の姿に戻された。

塙保己一は1746(延享3)年，この地の農家荻野宇兵衛の長子として生まれた。通称は寅之助，のちに辰之助と改める。7歳のときに病気によって失明したが，15歳のときに江戸にでて検校雨富須賀一に弟子入りし，音曲や鍼医術を学んだ。さらに国史や古典も学び，24歳のときに賀茂真淵に入門し，国学の研究を進めた。そして名を改め，塙保己一と称するようになった。

1793(寛政5)年，和学講談所を設置し，同時に講談会をはじめた。1819(文政2)年には，足かけ41年をかけた大事業である『群書類従』670冊の刊行を完了し，国史の研究に大いなる業績を残した。1821年2月には総検校に任官したが，同年9月に没した。

旧宅の西側の広場には「塙先生百年祭記念碑」があり，さらにその西の木立の下に墓がある。墓石には塙保己一の法号「和学院殿心眼智光大居士」と，和歌がきざまれている(なお，保己一の墓は東京都新宿区の愛染院にもある)。毎年9月には保己一の顕彰祭が本庄市児玉文化会館で営まれている。

塙保己一旧宅

児玉党武士のふるさと

金鑽神社古墳・鷺山古墳 (55)

〈M►P.42〉本庄市児玉町入浅見899・下浅見818
JR八高線児玉駅🚗5分

鷺山古墳は、県内最古の前方後方墳

児玉駅入口の交差点から国道462号線を本庄市街地方面に2kmほどいくと蛭川の交差点がある。右折して最初の信号をすぎると坂になり，切通しがある。右側の山が金鑽神社古墳で，道は周溝の部分を切っている。坂のさきの右側にある民家の脇道をはいると，神川町の金鑽神社を分祀した神社がある。その裏に直径68m・高さ9mの大円墳，金鑽神社古墳がある。北側周溝部分が道路，南側墳丘部分が神社で破壊されているが，墳丘の大部分はよく残っている。社殿移築の際に箱形石棺が検出され，鉄刀・石製斧などが出土し，その石材を社殿の前にしいたと伝えられている。

墳丘は地山整形と周溝の土を盛った部分からなり，盛土部分には葺石がほどこされ，盛土と地山整形の間に平坦面があり，そこに円筒埴輪がたてられている。円筒埴輪には，朝鮮半島の土器製作技法が認められるものがある。この古墳は，埴輪などから5世紀前半代とされ，この地域に早くから渡来人が居住したことを示している。

切通しを800mほど進んでせまい道を左折すると，前方500mの位置に下浅見の集会所があり，その西側に鷺山古墳(県史跡)が存在する。全長60m，後方部幅37m・高さ5.4m，前方部幅30mの，前方部が撥形に開く前方後方墳だが，前方部はもとから低かったうえに，耕作で削平されてしまったので，その存在に気づきにくい。後方部はササなどがしげっているが，標高84.42mの三角点があるように眺望がよい。

墳丘実測図の等高線から，後方部が方形を呈するのはうかがえるが，前方部の形状を想定するのはむずかしい。しかし，発掘調査で墳丘すそに周溝がめぐり，その形状から，初期古墳に多い撥形前方部の存在が確認された。墳丘には，口や底の部分に丸い穴があけられた壺が並べられていたのが，出土の土器からわかる。こうした壺は，円筒埴輪普及以前のもので，撥形前方部とともに，古墳を4世紀前半にする根拠とされ，県内でも古い古墳である。

古墳頂上から東をのぞむと，関越自動車道が塚本山丘陵を切って

いるのがみえる。そこには鷺山古墳と同時期の方形周溝墓群，150基以上の後期古墳からなる塚本山古墳群が存在し，その一部が調査された。

旧 陸軍児玉飛行場跡 ㊽

〈M▶P.42〉本庄市児玉町共栄・児玉郡神川町元原ほか
JR八高線児玉駅🚗10分

最後の特攻隊がとびたった飛行場

児玉駅入口の交差点より2km，国道462号線の蛭川の交差点から本庄市街地方面に向かって最初の信号を左折すると，児玉工業団地に至る。この一帯は，地図でみると条里制地割のようだが，方位が違う。戦闘機を離陸させるため，風向きにあわせて滑走路をつくった飛行場跡である。映画『日本の一番長い日』で，最後の特攻隊がとびたった陸軍児玉飛行場である。交差点から2kmいった左側の工場裏に飛行場跡の碑があり，由来が記されている。

飛行場建設には，周辺の小学生も動員され，先生に引率された児童たちは，利根川や神流川にいき，滑走路などにしく石を鞄につめて運ばされた。戦争は樹木にも犠牲を強いた。工業団地西500m，大御堂の宝蔵寺には，飛行機の邪魔にならないように頭を切られたマキの大木がある。かたわらには，爆弾で破損した灯籠もたっている。工業団地は，縄文時代などの古井戸・将監塚遺跡でもある。

児玉飛行場跡碑

元三大師・金鑚神社 ㊾
0495-77-2382・0495-77-4537

〈M▶P.42,110〉児玉郡神川町二ノ宮667-1，二ノ宮751
JR八高線児玉駅🚗10分

正月3日の達磨市は、多くの初詣客で賑わう

児玉駅より国道462号線で西の鬼石方面に向かうと塩谷地区があり，右手北側，水田よりやや小高くなったところに真鏡寺（天台宗）がある。この場所は武蔵七党の1つ児玉党の一族の塩谷氏の館跡で，境内の北側に土塁や堀跡が残り，中世武士の館の面影を伝えている。

児玉党武士のふるさと

元三大師周辺の史跡

少し西へいくと飯倉の地で、伊勢神宮(外宮)の神領の飯倉御厨跡(県旧跡)である。

旧児玉町をすぎ、神川町にはいったところが二ノ宮で、元三大師の伽藍が国道の右手、西側にみえる。この寺は大光普照寺といい、天台宗別格本山である。聖徳太子の開基、舒明天皇の勅願寺と伝えられ、平安時代初期に最澄の弟子円仁によって中興されたときに天台宗となった。その後、良源が留錫して自身の像をきざみ、元三大師の寺として親しまれるようになった。

鎌倉時代には川越喜多院の豪海が入山して再興し、関東三檀林の1つの金鑽檀所を開設した。江戸時代には関東八箇檀林の1つとして天台僧侶の教育機関となっていた。また、明治初年の神仏分離まで、すぐ隣の金鑚神社の別当寺であった。国道に面した朱塗りの山門をはいると、左手に壮大な本堂がある。1808(文化5)年の再建で、中央に元三大師を安置している。また西側の山の中腹には鐘楼がある。

元三大師から西へ約100mで、金鑚神社の参道入口に至る。この神社は、『延喜式』神名帳に記載されている古社、いわゆる式内社で、武蔵国二宮とも称された。地名の二ノ宮はこれに由来する。大鳥居をくぐって参道を進むと、右手の山の中腹に多宝塔(国重文)がある。これは、1534(天文3)年に、武蔵七党の1つ丹党の豪族阿保(安保)弾正全隆が寄進したものである。多宝塔とは本来、釈迦と多宝如来の2仏を

金鑚神社多宝塔

まつる塔をいい，神仏習合を示す例である。参道をさらに進み，橋を渡ると拝殿にでる。社伝によると，日本武尊が東征の帰り，伯母の倭姫命からもらった火打金を御室山におさめて天照大神と素戔嗚命をまつったことがこの神社の起源とされており，御室山全体を神体としているために本殿がない。神道の起源にかかわる，非常に古い信仰形態をとどめている神社と考えられている。境内には，源義家に関する伝説をもつ駒繋ぎ石や旗掛杉，義家橋などがある（「東石清水八幡神社」の項参照）。

拝殿の左側から御室山にのぼる道がある。道の途中は句碑の丘として整備されており，15分ほどのぼると御岳の鏡岩（国天然）に至る。この岩は，約1億年前におきた岩断層活動のすべり面で，岩面は強力な摩擦力によって磨かれた光沢のある赤褐色で，表面には岩がずれた方向に削られたあとがみられる。

金鑽神社より国道を西へ向かい，新宿の交差点手前の石重寺境内にはいると夫婦梅（県天然）がある。このウメは枝垂れ性八重咲きで2花ずつ並んで咲き，それが大小に実を結ぶことから命名された。江戸時代初期の慶長年間（1596〜1615）に植えられた古木は，1989（平成元）年に枯死し，現在は2代目である。開花時期はほかの品種より1カ月ほど早い。

新宿の交差点から県道上里鬼石線を北へ向かうと，東側の新里に光明寺（真言宗）がある。寺宝の銅造阿弥陀如来立像（国重文）は鎌倉時代の作で，「永仁三（1295）年」の銘がある。丹党の武士，新里四郎光明が守護仏として信仰したものと伝えられる。

県道をさらに北へ進み，八高線をこえたところが関口で，西方に幸春院（曹洞宗）がある。ここの六地蔵塔（県史跡）は石灯籠の形をした1.85mの石幢（経文をきざんだ石柱）で，戦国時代の「文亀三（1503）年」の銘がある。各部ごとに青や白・黒などの異なった色の石が使われている。

三波石峡 ❺❽ 〈M▶P.42〉 児玉郡神川町矢納
JR八高線児玉駅 🚗 20分

神川町の渡瀬から神流川に沿って県道矢納鬼石線を直進し，秩父瀬に至ると，県道の西側に木立に囲まれた小さな祠がある。児玉

三波石峡

三波石がつくりだす景観は、国指定名勝

党の祖である有道惟行をまつったと伝えられる有氏神社で、この神社の盤台祭り（県民俗）は裸祭りともよばれており、11月19日に行われる。赤飯を大きな盤台に盛りつけ、祭典後に氏子たちが褌姿になって盤台を神輿のようにもんで境内を練りながら、なかの赤飯を四方にまき散らす。この赤飯を食べるとその年の災厄からのがれることができ、また安産ですむともいわれる。

　神川町下阿久原から神流川にかかる神泉橋を渡り、いったん群馬県の藤岡市譲原にて国道462号線を南下、途中左手の道をくだっていくと、再び神流川にかかる登仙橋にでる。ここから上流が三波石峡（国名勝・国天然）である。深い谷のなかに、大小の緑色結晶片岩がおりなす景観が広がっている。三波石の名称は、600年ほど前、三波殿とよばれた児玉党の真下伊豆守がこの石を愛で、ここで観石の風雅にひたったのが由来と伝えられている。

　三波石峡をのぼっていくと約1.5kmで下久保ダムに至る。ダムは利根川水系の総合開発計画によって1959（昭和34）年に着工し、9年後の1968年に完成した重量式コンクリートの多目的ダムである。ダムの南側の山に城峯公園があり、10～12月にかけて小さく可憐な花を開く冬桜が植えられている。

秩父往還
Chichibuoukan

両神山

小鹿野町河原沢のおひながゆ

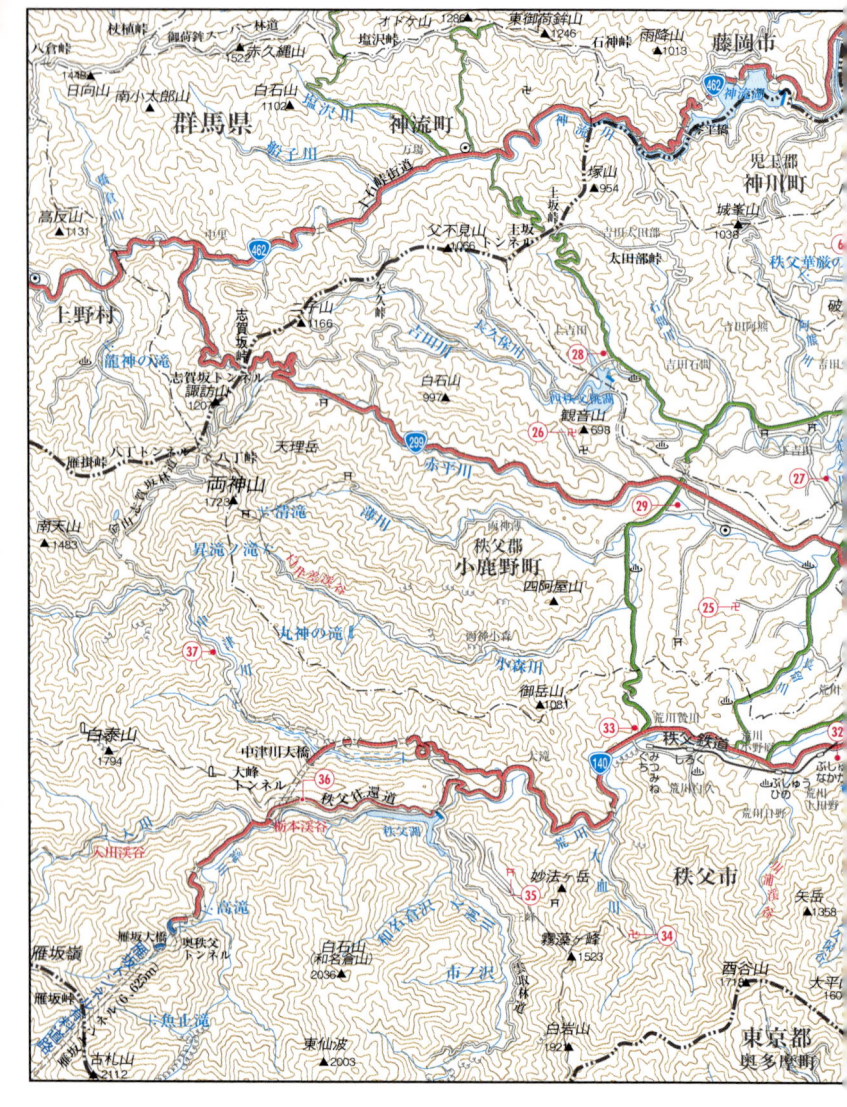

◎秩父往還散歩モデルコース

1. 秩父鉄道長瀞駅 10 旧新井家住宅 5 宝登山神社 60 宝登山神社奥宮 5 山頂駅(ロープウェイ) 5 山麓駅 20 長瀞岩石園 10 埼玉県立自然の博物館 20 親鼻橋 60 宝来島公園 10 高砂橋 17 真性寺 5 秩父鉄道野上駅

①日本一の青石塔婆　⑳定林寺
②寛保洪水位磨崖標　㉑岩之上堂
③宝登山神社　㉒童子堂
④長瀞岩畳　㉓音楽寺
⑤長瀞七草寺霊場　㉔円融寺
⑥水潜寺　㉕法性寺
⑦円福寺　㉖観音院
⑧二十三夜寺　㉗秩父氏館跡
⑨大塚古墳　㉘塚越の花祭り
⑩和銅採掘遺跡　㉙甲源一刀流煉武館
⑪飯塚・招木古墳群　　道場
⑫広見寺　㉚橋立鍾乳洞
⑬秩父神社　㉛長泉院
⑭金仙寺　㉜清雲寺
⑮妙音寺(四萬部寺)　㉝贄川宿
⑯金昌寺石仏群　㉞太陽寺
⑰語歌堂　㉟三峯神社
⑱西善寺　㊱栃本関所跡
⑲慈眼寺　㊲中津峡

2．西武鉄道西武秩父駅 10 野坂寺 15 慈眼寺 7 今宮坊 15 少林寺 5 秩父まつり会館 1 秩父神社 18 西光寺 30 童子堂 20 音楽寺 30 観音寺 10 岩之上堂 30 西武秩父駅

1 長瀞周辺を歩く

秩父の玄関口長瀞──緑泥片岩の板石塔婆と岩畳、宝登山神社を歩く

日本一の青石塔婆 ❶ 〈M ► P.115, 120〉 秩父郡長瀞町野上下郷
秩父鉄道樋口駅 🚶 5分

恋をめぐる伝説を残す青石塔婆

　寄居から国道140号線を秩父方面に向かうと、秩父鉄道波久礼駅（樋口駅の手前）をすぎた辺りから右手に山、左手に荒川の断崖が迫ってくる。ここをぬけると矢那瀬である。矢那瀬の石幢(県文化)は、国道から少しあがった地蔵堂の境内にあり、石組みの台上に高さ1.7mの塔が積まれている。六地蔵をきざんだ石灯籠形の石幢で、県下では室町時代石幢の代表的なものとして知られる。基礎四面に胎蔵界四仏の梵字、幢身は車石入り輪廻塔をかねて、別名「北久保の六地蔵」ともよばれている。

　国道をさらに秩父方面に進むと、樋口駅手前に「日本一の青石塔婆」の標識がある。「カミタルク」という工場の脇の道を5mほどはいると、右手に野上下郷青石塔婆(国重文)がある。地上高5.35m・幅1.2m・厚12cmで地下部1mといわれ、わが国に現存する石塔婆中最大のものである。碑面の上部には宝珠3点、釈迦の種字が蓮台上に彫られ、下段に光明真言と銘文がきざまれている。

　青石塔婆の後方の小高い山が仲山城である。南北朝時代ここの城主だった阿仁和直家が、児玉の秋山城主秋山新

野上下郷青石塔婆　　　　　　　　矢那瀬の石幢

秩父往還

埼玉の板碑

コラム

緑泥片岩にきざんだ中世の祈り

　供養のために板状の石をきざんだ板碑は、関東地方を中心に全国に約4万基分布しているが、その半数が埼玉県に集中しており、埼玉県の特徴的歴史文化財ということができる。それらは、長瀞町野上や小川町下里特産の、板状に剝離しやすい緑泥片岩を加工したもので、青石塔婆ともよばれる。

　形状は、頭部を三角形にこしらえて2条の切り込みをいれ、その下に梵字や漢字、あるいは画像により本尊をあらわし、さらに造立の願文・本尊を讃仰する偈・願主名・年紀などをきざんだものが一般的である。その独特の形については、五輪塔の最下部にあたる地輪が下のほうにのびて長足の五輪塔になり、2条の筋によってほかの四輪を簡略してあらわしたとする説が有力である。

　年紀のあきらかなものによれば、13世紀前半にはじまり、14世紀中頃に盛行、17世紀初頭に衰退する。最古のものは熊谷市須賀広にあり、1227(嘉禄3)年の年紀をもっている。

　造立の趣旨は、死者の追善供養や願主自身の死後の安穏を祈願する逆修供養が主流である。願主は、地方領主や僧侶が多いが、しだいに庶民におよぶようになる。

　本尊は梵字1文字であらわされるものが9割を占めるが、これを種字という。また種字・画像のほかに、「南無阿弥陀仏」の名号まで加えると、阿弥陀信仰にかかわるものが9割を占め、ついで釈迦・大日如来・題目をあらわしたものがわずかに続く。そして16世紀には庚申供養や月待供養などの民間信仰のものがあらわれるようになり、願主の広がりともあいまって、信仰形態の変化を読みとることができる。

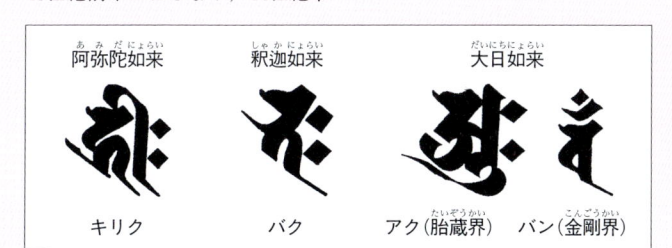

阿弥陀如来	釈迦如来	大日如来	
キリク	バク	アク(胎蔵界)	バン(金剛界)

九郎と女性をめぐって争い敗死したのを、銘文中の比丘尼妙円(妻芳野御前)が十三回忌にあたる1369(応安2)年に追善供養のためにこの地に建立したと伝えられる。秩父青石とよばれる緑泥片岩の原石は、ここから1kmほど樋口駅方面に向かった古虚空蔵とよば

れる青石材採掘遺跡(県文化)から切りだされたものである。荒川流域を中心に関東一帯に分布する石塔婆のほとんどは、この地の石材といわれている。

寛保洪水位磨崖標(かんぽうこうずいいまがいひょう) ❷

〈M ▶ P.115, 120〉 秩父郡長瀞町野上下郷1011
秩父鉄道樋口駅 🚶 5分

国道140号線をはさんで樋口駅前の長瀞第二小学校の防音壁のうえに長瀞町教育委員会がたてた「水」と書かれた寛保洪水の説明板が目につく。道路面よりも3.9m高く、現在の河床より17mほど高い。1742(寛保2)年、旧暦7月24日から7日間にわたる豪雨のときのもので、関東一帯に大洪水をもたらしたことを示す。荒川が急にせばまる波久礼付近に上流から流れてきた立木などがつまり、野上一帯を完全に沈めた。大洪水の記録としては、1596(慶長元)年・1846(弘化3)年・1910(明治43)年・1924(大正13)年・1938(昭和13)年などがあるが、寛保の洪水は、すさまじかった。

このときの水位を示した寛保洪水位磨崖標(県文化)が長瀞第二小学校裏手山麓にある結晶片岩の岩肌にきざまれている。現在は剝落し「水」の文字しか判読できないが、その下に「寛保二年 壬戌年八月一日亥刻、大川水印迄上、四方田弥兵衛、滝上一衛門」と記されている。北葛飾郡鷲宮神社の寛保治水碑とともに荒川の洪水史を知る貴重な資料である。

樋口駅から野上へ向かうと、荒川対岸の山頂に2層の天守閣がたてられた天神山城がみえてくる。この地は、古くから、武蔵七党の1つ丹党白鳥氏の根拠地であり、天神山城は藤田氏が築城したと伝えられる。藤田重利は北条氏邦を娘婿に迎えた1546(天文15)年にこの城を氏邦にゆ

寛保洪水位磨崖標

今に伝える大洪水の記憶

ずり，用土城(寄居町)に隠居したと伝える。その後，氏邦は弟の氏光に天神山城をゆずり寄居の鉢形城に移った。1590(天正18)年に豊臣方の攻撃で鉢形城の開城とともに廃城となった。1970(昭和45)年に観光用に2層の天守閣がたてられたが，現在閉鎖されている。山頂には，本郭，二之郭，三之郭が配置され，竪堀や石垣などの遺構が残っている。また，東側中腹には大規模な横堀を伴った出郭が存在する。訪れる際は，山麓にある白鳥神社から本郭をめざすとよい。野上駅から荒川に向かって歩く。高砂橋を渡り，約20分で着く。

宝登山神社 ③
0494-66-0084

〈M▶P.115,120〉 秩父郡長瀞町長瀞1828
秩父鉄道長瀞駅 🚶15分

日本武尊の伝説を伝える神社

長瀞駅を降りて，正面にみえる宝登山に向かって歩くと，15分ほどで宝登山神社である。宝登山神社は，社伝によると日本武尊が東国平定のおり，山登りの途中で猛火にあい，巨犬が火中に飛び込み火を消したことより，火止山の名がついたといわれる。神社の裏手にヤマトタケルが体を洗ったとされる「身曽伎の泉」がある。ヤマトタケルを救った巨犬がすなわち宝登山神社の御眷属(神の使者)の「お犬様」である。お犬様信仰が盛んで，開運・厄除け・火防に参拝者が訪れる。権現造の社殿は1869(明治2)年に再建された。祭神は神日本磐余彦尊(神武天皇)・大山祇神・火産霊神の3神である。山頂には蠟梅園・梅花百花園があり，人気を集めている。

長瀞町郷土資料館は，長瀞駅から宝登山神社に向かう途中にあり，旧新井家住宅(国重文)に隣接してたてられている。旧新井家は，中野上村の名主の住宅として250年ほど前に建設された養蚕農家で，1975(昭和50)年にこの地に移築された。建物の特徴は，栗板葺きの屋根で，内部は座敷・

宝登山神社

野上から長瀞の史跡

奥座敷・寝間・居間・土間と廏からなる。板葺きの屋根はかつて秩父地方で多くみられたが、今は旧新井家住宅を残すのみである。資料館は、養蚕や機織りの道具をはじめ、農山村の生活用具を展示している。

長瀞綜合博物館は、長瀞駅から桜並木を野上方面に12分ほど歩いたところにある。落合眼科病院2代目院長塩谷覚三郎氏が収集した埴輪・土器・古瓦が展示されている。とくに群馬県佐波郡玉村町小泉で出土した十鈴鏡（国重文）や本庄市生野山古墳から出土した高さ62cmの笑う埴輪像と300点をこえる古瓦（ともに県文化）など約2000点の貴重なコレクションがある（2013〈平成25〉年に閉館し、収蔵品は一括して埼玉県に寄贈された）。

長瀞岩畳 ❹

〈M▶P.115,120〉秩父郡長瀞町長瀞
秩父鉄道長瀞駅 🚶 5分

「日本地質学発祥の地」長瀞

皆野町の親鼻橋から長瀞町の高砂橋付近までの約4kmの峡谷と荒川の沿岸が、長瀞（国名勝・国天然）である。長瀞駅をでて左へ5分ほど歩くと岩畳につく。長瀞の荒川左岸には、幅数十m、長さ500mにもおよぶ岩畳が広がっている。対岸にそびえる高さ100mにおよぶ岸壁は、「秩父赤壁」とよばれる断層面である。このみごとな景観から、長瀞は年間200万人以上が訪れる県内でも有数の観光地である。「日本地質学発祥の地」とよばれ、地質学的にも重要なところである。長瀞付近の岩石は、緑泥片岩・石墨片岩・絹雲母片

岩などの変成岩からできている。岩畳は、主として黒色片岩である。秩父赤壁を断層面にして褶曲運動がおこり、その圧力で岩畳がせりあがったとされている。その後、荒川の浸食作用により、甌穴や旧河道である「四十八沼」がつくられた。

　岩畳から上長瀞へ向かう桜並木の途中に埼玉県立自然の博物館がある。秩父地域の、地学・動物学・植物学資料約2万点が収蔵・展示されている。巨大ザメ「カルカロドン・メガロドン」の歯の化石や大型哺乳類「パレオパラドキシア」の骨格化石(県天然)が展示されている。

長瀞七草寺霊場 ❺

〈M▶P.115,120〉秩父郡長瀞町
秩父鉄道樋口駅・野上駅・長瀞駅 ★ 霊場一周約3時間

四季をとおして楽しめる散策コース

　長瀞七草寺霊場は、1985(昭和60)年に開場した長瀞観光の新名所である。観光客誘致のために、観賞用や薬用として使われる秋の七草を植えている。樋口駅を出発すると、最初はオバナ(尾花)の寺道光寺(臨済宗)である。開山は1502(文亀2)年といわれ、釈迦如来が本尊である。ここから野上方面へ法善寺に向かう途中、西浦採銅坑跡・天神山城大手のサクラを見学してもよい。フジバカマ(藤袴)の寺法善寺(臨済宗)は、1476(文明8)年の創立、寺の北方にみえる天神山城主藤田康邦の開基である。本尊は阿弥陀如来、寺宝に重さ16kgの自然銅があり、裏山の麓の銅ノ入という地から採掘したといわれる。つぎに高砂橋を渡り対岸に向かうが、時間があれば、荒川の河原におりて、少し上流に向かうと日本一の甌穴がみられる。

　高砂橋を渡り右へ300mほど歩くと、キキョウ(桔梗)の寺多宝寺(真言宗)がある。住職が幕末まで三峯山観音院の住職をつとめた名刹である。本尊は十一面観世音菩薩。野上から児玉にぬける間瀬峠に向かう山の中腹にクズ(葛)の寺遍照寺がある。本尊は役行者神変大菩薩で、等身大の尊像を安置している。一寺一姓のしきたりで林姓以外は檀徒になることができない。麓にはハギ(萩)の寺洞昌院(真言宗)がある。本尊は不動明王で、奥の院のある山頂には苔不動尊がまつられている。野上駅に戻ると秘仏薬師如来像と石猿を寺宝とするオミナエシ(女郎花)の寺真性寺(真言宗)がある。本尊は不動明王で、境内には応安の板碑につぐ高さ3mの阿弥陀一尊板

碑がある。

　長瀞駅から宝登山神社へ向かう参道を左にはいると、ナデシコ（撫子）の寺不動寺がある。1975(昭和50)年、秩父札所午年総開帳にあたり、長瀞火祭柴燈大護摩火渡荒行の修行を契機として、1980年に建立された新しい寺である。歩いて七霊場すべてをまわるとおよそ15kmである。各寺には駐車場も整備されている。

水潜寺 ⑥
0494-62-3999

〈M▶P.114〉秩父郡皆野町下日野沢3522 P
秩父鉄道皆野駅🚌日野沢行札所前🚶15分

洞穴のなかを清流が流れる巡礼打止めの寺

　皆野駅から町営バスを利用しての見学も可能であるが、1日5本程度である。水潜寺には駐車場も完備されており、車でいくことをすすめる。秩父観音霊場第34番札所水潜寺(曹洞宗)は、西国三十三所、坂東三十三所をお参りしてきた巡礼にとって100番目の打止めの寺となる。本堂は1814(文化11)年、信者の供米の売却金を費用として再建された。流れ向拝の宝形造で、格子戸のうえには、彩色の飛天像、天井の鏡板には花鳥が描かれている。本堂前には、1954(昭和29)年、当時の住職が全札所をまわって集めた砂がいれられた「お砂踏み」の台がある。このうえで、阿弥陀如来・薬師如来・千手観音の3像を拝めば、一瞬にして百観音巡礼の功徳を得ることができるという。本堂右手には洞穴があり、なかを清流が流れている。この洞穴をくぐり、身を清めて、世俗へ戻るのである。水潜寺の名は、この行事に由来する。

水潜寺

　水潜寺は、北条氏につかえた阿佐美氏の中興になるものといわれる。阿佐美氏館は、下流の日野沢川左岸南面の中腹にある。石垣や食違い門の跡が残り、江戸時代の郷土の居館をしのぶことができる。
　水潜寺から日野沢

門平の高札場

川をさかのぼり，門平へ向かう。城峰山に立てこもった平将門が大手門をこの地に設けたという伝説にちなんだ地名だといわれる。門平の高札場（県文化）は，集落のほぼ中央，代々名主をつとめた小林家の前にたてられている。高札場は，領主が領民に対し禁止事項や法令を徹底させるために，規則を板書きした高札を掲示した場所である。無年貢地として，新設・修繕ともに村の負担でまかなった。用材はクリ材を使い，屋根は杉皮葺きであったが，1973年，保存事業としての修理の際にトタン板葺きとした。間口2.07m・奥行1.18m・高さ2.8mの基壇のうえに木柵をめぐらし，破風に懸魚のある切妻屋根の札掛場がたっている。1819（文政2）年，村の火災のときも，高札場は残ったと伝えられる。

❷ 皆野から秩父へ

古代から近代へ——和銅採掘遺跡から秩父神社，金仙寺をみる

円福寺 ❼
0494-62-0330　〈M▶P.115,120〉 秩父郡皆野町皆野271
秩父鉄道皆野駅 🚶 5分

皆野駅から荒川に向かう坂の左手に円福寺（真言宗）がある。通称，大浜の円福寺といわれ，秩父最古の仏跡で平将門の創建と伝えられる。墓地には，弟の平将平と畠山重能の墓と伝えられる2基のくずれかけた五輪塔がある。940（天慶3）年，戦いに敗れた平将門は，城峰山に立てこもったが，そこで下野国の押領使藤原秀郷に討たれたという伝説がある。このように，将門にちなむ伝説は，秩父各地に残されている。『新編武蔵風土記稿』では，将門の墓としているが，「円福寺旧来記」によれば，城峰山にこもっていたのは将平であり，源経基のために討死をとげたのを寺僧が葬ったと

伝平将平・畠山重能の墓

されている。真偽のほどは定かではないが,平安時代末期の石造物に多い凝灰岩(ぎょうかいがん)を使用している。

畠山重能は吉田(よしだ)(秩父市下吉田)に生まれ代々秩父牧(まき)の別当をとめ,秩父氏を称していたが,旧川本町(かわもと)(現,深谷市)の畠山に移ると畠山氏を名乗った。はじめは源義朝にしたがったが,のちに平氏につかえ,源平の争乱では源氏方についた。本堂には聖観音像(しょうかんのん)と秩父七福神の1つ大黒天(だいこくてん)が安置されている。

二十三夜寺(にじゅうさんやじ) ❽
0494-65-0334

〈M▶P.115,129〉 秩父郡皆野町三沢(みさわ)1960
車が便利

勢至菩薩をまつる寺

地元の人びとから「三沢のさんや様」と親しまれているのが,秩父十三仏霊場の1つ師慶山観音院三沢坊医王山二十三夜寺(真言宗)である。十三仏は,初七日(しょなのか)から三十三回忌まで13回ある追善供養(ついぜんくよう)仏事に配当した仏のことで,別名「とみまいり」ともいわれ,生前の幸福祈願も行われる。寺の名称である二十三夜は,ある特定の月齢の月がのぼるのを待って多くの人びとが集まり,供え物をしたり拝んだりする行事の名称である。月齢で多いのは二十三夜待ちで,月光のなかに勢至菩薩(せいしぼさつ)の姿があらわれるといわれる。ここ二十三夜寺も正月・5月・9月・11月の半月の夜,二十三夜にまつりが行われ,勢至菩薩に家族の幸福が祈願される。なかでも,旧暦の1月1日(新暦の2月)に行われる縁日は,1年のうちでもっとも盛大に行われ,家内安全・身体堅固・厄除(やくよ)けなどの祈願に訪れる講中などの参拝者で賑わう。

国道140号線から二十三夜寺に向かう途中,三沢谷の入口から東方にみえる山が鉢形城(はちがた)の枝城,竜ケ谷城(りゅうがいせん)(千馬山城(せんばやま),県文化)である。竪堀(たてぼり)と郭(くるわ)を巧みに配置した遺構は,城郭研究者にとってみごた

二十三夜寺

えがある。

大塚古墳 ❾

〈M ▶ P.115, 120〉 秩父郡皆野町皆野95
秩父鉄道皆野駅 🚶15分

> 埋葬施設に秩父地方の地域性をあらわす古墳

皆野駅前を旧道沿いに1.2kmほど進むと、旧道と国道140号線皆野バイパスの合流点手前に、ひときわ高い木立がみえてくる。そこが大塚古墳(県文化)である。この辺りは十三塚とよばれ、付近には半壊した古墳もあることから、かつては古墳群を形成していたと考えられる。墳丘の直径18m・高さ5m、墳丘には葺石(ふきいし)がみられ、周囲に周溝跡の窪地(くぼち)が存在する。埋葬施設は横穴式(よこあな)石室で、全長9.1m、玄室の長さは5m、天井は8枚の片岩の盤石(へんがん・ばんじゃく)をのせている。側壁は大石のまわりに小石を積み、隙間(すきま)部分には石綿(いしわた)をつめ込んで密封しようと工夫している。保存状態もよく、県内でも代表的な石室開口例である。石室内にはいって見学できる。

国道140号線を長瀞(ながとろ)方面に戻り、親鼻橋(おやばな)を渡りきったところを秩父市吉田久長方面に進むと金崎古墳群(かなさき)(県文化)がある。かつては、8基以上の円墳があったといわれるが、現在は直径20m以下の円墳4基のみである。墳丘は大分変形しているが、石室は横穴式石室であり、胴張りの袖無型(そでなし)、側石は小口積みと瓦目積み(かわらめ)があり、持ち送り式を強く採用しているため、天井部は小さく、しかも高いのが特徴である。石材はこの地に多く産出する変成岩(へんせいがん)を用いている。

金崎古墳群中最大の天神塚古墳(てんじんづか)の前の県道を吉田久長方面に進み、小さな峠をこえると右側が国神(くにかみ)である。国神には、知知夫国(ちちぶのくにのみやつこ)造の墓だといわれる国神塚があったといわれるが、現在塚はなく、そのうえに国神の大銀杏(おおいちょう)(県天然)が植えられている。樹周8.2m・樹高22.7m、根元には知知夫彦命(ちちぶのひこのみこと)をまつる知知夫妙見社(みょうけんしゃ)がある。

大塚古墳

皆野から秩父へ

和銅採掘遺跡 ❿ 〈M▶P.115,129〉 秩父市黒谷銅山1918
秩父鉄道和銅黒谷駅🚶15分

山中に残る銅採掘の跡

　和銅黒谷駅の東側，岩肌に和銅と書かれた祝山と和銅山がみえる。708(慶雲5)年に武蔵国秩父郡から和銅(自然銅)が献上されたことから，年号を和銅と改め，武蔵国の庸や秩父郡の調と庸を免じたと『続日本紀』に記されている。改元とともに，日本最古の貨幣和同開珎がつくられた。しかし，1999(平成11)年に飛鳥池遺跡(奈良県明日香村)から富本銭が出土し，『日本書紀』の683(天武天皇12)年4月の条にある銅銭と断定され，和同開珎を最古の貨幣とする従来の定説が疑問視されている。

　和銅黒谷駅をでて国道を右に約200mいくと「和銅遺跡」と書かれた看板がある。ここをはいると左手が聖神社である。自然銅が発見されたとき，朝廷は採銅使を派遣し，祝山で祝典を行った。その後，和銅石13体，和銅製のムカデ2体を御神体として聖明神としてまつったのが現在の聖神社である。社殿は流造の本殿と入母屋造の拝殿からなる。1963(昭和38)年に秩父市内の今宮神社の社殿を移築したもので，江戸時代中期の建築といわれる。境内には和銅遺跡関係の資料と大野原古墳群の出土品を集めた和銅宝物館がある。

　ここから鳥居前の案内板にしたがって15分ほど歩くと，和銅採掘遺跡(県旧跡)である。長さ130m・深さ3mほどの溝状になって，2条の露天掘り跡が和銅沢から山頂までつらぬいている。

　和銅山の南続きに金山とよばれる山がある。この一帯に銅精錬所跡や鉱坑が散在している。伝承によれば，戦国時代末期から江戸時代初期にかけて武田信玄や徳川家康の命により，採掘されたといわれる。現在，指導標によってみられる鉱坑は3カ所4本である。

　さらに5分ほどくだると選鉱場と精錬所跡がある。ここからは，直径約90cm・深さ約75cmの白粘土製の溶鉱炉が発見され，付近には「からみ」とよばれる精錬時にでるカスが散乱している。

飯塚・招木古墳群 ⓫ 〈M▶P.115,129〉 秩父市寺尾226
秩父鉄道和銅黒谷駅🚶20分

　和銅黒谷駅の西方約500m，荒川左岸段丘上に確認古墳数124基を数える秩父地方最大の群集墳，飯塚・招木古墳群(県文化)がある。

萩平歌舞伎舞台と精進堂

和銅大橋のたもとには，道路工事に際して移転・復元された円墳がある。古墳は飯塚に73基，招木に51基存在し，直径5～27m，高さ1～4mと大小差があるが，すべて円墳である。現在，完全な形を残すもの28基。埋葬施設は横穴式石室で，河原石や結晶片岩できずかれている。葺石は，全部ではないが，めぼしい墳丘には確認できる。大部分が盗掘されており，直刀・刀子・鉄鏃・玉類を出土したという。築造は，7世紀から8世紀初めと考えられる。この対岸，荒川と横瀬川にはさまれた段丘の先端に諏訪城(県文化)がある。空堀と土塁が残り，城跡のなかを秩父鉄道の線路が縦断している。

雑木林のなかに眠る古墳群

ここから約1km北方，原谷小学校付近から下小川にかけて74基の古墳からなる大野原古墳群(県文化)がある。1907(明治40)年に，小学校敷地拡張のために円墳が発掘され，箱式石棺から関東地方では珍しい蕨手刀(県文化)が発見されている。7世紀から8世紀初頭のものと考えられる。現在は聖神社の和銅宝物館に保存されている。

飯塚・招木古墳群から県道を荒川沿いに南に向かうと，段丘下の畑のなかに茅葺き屋根の萩平歌舞伎舞台(県民俗)がみえる。萩平諏訪神社の前には，天保年間(1830～44)にたてられた三間四面の精進堂(県民俗)もある。間口5間・奥行3間半の歌舞伎舞台は，地元の宮大工により明治初年のころつくられ，秩父地方で最初の回り舞台を備えている。現在は，萩平歌舞伎舞台伝承会がつくられ，子ども歌舞伎の稽古も行われている。10月下旬には，秩父歌舞伎正和会とともに公演が行われる。

広見寺 ⓬
049-224-0589
〈M▶P.115,129〉 秩父市下宮地町5350
秩父鉄道大野原駅🚶5分

大野原駅をおりて，旧道を左に100mほど歩くと「史蹟廣見寺石経蔵」ときざまれた石柱がある。ここを左におれ，秩父鉄道の踏切

広見寺

般若心経をおさめた石経蔵

をこえ，国道140号線を渡ると大林山広見寺(曹洞宗)がある。1391(明徳2)年，秩父地域の曹洞宗寺院のなかでいちばんはじめに開創された。1569(永禄12)年，武田信玄の秩父侵入により焼き払われたという。その後，1591(天正19)年，徳川幕府より10石の朱印をあたえられている。1913(大正2)年には，浮浪者の焚き火により，総門をのぞくすべての伽藍が焼失したが，その後再建された。

広見寺石経蔵(県文化)は，裏山の山裾の礫岩をくりぬいてつくった広さ16.5㎡の石室である。なかには，数千個の河原石が蔵され，石面には般若心経が書かれている。明和(1764～72)のころ，住職大量和尚が仏教の功徳をたたえてつくりあげたと伝えられる。また，天保年間(1830～44)の飢饉の際，里人たちに平らな丸石を1つもってくるごとに米1合をほどこし，その石に経文を書いておさめたという説もある。昔は，広見寺の五本松として，樹齢300年を経たマツが秩父市街の入口として景観をそえていたが，現在は国道脇に五本松の石碑がたっているのみである。

広見寺をでて，もときた道を駅前の旧道に戻る。荒川方面に向かう坂道を500mほど歩くと秩父橋にでる。対岸の寺尾の光正寺に，延慶の青石塔婆(県文化)がある。秩父に残る丹党関係の資料として，もっとも貴重なものである。1310(延慶3)年，武蔵七党の丹党中村氏と長田氏が先祖供養のために建立したものである。丹党は，中村・長田・大河原・岩田・薄・小鹿野など秩父各地を名字の地として，勢力を張っていた。碑の銘文からは，長田氏がこの一帯の経営にあたっていたことが推察できる。また，対岸の井上家墓地内(中村町3-244)に，丹党中村氏の墓石1基がある。

秩父神社 ⓭
0494-22-0262

〈M ▶ P.115, 129〉秩父市番場町1-1
秩父鉄道秩父駅 🚶 5分

秩父駅をおりると左手に柞の森とよばれる木立がみえてくる。そこが秩父地方の総鎮守で「妙見様」の名で親しまれている**秩父神社**である。秩父神社は, 秩父開拓の祖神知知夫彦命が, その祖八意思兼命を奉祀したとされる『延喜式』神名帳にのる古社である。秩父平氏の祖, 平良文が妙見菩薩の加護を得て, 平将門を撃ち破り, それ以降信仰するようになった。1235(嘉禎元)年の落雷で炎上した社殿を再建するにあたり, 良文の孫将常が妙見菩薩を合祀し, 中世から近世にかけては秩父妙見宮として親しまれてきた。その後, 1569(永禄12)年, 武田信玄の侵入により焼かれたが, 鉢形城主北条氏邦が再建に着手した。現在の**本殿**(県文化)は, 1592(天正20)年徳川家康が社領57石を寄進して, 代官成瀬吉右衛門に建造させたものである。

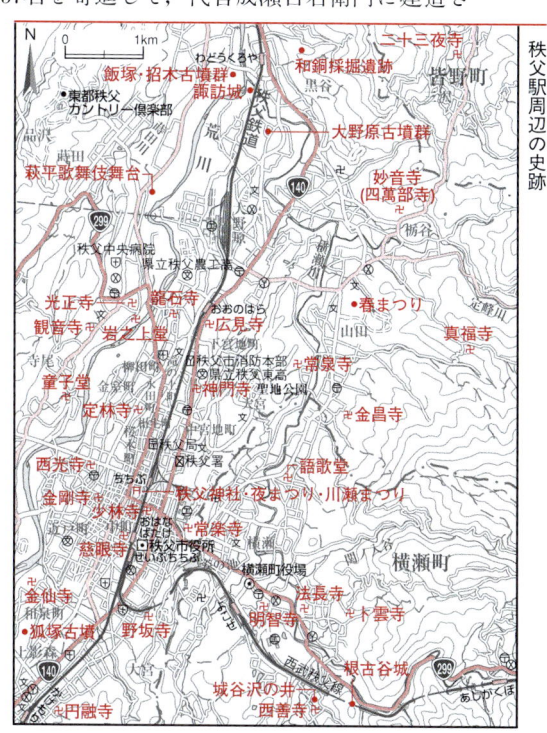

1682(天和2)年に幣殿・拝殿を増築し, 本殿に装飾を加えて, 荘厳な権現造とした。社殿は, 1970(昭和45)年に修理されている。「天正二十年」の棟札, 秩父神社造営申状次第1巻(ともに県文化)などがある。ほかに社殿をかざる装飾として, 左甚五郎作と伝えられる彫刻がある。拝殿正面左に「子育ての虎」が, 本殿東側軒下に「つなぎの竜」がある。この竜の伝左甚五郎作「子育ての虎」と「つなぎの竜」

秩父駅周辺の史跡

皆野から秩父へ

は，夜な夜な近くの池に水を飲みにいき，田畑を荒らすため鎖でつないだという伝説がある。

金仙寺 ⑭
こんせんじ
0494-22-1252

⟨M▶P.115,129⟩ 秩父市下影森6650
秩父鉄道御花畑駅 🚶15分

枝垂れ桜と秩父困民党総理田代栄助の墓

　国道140号線から秩父市の北に流れる押堀川と荒川の合流する段丘上に金仙寺(臨済宗)がある。御花畑駅から西方へ15分ほどである。丹党中村氏の没落後，この地で勢力をもった井上三河守(みかわのかみ)の庇護(ひご)により，応永(おうえい)年間(1394～1428)に草創された。山門をはいると，左側には枝垂(しだ)れ桜(県天然)がある。エドヒガンザクラの枝垂性の老樹で根元から2本に分岐している。推定樹齢約600年，目通り1.6m・樹高7mである。また，山門をでて右にある墓地の一角に秩父困民党総理田代栄助(たしろえいすけ)の墓がある。

　寺の右手，荒川と押堀川の合流点の河岸段丘上の竹林に金仙寺城跡がある。突出部を幅4m・深さ1.3mの空堀で長さ110mほどに掘切って，内側には高さ2mほどの土塁を築いた小規模な城郭である。

　金仙寺の南西500mほどの住宅地の一角に秩父地方最大の円墳，直径24m・高さ4mの規模をもつ狐塚(きつねづか)古墳(県史跡)がある。

　秩父地方の古墳は大部分が小規模な円墳で，群集墳とよばれるものである。例外としては，吉田太田部(おおたぶ)古墳群(県文化)中の1基が前方後円墳，小鹿野町長若(ながわか)のお塚古墳が上円下方墳といわれている。秩父地方の古墳からは，埴輪(はにわ)の出土例はほとんどないが，長瀞町の矢那瀬(やなせ)古墳群と皆野町の天神塚古墳からは埴輪片が出土している。標高954m付近に位置する太田部古墳群は，山腹の起伏を利用した構築方法をとり，秩父のほかの古墳と趣を異にしている。

❸ 秩父札所とその周辺

日本百観音霊場に数えられる秩父札所。静かな狭い盆地のなかに，素朴で個性豊かな34カ所の霊場が点在している。

妙音寺(四萬部寺)(みょうおんじ・しまぶじ) ⑮
0494-22-4525

⟨M▶P.115,129⟩ 秩父市栃谷(とちや)418
西武鉄道西武秩父駅 🚌皆野(みなの)行札所1番 🚶1分

　定峰(じょうみね)川の北，旧秩父往還の川越通りと熊谷(くまがや)通りが合流するとこ

妙音寺(四萬部寺)

ろに, 秩父札所1番誦経山妙音寺(曹洞宗)があり, 一般に四萬部寺のよび名で親しまれている。寺伝によれば, 994(正暦5)年, 観音巡礼をはじめたとされる天台宗性空の弟子の幻通上人が, この地で仏典4万部を読誦して経塚を築き1宇を建立し, 法華経山四萬部妙音寺としたのを始まりとする。1488(長享2)年の札所番付では, 大宮郷(現, 秩父市)を中心とした巡礼であったため, 24番となっているが, 江戸時代になると, 川越通りや熊谷通り方面からの巡礼者の便宜を考慮し, それまで1番であった定林寺(現17番, →P.138)にかわって, ここが1番となった。

美しい朱塗りの本堂は県指定文化財

建物は丘陵斜面に本尊の聖観世音菩薩像をまつる観音堂(県文化)内部に施餓鬼殿, 1877(明治10)年にもらい火で焼失後再建された山門・庫裏・鐘楼がたつ。とくに観音堂は, 浅草講中の助力により秩父の名匠藤田徳左衛門によって1697(元禄10)年に再建されたもので, 入母屋造, 軒唐破風の向拝をつけた銅瓦葺きで, 秩父札所中もっとも洗練された建物といわれる。その後, 1756(宝暦6)年と1830(文政13)年の2度改修したものである。寺宝の1つに1775(安永4)年の江戸護国寺への総出開帳日記があり, 秩父札所の隆盛を知るうえで重要である。

金昌寺石仏群 ⑯
0494-23-0976

〈M▶P.115,129〉 秩父市山田1812
西武鉄道西武秩父駅 🚌 定峰行金昌寺 🚶 5分

慈母観音と1300体の石仏

札所1番から秩父市内に向かう途中, 案内標識にしたがってわき道にはいると赤い大きな仁王門がみえてくる。秩父札所のなかでもっとも人気のある寺で, 石仏群(県民俗)で有名な札所4番高谷山金昌寺(曹洞宗)である。通称新木寺とよばれ, 楼門形式の門をくぐると, 左右に大小さまざまな石仏が並び, 一種独特な雰囲気につつまれる。全部で1319体あり, 地蔵・観音・羅漢・不動像と多種多様で

秩父札所とその周辺

金昌寺の慈母観音像

ある。高さ60cm前後のものが多く、立像が688体、坐像も161体を数える。

1624(寛永元)年、この寺の住職古仙登獄和尚が寺の興隆と天災などによる犠牲者の供養に石造1000体を安置したのが始まりとされる。大火・飢饉・洪水の多かった江戸後期に寄進されたものが多い。霊場巡りの熱心な信者が、先祖や妻子の霊をとむらうため、門前の石屋に注文しておさめたもので、その石材は、小鹿野町の岩殿沢から「功徳石」と称されて、巡礼者が運んだといわれる。銘によると、1772(安永元)年・1794(寛政6)年・1806(文化3)年の江戸の大火、1783(天明3)年の浅間山の大噴火と、それに前後する1782年から1788年の天明の大飢饉、1780(安永9)年・1802(享和2)年の江戸をおそった大洪水など、当時の世相との関わりを知る貴重な資料である。寄進者は武蔵国が大部分を占めるが、下野(栃木県)や駿河(静岡県)から土佐(高知県)にまでおよび、なかには前田家や紀州徳川家などの江戸大名屋敷の奥女中の名もあり、商人・武家・百姓など多岐にわたる。本堂の観音堂は、1709(宝永6)年の再建と伝えられ、本尊十一面観音像が安置されている。軒下には、乳にたわむれる嬰児をかかえた慈母観音像(子育て観音)が美しい姿をみせている。1792(寛政4)年、江戸の吉野半左衛門が、先祖供養のため安置したもので、蓮台にカエルがきざまれ、「ミカエル」にちなんだ「マリア観音」だという説もある。また徳利を膝にした酒呑地蔵や亀甲に座した地蔵尊もあり、四季折々の風情がある。

語歌堂 ⑰

0494-23-4701

〈M▶P.115,129〉秩父郡横瀬町下郷6086
西武鉄道西武秩父駅🚌定峰行語歌橋🚶3分

本尊は江戸時代の准胝観音

金昌寺から町道に沿って、秩父市寄りに1.5kmほど歩くと、ぽつんとお堂がみえてくる。秩父事件にまつわる札所5番小川山長興寺(臨済宗)の観音堂で、通称語歌堂とよばれている。本間孫八という富者が、慈覚大師の徳を慕い、大師の彫刻された准胝観音像を

秩父札所

コラム

信仰と文化を訪ねて三十四所の巡礼

　札所とは，観世音菩薩が33の姿に身をかえて人びとの「現世」の願いを聞き，幸せをあたえてくれるという観音信仰に基づいて設定された観世音菩薩像を安置した33カ所の霊場をさし，巡礼の際，名前・年号を書いた板を打ちつけたことにちなむ。この33カ所を巡礼して観音の功徳にあずかろうという風習は，養老年間(717～724)大和国初瀬寺(長谷寺)の徳道にはじまるとか，花山天皇(在位984～986)が退位後，河内国石川寺の性空らにより霊場巡拝の功徳を聞きはじめたことによるとか伝えられるが，確証はない。鎌倉時代初期に成立した『寺門高僧記』のなかにある「観音霊所三十三所巡礼記」の三井寺僧覚忠伝には，1107(嘉承2)年段階の33の霊場，番数，寺数，寺宇の構造，観音の種類，願主が記載されており，彼が1161(応保元)年には巡礼を達成していることから，寺門派修験の影響の下，平安時代末には西国三十三所巡礼は成立していたと考えられる。

　秩父三十四所札所は，これに1234(文暦元)年以前に成立したとされる坂東三十三所を加えて，日本百番観音霊場に数えられる。その成立は，記録的にみて32番法性寺に1488(長享2)年の番付表が，30番法雲寺に「西国坂東秩父百カ所順礼」の銘のある1536(天文5)年の納札が伝わることから，15世紀後半に坂東巡礼の民衆化に伴い成立したというのが有力である。その結果，天文までに34カ所になり，番打ちも変更された。現在の番打ちは川越通りと熊谷通りを利用してやってくる江戸の人びとのために，江戸時代初期に24番妙音寺を1番に変更し成立したとされる。1750(寛延3)年の「松本家文書」では，正月から3月にかけて4万667人の巡礼があったとされ，忙しい江戸町民や大奥女性のために江戸総出開帳が浅草寺や護国寺で5回行われた。1775(安永4)年には10代将軍家治の名代も参詣したと記録にある。12年に1度の午歳には，普段はあけない厨子の扉をあけて，参拝者に秘仏の観音像を直接拝ませる総開帳が行われ，3月～11月まで大変な賑わいをみせる。

　このように秩父札所巡礼が盛んになった理由としては，山々に囲まれた秩父が江戸の西方にあり，「浄土」そのものと考えられたこと，なにより秩父札所は西国や坂東札所にくらべ江戸に近く，4～5泊の手ごろな日程で一巡できたこと，信仰と観光をかねて訪れたことなどがあげられる。とくに正月から3月までの農閑期に巡礼者が多く，札所門前には茶店も開かれ，遊女もいたという。

　現在の宗派は，曹洞宗18・臨済

宗9・真言宗4・天台宗3であるが、長い間に寺の位置・本尊・宗派は多少かわった。一方、江戸からの巡礼の人びとが多くなるにつれて、江戸文化の影響をうけ、札所には数々の文化財が残る。1番妙音寺の1697(元禄10)年建立の唐様入母屋造の観音堂、33番菊水寺の藤原末期とされる聖観音立像、子育て観音で有名な4番金昌寺石仏群、同じく石仏では、31番観音院の鷲窟磨崖仏(十万八千仏)、17番定林寺の札所百観音本尊を浮彫りにした梵鐘、26番円融寺の烏山石燕筆景清牢破り納額(1764〈明和元〉年)、32番法性寺の長享番付など、いずれも県指定文化財となっている。

秩父札所の行程は20里(80km)といわれ、古くは徒歩でめぐったが、現在は車で1泊2日ですむ。春3月になれば、信仰と文化を訪ねて白装束に身をつつんだ人びとの足がたえず、今も昔とかわらぬ秩父谷の風物詩となっている。

安置するため、私財を喜捨し創立したと伝えられる。語歌堂の名は、和歌をたしなんだ孫八が旅人と和歌の奥義を論じたが、その旅人が聖徳太子の化身であったことによるという。また、失踪したひとり娘を観音堂に祈願してたずね歩いた老女が、たまたまこの地にたどり着き、疲れはてて倒れたとき、観世音に保護された娘があらわれ、感激した老女が観音堂を再建したという伝説も残る。

観音堂は江戸後期の作で、前1間が吹抜けとなり、正面には1808(文化5)年の「語歌寺」の額がかかる。扇垂木を利用し、堂の各面の中心から左右に等間隔に振り分けられた珍しいものである。堂の南西隅に物置があり、1877(明治10)年から1922(大正11)年まで、地元の武甲山御岳神社の例大祭に、横瀬川の和田河原で盛大に行われた花火大会の

語歌堂

「花火筒」がおかれている。この祭りの道具は、秩父事件の際、困民党軍の武器に使われた。落合寅市率いる困民党軍約100人は、粥新田峠で小川方面から進攻してきた鎮台兵の銃火に苦戦し、行く手をはばまれた。そのとき部下の花火師に和田河原で使用した花火筒で尺玉を打ち上げさせ、大砲とみせかけて逃げのびたのである。俗にいう「寅市の最後っぺ」である。納経所は管理している長興寺で、100mほど離れたところにある。語歌堂はもとこの長興寺にあったが、1720(享保5)年現在の地に移された。この長興寺本堂で演じられたのが横瀬人形芝居(県民俗、→P.161)である。1軒さきに家元若林宗介家がある。若林家は代々名主をつとめ、寺子屋も営んだ家で、人形一式と舞台装置などが保存されている。

西善寺 ⑱
0494-23-3413

〈M▶P.115,129〉 秩父郡横瀬町根古屋598
西武鉄道西武秩父駅🚌松枝行根古屋🚶10分

県指定天然記念物 コミネカエデの巨木

横瀬駅から武甲山の表参道沿いに歩き、途中で左におれて急坂をのぼると、小さな鳥居と土蔵造りの御岳神社里宮がみえてくる。里宮には秩父神楽の最古の面が保存されている。この奥に、秩父銘仙発祥の地 城谷沢の井(県旧跡)がある。この付近から産出した絹は秩父絹の代表で根古屋絹とよび、この水でさらしたという。山麓には北条氏邦が武田勢に備えて築いた根古屋城跡がある。のち氏邦の家臣浅見伊賀守慶延が入城するが、1590(天正18)年の豊臣秀吉の小田原攻めの際、廃城となった。

根古屋城跡の南西に秩父札所8番清泰山西善寺(臨済宗)がある。室町時代中期の開創とされ、幕末ごろ再建された観音堂には本尊十一面観音像が安置されている。本堂前に天正年間(1573〜92)に植えられたといわれる樹高9m、枝張り東西18m・南北16mのコミネカエデ(県天然)がある。もともと山地性の樹木がこのように巨木に成長するのはきわめてまれである。

西善寺の北には青苔山法長寺(曹洞宗)がある。室町時代後期、花園城(寄居町)主藤田康邦の開基とされ、本堂も観音堂も江戸時代後期に焼失したが、本堂は再建され、札所中いちばんの大伽藍で、みごとな欄間彫刻があり、文化・文政期(1804〜30)の奇才平賀源内の設計といわれる。本堂にかかる「鎮護国家」の額をあおぐように

秩父札所とその周辺

石造の牛があり，別名牛伏堂といわれる。牛に化身して苦しんでいた武士の霊を妻子が出家して慰めたという伝承にちなむ。さらに東の山腹の景勝地に6番向陽山卜雲寺(曹洞宗)がある。観音堂には本尊聖観世音像と，江戸時代の清涼寺式釈迦如来像，寺の縁起を伝える1781(天明元)年作の「荻野堂縁起」1巻などがある。

慈眼寺 ⑲
0494-23-6813　〈M▶P.115,129〉秩父市東町26-7
秩父鉄道御花畑駅 3分・西武鉄道西武秩父駅 5分

あめ薬師の縁日・目の寺として有名

　西武秩父駅から国道140号線を南下し，南小学校横を山の手にはいると，札所12番仏道山野坂寺(臨済宗)がある。山門は享保年間(1716～36)の建造で，重層入母屋造，花頭窓のなかに閻魔大王がおかれている。手入れのゆきとどいた境内の一隅に埼玉の文化財研究に功績のあった稲村担元氏を顕彰した達磨の一筆画の石碑がある。本尊は高さ1.56mの一木造の聖観世音菩薩像で，平安時代中期の作。縁起によれば，甲州商人がこの地で山賊にあったとき観音の名をとなえて一難をのがれ，のちにこの地に観音堂を建立したという。

　野坂寺から国道140号線を御花畑駅の近くまでいくと札所13番旗下山慈眼寺(曹洞宗)がある。伝説によれば，日本武尊が東征のとき，この地に旗をたてたことから「ハタノシタ」の地名がうまれ，山号もこれに由来するという。観音堂は1878(明治11)年の秩父大火で全焼したが，その後，住職が養蚕を行うなどして資金を集め，約20年後に再建された。札所1番の本堂を模したものといわれる。本尊は聖観世音菩薩であるが，ほかに室町時代の善光寺阿弥陀三尊像がある。

　山門の右側には，土蔵造りの一切経蔵がある。京都安蔵寺印房でつくられた黄檗版の一切経1630巻が74の箱におさめられ，六角の蔵をまわ

慈眼寺「あめ薬師縁日」のアメを売る店

して，一切経転読の功徳にあずかれるよう輪蔵となっている。一切経は，大蔵経または三蔵聖経ともいって，仏教聖典の集書で釈迦の説法である「経」と，信徒の生活を規定した「律」，そして仏弟子や高僧の著作の「論」に分かれている。寺の11世全隆和尚が，堂宇再建のため江戸にでたとき知りあった近江の百姓次郎兵衛と，13年後に再会したことを奇縁に感じて，治郎兵衛が1755(宝暦5)年に奉納したものという。輪蔵の周囲には札所を開拓した13人の聖者像(十三権者像)があり，伝説を信じ，百霊場をつくりあげた秩父の人びとの心意気がうかがえる。

墓地には，社会事業家井上如常の墓(県旧跡)がある。如常は絹商家に生まれ，家業のかたわら諸学をおさめ，のちに江戸で心学道場を開き，孤児救済にあたり，秩父でも農業振興などにつくし「秩父聖人」とよばれた人物である。

この薬師堂では毎年7月8日に「あめ薬師縁日」が開かれる。いつしかあめのめにかけて，ぶっかきアメを売る店が境内に並ぶようになった。両目をあらわす「ぬめ」と書かれた絵馬の奉納も多い。この寺の幼稚園は秩父地方でもっとも古く，70年以上の歴史を誇る。

慈眼寺から矢尾百貨店へ向かい東京電力をくだったところに，札所14番長岳山今宮坊がある。本来は長岳山正覚院金剛寺といい，修験道の本山で知られる聖護院の直末で，平安時代の開創といわれる。もとは今宮神社の別当寺として神社の境内にあり，最盛期は僧40人が住したが，神仏分離令で現在地に移った。宝形造の本堂は江戸時代の建築で，内陣の仕切板が折りたたみ式で，ぬれ縁をつくれない狭さから工夫がされている。本尊は弘法大師が童子の暗示できざんだといわれる聖観世音像である。ほかに平安時代後期の作とされる高さ40cmの一木造の飛天像がある。雲に乗って，左手にハスの茎を1本もつ美しい像であり，堂の入口から間近に拝める。また，1764(明和元)年の嘉納玉栄筆による「白馬の絵馬」もある。

ここの前住職が，市立民俗博物館の設立や600種余りの版画の収集，霊場の保存や巡礼へのサービス機関としての奉賛会の成立などに尽力した故田島凡海師である。師の努力で近年の午歳総開帳では20万人ほどの巡礼者が訪れるようになったが，それまでは年間数

千人ほどであった。時間があれば，今宮神社の樹齢500年・幹まわり7.9mの「家康駒つなぎのけやき」（県天然）とよばれる大ケヤキをみていくとよい。実際は家康ではなく，武運長久を祈願参拝した武士が馬をつないだものとされる。

定林寺 ⑳
0494-22-6857 〈M▶P.115,129〉 秩父市桜木町21-17
西武鉄道西武秩父駅🚌小鹿野行札所17番入口🚶3分

百観音の本尊と御詠歌がきざまれた梵鐘

秩父駅前から西に進み，市立病院前の道を北上し，西小学校の右手の坂をのぼると札所17番実正山定林寺（曹洞宗）がある。32番法性寺に残る室町時代の長享番付(1488年)では1番札所で，別名林寺とよばれる。もとは地元の林家所有の個人の寺だったが，現在は桜木町内会が管理している。観音堂は土壇上にたち，4間四面の方形屋根，内陣は前と左右を扉で囲い，吹きさらしの念仏回廊で一巡できる。本尊は鎌倉時代末期の十一面観世音立像。これとは別に「天正二十二(1594)年」在銘の十一面観音坐像がある。本堂前の銅鐘（県文化）には西国・坂東・秩父百観音の本尊が鋳出され，「宝暦八(1758)年」の年号と御詠歌がきざまれている。ある女が巡礼中生んだ子を近くの沼にすて，家に帰るとそこにわが子とこの寺の本尊が並んでいた。女はこれを悔み発心して鐘を寄進したという。近年は水子供養でも知られるようになった。

永田新道に戻り，約1.5km北上，秩父第一中学校を右にみながら進むと札所19番飛淵山龍石寺（曹洞宗）の銅葺きの方形屋根がみえる。荒川の右岸，水成岩の一枚岩のうえにたつ。昭和30年代は荒れ寺だったが，1973(昭和48)年大改修が行われ，建築材から「宝永二(1705)年」の墨書が発見され，秩父札所最古の建築であることがわかった。本尊は室町時代の千手観世音坐像で，1943・1948・1952年

定林寺

と3度盗まれ、その都度戻ったという。堂内には閻魔をはじめ、十王像など冥土の恐怖を強調するもの、三途の川の脱衣婆をまつる三途婆堂もあって、死後のこわさを強調している珍しい札所である。

岩之上堂 ㉑
0494-23-9419

〈M▶P.115,129〉 秩父市寺尾2169
西武鉄道西武秩父駅🚌小鹿野車庫行秩父橋🚶15分

伝平安時代作の聖観世音像

　龍石寺の西、荒川にかかる秩父橋を渡り、すぐ左の段丘上の樹林のなかが札所20番法王山岩之上堂(臨済宗)である。1885(明治18)年に秩父橋が完成するまでは、渡し舟で荒川を渡り、断崖の石段をのぼった。寺伝では白河院の勅願寺といわれ、天正年間(1573～92)に北条氏邦によって再興された。

　現在の観音堂は個人の所有で、隣接の内田家の祖先内田武左衛門尉政勝が江戸初期から中期にかけて私財を投じて建立した。三間四面の屋根に向拝をつけた唐様の系統をみせる。須弥壇のうえに宮殿形のいわゆる春日厨子がおかれている。厨子扉の見返しには、金箔押し濃彩の三十三観音の彫刻と、日天・月天・風神・雷神などが配置されて、とりわけ印象深い。なかに平安時代の作とされる本尊の聖観世音立像がある。宝永年間(1704～11)にほどこされた欄間の彫刻には唐獅子や象が彫られ、朱・緑青・胡粉の色が残っている。外陣の天井からさがる色とりどりの這子は、枝にぶらさがる子ザルを思わせるところから別名「おさる」といわれる。近在の婦人たちが、12年に1度の午歳の総開帳のとき、子どもの成長を祈り、1体ずつ布に綿をつめて、子どもの名前をつけて奉納したもので、ここのものは大変美しい。境内に札所きっての美男地蔵といわれる江戸後期の地蔵尊と、如意輪観音の石像がたっている。

童子堂 ㉒
0494-23-9989

〈M▶P.115,129〉 秩父市寺尾2352
西武鉄道西武秩父駅🚌小鹿野行尾田蒔学校前🚶20分

ユーモラスな童子仁王像

　岩之上堂から西へ1kmほど、尾田蒔小学校を右手にみながら進むと札所21番要光山観音寺がある。1923(大正12)年小学校から出火、本尊の聖観音像は運びだされたが、観音堂は焼け、小鹿野町の廃寺をゆずりうけ再建された。以後、本尊が火難からのがれたということで「火防の観音」として信仰されている。

　県道を久那方面に向かって進むと左手に「安政四(1857)年」の銘

秩父札所とその周辺

童子仁王像

のある地蔵尊がある。武甲山を背にしたこの石地蔵風景は秩父の紹介にしばしば取りあげられている。ここを左にはいると札所22番華台山童子堂(真言宗)である。「童子仁王」とよばれる素人彫りの山門の仁王像のユーモラスな顔に驚かされる。寺伝によると淳和天皇の弟伊予親王の菩提をとむらうため、807(大同2)年創建、915(延喜15)年天然痘が子どもの間に流行したとき、山奥から北川の地に堂宇を移し、聖観音像をまつって祈願したところ、子どもたちが救われたので、童子堂の名がうまれたという。

　現在の観音堂は、1701(元禄14)年、江戸の田井三右衛門弘祐とその妻お銀が施主となり建立した。その後、北川の地から1910(明治43)年風坂へ、大正末に現在の地へ移された。吹寄二重垂木宝形造で、唐戸や欄間の彫刻が目をひく。正面の唐戸は、1枚の板の表裏に、鼓を打つ唐人、雷神、頭は人間で体は鳥という極楽にいる「迦陵頻迦」の彫刻があり、彩色もほどこされ札所一の賑やかな建物となっている。

音楽寺 ㉓
0494-25-3018

〈M▶P.115〉秩父市寺尾3773
西武鉄道西武秩父駅🚌小鹿野行尾田蒔学校前🚶30分

秩父事件で有名な梵鐘

童子堂から県道に戻り、さらに久那方面に1kmほどゆき急な坂と石段をのぼると、秩父事件のとき蜂起した農民たちが乱打した梵鐘のある札所23番松風山音楽寺(臨済宗)に着く。1884(明治17)年11月「秩父困民

音楽寺

秩父往還

秩父の食にふれる

コラム 食

昔ながらの石臼挽きソバと埼玉初のワイン

　秩父の食を代表するものは、なんといっても手打ちそばとうどんである。秩父の農地はそのほとんどが山地であり、米作りに適した土地が少なく、古くからソバの栽培が盛んである。地粉を使ったそばがいちばんおいしく、多くのそば屋がある。現在、いくつかの市町村で秩父そばの普及活動が行われているが、なかでも旧荒川村(現、秩父市)は村をあげて「そばの里」づくりに取り組んでいる。120軒をこすソバ生産農家と約30軒ほどのそば屋がある。荒川のそばは、昔ながらの石臼挽きが主流であり、風味豊かなそばができる。また、食べるだけでなくそば打ち体験ができる施設や直売所もある。そのほか、秩父市にある20軒の店が「秩父そばの会」を結成し、2年以内に20店のうち18店の店の味を楽しむと無料食事券がもらえるスタンプラリーを導入し、その普及をめざしている。

　手打ちうどんについては、秩父音頭の歌詞にも登場する「おっきりこみ」をはじめ、昔からおふくろの味として、各家庭でつくられてきた。

　秩父地方には、矢尾本店・武甲酒造など多くの酒蔵があり、銘柄も30品以上ある。それぞれが個性ある味の地酒を生産している。秩父には、良質な水や冬の厳しい寒さなど酒造りに適した自然条件が整っている。秩父ミューズパークの麓に矢尾本店「酒造りの森」があり、醸造工場および酒造りの歴史がわかる資料館もある。また、武甲酒造の店舗は古くからの店構えを今日に伝えており、酒蔵も見学できる。

　秩父は、ワインの産地でもあり、なかでも旧両神村(現、小鹿野町)の秩父ワインが有名である。浅見源作は、1933(昭和8)年秩父にブドウを植え、独学でワインづくりに取りかかり、1940年に埼玉県ではじめてのワイン醸造許可を得た。当初の売れゆきはあまりよくなかったが、1959年フランス人神父が来訪して絶賛したのを機に評価が高まり、今日の基礎を築いた。

党」に組織された農民たちは、厳しい軍律をもって吉田から小鹿坂峠をこえ悪徳高利貸しのいる大宮郷(現、秩父市)へ向かう際、この音楽寺に集結、梵鐘を打ち鳴らして進んだ。この鐘は秩父三名鐘の1つで、高さ1.2m・直径69.7cm、108の乳頭と下部には聖観音、十一面観音、如意輪観音、千手観音などの六観音が浮彫りされている。これは、江戸深川の川田三右衛門らの勧請によって鋳造されたものを、1768(明和5)年に再鋳したもので、戦時中の金属供出も

免れた名鐘である。

境内には「われら秩父困民党，暴徒とよばれ，暴動といわれることを拒否しない」と書かれた秩父困民党無名戦士の碑がある。寺伝によると，15世紀の初めころ，田村の円福寺の南 岩天陽が再建したとされ，本尊は室町時代作と伝えられるヒノキの一木造の聖観世音像である。寺名は，マツにあたる風のかなでる音からきているといわれ，新人歌手がヒット祈願でくることでも知られる。

円融寺 ㉔
0494-23-8838
〈M▶P.115,129〉 秩父市下影森384
秩父鉄道影森駅 徒 7分

県指定文化財、「景清牢破り」の絵

影森駅前を秩父方面にいき，すぐ右折して踏切を渡って左へいくと右手の山麓に札所26番万松山円融寺(臨済宗)がある。本堂は間口8間ほどの建物で，堂内には聖観世音像が安置されている。本尊の厨子の横には高さ1.12m，玉眼・寄木造で鎌倉時代の作といわれる勝軍地蔵がたっている。また，堂内には1775(安永4)年狩野派の画家鳥山石燕の門人13歳の石中女筆と記された，紫式部の石山寺秋月の図を描いた絵馬がある。庫裏には，石燕が1764(明和元)年に描いた「景清牢破り」の絵画額(県文化)がある。左上に，雲上にたつ白衣観音。中央におじの大日坊を殺し，源頼朝もねらって悪七兵衛といわれた平景清が目をむいて脱獄寸前である様子が描かれている。観音から景清に向かう7本の光は本物の鉄線で，景清の観音信仰に対する威光と，悪事に対する制裁としての「金しばり」を意味するという2説がある。ヒノキ材を組み，鉄金具を打ちつけ，鎖をはりつけた立体的作品で，一見の価値がある。

観音堂は，納経所でもある本堂から30分も山にのぼった，通称岩井堂である。300段の苔むした石段をのぼると，京都の清水寺を模した懸崖造のお堂がみえてくる。江戸中期の作で，3間四方の堂の唐戸には，アヤメ・キク・ボタンなどのみごとな彫刻がある。観音堂の裏を少しのぼった奥の院の人気のない雰囲気がまた異色である。秩父霊場もこの辺りから深い山間巡りになり，交通も不便となる。

岩井堂から尾根伝いに20分ほど歩くと，巨大なコンクリート製の観音像に出会う。高さ16.5m，札所27番竜河山大淵寺(曹洞宗)の「護国観音」である。関東三大観音の1つで，1936(昭和11)年に地

元のセメント会社の支援で1年がかりで造立された。

西秩父・奥秩父 ④

荒川と赤平川，その谷間に花開いた文化をみる――札所31番観音院・清雲寺・三峯神社

法性寺㉕ 〈M▶P.114〉秩父郡小鹿野町般若2661
車が便利

> 舞台造の観音堂と小鹿野の町並み

　車で秩父から国道299号線を西へ進み，秩父市と小鹿野町の境にある千束峠をこえると小さな盆地の中心に小鹿野の町並みがみえてくる。札所32番**法性寺**（曹洞宗）は，国道から5kmほどはいった小鹿野町の南東の山間部にある。駐車場の目の前の楼門をくぐり石段をのぼると，釈迦如来が安置された本堂がある。そこからさらに100mほど岩山をのぼると観音堂である。舞台造の観音堂は，1719（享保4）年の建立といわれ，本尊は聖観世音菩薩像である。観音堂の山のうえに横たわる巨岩が船の形をしていることから「石船山」の山号がつけられた。国道に戻り，西へ1kmほど進み，小鹿野市街にはいると，町役場をすぎた辺りがS字状に大きくまがっている。これは江戸時代，道路を直進できないように枡形にした名残りである。市街地の道路の両脇には水路を掘り，水路と屋敷地の間を2mほどあけている。市を開くときに使用した市庭である。

　町役場から西へ5分ほどいくと**十輪寺**がある。小鹿野の町づくりは十輪寺を中心に行われ，その両側に広がるように発展していった。十輪寺の山門にある**木造金剛力士立像**（県文化）は，ヒノキ材を用いた寄木造で，目は彫眼，衣の一部に華麗な彩色が残っている。制作年代は室町時代と考えられ，阿形像に「寛文二（1662）年」の修理銘がきざまれている。

　寺の前にある加藤家住宅は，土蔵造の町家で瓦葺き，切妻造の3階建てで1880（明治13）年にたてられた。1階を日用品・食料品などの店舗，2・3階を養蚕飼育に使用していた。県内でも明治初期の木造商家建造物は数少なく貴重である。市街地をさらに進み，信号をこえると西武秩父バスの車庫が右手にある。その前の桑畑のな

西秩父・奥秩父　143

かに西秩父最大の大きさを誇る円墳、丸山塚古墳がある。

観音院 ㉖ 〈M ▶ P.114〉 秩父郡小鹿野町飯田観音山2210
0494-75-3300　車が便利

　小鹿野から国道299号線を西へ群馬県方面に3kmほどいくと札所31番の案内板がみえてくる。ここを右折し、沢沿いの道を4kmほど進むと札所31番観音院(曹洞宗)がある。駐車場前の谷川を渡ると山門があり、なかには石造仁王尊立像が安置されている。石材は凝灰質砂岩で、観音院裏山から掘りだし、1868(明治元)年につくられた。長い石段をのぼると高さ60mほどの滝と聖観音像をまつった本堂がみえてくる。滝の左側に鷲窟磨崖仏(県史跡)がある。この磨崖仏は、新生代第三紀層(約1500万年前)の礫質砂岩の岩肌にきざまれている。高さ18cmほどの浮彫りの坐像と立像がいく重にも横列にあらわされており、室町時代ころの制作と推定される。風化磨滅が激しいが、群像としてきざまれた磨崖仏としては、県内ではほかに例がない。

　裏手の観音山の尾根続きに日尾城がある。日尾城は、上州方面から進出する武田勢に対して築かれ、北条氏邦の家臣諏訪部遠江守定勝が居城した。1590(天正18)年鉢形城の落城で使命をおえた。主郭部の標高は556.4m、東西に小規模な郭が直線的に並ぶ。自然地形を巧みに利用した典型的な山城である。城跡を北方にくだった日尾の集落には根小屋の地名が残り、ここに倉尾ふるさと館がある。ふるさと館のなかには、塚越向山遺跡出土注口土器及び収納石器(注口土器のなかに黒曜石のかたまり・破片19点と磨製石斧の完形品10点がおさめられていた。県文化)や鉢形城につかえた強矢弾正のものと推定される甲冑が展示されている。

　国道に戻り、志賀坂峠・十石峠をこえると長野県佐久にぬけられる。この谷間は、山中地溝帯といわれる中生代の地層であり、アンモナイトの化石などを産出する。志賀坂峠をこえた群馬県神流町では、ガリミムスの尾椎骨の化石や恐竜の足跡の化石も発見されている。

60mの滝と岩壁に刻まれた爪彫千体仏

菊水寺子がえしの額

秩父氏館跡 ❷⁷　〈M▶P.114〉秩父市下吉田3833
西武鉄道西武秩父駅・秩父鉄道秩父駅🚌吉田元気村行吉田小学校前🚶1分

　秩父市から西に向かい国道299号線千束峠をこえて、赤平橋を渡り右に進むと秩父市下吉田に至る。右手にみえる高さ100m・長さ400mの断崖が「ようばけ」(国天然)である。約1500万年前の新生代第三紀の地層で、カニ・サメの歯の化石などを産出する。泉田のバス停をおりて、この崖をみながら市道を進むと桜井の集落に札所33番菊水寺(曹洞宗)がある。入母屋造の本堂は、1820(文政3)年の建立といわれる。本堂にはいると左右の欄間に「子がえし」と「親孝行いろは歌留多」の額が掲げられている。前者は、江戸時代に行われた間引きをいさめたものである。後者は、秩父聖人といわれた井上如常の教えを記したものである。本尊の聖観音像(県文化)は、一木造で平安時代の作と推定されている。

　市道をさらに進み、橋を渡ると、左手に吉田小学校がたつ高台がみえてくる。ここが秩父氏館跡(県旧跡)である。秩父氏は秩父の中村に居館を構え、秩父牧の別当になってから吉田に居館を移し、武基・武綱・重綱・重弘・重能と5代にわたってここに居住したといわれている。戦国時代においても北条氏邦の家臣、秩父孫二郎の本知行の地として存続し、中世をつうじて秩父氏の館として重要な役割をはたしていたと考えられている。

塚越の花祭り ❷⁸　〈M▶P.114〉秩父市上吉田塚越熊野神社・米山薬師堂
車が便利

　吉田小学校の対岸に開けた谷が阿熊である。小学校から歩いて約20分、県道から少しはいった右手の山に彦久保岩陰遺跡がある。海抜300mに位置し、足下の阿熊川との比高は約60mある。縄文時代

名族秩父氏の館と菊水寺

子どもたちの花祭り

西秩父・奥秩父　145

塚越の花祭り

早期から古墳時代にかけての岩陰遺跡である。

岩陰遺跡から県道を上吉田方面に7kmほど進み，上吉田小学校跡をすぎると塚越の集落である。塚越の花祭り(県民俗)は，毎年5月4日に行われる子どもたちの祭りで，前日の午後には甘茶をつくって最終的な準備をし，夜になると熊野神社で花御堂を飾る。その晩は男の子たちはおこもりをして，誕生仏と花御堂をおまもりする。翌4日，祭りの当日，朝7時になると子どもたちは熊野神社を出発し，山腹の米山薬師まで約300mの参道に花をしきつめていく。その花のうえを，花御堂に納められた誕生仏が子どもたちに支えられて静かに進んでいく祭りである。この道をさらに進むと土坂峠をこえて群馬県の神流町にでる。

甲源一刀流燿武館道場 ㉙

〈M▶P.114〉秩父郡小鹿野町両神薄167 車が便利

小鹿野町から鋸形の稜線をみせる両神山をめざして町内の県道を進むと，両神薄である。小沢口のバス停から少しはいったところに甲源一刀流の逸見氏「燿武館」道場(県史跡)がある。甲源一刀流の開祖，逸見家の祖先は，清和天皇6世の孫で，代々甲斐に居住していたが，16世逸見若狭守義綱が武田信虎と心があわず，大永年間(1521〜28)に小沢口に移り住んだものという。甲源一刀流は，小説『大菩薩峠』で有名となった流派であり，江戸時代後期に甲斐源氏25世逸見太四郎義年が創始した。町人・農民剣法のブームのなかで定着していったものであり，多いときの門弟は2000人をこえたといわれ，代々逸見氏がその流派を継承している。道場は東西10m・南北5m，木造平屋建てで白壁をめぐらし武者窓がつけられている。近くには資料館があり，一般公開している。

ここから車で三峰口駅方面に向かう途中に法養寺薬師堂(県文化)

がある。戦国時代には北条氏の信仰篤く，薄の薬師様として1月8日の縁日には大変賑わった。室町時代の3間四面の堂の周囲には多数の絵馬，堂内には十二神将像がおさめられている。十二神将像(県文化)は，いずれの像も割矧造，彫眼，彩色がほどこされ，脚ほぞ部には墨書銘があることから，1585(天正13)年から1586年にかけて，北条氏邦とその家臣団が旦那となって奉納されていることがわかる。

このさき，両神山麓の日向大谷に向かう途中に，長尾景春が一時立てこもったと伝えられる塩沢城がある。景春はここを追われたのち，山をこえて秩父市荒川日野の熊倉城におちのびたといわれる。ともに現在残る遺構は，戦国時代のものである。

橋立鍾乳洞 ㉚ 〈M▶P.115,149〉秩父市上影森677
秩父鉄道浦山口駅 🚶10分

秩父札所唯一の馬頭観音と県指定文化財の鍾乳洞

浦山口駅から橋立川を右下にみて10分ほどいくと左に橋立鍾乳洞(県天然)がある。洞穴は長さ約130m，高低差約33mで竪穴型である。内部は複雑に屈曲し鍾乳石・石筍・石柱などが怪奇な態様をなしており，第二次世界大戦前まではコウモリも住んでいた。古くは胎内くぐりの霊場であったが，現在は観光鍾乳洞となっている。80mほど垂直にそそりたつ石灰岩の大岩壁の下には，札所28番橋立堂がある。3間四面，縁をまわした朱塗りの堂は，江戸中期の建築といわれ，堂内には鎌倉時代の作と伝えられる高さ26.5cmの馬頭観音が本尊として安置されている。馬頭観音を本尊とする札所は秩父札所で唯一であり，全国的にも珍しい。現在では，交通安全を願う人が多く訪れている。

観音堂裏の岩庇には，橋立岩陰遺跡(県史跡)がある。1954(昭和29)年直良信夫の発掘によって弥生土器・人骨などたくさんの遺物が発見された。そ

橋立堂

西秩父・奥秩父

長泉院と清雲寺 ㉛㉜

〈M▶P.114,149〉秩父市荒川上田野690
秩父鉄道浦山口駅🚶20分

清雲寺
枝垂れ桜がみごとな

　浦山口駅から，浦山川を右手にみながら旧道を上流に向かって歩いていくと約1.1kmでもろかみ橋がある。この橋からは，左手に浦山川に建設された浦山ダムが間近にみえる。橋を渡り，坂を約150mのぼると札所29番長泉院がある。開山年代は990(正暦元)年といわれているが，たびたびの火災にあい詳細は不明である。現在の観音堂は，文政年間(1818～30)のころにたてられたものである。本尊は，平安時代後期の作といわれる寄木造の聖観音菩薩である。観音堂のなかにはいると，正面の左側の欄間に，咲きほこるサクラを描いた「法楽和歌」の額がある。このサクラの図は，1811(文化8)年に葛飾北斎が描いたものといわれている。山道入口にはみごとな枝垂れ桜，境内にはミツマタツツジ・サツキ・ウメ，青々としたモウソウチクの林などが美しい。

　ここから武州中川駅方面に800mほどいくと左手の山裾に清雲寺(臨済宗)の桜(県天然)がみえてくる。目通り周囲2.72m・樹高15m，枝張り東西17m・南北13m，エドヒガンの枝垂れ桜の大樹で，清雲寺開創時の1446(文安3)年に植えられたものという。満開時には，秩父の各地で祭りに曳かれる大きな笠鉾のような，とたとえられる。この枝垂れ桜は，旧荒川村を象徴する木として「村の木」に制定されていた。3月末より開花し4月初旬から中旬が見ごろとなる。夜間にはライトアップされていて夜桜も楽しめる。清雲寺のすぐ西側には，若御子神社があ

長泉院

秩父往還

浦山口駅周辺の史跡

り，その裏手の山を約100mほどのぼったところに若御子断層洞（県天然）がある。これは，秩父盆地が断層盆地であることを示すものの1つである。

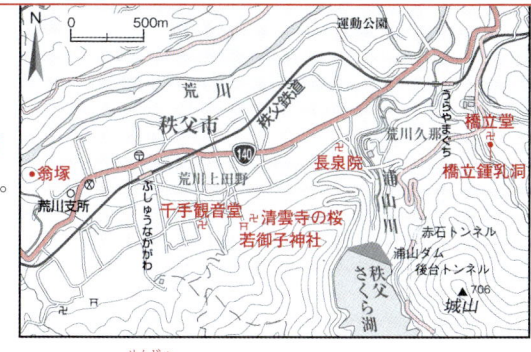

　さらに，西へ500mほどいくと千手観音堂がある。この堂の回廊の天井には，秩父近在の草相撲の力士により奉納された，色彩をほどこした相撲四十八手の図がはめ込まれている。毎年8月16日の縁日に堂の境内で行われる信願相撲は，江戸時代中頃よりはじめられたという。「むかし聞け　秩父殿さえ相撲とり」（秩父殿＝畠山重忠）という芭蕉の相撲句碑（翁塚）が近在にあるように，この地がいかに相撲が盛んであったかがうかがわれる。千手観音堂の信願相撲は関東三辻の1つとして花籠親方より辻免許をうけ，興行を許可されていた。

　ここから西へさらに500mほどいった武州中川駅から秩父鉄道に乗り白久駅でおりる。白久駅前から随所に往還の名残りをとどめている旧道を進む。秩父鉄道のガードをくぐった分岐には，高さ2mほどの「東高野大日向山入口」ときざまれた1809（文化6）年建立の太陽寺道標がある。太陽寺へは左に分かれた巣場新道をいき，右に向かえば荒川の渡しから贄川宿を経て三峰方面へと向かう。三峯山一之鳥居も1908（明治41）年に荒川対岸の贄川宿に移されるまではここにたてられていた。

贄川宿 ㉝

〈M▶P.114〉秩父市荒川贄川
秩父鉄道三峰口駅🚶10分

宿場の面影を残す集落

　三峰口駅近くには，微細彫刻で名高い森玄黄斎の生家がある。玄黄斎は，1807（文化4）年秩父郡白久村の農民の子として生まれ，長じて小鹿野村奈倉の森家へ婿養子にはいった。11歳で彫刻した将棋の駒やその後の絵画・彫刻が生家山中家に現存している。4〜5cmの象牙に孔子の弟子3000人の顔を彫った作品は，将軍家へ献上

西秩父・奥秩父　　149

贄川宿

され、のちに幕府から英国王室に贈られ、今でも大英博物館に保存されている。

　三峰口駅前をすぎて、白川橋で対岸へ渡り国道にでて秩父方面へ100mほど戻る。国道より分岐して両神方面へはいると三峯神社参詣の人びとや諸国の商人の宿場として栄えた贄川宿がある。この集落は江戸時代から1930（昭和5）年秩父鉄道の三峰口駅が開設されるまで角屋・角六などの宿屋が並び現在もその面影を残している。白久から移された三峯山一之鳥居もここにあって、三峯山への駕籠もこの宿場からでていた。贄川宿では11月3日をすぎた紅葉の美しい週末、往還に面した民家の縁側を利用して、地元の画家・写真家・陶芸家などの作品が展示される縁側展がもよおされる。また、展示以外にも機織りの実演や昔話の語りの会、秩父屋台囃子などさまざまなイベントも行われている。

太陽寺 ㉞　〈M▶P.114〉秩父市大滝459
車が便利

　贄川から国道140号線を山梨県方面に進むと大滝である。最初の集落は強石で、以前は、杉ノ峠をこえて落合に至る秩父往還、大達原を経て大輪に至る三峰街道、巣場を経て太陽寺方面への道が分岐する交通の要地として繁栄した。強石の対岸には巣場の双体道祖神がある。地元では「ドウロクジン」とよび、疫病除け、縁結びの神として信仰されている。

　強石をすぎると左に太陽寺（臨済宗）への道がある。大血川に沿う車道を5kmほど進むと観光釣場がある。太陽寺へは、そのまま車道をとってもよいが、ここから丁目石や石仏などをみながら参道をあがるとよい。急な参道を25分ほどで仁王門に着く。太陽寺は、後嵯峨天皇第3皇子髭僧大師の開山と伝えられ、本堂には、畠山重忠木像や重忠誕生の間と伝えられる部屋などがある。太陽寺は胎養

女子の参詣が許された東国の女人高野

寺につうじ，女子の参詣が自由だったことから「東女人高野」として栄え，明治になり三峯神社と分離するまでは一体となって信仰されてきた。境内の閻魔堂には冥界の法廷を表現した13体の仏像のほか，人の心をうつす鏡と生前の罪をはかる天秤がある。

　国道に戻り西へ進むと，右に大達原への車道がある。大達原は強石から大輪への三峰街道がとおっていたところで，旧家の山口家前には大達原の高札場(県史跡)がある。現在の高札場は改装されており，旧高札場は，クリ材の切妻造で木柵をめぐらした簡素なものであった。大滝には強石・落合・麻生・栃本・中津川にそれぞれ高札場があったが，現存するのはここだけである。

　国道をさらに進むと大輪地区である。元来三峰山は二瀬からのぼるのが表参道であったが，江戸時代に三峯講が盛んになると，大輪が表参道登山口の門前町として栄えるようになった。国道の左下にある大鳥居をくぐると，対岸にはかつてロープウェイの駅があった。大輪をすぎ，国道が大きく右にカーブする対岸の岩場に神庭洞窟遺跡(県史跡)がみえる。

　この半洞窟は，旧石器時代から縄文時代にかけての住居跡である。遺跡の規模は間口8m・奥行15m。コの字状の半洞窟である。ここからは，旧石器時代末期の角岩の尖頭器，黒曜石と角岩の剥片，シカ・イノシシの骨片などが発掘された。

　大滝の中心落合には，木曽御嶽山表参道王滝口を開いた普寛行者をまつる普寛神社がある。由緒書によれば，普寛行者は1731(享保16)年に当地に生まれ，江戸にでて八丁堀同心浅見家に婿入りした。その後，修験者を覚悟して三峰山で修行し，1792(寛政4)年に御嶽山王滝口開闢に成功した。普寛行者は，諸国回行中，本庄宿で71歳をもって入寂した。

三峯神社 ㉟　〈M▶P.114,152〉　秩父市三峰298-1
0494 55-0241　秩父鉄道三峰口駅・西武鉄道西武秩父駅🚌急行三峰神社行終点🚶10分

　三峯神社の歴史は古く，景行天皇の第2皇子日本武尊が甲斐国(山梨県)から上野国(群馬県)を経て碓氷峠に向かう途中，三峰山にのぼり，伊弉諾尊・伊弉冉尊をまつったことにはじまるという伝

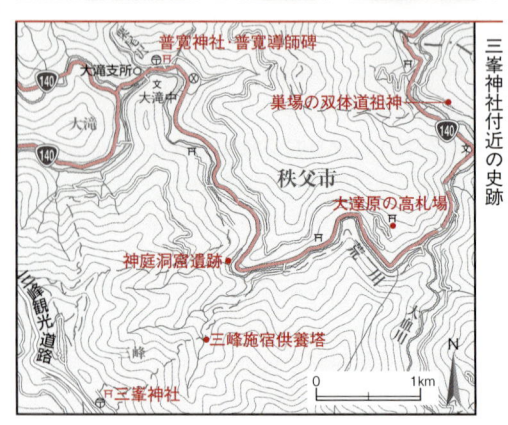

三峯神社

本殿・拝殿・随身門の漆塗り、彩色復元工事完成

説をもつ。三峰の名称は、景行天皇が訪れた際、妙法ヶ岳、白岩山、雲取山の三峰から名づけられたという。三峯神社は、かつては天台宗修験道場として栄えたが、明治の神仏分離令で三峯山観音院高雲寺が廃され、三峯神社となった。

バス終点から10分ほど杉木立ちのなかを歩くと本殿である。本殿は、1661(寛文元)年11月、中興第6代龍誉法印が願主となって造営したもので、一間社春日造の建物である。石積みの基壇のうえにたてられ、正面と両側に縁をまわし、屋根は銅板葺きである。全体が漆で塗られ、斗組・虹梁・柱頭などには極彩色がほどこされた華麗な本殿である。神社内で唯一下界が一望できる場所が遙拝殿である。ここから妙法ヶ岳山頂の奥宮を遙拝できる。

三峯神社は、オオカミを眷属として全国各地に「三峯講」があり、毎年多くの信者や観光客で賑わう。2月に行われる節分祭(ごもっとも神事)は、五穀豊穣・大漁満足・夫婦円満・開運長寿の願いがこめられ、とくに子授けの奇瑞があるといわれる。「ごもっとも様」とは、長さ1m余のヒノキのすりこぎ棒型のもので、その頭に注連縄をまき、根元にはミカン2個をさげた象徴的なものである。このほかにも、多くの祭礼や年中行事が行われている。三峯山博物館

では，三峯山詣の関係資料・三峯山の宝物・秩父宮家と三峯山の関係資料が常設展示されている。

　神社から南へ5分ほどくだると三峰集落で，集落の人たちは神社と一体となり長い間生活してきた。表参道の途中には，三峰施宿供養塔（県旧跡）がある。これはここにあった薬師堂の堂主が無料で参拝者を泊めた人数が3000人になったのを記念して1772（明和9）年にたてたものである。

栃本関所跡 ㊱ 〈M▶P.114〉秩父市大滝1623
車が便利

江戸末期の建物が残る栃本関所

　大滝の中心地落合の集落をぬけ落合橋を渡ると，右が中津川・雁坂峠，左が二瀬ダムを経て三峯神社・栃本関所方面へ至る道である。二瀬ダム（秩父湖）は，1961（昭和36）年に完成した高さ95mのアーチ式コンクリートダムである。三峯神社に車でいく場合，国道140号から左折し，ダムの堰堤をとおって神社直下までいくことができる。直進すると栃本に向かう。

　二瀬ダムを越えると道は左右に分かれる。右の旧秩父往還を進むと麻生で，集落のなかほどに麻生加番所跡がある。加番所は，1631（寛永8）年御国廻り衆が栃本関所を巡検の際，関所警備の強化策として，雁坂通りの麻生村と甲州側の川浦を栃本の加番所に指定したものである。つぎの上中尾には，全長45mの上中尾の猪垣（県民俗）が残っている。地元では「シシグネ」とよび，1870（明治3）年にイノシシやシカなどが耕作地に侵入するのを防ぐためにつくられたもの。近年，秩父地方ではイノシシなどが畑を荒らし，作物をまもるために有刺鉄線などでつくったあらたな猪垣がみうけられる。

　猪垣の背後に城山とよばれる山がある。中津川と滝川の両方を見渡せるところに位置するが，自然地形のままであり遺構や伝承は存

栃本関所跡

西秩父・奥秩父

在しない。武田氏か北条氏の狼煙台があったと考えられている。
上中尾から栃本に進むと栃本関所跡(国史跡)がある。関所は、海抜1000mに位置する栃本集落の中央の急斜面にある。ここをとおる街道は、甲州や信州につうじる街道で、甲州裏街道ともいわれる。関所は戦国時代、武田信玄が秩父侵入のときに設けたものといわれ、家臣山中氏を配置したといわれる。江戸時代には、関東代官頭伊那氏が大村与一郎を番士として関所をまもらせた。明治になり、関所が廃止されるまで代々大村氏が二人扶持を給され関守をつとめていた。関所でおこった事件を古文書から拾うと、1771(明和8)年、「お尋ね者4人が金山にひそんでいたが、捕らえて褒美として大判4枚をいただいた。お尋ね者4人は、猪ノ鼻沢で処刑された」という記録もあり、関所としての機能を幕末まではたしてきた。

役宅は1823(文政6)年に火災にあい焼失し、現在の建物はそのときに再建されたものである。玄関・上段の間・外部の木柵に往時の面影をとどめており、1970(昭和45)年に国指定史跡となった。

中津峡 ㊲

〈M▶P.114〉秩父市中津川
車が便利

落合橋まで戻り、国道140号線を雁坂峠方面に向かうと中津川である。1998(平成10)年10月に大滝道路が全線開通し、大型車もとおれる。谷間に渡されたループ橋から滝沢ダムの本体工事現場がみえる。滝沢ダムは、荒川最上流のダムで、1965(昭和40)年に予備調査を開始し、本体工事がはじまったのが1999(平成11)年である。ダムの形式は重力式コンクリートダム、高さ140m・総貯水量6300m³で2011年に完成した。

ループ橋をこえてしばらく進み中津大橋の手前を右にはいると中

中津峡

渓谷を彩るみごとな紅葉

津峡である。中津峡は，荒川上流の中津川がつくりだす約10kmにわたる天然美に富む渓谷である。高さ100mの絶壁が続き，四季折々の変化があり，とくに新緑・紅葉はすばらしい。中津峡の中心中双里をすぎた辺り，左上方に仏石山鍾乳洞がある。洞内の石筍が石仏に似ているところから仏石山の名がついた。鍾乳洞へは，500mほどの斜面の山道を急登する。渓谷はますますその美を発揮し，神流川が合流する出合付近で最高潮に達する。

　出合の隧道をぬけると中津川集落である。旧家の幸島家には，平賀源内が1766（明和3）年から1768年にかけて滞在した際に，みずから設計してたてた源内居がある。間口7.2m・奥行4.5m，欄間の多い精巧を極めた建物である。源内は，幸島家に逗留して金山開発を行った。源内居はこのとき建造されたものと推定され，浄瑠璃の名作「神霊矢口渡」の一部もここで書かれたものという。

　きた道を国道まで戻り，雁坂峠方面に進むと滝川渓谷である。四季折々に彩られ，笠取山周辺を源とする滝川は，急峻な山岳地で深く切り込んだV字谷，切り立つ崖，露出した岩などを随所にみることができる。

　深い渓谷にかかった豆焼橋からの眺めはすばらしい。このさきに，1998（平成10）年4月に開通した雁坂トンネルがある。延長6625m，一般国道の山岳トンネルとしては日本一の長さである。これにより，俗に「開かずの国道」といわれた雁坂峠をはさんだ約10km間が開通した。

特集　秩父の祭りと芸能

秩父夜祭と秩父の奇祭——甘酒祭・龍勢祭り・鉄砲祭り

　祭りや民俗行事には，春に山の神を田の神として迎えて今年1年の豊作を祈る春の祭り，秋にはその田の神に今年の豊作を感謝しつつ，再び山へお帰りいただく秋・冬の祭りというように年間をとおした生活にかかわる祭りと，夏の猛暑による病気などに対して疫病退散を祈る「祇園会」から発展した「祇園祭」や「ふせぎ行事」，

秩父夜祭

お盆に先祖の霊などを迎えたり送ったりすることから発展した「灯籠流し」「虫送り」などの民俗行事もある。

　200以上の祭りがあるといわれる秩父地方では、早朝から祭りの合図に花火をあげるが、そのような花火の音にも季節感や地域性を感じるものである。また、夏祭りを「お祇園」(「お川瀬」ともいう)とよんだり、12月3日の秩父夜祭を単に「おまつり」というくらい、祭り文化は秩父の人びとの生活に密着している。

秩父夜祭(ユネスコ無形文化遺産)

　数百人の若者により曳行される6基の秩父祭屋台・笠鉾(国民俗)は、「京都祇園祭」、「飛騨高山祭」などとともに早くから国の指定をうけ、秩父夜祭は日本三大曳山祭として名高い。秩父まつり会館に保存されている県内最古の秩父神社の旧神輿から、室町時代にはすでに祭りが行われていたことがわかる。

　享保年間(1716〜36)には絹織物業が盛んになり、財力にゆとりのできた大宮郷(現、秩父市の旧市街地域)の人びとは結城文ヱ門という人の指導で宮地・上町・中町・本町の4基の屋台をつくったとされている。その後、中近と下郷の笠鉾が加わり、藤田大和や荒木和泉などの宮大工の手によりしだいに屋台と笠鉾は豪華なものになった。以後中断や曳行順路の変更などもあったが、観光祭りの要素を取り入れながら、現在までうけつがれている。

　12月2日の「宵マチ」では4基の屋台が宮参りなどで秩父神社に集合し、夜は町内を曳行する。祭り当日の3日は、朝8時ごろから6基の屋台・笠鉾が曳行される。屋台では、曳行途中のところどころで地元の女子による「曳踊り」という所作が行われ、午後には、歌舞伎の当番町が屋台を一部解体し、大きな歌舞伎舞台を出現させて上演する。終了後、屋台は数時間でもとに戻し、さらに多くのぼ

秩父の祭りにおける屋台・笠鉾

コラム

秩父夜祭りの特色は「山車祭り」にある

秩父の祭りの特色は「山車祭り」にある。江戸時代末期から大正初期にかけての最盛期には、年間70以上もの山車祭りがあり、100基をこえる屋台・笠鉾が曳かれていたという。祭りの地域で山車を新造したり、ほかの町が新造した際の旧山車をゆずりうけたりして、しだいに数を増したものである。

これには飯田八幡神社の鉄砲祭での秩父市本町の屋台、皆野町原町の祇園祭りでの秩父市下郷の笠鉾など多くの例がある。

夜祭の屋台・笠鉾

宮地屋台 秩父神社と関係が深く、かつては巡行の先頭をいくなどの特権をもっていた。まろやかな大唐破風、金色燦然とした腰まわりは、秩父の名工藤田大和の傑作といわれる。

上町屋台 四棟造の屋根は、軒の出が多く優美な感じをあたえ、彫刻は、全体的に中国風にまとめられている。登り勾欄が付設された比較的新しい形をした屋台である。

中町屋台 とくに屋根まわりと腰まわりの彫刻は、曳山彫刻の傑作と評される。彫刻の構図は日本神話に題材を求めたものが多く、中国風の上町屋台と対照的である。

本町屋台 登り勾欄のない古い形をとどめている。人物彫刻が1つもなく、均整がとれて美しい。幕の刺繍は、江戸一といわれた玉孫の作。1914(大正3)年の転倒事故以後、現在の姿になったが、それ以前は、勾欄が2段ある珍しい形式だった。

中近笠鉾 現在の笠鉾は1880(明治13)年につくられた名工荒木和泉の作である。八棟造の屋根の上に3層笠鉾をたて、複雑な屋根に笠鉾がうまく調和した美しい鉾だが、大正期の電線架設以後は、鉾をたてずに曳行してきた。

下郷笠鉾 1896(明治29)年に1795(寛政7)年からの2代目笠鉾を皆野原村(当時)に売却して建造した3代目笠鉾も電線架設により1917(大正6)年に、1861(文久元)年の設計に基づいて、2重の白木屋根を付設して現在の姿にした。そのうえに3層の笠鉾をたてると国内でも最大の笠鉾になる。残念ながら、中近笠鉾同様屋形のみで曳行している。

んぼりや提灯をつけて夜の曳行となる。これは秩父の祭屋台の大きな特色である。

午後7時の屋台・笠鉾の出発前に神輿や神馬を含む長いご神幸行列が秩父神社を出発すると、秩父神社や秩父鉄道秩父駅前広場付近に集合した屋台・笠鉾は、秩父市役所近くの「お旅所」へ向けて混

みあう市街を曳行されていく。花火の打ち上げられる夜空の下，勇壮な秩父屋台囃にのり，秩父夜祭のクライマックスである団子坂の急坂を一気に曳き上げるとお旅所である。

お旅所に屋台・笠鉾が整列し，斎場祭がすむとご神幸行列で運ばれてきた「大榊」につけられた御幣を人びとが奪いあうが，かつてこれを養蚕のお守りにしたという。またこの大榊の根元には，4月4日の秩父神社の田植祭で使われた藁でつくられた竜神がまかれているが，これも春に山から迎えた神を，収穫に感謝しながら再び山へお帰りいただくという1年をとおした信仰の現れである。

4基の屋台が「三番叟」「藤娘」などの所作を奉納すると，観光客の少なくなったお旅所をあとに，1基ずつ坂をくだり，ところどころでたがいに挨拶をかわしながら，各町内へ帰っていく。こうして神輿や屋台・笠鉾を保存庫に収納すると，寒さもいちだんと増す4日の早朝3時から4時ごろとなる。

春祭り

秩父に春を告げる山田の春祭り(秩父市山田，西武鉄道西武秩父駅バス定峰・皆野駅行き光明寺入口下車)は，3月第2日曜日に行われる山田の恒持神社の例大祭である。黒漆塗りに多くの金具を打ち，極彩色の彫刻，豪華な幕類でかざられた中山田(山組)屋台・上山田(本組)屋台や大棚(上組)の笠鉾が早春の山里を曳行され，夜は日本で最初にはじめた音楽花火が打ち上げられる。文化・文政期(1804～30)にはすでに行われていたが，今日のようになったのは，山田地区が織物業で繁栄した江戸末期ごろからである。また，秩父各地の神社社殿の建立，屋台・笠鉾の建造にかかわった宮大工の名工荒木和泉もこの地区の人である。

小鹿野の春祭り(秩父郡小鹿野町，西武鉄道西武秩父駅バス小鹿野車庫行き小鹿野下車)は，4月の第3金・土曜日に行われる小鹿神社の例大祭で，満開のサクラに囲まれた豪華な山車祭りである。明和年間(1764～72)からの祭りで，江戸時代末期，数十年の中断があり，明治期生糸の生産が盛んになるにつれ，財力を背景に祭りが復興したという。上町・春日町の屋台(ともに県民俗)，新原・腰根の笠鉾は，この時期に再建されたものである。「桜の下を動く陽

秩父神社の川瀬祭り

「明門」ともいわれている屋台では、200年以上の伝統を誇る歌舞伎芝居(県民俗)が上演される。また、はなやかな衣装をまとった「金棒突き」といわれる女子たちが屋台・笠鉾を先導するので、男性的な秩父夜祭に比して、巡行は女性的で優雅である。

夏祭り

現在秩父では、夏の山車祭りは13ヵ所ほどで行われるが、その代表的なものが、7月19・20日の秩父神社の川瀬祭り(秩父市、秩父鉄道秩父駅・西武鉄道西武秩父駅下車)である。この祭りは子どもが主役で、大人中心の秩父夜祭(冬祭り)とともに秩父神社の2大祭りである。江戸時代初期にははじめられていたというが、当時は神事を行う程度の祭りだったという。現在の川瀬祭りは子どもと青年部が中心になり、4基の屋台と4基の笠鉾が曳行されているが、氏子町では夏冬ともに山車をだす町と、冬だけ、夏だけという町がある。江戸末期以来中断されていた「神輿洗い」も第二次世界大戦後復活し、祭りの中心行事となっている。

田ノ沢の夏祭り(西武鉄道西武秩父駅徒歩30分)は、秩父市下影森八坂神社の例大祭で、この祭りの華は1基の屋台である。1796(寛政8)年に建造され、以後一度も改造されておらず、秩父でもっとも古い形をとどめている。黒漆塗り、極彩色の彫刻がほどこされた、やや小型の屋台だが、祭り当日は、細い道いっぱいに曳行されている。

また、皆野町原町の祇園祭(秩父郡皆野町皆野、7月21日)では、1795(寛政7)年に建造されて1895(明治28)年まで使用されていた秩父夜祭の下郷の2代目笠鉾が曳行されている。

秩父歌舞伎

秩父歌舞伎の中心地は小鹿野である。小鹿野では、歌舞伎は江戸

時代中頃の1792(寛政4)年に上演した記録もあるが，文化・文政期には，初代坂東彦五郎が一座を組織し，その後，勇佐座・天王座・大和座と引きつがれ，小鹿野の大和座と長瀞の和泉座は明治・大正期が最盛期で，群馬県でも興行したという。昭和には，高砂座・秩父座・梅松座・新大和座と一座芝居も発展したが，映画・テレビの影響で，昭和30年代以降は衰退した。その後，民俗文化財保護の機運により，旧大和座系の役者と地芝居をしていた人たちが1973(昭和48)年に小鹿野歌舞伎保存会(県民俗)を結成した。

小鹿野町では，歌舞伎は，現在，十六・小鹿野・津谷木・奈倉・上飯田の5カ所に伝承され，それぞれ地元の神社の祭りに各地の氏子が中心となって歌舞伎を演じている。最近では小・中学生による子ども歌舞伎(小鹿野春祭り，4月第3金曜日)，女歌舞伎(奈倉神明社，10月第1土曜日)も活躍し，秩父市や小鹿野町の常設舞台(萩平舞台・秩父市寺尾・10月26・27日，日本武神社・小鹿野町般若・3月5日，木魂神社・小鹿野町津谷木・5月3日など)でも上演されている。また，いろいろな祭りの屋台でも花道や張出舞台を設けて上演している。

秩父夜祭でも，宮地・本町・上町・中町の順番で，4年に一度の当番屋台町が12月3日の午後に，それぞれの場所で屋台歌舞伎を上演している。この屋台歌舞伎の大きな特徴は，屋台の両脇の芸座や張出舞台と，花道を取りつけることである。昔からの関わりで中町では小鹿野町の津谷木歌舞伎が出演するが，ほかの屋台では，秩父歌舞伎正和会と町会の若連などが出演している。

獅子舞と人形芝居

秩父の秋の祭りは獅子舞である。埼玉県西部や東京都西部に広く分布している獅子舞は，秩父地方だけでも20カ所ほどで舞われ，その代表的なものが秩父市浦山大日様の獅子舞(秩父市浦山，車が便利。当日は臨時駐車場あり，県民俗)である。これは浦山渓谷の奥，毛附の昌安寺に伝わる勇壮な獅子舞で，10月の第4土・日曜日に大日堂で舞われる。初日は昌安寺から大日堂まで梵天，花笠，獅子などによる道行きではじまり，真剣を口にくわえた獅子などが祈願者のまわりを荒々しく舞う祈願ザサラが翌日の午前にも舞われる。

午後は獅子に祓い役が加わり、予約しておいた家々で家内安全、悪魔退散などとさけびながら、座敷中央の家族のまわりをめぐる悪魔払いが行われる。衣裳はタッツケ袴、わらじばきで、舞いは山ザサラの典型といわれ、8月25・26日に行われる三峯神社末社の諏訪神社の座敷ザサラといわれる獅子舞と対照的である。

 白久の串人形芝居(秩父市荒川白久、秩父鉄道白久駅下車、県民俗)は、4月第3日曜日の午後、白久公会堂の庭で上演される。幕末から明治初期のころ、白久の新井重太郎が太田村(現、秩父市)から22体の人形を買い求め、地元の人たちと人形芝居をはじめたのがおこりともいわれ、人形は2人遣いで、主遣いは人形の頭・眉・目を動かし、手遣いが後ろから2本の竹串で腕の動作を行うところからこの名がある。

 横瀬の人形芝居(秩父郡横瀬町横瀬、西武鉄道横瀬駅下車)は、ふくさ人形とよばれ、1人遣いの小さな舞台や農家の座敷にふさわしい人形で、背から差し込んだ右手で人形の頭と手、左手で顔や着物の裾をさばく。このしぐさが茶道の袱紗さばきに似ていることからこの名がある。この人形芝居には、荒木和泉の作という珍しい廻り舞台がある。説教節にあわせて眉・目・口を動かす振りつけは幻想的である。現在は10月最終日曜日の横瀬郷土祭りで公開している。

秩父の奇祭

 7月第4日曜日に行われる猪鼻の熊野神社例大祭は、甘酒祭(秩父市荒川白久、秩父鉄道三峰口駅下車、県民俗)として知られている。祭りの起源は、日本武尊がこの地を荒しまわっていた大イノシシ(じつは山賊)を退治し、そのお礼に村人が甘酒をつくり、尊に献上した故事にならって、村で疫病が流行した際、疫病除けなどの夏の祈願行事としてはじ

甘酒祭

秩父の祭りと芸能

飯田の鉄砲祭り

めたのが起源という。当日の午後，ふんどし姿の氏子たちが境内にすえられた大樽の甘酒を，小桶であたりかまわずかけあい，甘酒がなくなると，空の大樽をかつぎあげて境内を練りまわして，疫病を退散させる。

　農民ロケットとして名高い吉田の龍勢祭り(秩父市下吉田，西武鉄道西武秩父駅・秩父鉄道秩父駅バス吉田元気村行き龍勢会館下車，県民俗)は，10月第2日曜日の椋神社の例大祭の神賑行事である。火薬をつめた筒を青竹にしばり，これを高いやぐらにすえて点火すると，白煙を引いて天に向かって勢いよくのぼる竜のようであることからこの名がある。この製作には，耕地ごとに流派があり，火薬の製法や導火線のつけ方など秘伝とされている。最近は耕地以外から奉納される龍勢も多く，ますます盛大になってきた。また，椋神社は秩父神社とともに『延喜式』神名帳にのっている古社で，秩父事件の最初の結集地としても知られている。

　12月の第2日曜日の飯田の鉄砲祭り(秩父郡小鹿野町飯田，秩父鉄道秩父駅・西武鉄道西武秩父駅バス栗尾行き三田川小学校前下車，県民俗)は，かつて播磨一族によって信仰されてきた飯田八幡神社の例大祭である。夕刻，2頭の神馬が，豊猟を祈ってハンターが両側から空砲をあびせかけるなか，社殿前の石段を一気にかけあがる「お立ち」の神事が鉄砲祭りの名で知られ，このとき，祭りは最高潮に達する。前日の宮参りにはじまり笠鉾・屋台曳行や三番叟や歌舞伎，大名行列・神輿渡御・川瀬神事など多彩な行事が続く。鉄砲の奉納は豊猟祈願といわれるが起源はあきらかではなく，現在，火縄銃で実施するよう整備しているところである。夜は花火が秩父地方の今年最後の大祭に華をそえる。

特集 秩父事件をみつめ直す

埼玉・群馬・長野の民衆が，自由・自治・生きる権利を求めて武装蜂起，明治政府と対峙した秩父コミューンの史跡。

秩父事件とは

　1884(明治17)年10月31日に，埼玉県秩父郡において，「困民党」と名乗る，埼玉・群馬・長野などの民衆数千人が武装蜂起した。やせた傾斜地が多く，近世以来養蚕が盛んだった秩父地方では，1859(安政6)年の横浜開港以降の生糸景気のなかで，製糸業が産業の中心になっていった。明治にはいってからも，秩父の農民たちは，蚕室や養蚕用具の改良，商品価値の高い山繭の導入などの努力を続けていた。

　ところが，1881(明治14)年の「明治14年の政変」ののち大蔵卿になった松方正義による緊縮・増税政策によって，この地方も深刻

秩父事件関係図

秩父事件記念碑

な不況に見舞われた。生糸価格は大暴落し、高利貸しなどからの借金返済もままならず、身代限り(破産)が続出した。県北では、熊谷・妻沼一帯、児玉、深谷南部などで負債農民による動きがあった。秩父地方では、負債問題の解決に向けて中心となって動いたのは、自由党に加入していた農民たちであった。ここでは、自由党結成以前から「天賦人権」思想が村議会で語られるような状況が存在したのである。彼らは、高利貸し・郡役所・裁判所・警察署などに対する交渉・請願を繰り返したが、ことごとく却下され、ついに近県の自由党員とともに武装蜂起を決定するに至ったのである。

　1884年11月2日から3日にかけて、大宮郷(現在、秩父市中心部)は困民党軍に占領され、「革命本部」が設けられた。困民党軍は、総理田代栄助以下大隊・小隊などの軍隊組織をとっており、「五カ条の軍律」をもつなど、近世の百姓一揆とは質を異にしていた。

　政府は、埼玉県の警官隊、東京・高崎の陸軍鎮台兵、憲兵隊を動員して四方から秩父盆地を囲み、鎮圧をはかった。4日、困民党軍は児玉郡金屋村(現、本庄市)での東京鎮台兵との戦闘で主力の過半を失ったが、その後も体勢を立て直して群馬県神流川沿いから十石峠をこえて長野県佐久地方へ転戦し、9日南佐久郡東馬流での高崎鎮台との戦闘を最後に八ケ岳山麓に散った。

　蜂起敗北ののち、官憲による取り調べは、拷問をまじえた苛酷なものとなり、きわめて迅速な裁判の結果、死刑となった7人のほか約4000人が処罰された。彼らはすべて「強盗」「放火」「殺人」などの罪名で裁かれ、「無頼の博徒・猟師の扇動によっておきた暴動」という見方が、国家によって定着させられていった。

　秩父事件の真実をあきらかにする努力は、第二次世界大戦前から、

羊山公園

コラム

羊山の丘陵から自由民権運動をしのぶ

　羊山公園にたって，ここから秩父盆地を見渡してみよう。はるか前方にある鋸形の山が両神山で，あの山から手前が秩父地方である。目の前の細長い丘が長尾根丘陵で，その向こう側が秩父事件の震源地である西秩父，こちら側の市街地がもとの大宮郷である。この丘のすぐ下は熊木町といい，田代栄助の家があったところである（現存しない）。

　困民党の指導部に懲遷された際，栄助が「天蚕（山繭）の飼育が忙しい」ため，面会できなかったという事実があるが，彼が天蚕の飼育を行っていたのは，現在のこの羊山公園周辺であろう。

　目を右前方に転ずると，小高い稜線がみえる。これは，武州と上州を区切る国境稜線であり，その鞍部にはいくつもの峠道が走っている。それらの峠こそ，生活や交易のために農民たちが行き来した道であり，自由民権思想が流れ込んだ道でもある。

　峠の向こう側には，神流川に沿って信州に至る十石街道が走っており，困民党軍転戦ルートでもあるその道は，両神山のはるか彼方，信州佐久地方に至っている。

　羊山公園には，戦後もっとも早い秩父事件の顕彰碑（追念碑）がたっている。秩父困民党の最高幹部の1人落合寅市は，1884（明治17）年，欠席裁判で死刑判決をうけつつも，四国に潜伏し，翌1885年の大阪事件に連座して逮捕された。

　その後，重懲役10年の判決をうけ服役したが，1889年，憲法発布大赦により釈放されてからは救世軍に身を投じ，秩父事件の復権のために余生をささげた。

　羊山公園にたつ顕彰碑は，戦後になって彼の子孫の手によってこの地に建立されたものである。

秩父事件追念碑（羊山公園）

歴史研究者や事件関係者によって行われていたが，戦後になってこれが自由民権運動の一環であるということが広く認められるようになり，とくに蜂起100周年を前にして市民や自治体によってさまざまな記念事業が行われ，地域住民の意識も大きく変化した。

　1980年代後半以降，研究者・市民による事件研究・顕彰運動がさらに深まった。なかでも蜂起120周年を記念して企画された映画『草の乱』製作に際しては，ボランティアエキストラとしてのべ

秩父事件をみつめ直す　165

8000人余の市民が出演し，秩父事件に匹敵する市民運動となった。

困民党結集の地

〈新志坂(あたらしざか)周辺の2基の石碑〉　西武鉄道西武秩父駅・秩父鉄道秩父駅から吉田元気村行きバスに乗って龍勢会館バス停でおりると，右下にくだっていく坂道がある。この辺りが新志坂である。ここは，1884(明治17)年11月1日夜の結集にさきだって警官隊と困民党の農民との戦端が切られたところで，案内表示がたっている。この戦いで，困民党軍に2人，警官隊に1人の犠牲者がでた。また，警官の1人が困民党軍の捕虜となった。清泉寺の山門の前に「秩父事件殉難の地」という碑がある。この碑は1984(昭和59)年に秩父事件遺族会が建立(こんりゅう)したもので，ここで倒れた柏木太郎吉(かしわぎたろきち)(神奈川県)，年代道蔵(ねんだいみちぞう)(旧秩父郡蒔田村(まいたむら))の2人の農民兵士をいたむものである。

ここから畑に沿って西に向かい，阿熊川沿いの車道をいくと，右うえの斜面に窪田鷹男殉職碑(くぼたたかおじゅんしょくひ)がある。碑面には「埼玉県警部補窪田鷹男殉職之地」とあり，1943(昭和18)年に事件60周年を期して旧吉田町(現，秩父市)によってたてられたものである。この年，同町ではこの事業の一環として，町長みずから『秩父暴動史』を編集している。同書の序文で編者は，暴動鎮圧のため戦死した警官を「真珠湾頭(しんじゅわんとう)における九軍神」ないし「愛機諸共(もろとも)，敵艦目がけて突入自爆して，之を轟沈(ごうちん)撃破する荒鷲(あらわし)勇士」にたとえ，賛美している。国家に刃(やいば)を向けた地域の祖先たちは暴徒とされ，その弾圧にたずさわったものが大々的に顕彰されたのである。敗戦前には，祝日に教師が生徒を引率してこの碑を参拝したという。

〈椋神社(むくじんじゃ)〉　椋神社は，窪田鷹男殉職碑から少し南にいき，道路を渡ったところにある。この境内の一角に，秩父事件の記念碑とブロンズ製の記念像がたっている。

1884年11月1日，埼玉・群馬・長野などの農民が決起した場所が，この椋神社である。当時ここに集結した農民は3000人ともいわれ，困民党軍の「役割」や「五カ条の軍律」などはここで発表された。碑と像は，事件百周年を記念して1984(昭和59)年11月，百周年事業実行委員会および吉田町実行委員会の手によって建立されたものである。

神社の石段をおり、少し歩くと、県道にでたところに市立吉田歴史民俗資料館がある。ここには、写真家清水武甲氏撮影による事件関係の写真や資料が多数展示されている。ここはまた、養蚕用具や農具も数多く所蔵している。

〈五カ条の軍律〉　秩父困民党はつぎのような「五条の軍律」を設けた。この軍律は蜂起をとおしてほぼまもられた。

第一条　私ニ金品ヲ掠奪スル者ハ斬
第二条　女色ヲ犯ス者ハ斬
第三条　酒宴ヲ為シタル者ハ斬
第四条　私ノ遺恨ヲ以テ放火其他乱暴ヲ為シタル者ハ斬
第五条　指揮官ノ命令ニ違背シ私ニ事ヲ為シタル者ハ斬

（「田代栄助尋問調書」より）

〈秩父事件資料館井上伝蔵邸〉　道の駅吉田には、龍勢会館と、秩父事件資料館井上伝蔵邸が併設されている。龍勢会館では、10月の第2日曜日に行われる龍勢祭りに関する展示をみることができる。秩父事件資料館井上伝蔵邸は映画『草の乱』撮影のため復元されたもので、幕末から明治初年ころの在郷商家のたたずまいをみせており、映画関係の資料が展示されている。

〈下吉田〉　秩父市下吉田には、事件当時連合戸長役場や派出所などがあった。現在の吉田中学校の向かいには、困民党軍会計長であった井上伝蔵の屋敷跡がある。

　井上伝蔵は、「丸井商店」を営む上層農民であったが、党本部へも出入りしていた自由党員であった。また、俳諧をたしなむ文化人であり、同時に連合村会の副議長や筆生をつとめる村の有力者でもあった。彼は事件後、偽名を名乗って北海道に潜伏した。そして同地で代書・下宿・雑貨商などを営みながら妻子をもうけ、1918（大正7）年、死の直前になって家族らに事件の一部始終を語り、子息に同志の弔いを託したという。屋敷跡から橋を

井上伝蔵の墓

秩父事件をみつめ直す

渡った畑のなかに彼の墓石がある。

　伝蔵屋敷跡から通りを西にいくと，貴布禰神社がある。ここは，『田中千弥日記』や『秩父暴動雑録』など，事件について詳細な記録を残した田中千弥が神官をつとめていた神社である。神社の左，道路を渡ったところには，教員でありながら事件で乙大隊長をつとめた飯塚森蔵の墓がある。墓碑には，森蔵は北海道のアイヌコタンで死去したとあるが，愛媛県八幡浜に潜伏していたという史料が発見されている。

　集落の北の山裾には，井上家の菩提寺であった万松寺がある。ここから，山道をしばらくいくと，粟野耕地である。ここは，武装蜂起の日程を決めた困民党の集会が開かれたところである。自動車のとおらないこの集落は，現在住む人がなく，廃村となっている。

〈関・赤柴〉　秩父氏館跡でもある吉田小学校から南西への道をしばらくいくと，関耕地である。井上伝蔵は，事件敗北後，しばらくこの集落のある民家に潜伏し，北海道に渡ったのは，その後のことである。

　少し戻って，広い農道を西へ向かうと，赤柴耕地である。ここにある金剛院には，無実をさけびながらも有罪判決をうけ，北海道に送られて獄死した，高野作太郎の墓(地蔵)がある。

〈石間〉　秩父市吉田石間は，事件当時は石間村で，ほぼ全村が事件に参加した。ここのなかほど，漆木耕地に困民党軍副総理の加藤織平の墓がある。織平は，村のなかでは上層に属する農民で，質屋でもあったが，人望があり，推されて副総理になった。事件のあと逮捕され，1885(明治18)年死刑となった。この墓は，同志であった落合寅市がたてたもので，墓の台石には「志士」ときざまれている。ここには「立憲志士」の意味がこめられている。またこの石間谷のいちばんはじめの半根子耕地(ここは大字下吉田にはいっている)には，その落合寅市の家と墓がある。

　織平の家の少し奥には，石間学習交流館がある。ここでは，秩父事件に関する特別展がしばしば開催されている。

〈横道〉　石間村最奥の耕地が半納の横道である。11月4日，ここの「堂の尾根」というところで，警官隊と困民党軍ゲリラ隊との戦

加藤織平の墓　　　　　　落合寅市の墓 　　　　　　　　　　　　高岸善吉の墓

闘が行われた。ここで，群馬県警部補の柱野安次郎が犠牲になり，巡査前川彦六が捕虜になった。前川巡査ものちに殺害された。

〈上吉田〉　上吉田村は，落合寅市とともに困民党組織の発端となった，高岸善吉・坂本宗作らがでた村である。蜂起の際，善吉は上吉田村小隊長，宗作は伝令使であった。

宗作は信州転戦までたたかいぬいた闘士であるが，児玉で開かれた繭の品評会で入賞する篤農家の一面ももっていた。または，1884(明治17)年の自由党春季大会に出席し，専制政府打倒を約して帰秩した1人だが，1877(明治10)年には信州安曇野まで山繭の卵を買いにいったという，研究熱心な農民であった。事件後は，2人とも死刑となった。2人の墓はいずれも大棚部耕地にある。

秩父コミューン成立

〈小鹿野町〉　小鹿野町は，西秩父といわれる現在の吉田(秩父市)，小鹿野・両神(小鹿野町)の経済的な中心地であり，ここには，農民たちの直接の怨嗟の的となった高利貸しが何軒かあった。

椋神社に集結した困民党軍は，隊を甲乙二隊に分け，一隊は上吉田から巣掛峠をこえ，もう一隊は下小鹿野をとおって小鹿野町に進入した。11月1日夜は，本営を諏訪神社(現在，小鹿神社)におき，この町の高利貸しを襲撃した。国道299号線の小鹿野バイパスをいくと，「秩父困民党結集の森」と書かれた大きな看板が小鹿神社への入口を示している。

〈音楽寺〉　2日，困民党軍は周辺の村々に参加動員をかけつつ，小鹿野町から秩父郡の中心地大宮郷へと進軍した。秩父市田村(当

秩父事件をみつめ直す　　169

秩父困民党役割

役職	出身地	氏名
総　理	大宮郷	田代栄助
副総理	石間村	加藤織平
会計長	下吉田村	井上伝蔵
同	上日野沢村	宮川津盛
同兼大宮郷小隊長	大宮郷	柴岡熊吉
参謀長	長野県北相木村	菊池貫平
甲大隊長	男衾郡西ノ入村	新井周三郎
同　副	風布村	大野苗吉
乙大隊長	下吉田村	飯塚森蔵
同　副	下吉田村	落合寅市
上吉田村小隊長	吉田村	高岸善吉
阿熊・上日野沢小隊長	上日野沢村	村竹茂市
飯田・三山小隊長	飯田村	犬木寿作
白久・贄川小隊長	白久村	坂本伊三郎
下影森村小隊長	下影森村	塩谷長吉
蒔田村小隊長	蒔田村	逸見弥十
下日野沢村小隊長	下日野沢村	新井蒔蔵
三沢村小隊長	三沢村	萩原勘次郎
兵糧方	下吉田村	井上善作
同	石間村	新井繁太郎
同	下小鹿野村	泉田藷美
軍用金集方	長野県北相木村	井出為吉
同	静岡県	宮川寅五郎
弾薬方	阿熊村	守岩次郎吉
同	男衾郡三品村	門松庄右衛門
銃砲隊長	石間村	新井悌次郎
同	阿熊村	新井駒吉
小荷駄方	矢納村	横田周作
同	群馬県日野村	小柏常次郎
伝令使	上日野沢村	門平惣平
同	上吉田村	坂本宗作
同	本野上村	島田清三郎
同	上日野沢村	駒井亭作
同	石間村	高岸駅蔵
同	大野原村	新井森蔵
同	群馬県渋川駅	堀口幸助

そのほか名前知れざる者30人ばかり。「田代栄助尋問調書」などによる。

時は田村郷)から同寺尾(同寺尾村)に至る小鹿坂峠をこえたところに，札所23番音楽寺がある。ここは，「秩父原人」捏造の現場でも

風布組のこと

コラム

困民党組織の中核となった村

　長瀞町と寄居町を分ける山間に風布村という村があった。現在は長瀞町風布と寄居町風布に二分されている。ここはこの一帯の困民党組織の中心となった村である。ここでは、一斉蜂起を前にした10月31日、上方耕地の金毘羅神社で農民の結集が行われた。ここに集まったのは、男衾郡や榛沢郡などからきた人びとと、風布・金尾村の農民であった。風布村大野福次郎の率いる先発隊は皆野をとおって吉田町(現, 秩父市)に向かおうとしたが、親鼻の渡し場のすぐ下流の「押んだし河原」とよばれる荒川の河原で警官隊に遭遇し、逮捕された。残った人びとは、深夜、山中をとおって吉田町方面に向かい、翌日から困民党軍の中核として大活躍をした。

　4日深夜の金屋の戦いでは、新井周三郎が倒れたあと中隊を指揮した大野苗吉以下数名が死亡した。そのなかには、重傷を負いながらも陸軍軍医の手術を拒否し従容として死んでいった金尾の新井助三郎などがいる。また、乙隊にいた桜沢の木島善一郎と風布の宮下沢五郎は、落合寅市らとともに粥仁田峠へ進撃をこころみ、警官隊に向かって烟火筒を使った大砲を発射した。本隊にいた大野喜十郎は9日の東馬流での戦いで倒れた。さらに困民党軍の旗手をつとめた金尾の新井三四郎は、戦いの最後まで「金尾村」の旗を掲げてつねに先頭を走った。

　金毘羅神社には、風布組参加者遺族によって秩父事件の追念碑と観音像がたてられている。

ある。困民党軍はいったんここに集結し、この音楽寺の鐘を合図に、ここの下にある武ノ鼻の渡し場から荒川を渡って大宮郷へと突入した。音楽寺一帯は「秩父リゾート」の中心として、昔日の姿を失ってしまったが、鐘は当時のままの美しい音を響かせている。

〈近戸町〉　大宮郷には当時、秩父郡役所をはじめ、警察署・裁判所などがおかれており、秩父地方の政治的な中心地であり、経済的な中心地でもあった。大宮郷にはいった困民党軍の幹部は、ひとまず同郷近戸耕地の地蔵院におちついた。ここは、音楽寺結集の際、大宮郷偵察にあたった同郷小隊長柴岡熊吉のいた耕地である。現在地蔵院は、荒川にかかる佐久良橋を渡って少し南にいったところに、ほぼ当時の姿のままたっている。また、地蔵院跡には柴岡熊吉の墓がある。草相撲で大関を張った熊吉も、警察の拷問のため獄死した。墓碑銘すらない小さな墓石だが、つぎにのべるような彼の言動をし

秩父事件をみつめ直す

のばせる数少ないモニュメントである。

〈秩父郡役所跡と矢尾百貨店〉　困民党軍の幹部は、近戸地蔵院からいったん秩父神社に移ったあと、秩父郡役所に本営を構えた。郡長以下、郡役所・警察署・裁判所の官員らはすべて逃亡した。こうして、秩父困民党は秩父地方の権力を掌握し、「秩父コミューン」が成立した。秩父郡役所跡地は現在、埼玉県秩父地方庁舎になっているが、当時の面影を残すものはなにもない。

　郡役所跡の前に、矢尾百貨店がある。当時の当主矢尾利兵衛が現在「矢尾日記」とよばれている貴重な日記をつけており、そのなかに「秩父暴動概略」という見聞記がある。このなかに、「此度世直をなし政治を改革するにつき斯く多数の人民を嘯集せし訳ナレバ当店にて兵食の炊き出し方を万端宜しく頼む。さて高利貸営業者の如き不正の行をなす者の家にアラザレバ破却或いは焼毀なすなど決して致さず、又高利貸の家を焼きたりとも其の隣家に対し聊も損害を加えぬゆえ各々安堵致されたし。且不法を言い或いは乱暴をなす者これあらば直に役所へ届け出つべし。夫々成敗を致すべき間左様心得られたし。且右の次第なれば当御店にては安心して平日の如く見世を張り商業を十分になされたし」という大宮郷小隊長柴岡熊吉の商店に対する「鄭重の詞」が記録されている。これなどは、秩父困民党の「人民の軍隊」としての面目躍如たる場面であろう。これらの記録は、現在も同店に所蔵されている。

〈金仙寺〉　大宮郷から南にくだった下影森地区には、金仙寺がある。ここには、秩父困民党総理の田代栄助の墓がある。田代栄助は、事件当時51歳、熊木町で大宮郷の割役名主をつとめた一族に生まれ、明治にはいってからは実家で農業を営むかたわら、「強きを挫き弱きを扶ける」といった義俠心を発揮し、人望の

田代栄助の墓

ある人物であった。

　事件後,井上伝蔵らと数日間,秩父山中をさまよったが,逮捕され,翌年死刑となった。墓石は,実家近くの羊山にあったが,第二次世界大戦中軍需工場建設のため,現在の地に移転させられた。墓石の裏面には,「振り返り見れば昨日の影もなし　いくさきくらし死出の山道」という辞世がきざまれている。

〈少林寺〉　秩父神社から秩父鉄道の線路を渡って南にいくと,札所15番の少林寺がある。ここには,新志坂での戦闘で殉職した窪田鷹男巡査と,捕虜になったのち,大淵村国神の長楽寺で新井周三郎に斬りつけ,殺された青木与市巡査の叙事碑がある。この碑は,1887(明治20)年にたてられたものである。

大宮郷から皆野へ

〈皆野本陣〉　大宮郷にはいった困民党軍は,隊を3隊に分け,甲隊を武ノ鼻の渡し場に,乙隊を大野原の蓼沼耕地に,丙隊を郡役所の「革命本部」に配置した。ところが,通信の手段をもたない困民党軍の各隊は3日,「警官隊出現」「熊谷に一揆勃発」などの誤報に踊らされ,甲隊が下小鹿野を経て国神へ,乙隊が皆野へと独自の進撃をはじめた。そこで,やむなく本部も皆野に移り,角屋旅館(現在は旅館の営業は行っていない)を本部とした。この日,荒川をはさんで現在親鼻橋のある親鼻の渡し場付近で困民党軍と憲兵隊との銃撃戦が展開されたが,憲兵隊はほどなく引き揚げた。皆野と対岸の国神とは,栗谷瀬の渡しによって結ばれていた。ここの渡し場近くで,渡し船の船頭だった金子惣太郎が事件後参加者の捜索にきた警官によって教唆扇動と誤認され,斬り殺されるという事件がおきた。現場には金子惣太郎殉難の碑が子孫の手によってたてられている。

〈金崎村永宝社跡〉　皆野から親鼻橋を渡った金崎に,永宝社という金融会社があった。経営者は,奨学団体秩父教育義社の設立者であり,椋宮小学校長でもあった山田懿太郎らであった。永宝社は困民党蜂起に際し,最初の10月31日に襲撃をうけた。近くには,山田懿太郎のレリーフがおかれている。

〈長楽寺跡と青木与市の殉職の碑〉　甲隊は国神(皆野町)の長楽寺

に駐屯していた。11月4日、新志坂の戦い以来捕虜になっていた青木巡査が突然、大隊長新井周三郎に斬りつけるという事件がおきた。周三郎は重傷を負い、青木巡査は農民兵士によってその場で殺された。長楽寺は焼失して存在しないが、もと長楽寺前の県道にある、青木巡査殉職の地を示す小さな石碑が惨劇をしのばせてくれる。

〈秩父自由党のふるさと日野沢〉　国神から県道を西にいくと、根古屋橋という橋を渡ったところから道は左右に分かれる。右にいくと金沢から児玉にぬけ、左にいくと城峯山の懐にある日野沢である。日野沢は、金沢とともに1882(明治15)年に、秩父自由党の組織がいち早くつくられたところである。小さなバスのかよう沢沿いの道路をいき、札所34番水潜寺のさきを右にはいってしばらくいくと、重木という耕地がある。ここには、秩父自由党員第1号の中庭蘭渓の屋敷跡があり、碑がたっている。この耕地には、教派神道の一種禊教の教祖井上正鉄が寄留していたことがあり、蘭渓も禊教徒の一員であった。秩父困民党幹部にも、何人かの禊教徒がいる。蘭渓の弟子がやはりこの耕地の村上泰治である。彼も禊教徒だが、10代なかばで自由党に入党、まもなく秩父自由党の最高幹部となったが、密偵暗殺の嫌疑によって逮捕され、1887年21歳で獄死した。

群馬、長野への転戦

〈本庄市の円通寺墓地〉　11月4日、新井周三郎が倒れたあと、皆野の本陣は解体してしまった。しかし、甲隊の主力は、本野上(現、長瀞町)から出牛峠をこえて児玉に向かった。この日深夜、児玉郡金屋村(現、本庄市)では、東京から本庄へ鉄道で運ばれた鎮台兵が最新式の村田銃をもって待ち構えるなか、火縄銃をたずさえた困民党軍が突進していった。翌朝5時半に、寄居に出張していた県令吉田清英は、内務卿山県有朋に宛て、「昨夜11時30分、児玉郡金屋村において開戦、我が兵大勝利」との電報を打っている。困民党側には、即死者6人、円通寺の野戦病院に収容後死んだもの5人の犠牲者がでた。引き取り手のない遺体は円通寺に葬られ、1981(昭和56)年「秩父事件死者之墓」という立派な墓石が同寺関係者によって建立された。

〈山中谷から信州へ〉　4日の本陣解体後、困民党軍は菊池貫平、

秩父の地場産業

コラム

織物業からセメント産業、そして21世紀の秩父を支えるものは

　秩父を代表する地場産業の歴史をみると、第1に織物業がある。江戸時代、関東の山村では大市場江戸をひかえ、絹の生産が発達した。絹は農民にとって貴重な現金収入であり、秩父神社の霜月(陰暦11月)の大祭に行われた絹の大市は、秩父農民の一大行事であった。

　1859(安政6)年の横浜開港とともに、生糸が最大の輸出品となったが、原料生糸が確保できなくなったため秩父の絹生産は衰微した。しかし、明治なかば以降、玉糸を使った太織りによる「秩父銘仙」の改良が進められ、秩父織物はよみがえり、戦後に至るまで生産がのびた。ところが1970年代の高度成長期をさかいに構造的な不況に見舞われ、多くの織物工場は、精密機械加工・製造業の下請けへと転業した。

　第2は秩父セメントを中心としたセメント業である。武甲山をはじめ秩父には白石山・二子山・叶山など、セメントの原料となる石灰岩を産出する山があり、高度成長期の需要増加から急速に成長した。1979(昭和54)年には群馬県中里村(現、神流町)の叶山から地下ベルトコンベアにより秩父工場への供給が可能となった。しかし、1990(平成2)年前後のバブル崩壊期の需要低下からリストラ、合併を繰り返し、1998年に太平洋セメントとなった。

　国道140号線に面していた秩父セメント第1工場跡地は、道の駅として生まれかわり、観光客で賑わっている。

　秩父は観光資源に恵まれ、東京に近いことから多くの観光客が訪れる。1998年には国道140号線雁坂トンネルが開通し、秩父と山梨が結ばれた。また、長瀞付近の交通渋滞解消のため2001年にバイパスが開通し、秩父地域の観光や産業の振興に貢献すると期待される。

　秩父地域には、中小ながら独自の技術をいかした優良企業が数多く存在する。しかし、近年中国や東南アジアへ生産拠点を移す企業も多く、若年層の雇用減少が心配される。また、木材価格の長期低迷から後継者不足である林業の将来は暗く、山林の手入れはいきとどかない。

　今後、秩父地域の恵まれた環境を保全しつつも活用する産業の育成を模索していかなければならない。

坂本宗作らによって指導部を立て直し、翌日、藤倉から上州に抜ける屋久峠をこえて、「山中谷」とよばれる神流川流域の村々を席捲していった。彼らは、沿道に駆りだしをかけつつ高利貸しを襲撃し、

秩父事件をみつめ直す

7日には十石峠をこえて信州にはいった。しかし，9日，そこで待ち構えていた高崎鎮台兵と長野県南佐久郡小海町の東馬流で銃撃戦を行って敗北し，野辺山高原に至って秩父困民党軍は解体した。東馬流には，事件50年を期して菊池貫平の孫たちがたてた「秩父暴徒戦死者之墓」がある。これは，名称こそ「秩父暴徒」とあるが，事件後もっとも早く建立された堂々たる記念碑である。また，貫平や井出為吉ら困民党幹部を輩出した長野県北相木村では，事件100周年を記念して秩父事件百周年顕彰委員会の手で「自由民権の雄叫び」という記念碑が諏訪神社にたてられた。さらに激戦地東馬流にも同年，佐久秩父事件百周年顕彰実行委員会によって「秩父困民党散華之地」の碑と貫平・為吉の像がたてられている。

Nakasendo 中山道

神流川渡し場 「支蘇路ノ駅本庄宿神流川渡場」

氷川神社楼門

◎中山道散歩モデルコース

1. JR高崎線深谷駅遊歩道 25 プレート・ガーター橋 20 旧日本煉瓦製造株式会社 30 誠之堂 25 尾高藍香生家 15 鹿島神社 10 青淵記念館 10 渋沢栄一記念館 5 渋沢栄一生家 20 JR深谷駅

2. JR高崎線北鴻巣駅 20 石田堤 20 下忍の一里塚 15 埼玉古墳群・さきたま史跡の博物館 20 水城公園 5 忍城跡・行田市郷土博物館 10 秩父鉄道行田市駅 10 秩父鉄道武州荒木駅 2 天洲寺 15 真観寺・小見真観寺古墳 20 地蔵塚古墳 7 八幡山古墳 25 秩父鉄道東行田駅

①本庄宿仲町郵便局と諸井家住宅
②旧本庄警察署
③旧本庄商業銀行倉庫
④岡部六弥太と普済寺
⑤深谷上杉氏と深谷城址
⑥深谷宿の賑わい
⑦渋沢栄一と近代化遺産
⑧渋沢栄一のふるさと
⑨熊谷氏と熊谷寺
⑩中条氏と常光院（中条家長館跡）
⑪成田氏と龍淵寺
⑫久下氏と東竹院
⑬斎藤氏と聖天山歓喜院
⑭別府氏と安楽寺
⑮荻野吟子生誕の地
⑯久下の忠魂碑
⑰熊谷寺大原霊園の朝鮮人供養塔
⑱戦没者慰霊の女神像
⑲埼玉古墳群
⑳地蔵塚古墳
㉑八幡山古墳
㉒忍城跡
㉓石田堤
㉔真観寺
㉕箕田氷川八幡神社
㉖伝源経基館跡
㉗鴻神社
㉘勝願寺と人形町
㉙桶川宿
㉚上尾宿
㉛合津観音
㉜鉄道博物館
㉝相頓寺
㉞妙厳寺
㉟伊奈氏屋敷跡
㊱明星院
㊲西光寺
㊳馬室埴輪窯跡
㊴石戸城跡
㊵東光寺
㊶泉福寺
㊷熊野神社古墳
㊸三ツ木城跡
㊹知足院
㊺馬蹄寺
㊻八枝神社
㊼高城寺
㊽治水橋
㊾大泉院
㊿田島ヶ原
51秋葉神社
52水波田観音
53側ヶ谷戸古墳群
54氷川神社
55寿能城跡
56万年寺
57さいたま新都心
58与野の大カヤと与野宿
59調神社
60浦和宿
61見沼田んぼ
62見沼通船堀
63清泰寺
64氷川女体神社
65戸田渡船場跡
66妙顕寺
67蕨宿
68和楽備神社
69如意輪観音堂
70長徳寺

3．JR高崎線北鴻巣駅 10 追分 15 箕田氷川八幡神社 15 JR高崎線鴻巣駅 15 源経基館跡 25 勝願寺 5 人形町・雛屋歴史資料館 30 一里塚 7 JR高崎線北本駅 15 上の木戸跡 10 稲荷神社 10 府川本陣跡 5 島村家住宅土蔵 5 武村旅館 6 JR高崎線桶川駅

4．JR京浜東北線さいたま新都心駅 7 氷川神社参道・一の鳥居 8 山丸公園 6 二の鳥居・さいたま市立博物館 7 三の鳥居・氷川神社本殿 10 埼玉県立歴史と民俗の博物館 16 寿能城跡 12 盆栽村 4 漫画会館 4 東武野田線大宮公園駅

1 宿場町・養蚕の町本庄からレンガの町深谷へ

埼玉県の北の入口にあたる本庄から深谷にかけては，宿場の面影を残す町並みや渋沢栄一にかかわる史跡などが点在する。

本庄宿仲町郵便局と諸井家住宅 ❶
0495-21-2251(仲町郵便局)
〈M ▶ P.178,180〉 本庄市銀座1-5-16
JR高崎線本庄駅 🚶 5分

近代化遺産の仲町郵便局と諸井家住宅

　本庄駅北口をおりると，真正面に上毛三山の1つ赤城山がみえる。ここから，まっすぐのびる道路を停車場線とよび，300mほど北にいくと中山道にあたる。この辺りは，戦国期に築城された本庄城(現，本庄市役所周辺)に近く，江戸時代には，本宿とよばれ本庄宿の中心であった。本庄宿は日本橋から数えて中山道10番目の宿場町として栄え，1843(天保14)年には，人口4554人，戸数1212軒を数える中山道最大の宿場町となった。

　明治時代には，本庄宿の中心であった本宿も本町と名称がかわり，群馬県富岡の官営製糸工場長の尾高惇忠と本庄の諸井家との関係から養蚕の町本庄としてあらたな繁栄がはじまった。そして，中山道や利根川の舟運，1883(明治16)年に開設された日本鉄道本庄駅などにより交通の要所として，「繭市場本庄」が誕生した。

　このように本庄は，宿場町から養蚕の町として繁栄し，それに伴い，現在でも中山道沿いには，商家の資産を火災からまもる蔵や，近代化遺産が残されているのである。

　本庄駅北口からのびる停車場線と中山道の交差点を西に200mほどいくと国登録有形文化財(近代化遺産)に指定されている仲町郵便局がある。この建物は，1934(昭和9)年に木造2階建てタイル張りのビルディング風としてたてられた。現在も郵便局として使用されて

本庄市の史跡

仲町郵便局　　　　　　　　　　　　　　　　　　　　　　　諸井家住宅

いる。2011(平成23)年の震災により外壁の一部が被害を受けた。

　郵便局の裏には、諸井家住宅(県文化)がある。諸井家は、江戸時代から本庄宿で繭の仲買商人として活躍しており、1872(明治5)年に郵便取扱人に任命され、仲町に郵便取扱所を開設した。一族のなかからは、秩父(ちちぶ)セメント株式会社を創業した諸井恒平(こうへい)をだしている。この住宅は、民家風であるが、木造の総2階建てで、玄関には色ガラスをいれたアーチ窓や2階には吹放しベランダなどがあり、随所に洋風建築の手法が取り入れられている。1880(明治13)年ころに建築されたものと推定されている。通常、内部非公開である。

旧 本庄 警察署(きゅうほんじょうけいさつしょ) ❷
0495-22-3243(市立歴史民俗資料館)

〈M▶P.178,180〉本庄市中央1-2-3
JR高崎線本庄駅🚶7分

本庄の歴史を学ぶ旧本庄警察署　県内最古の石造アーチ寺坂橋

　仲町郵便局から中山道を西に200mほどいくと、伊勢崎道(いせさきどう)にあたる。この道を50mほど北にいくと右手に移築された田村(たむら)本陣の門がみえる。この門の裏にある建物が旧本庄警察署(県文化)であり、現在は本庄市立歴史民俗資料館として利用されている。この建物は、1883(明治16)年に木造2階建て、瓦葺(かわらぶ)き、漆喰(しっくい)塗り大壁造としてたてられた。また当時、吹抜けのベランダ、石造りを模した木彫の列柱、出入口の半円形

旧本庄警察署

宿場町・養蚕の町本庄からレンガの町深谷へ

本庄市の祭りを体感する

産泰神社の例大祭　本庄駅南口から車で児玉新道をとおり15分ほどで関越自動車道本庄ICがある。この東側の四方田集落にある産泰神社は、鎌倉時代の武蔵七党の1党である児玉党の一族がこの地に砦を築き、守護神をまつったのが始まりとされている。この神社の祭神である産泰様は、利根川中・上流域では安産の神として知られ、江戸時代から信仰を集めていた。産泰という名前は、もともと人の運命を語る3体の神のことで、3体が産泰とかわり、安産祈願の流行神となったと思われる。

産泰神社では、毎年4月4日に例大祭が行われ、当日は、安産を願う近隣や他県からの参詣客が訪れて賑わいをみせる。このとき、女性たちは出産が軽くなるようにと、底のぬけたヒシャクを奉納する。また、この日には杉田組神楽が上演される。

普寛霊場春季大祭　中山道と伊勢崎道の交差点を北に100mほどいくと西側の高台に普寛霊場がある。この霊場は、修験の行者として木曽の御岳や沼田の武尊山の登山道を開いた普寛上人71歳の終焉の地である。普寛は、1731(享保16)年に秩父郡大滝村落合(現、秩父市)で生まれ、身分は武士であり江戸五剣客の1人と称されていた。彼が34歳のときに、人びとの心を救う目的で、修験の道にはいり、数々の厳しい修行を重ね、神仏両道の奥義をきわめて、のちに御嶽教祖となった。

この霊場では、毎年4月10日に普寛の遺徳をしのび、春季大祭が行われる。当日は火渡り・剣渡り、大釜でわかした湯をまわりにふりかける湯花神事など、修験に関する神事が行われ、霊験を求める参詣客で賑わいをみせる。

台町八坂御例祭　本庄駅から北へ500mほどいくと本庄市庁舎がある。この付近は戦国期に築城された本庄城のあった場所であるが、ここから東へ100mほどいくと八坂神社がある。この神社は、1556(弘治2)年に城下町の疫病除けとして社が勧請されたのが始まりと伝えられている。祭神は、素戔嗚尊である。この神社の祭礼が毎年7月15日に近い休日に行われている。祭礼日の2日間には、台町の獅子舞(県民俗)が奉納される。獅子舞は、竜頭3頭(法眼・雌獅子・老獅子)1組で編成されていて、干魃のときに八坂神社に台町

産泰神社例大祭

コラム

安産を祈る産泰神社、普寛上人終焉の地普寛霊場

の獅子舞を奉納すると雨がふると伝えられており、「雨乞い獅子」とよばれている。また，獅子頭を頭にのせてもらうと利益があると信じられている。当日は，神社の北へ100mにある台町会館に御仮舎が設けられ，現在では使われなくなったが，1668(寛文8)年につくられ，県内でも最古に近い隠居獅子をみることができる。

金鑚神社のお神迎え　本庄駅北口から中山道を西へ1.5kmいくと，本庄宿の総鎮守である金鑚神社が鎮座している。祭神は，天照大神・素戔嗚尊・日本武尊である。創建は，540(欽明天皇2)年と伝えられているが，もともと本庄氏の氏神であった。流造の本殿は，1724(享保9)年に建立されたと伝えられ，みごとな彫刻や天井絵がある。また，境内には，クスノキ(県天然)やカヤやモミなどの木々が大きな杜を形成している。

この神社では，数々の祭礼が行われているが，なかでも旧暦の11月1日の「お神迎え」は，出雲大社にいっていた神々を，午前0時，宮司の「オー」という声を合図に社殿の扉を太鼓の音が鳴り響くなか開け放ち，お迎えするという行事である。

この日は，近隣の住民は，クジつきの熊手を買い，中山道の商店から提供された商品がそのクジの賞品となる。かつての本庄の商家の賑わいを感じることができる行事でもある。

普寛霊場春季大祭

台町の獅子舞

窓など，本庄ではじめての洋風建築でもあった。なお，この建物は警察署として1934(昭和9)年まで使用された。その間には，1923(大正12)年関東大震災後のデマに恐怖し暴徒化した人びとにより朝鮮人虐殺がおこった悲劇の現場ともなった。

　伊勢崎道をさらに北へ30mほどいくと，元小山川にかかる賀美橋とその下流10mに県内最古の石造アーチ橋である寺坂橋がある。

宿場町・養蚕の町本庄からレンガの町深谷へ　　183

1889(明治22)年に築造された現役の橋である。付近は，親水公園として整備されており，近くの若泉公園とあわせて市民の安らぎの場所ともなっている。

旧本庄商業銀行倉庫 ③

レンガ造りの近代化遺産 旧本庄商業銀行倉庫

0495-21-8261　〈M▶P.178,180〉本庄市銀座1-5-16
JR高崎線本庄駅🚶10分

　旧本庄警察署から道をもどり，中山道と伊勢崎道の交差点をさらに西へ20mほどいくと，保存再生活用のための工事が進められている旧本庄商業銀行のレンガ造りの倉庫(国登録・近代化遺産)がある。本庄商業銀行は，1894(明治27)年に本庄町のリーダーたちによって設立され，当初は，本庄町唯一の銀行であった。1919(大正8)年に武州銀行と合併し，武州銀行本庄支店となった。現在は，担保としてあずかった繭を保管するこの倉庫がほぼ当時のままの形で残されている。

　この建物は，繭を保管しやすいように，窓を前後左右が向きあうように配置してあり，壁は，レンガをイギリス積みし，セメントが貴重だったため漆喰をまぜたものを使用している。

旧本庄商業銀行倉庫

岡部六弥太と普済寺 ④

古代郡衙跡の中宿遺跡 平忠度を討った岡部六弥太

〈M▶P.178,186〉深谷市普済寺973
JR高崎線岡部駅🚶20分

　岡部駅から北に進み国道17号線をこえバイパスにでると，中宿遺跡公園がある。古代榛沢郡の郡衙と倉庫群跡が発掘され，現在，遺跡公園として整備されている。中宿遺跡公園から国道17号線に戻り，東に進むと普済寺(曹洞宗)がある。源平の一の谷合戦で

岡部氏の墓

184　中山道

平清盛の弟，平忠度を討ちとった武蔵武士，岡部六弥太忠澄が1191(建久2)年に創建した寺である。この普済寺の北にある岡部氏の墓(県史跡)には，忠澄のほか，忠澄の夫人で畠山重忠の妹玉ノ井，父行忠の五輪塔がある。

　普済寺から東進して旧中山道にはいると，南の高台に清心寺(浄土宗)がある。岡部六弥太忠澄が，平忠度の供養のために建立した五輪塔が現存している。

　岡部から深谷にかけてこの地方には，岡部氏のほか，猪俣党の一族人見氏の人見氏館跡，同じく猪俣党の一族荏原氏の荏原氏館跡，渡来人の秦河勝を祖とし，石橋山の合戦で源頼朝16騎の1人として活躍した新開忠氏ゆかりの東雲寺など，武蔵武士の名残りをとどめる史跡が残っている。

深谷上杉氏と深谷城址 ❺

〈M▶P.178,186〉深谷市本住町16
JR高崎線深谷駅🚶10分

深谷城址公園として整備された深谷城跡

　深谷駅から北に国道17号線を渡り，そのさきを右折して進むと深谷城址公園がある。深谷上杉氏は，関東管領上杉憲顕の6男憲英が，庁鼻和城(現，国済寺の裏に当時の土塁が残る)に配されたことにはじまる。5代房憲のときに享徳の乱がおこり，古河公方に対抗する必要から1456(康正2)年により堅固な深谷城が築城された。深谷城は，のちに築城される川越城・岩槻城・江戸城と並んで古河公方に対する最前線であった。房憲は東に東方城，北に皿沼城，西に曲田城，南に秋元氏館の支城を配し，城の鎮守として鬼門除けに薬師堂(瑠璃光寺，最澄の弟子円仁の開山)，智形神社(富士浅間神社)，永明稲荷，稲荷神社の一仏三社をまつった。

深谷宿の賑わい ❻

〈M▶P.178,186〉深谷市深谷町
JR高崎線深谷駅🚶10分

深谷宿をしのぶ常夜灯、本陣遺構、見返りの松

　深谷宿は中山道第9番目の宿場である。天保年間(1830〜44)の戸数528軒のうち，旅籠68軒を筆頭に荒物屋・質屋・酒屋・煙草屋・菓子屋などが軒を連ねた。現在の中山道は，深谷駅の北側に東西にのびている。岡部方面から深谷の宿にはいると，中山道では最大級の高さ4mの常夜灯(深谷市田所町，東の常夜灯は稲荷町)がある。この常夜灯から東に進むと，深谷宿本陣遺構(現，飯島印刷所)があ

宿場町・養蚕の町本庄からレンガの町深谷へ

深谷宿常夜灯(左)とかつての見返りの松

る。1752(宝暦2)年に飯島 重郎兵衛が本陣職を命ぜられ、以降飯島家が本陣をつとめてきた。現在でも上段の間と次の間が当時のまま保存されている。ここから駅前通りをすぎてさらに東に進み、中

深谷市中心部の史跡

山道と国道17号線の交差地点に見返りの松がそびえていた(2006年伐採)。旅籠をでて江戸に出立する旅人が、昨夜の名残りをおしむかのようにふりかえったということからこの名がついたといわれる。

渋沢栄一と近代化遺産 ❼

〈M▶P.178,186〉深谷市上敷免89
JR高崎線深谷駅🚶40分

近代化遺産ホフマン輪窯
チーゼの住んだ木造洋館

深谷駅から北にのびる遊歩道を4.2kmほどいったさきに旧日本煉瓦製造株式会社(2006年6月廃業)がある。1887(明治20)年に渋沢栄一らの尽力によって開業した日本最初の洋式機械によるレンガ製造工場である。ここで製造されたレンガは、日本銀行・東京裁判所・赤坂離宮・警視庁・東京大学・東京駅などの近代建築に使用された。深谷駅はその顕彰の意味をこめ、東京駅を模した形をしている。

現在、日本煉瓦製造の敷地内には、創立当初ドイツから招かれた技師チーゼとその娘の住居であった木造洋館(国重文)は、日本煉瓦史料館として活用されている。また1907年に建造されたホフマン輪窯(国重文)は、唯一現存する窯として近代化遺産に指定されている。

深谷駅から日本煉瓦製造に至る遊歩道は、かつては製造されたレンガを深谷駅から高崎線を経由して輸送するために敷設された引込み線であった。遊歩道の中間に位置する福川にかかる鉄橋は、1895年にかけられた現存する日本最古のプレート・ガーター橋である。

日本煉瓦史料館(木造洋館)

渋沢栄一のふるさと ❽

〈M▶P.178,186〉深谷市血洗島247
JR高崎線深谷駅🚗20分

渋沢栄一ゆかりの誠之堂
渋沢栄一の生家、栄

日本煉瓦製造株式会社裏の小山川上流約2kmほどに、誠之堂(国重文)がある。渋沢栄一の喜寿を記念し、栄一が設立し頭取をつとめた第一銀行関係者の寄付で、1916(大正5)年東京世田谷に建設されたレンガ造り平屋建て、イギリスの農家風の外観をもつ建物である。取りこわし直前であったが、1999(平成11)年深谷市により栄一

渋沢栄一生家

ゆかりのこの地に建築当時のまま移築された。

誠之堂から小山川を北に渡りしばらくいくと、下手計の地名が目にはいる。ここを左折して進むと右手に尾高惇忠生家がある。尾高は栄一の妻千代の兄であるとともに、学問上の師でもあった。幕末には上野彰義隊結成の中心として活躍し、飯能戦争に敗れたのち、明治政府にみいだされ官営富岡製糸場の初代場長をつとめた。

尾高惇忠生家からさらに西に進むと右手奥に渋沢栄一記念館、そしてそのさきに渋沢栄一生家(県旧跡)がある。栄一の生家は、農業のほか養蚕、藍玉製造などを手広く行う豪農であった。栄一は1840(天保11)年ここに生まれ、幼少から父のもとで家業にはげんだが、1864(元治元)年、一橋慶喜(のちの15代将軍徳川慶喜)に仕官し、1867(慶応3)年には、慶喜の弟昭武の随員としてパリ万博に渡欧した。この経験をいかし、明治以降は当時の大蔵省で財政の運営にたずさわったが、1873(明治6)年に辞任し第一国立銀行を設立、その総監となった。これ以降実業界にあって活躍し、栄一が手がけた企業は600をこえるといわれている。

栄一の生家は、1892年の火災で焼失。現存する建物はその翌年再建されたものである。近年まで青淵塾・渋沢国際会館として海外から数多くの留学生が日本語などを受講する場として活用された。

2 武蔵武士のふるさと

県北最大の都市熊谷周辺には、熊谷直実らの武蔵武士の足跡が多く残る。市街を流れる星川には空襲被災者がまつられている。

熊谷氏と熊谷寺 ⑨
048-521-0251

〈M▶P.178,190〉熊谷市仲町42
JR高崎線熊谷駅🚌深谷行熊谷寺🚶1分

バスを熊谷寺で下車すると、すぐ北側に熊谷寺(浄土宗)がある。

埼玉県の近代化遺産

コラム

埼玉の近代化を支えた数々の構築物

　近代化遺産とは、幕末から第二次世界大戦終結までの間に、近代的な手法によって築造された産業・交通・土木などの分野にかかわる構築物のことである。埼玉県の近代化に貢献した多くの構築物は、歴史的な重要性を認識されることなく、時代遅れな存在として取り壊されたり改築されてしまっている。こうした危機感を背景に、埼玉県では実態の把握と保護措置を目的に1994(平成6)～1995年にかけて「埼玉県近代化遺産総合調査」が実施された。そのなかからおもな近代化遺産を紹介しよう。

　埼玉は昔から農業の盛んな地域であり、水利に関連した構築物が現存している。草加市の甚左衛門堰や川越市の笹原門樋は、明治中期につくられたレンガ造りの樋門である。このほかにも30件近いレンガ造り樋門が確認されており、レンガ樋門の数は全国でも群をぬいて多い。しかしこのレンガ樋門は、1918(大正7)年の千貫樋(さいたま市)を最後に安価な鉄筋コンクリートにその座をゆずり、以後建設されることはなかった。

　交通の発達は、近代化の大きなささえであった。秩父鉄道の見沼代用水橋梁(行田市)は、1920年の竣工だが、そこにかかる英国製のポニーワーレントラス橋は、1885(明治18)年ごろの製作と推定され、現役で使われる唯一の貴重なものである。秩父方面の物資輸送に大きな役割をはたした秩父鉄道には、ほかにも1913(大正2)年にアメリカで製作されたバルチモアトラス橋である浦山川橋梁、安谷川橋梁、押手沢橋梁がある。

　このほか、洋風建築物としては昭和初期の旧六軒町郵便局(川越市)、旧第八十五銀行本店(川越市)、旧本庄警察署(本庄市)、旧石川組製糸の西洋館(入間市)などの代表的なものが現存している。産業面では、秩父鉱山開発の拠点となった秩父市の株式会社ニッチツ資源開発本部、行田市の地場産業をささえた足袋倉庫群、近代建築に欠かせないレンガを製造した深谷市の旧日本煉瓦製造株式会社深谷事業所、埼玉県最初の水力発電所である神川町の矢納発電所跡、日本の近代化に欠かせない養蚕の改良に大きな貢献をはたした本庄市の競進社模範蚕室、狭山茶で有名な三芳町の上富地区の茶工場などが確認されている。

熊谷寺は、熊谷直実の館のあったところに幡随意上人によって天正年間(1573～92)に建立された。熊谷直実のものと伝えられた墓が本堂左手にあり、毎週日曜日10時に開門される。

　熊谷直実は、幼くして父を亡くし、一族である久下直光の館で育

武蔵武士のふるさと

熊谷市中心部の史跡

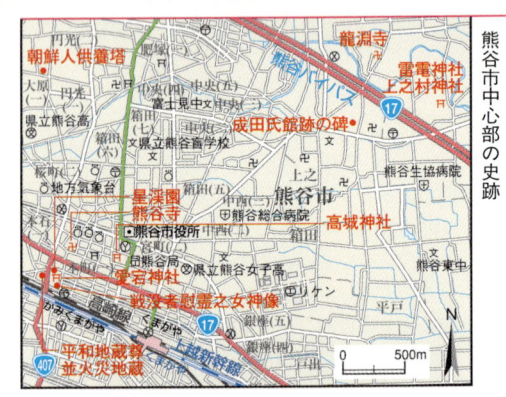

熊谷寺

武士の無常。本朝無双の勇士熊谷直実をしのぶ

てられた。保元・平治の乱で活躍したが、源　義朝が敗れたことにより熊谷の地に戻り、京にのぼって平　知盛につかえた。頼朝挙兵時に一度平家方についたが、その後頼朝にしたがった。1180(治承4)年の佐竹攻めにおいて、頼朝より「本朝無双の勇士」と賞賛されるほどの大活躍をし、1182(寿永元)年6月、久下氏によって押領されていた武蔵国熊谷郷を地頭職補任という形で安堵された。頼朝の征夷大将軍就任後、直実と久下直光の境界争いは、将軍の御前で一決をとげることになった。武勇において一騎当千といえども、言論の対決では、その才能がなかったため不審をもたれ、直実はたびたび尋問された。そのため直実はみずから刀をとり、髻を切って、出奔してしまった。『平家物語』はその出家の理由を一の谷の戦いで直実は自分の子である直家と年齢のかわらない平敦盛の首をとり、その首をとらねばならぬ武士の生業に無常を感じ、出家したとされる。しかし実際にはその出家の真相はより現実的なものであった。

中　条氏と常光院(中　条家長館跡) ❿

格式の玄関が迎える中世武士の館跡

048-522-4084
〈M▶P.178〉熊谷市上中条1160
JR高崎線熊谷駅🚌葛和田行竹之内🚶2分

　竹之内バス停から、北方へ約300mのところに常光院(天台宗)が

190　中山道

常光院

ある。常光院は、藤原鎌足16世の子孫と伝えられる藤原常光が武蔵国の国司として館をつくったことにはじまる。石橋山の合戦で頼朝にしたがい、関東武士として貞永式目制定に参画した中条家長が、1192(建久3)年、祖父藤原常光の菩提をとむらうために、その館を寺院とした。館の持仏堂が発展したものと思われる。江戸時代には、寺格は10万石の待遇をあたえられ隆盛をきわめていた。

1951(昭和26)年、常光院は中条氏館跡として県の史跡に指定され、1984年に常光院ふるさとの森に指定されている。土塁や堀が残り、いかにも中世武士の館を思わせる風情がある。本堂は、総茅葺きの屋根が荘厳な雰囲気をただよわせており、10万石の格式の玄関が出迎えてくれる。絹本著色阿弥陀聖衆来迎図(国重文)のなかの烏帽子・直垂姿の人物が藤原常光であると伝えられている。

成田氏と龍淵寺 ⓫
048-521-3184

〈M▶P.178,190〉熊谷市上之336
JR高崎線熊谷駅🚌大塚行龍淵寺🚶1分

成田氏の菩提寺龍淵寺
女流画家奥原晴湖の墓

龍淵寺バス停で下車すると、左側に龍淵寺(曹洞宗)がある。成田氏は平安中期に武蔵守に任ぜられた藤原忠基を祖とし、5代助高が成田氏を名乗ったという。助高の子、助弘・行隆・高長・助実が成田太郎・別府次郎・奈良三郎・玉井四郎を称したことは、熊谷北部の地の開発を一族で行ったのであろう。その後12代家時が1411(応永18)年、たび重なる戦いのなか、龍淵寺を建立して以来、成田氏の菩提寺となった。墓地には家時の宝篋印塔や板碑・五輪塔が7基ある。また、幕末から明治にかけて活躍し、山内容堂や木戸孝允の知遇を得て南画の独自の画風を展開していた女流画家奥原晴湖の墓(県旧跡)がある。弟子の墓が寄りそうようにあり、激動の時代を生きぬいた師弟愛を垣間みることができる。

龍淵寺から東方へ少し歩いたところに上之村神社本殿・雷電(大雷)神社本殿(県文化)があり、銅瓦葺きの一間社流造の桃山建

武蔵武士のふるさと

築の遺構を残している。神社から17号線バイパスを渡り，2分ほどで成田氏館跡の碑がある。

久下氏と東竹院 ⑫
048-522-0366
〈M▶P.178〉 熊谷市久下1834
JR高崎線熊谷駅🚌5分

○達磨大師に似た達磨石に一の紋

　熊谷駅南口から車で行田方面へ5分のところに東竹院(曹洞宗)がある。1191(建久2)年に久下重光によって創建され，1545(天文14)年に，上杉憲賢により再建された。東竹院には直光(重光の父)と重光のものと伝えられている墓がある。源頼朝が石橋山の合戦で敗れ，わずか7騎でおちのびるところに重光が300騎でかけつけた。喜んだ頼朝が「一番」という文字をみずから書き与えて家紋とさせたことにより，○に一の紋が東竹院境内の随所にみられる。久下氏は，近隣を領する熊谷氏と鎌倉時代をつうじて約100年間所領争いを展開した。

　境内正面左手にみえる大きな石は達磨石である。寛文年間(1661～73)に忍城主が，達磨大師に似たこの巨石を秩父から城中へ運ばせようとしたが，いかだで運ぶ途中におとしてしまい，たび重なる荒川の洪水で行方がわからなくなっていた。ところが250年ほどたった1925(大正14)年，この伝説の達磨石が荒川の東竹院のすぐ前で偶然に発見されたのである。その後，有志の手により川底から掘りおこされ，東竹院に安置され現在にいたっている。

東竹院の達磨石

斎藤氏と聖天山歓喜院 ⑬
048-588-1644
〈M▶P.178〉 熊谷市妻沼1267
JR高崎線熊谷駅🚌太田行聖天前🚶1分

荘厳な貴惣門華麗な本殿

　聖天前バス停でおりると，左すぐのところに聖天山歓喜院(真言宗)がある。1179(治承3)年，斎藤実盛が長井荘に大聖歓喜天をたてまつり，聖天宮を開いたのが妻沼聖天山の始まりである。斎藤実盛は，「東国武士は親が死ねば親の屍を，子が死ねば子の屍を乗り

こえて戦い、西国武士は親が死ねばしりぞいて供養し、子が討たれれば戦いをやめて嘆き悲しむ」といったという。1183(寿永2)年篠原の戦いにおいて、赤地錦の直垂を着て、年老いた武士とあなどられないよう白髪を墨で黒く染め出陣したが、木曽義仲軍の勢いに押され敗走する平家方のなかで、最後尾で1騎で防戦し壮烈な討死をする。その後、実盛の次男実長(良応僧都)が頼朝に聖天宮の修復と別当坊寺院建立のため、関東八カ国の勧進を願いでて、1197(建久8)年聖天宮の改修と別当坊歓喜院長楽寺を建立する。このとき聖天宮に寄進されたのが本尊の御正躰錫杖頭(国重文)である。1552(天文21)年には、忍城主成田氏より絎絲斗帳(県文化)が厨子に懸けるために奉納された。

聖天宮は数度の再建を経験するが、1670(寛文10)年には火災にあい、その後、仮本堂で法灯がまもられることになる。1760(宝暦10)年、起工より25年の歳月と工費2万両をかけ再建された。貴惣門(国重文)をくぐり中門・仁王門(国登録)と歩いていくと、奥殿・中殿・拝殿からなる権現造の本殿(国宝)が当時の姿を伝えている。本殿側面には、趣向をこらしたみごとな彫刻が華麗である。

別府氏と安楽寺 ⑭

〈M▶P.178,196〉熊谷市西別府2044
JR高崎線籠原駅🚌別府荘行別府荘🚶10分

中世武士の館跡
9体の阿弥陀仏跡

籠原駅から駅前通りを北にまっすぐに進み約2km付近、バス停別府荘から700mほどのところに別府氏一族の墓(県史跡)のある安楽寺(臨済宗)がある。別府氏は成田氏からでて東西に分立し、忍城開城時までこの地を領知した。

墓地には大小2基の五輪塔と3基の板石塔婆がある。安楽寺中興の祖といわれる別府頼重の板石塔婆は2mほどもある立派なものである。ほかに9体の阿弥陀如来が安置されている九品仏堂がある。

安楽寺から南東に少し歩いたところに別府城跡(東別府

別府氏一族の墓

中山道熊谷宿を歩く

高城神社

星渓園

JR行田駅から西に向かうと荒川の土手がみえ，土手沿いに中山道がとおっている。「久下の長土手　深谷の並木　さぞや寒かろ寂しかろ」と馬子歌にうたわれた中山道の久下の長土手が続く。川沿いの道をしばらく進むと，旅の無事を願う馬頭観音と一里塚跡がみえる。道なりに権八地蔵があり，さらに北西にいくと東竹院がある。

東竹院からまた北西に800mほど進むと，トゲウオ科の淡水魚ムサシトミヨ（県天然）の生態のみられる熊谷市ムサシトミヨ保護センターがある。ムサシトミヨは，冷たくきれいな湧き水を水源とする小川で，水草がよくしげっているところに生息し，巣のなかで子育てをする珍しい魚である。

中山道に戻りしばらく進むと熊久橋がある。この付近で熊谷氏と久下氏が領地争いをしたということが現在に伝えられている。そのさきに領地争いに負けた熊谷氏が8丁さがったと伝えられる地（曙公園内）に八丁の一里塚跡がある。その後中山道はJR高崎線をこえ，現在の国道17号線と重なる。市役所通りをすぎてすぐのところに高城神社の鳥居がみえる。高城神社は『延喜式』の式内社で祭神は高皇産霊尊である。現在の社殿は1590（天正18）年の兵火で焼失したのを，1671（寛文11）年に忍城主阿部豊後守忠秋が篤く崇敬し遷宮した建物である。縁結びや安産を導く神として崇敬されている。また，かつて境内に愛染明王がまつられていたことから，染め物業者の信仰をうけ，1841（天保12）年，約150人余の紺屋たちの奉納で，銅製の常夜灯が設置され，現在に伝えられている。毎年6月30日に茅の輪をくぐり，身を清め災厄からのがれるという行事（胎内くぐり）が実施され，多くの人を集めている。

17号線に戻ると，付近一帯に高札を掲げた札の辻跡や熊谷市道路元標や竹井本陣跡がある。そのさきの八木橋デパートの東口・西口の入口には旧中山道跡の碑があり，デパート内の東口から西口につうじる店内路が中山道である。

鎌倉町交差点を北へまがるとすぐに熊谷寺がある。南へまがって

コラム

熊谷宿の歴史をしのぶ高城神社や熊谷寺

1分ほどのところに星渓園がある。星渓園は荒川の北条堤が決壊したあとにできた玉の池を，幕末から明治にかけて本陣竹井家をついだ竹井澹如が別邸として，回遊式の庭園にしたものである。かつては玉の池が星川の源流となっていたが，現在は地下水位の低下により涸れてしまっている。1950(昭和25)年に熊谷市がゆずりうけ，翌年に星渓園と名づけられた。建物の老朽化により1990(平成2)年から1992年にかけて建物と庭園の整備がなされ，日本的な文化を味わえる場として復元された。星渓寮・松風庵・積翠閣と庭園という構成である。月曜休園。

中山道は一番街から17号線と分かれ，その後合流し15分ほど歩いたところに秩父街道が分岐する。そこに秩父道しるべ(県旧跡)がある。「志まぶへ十一里」と記されており，秩父観音霊場第1番札所の四萬部寺まで11里であったことがわかる。17号線を進むと熊谷警察の交差点になる。さらに500mほど進むと左にまがる道があり，しばらくすると新島の一里塚がある。一般に一里塚にはエノキを植えたといわれているが，ここはケヤキである。さらに200mほど進むと，「従是南忍領」と彫られた忍領石標(県旧跡)がある。忍領16カ所にたてられた石標の1つで50人の人夫が2日がかりで運んだと伝えられている。

忍領石標から17号線に戻り，熊谷警察署の交差点から国道140号線バイパスを秩父方面に向かい武体の交差点を右にまがってしばらくするとクマガイソウで有名な幸安寺(臨済宗)がある。クマガイソウはラン科の植物で5月初めに可憐な花を咲かせ，花の形が熊谷次郎直実の背負った母衣に似ていることからその名をつけられた。クマガイソウは星渓園も有名である。

140号線バイパスに戻り竜泉寺交差点を右にまがってすぐのところに竜泉寺(真言宗)がある。竜泉寺は，幕末に渡辺崋山が藩主三宅氏の旧領三ヶ尻(三尻)を訪れ，『訪甌録』(県文化)に記した地である。崋山ゆかりの品が残されている。地元では観音山とよばれ，1月15日(現在は第2日曜日)は千手観音菩薩の縁日で毎年賑わっている。

熊谷を代表する祭りに「うちわ祭」がある。文禄期(1592〜96)に京都の八坂神社を勧請(のちに愛宕神社に合祀)したのが祭りの原点で，江戸末期には祭りに赤飯をふるまい，大いに盛りあがっていた。その後，赤飯のかわりにうちわを配ったところ評判をよび，やがて「うちわ祭」とよばれるようになった。毎年7月20日から22日の3日間，祭り囃子とともに12台の山車・屋台が町を練り歩く壮大な祭りである。

武蔵武士のふるさと

安楽寺周辺の史跡

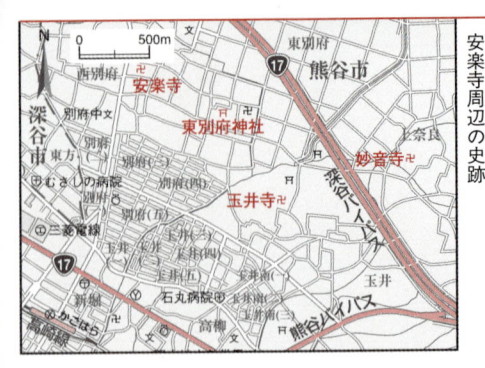

神社，県史跡）がある。成田氏初代助高の子行隆が別府の地に館を構えたのが別府氏の始まりで，その子の義行は東別府としてこの地を相続した。まわりを土塁や堀が囲み，当時の様子をよく保っており，中世武士の館跡の典型を体験できる。

ほかに，上奈良の妙音寺(真言宗)には奈良三郎の墓，玉井の玉井寺(真言宗)には玉井四郎の墓がある。

荻野吟子生誕の地 ⓯

⟨M▶P.178⟩ 熊谷市俵瀬581-1
JR高崎線熊谷駅🚌葛和田行俵瀬入口🚶10分

公認女医日本第一号 小説「花埋み」の主人公

俵瀬入口バス停から利根川をめざして北進し，さらに下流に向かうと，土手沿いに荻野吟子生誕の地がある。現在は荻野吟子史跡公園となっている。当地は古くから水害に悩まされた地域でもあった。吟子は幕末の1851(嘉永4)年に，幡羅郡俵瀬村の名主荻野家の5女として生まれ，女性の社会進出をこばむ因習的な時代にあって，1885(明治18)年に公認女医日本第1号となった。やがて東京の本郷で開業するが，キリスト教に入信して婦人運動「キリスト教矯風会」に参画し，1896年には夫とともに北海道に渡って開業し，開拓と布教活動に従事した。

地元医師会らによって1972(昭和47)年に建立された荻野吟子生誕之地碑には，「東京及び北海道に開業して医療に当たると共に婦人解放の先覚として活動し大正二年六月栄光と苦難の多彩な六十三年の生涯を閉じた」とあ

荻野吟子生誕の地

る。荻野は東京で没し，墓は雑司谷霊園(東京都豊島区)にある。渡辺淳一の『花埋み』は，荻野の伝記小説である。なお，女医第2号は熊谷市に隣接する深谷宿(現，深谷市)出身の生沢クノである。

久下の忠魂碑 ⓰ 〈M▶P.178〉熊谷市久下846
JR高崎線熊谷駅🚌上之荘行久下公民館🚶10分

ムラやマチの「靖国」戦死者の慰霊顕彰碑

久下(旧久下村)の久下小学校に隣接する久下神社境内に忠魂碑がたっている。もともとは小学校の敷地内にたてられていたようであるが，1918(大正7)年4月に，帝国在郷軍人会久下邨分会によって建立されたもので，題号の筆者は「安正」とある。安正とは陸軍大将福島安正のことである。

現在，全国各地の神社境内や，役場・公園などの公共施設において，こうした戦争碑をみかけることがよくある。実際，戦争碑にきざまれた文字(題号)は，「忠魂碑」「彰忠碑」「英霊碑」や「戦役紀念碑」など，さまざまである。この久下の忠魂碑の碑背には，「義勇奉公」とも記されており，7人の旧久下村出身の対外戦争戦死者氏名がきざまれている。内訳は日清戦争1人，日露戦争4人，シベリア出兵2人である。「忠魂」とは，国のために命をささげた「忠義なる魂」，つまり「戦死者の魂」であり，それをまつり，顕彰したものが忠魂碑であった。戦死者の魂が宿った忠魂碑前では，招魂祭や忠魂祭などの儀式が行われ，宗教施設としての機能もはたしたが，戦死者の遺骨は埋葬されていない。

全国的にみて，忠魂碑の建立が一般化するのは，日露戦争(1904～05年)後であり，それと同時に「日露戦役紀念碑」などの建立も行われる。戦役紀念碑は，戦死者のみの碑ではなく，文字どおり出征兵士や凱旋兵士をも記念するものであり，同じ戦争碑ではあっても，忠魂碑とは異なる性格のものであった。忠魂碑はやがて小学校敷地内に建立されるようになり，軍国主義教育のなかで，「忠魂」が学校教育の重要な教材として取り入れられていく。

昭和期にはいると，忠魂碑にかわって，戦死者の遺骨をおさめる「忠霊塔」が建設されるようになる。

久下の忠魂碑

武蔵武士のふるさと

熊谷市内では現在はほとんどみかけないが、近代日本における対外戦争の戦死者が、全国レベルでは靖国神社に、県単位では護国神社にまつられ、ムラやマチでは忠魂碑や忠霊塔にまつられたのである。したがってこれらは、「ムラやマチの靖国」ということができよう。

熊谷寺大原霊園の朝鮮人供養塔 ❶

〈M▶P.178,190〉 熊谷市熊谷1569
JR高崎線熊谷駅🚌太田駅行報恩寺前🚶5分

> 朝鮮人の虐殺、9月1日の慰霊式

バス停報恩寺前から報恩寺墓地を右手にみて進むと、大原霊園に至る。この墓碑群の東側に朝鮮人供養塔がたっている。1938(昭和13)年7月に、熊谷市内の有志によって建立されたものである。これは大正期に熊谷で虐殺された朝鮮人約60人の供養塔で、この供養塔の建立とともに、熊谷寺と円光寺(浄土宗、熊谷市銀座)に埋葬されていた遺骨を改葬したものである。

1923(大正12)年9月1日午前11時58分、関東地方は突然の大地震におそわれた。関東大震災である。とくに首都東京は大混乱におちいり、戒厳令がしかれ、4日には千葉県と埼玉県に拡大された。この混乱のなかで、「社会主義者や朝鮮人が放火している」「不逞鮮人がおそってくる」といった流言飛語とともに、内務省警保局長からの各地方長官への「朝鮮人暴動に対する厳重な警戒」要請もあって、各地に「不逞鮮人」対策の自警団が結成された。

埼玉県内には東京方面から避難民が続々と流れてきたため、人びとは竹槍や日本刀などで武装した。県警は県内に避難してきた朝鮮人を保護検束し、彼らを群馬県方面に護送することにして、徒歩やトラックを使って中山道を移送した。とくに徒歩集団の場合は、数名の警官が保護につき、各地の自警団が引きつぎながらつきそっていった。しかしやがて、この自警団の一部が、群衆とともに虐殺行為にいたるのである。

朝鮮人供養塔

中山道

9月4日午後，保護検束された朝鮮人約200人が熊谷に到着した。彼らは荒川の土手で休憩すると，約半数は小型トラック数台に乗せられて本庄方面に向かい，残りの人びとは徒歩で熊谷の市街地に向かった。この徒歩集団が久下神社(熊谷市久下)に着いたとき，数人が逃げだし，自警団に殺害されるのである。さらに残りの朝鮮人集団が市街地に近づくと群衆がおそいかかり，中山道をとおって熊谷寺の境内に至るまでに，既述の約60人が虐殺されたという。今日，毎年9月1日には熊谷寺で市主催の慰霊式が行われている。

戦没者慰霊の女神像 ⑱　〈M▶P.178,190〉熊谷市星川1丁目
JR高崎線熊谷駅 🚶15分

8月16日の灯籠流し、熊谷空襲

　熊谷寺からでて国道17号線をこえ，星川にでると，右手上流の方向に，戦没者慰霊之女神像がある。熊谷は終戦の前日，1945(昭和20)年8月14日に空襲をうけたが，この空襲で亡くなった260余人の人びとの霊を慰めるべく，1976年に戦災30周年を記念して建立された。作者は北村西望である。星川では1950(昭和25)年以来，毎年8月16日に慰霊の灯籠流しが行われている。

　ここから，さらに西に向かった鎌倉町の跨線橋上り口に，平和地蔵尊並火災地蔵がある。1957(昭和32)年1月に熊谷市有志一同によって建立されたもので，熊谷空襲の被災者の霊を供養するものである。「舌代」には，「折しも星川の流れに身を投じて避難せる人々は，川の両側に並ぶ家屋の焼け落ちる火と火の間にて，哀れにも狂い死をなしたる者多大なり」と記されている。

❸ 鉄剣の里

行田周辺は，埼玉県名発祥の地である。辛亥銘鉄剣で有名な埼玉古墳群や戦国期の石田堤など史跡が多い。

埼玉古墳群 ⑲　〈M▶P.178,201〉行田市埼玉4834
JR高崎線吹上駅🚌佐間経由行田車庫行産業道路 🚶15分

辛亥銘鉄剣と日本最大の円墳が存在

　バスをおりて進行方向と逆に古墳通りを1.4kmいくとさきたま風土記の丘にでる。埼玉古墳群(国史跡)は道の左右に広がるが，埼玉県立さきたま史跡の博物館・行田市はにわの館などは右側にある。

鉄剣の里　199

博物館には、古墳群出土の遺物、この地域の民俗資料が展示されている。はにわの館では、有料で粘土を使って埴輪や土器の製作体験をすることができる。

埼玉古墳群はワカタケル大王(雄略天皇)の名を記した金錯銘鉄剣(国宝)出土の稲荷山古墳をはじめ、大型前方後円墳4基(稲荷山〈120m〉・二子山〈138m〉・鉄砲山〈109m〉・将軍山〈90m〉)、中型前方後円墳4基(愛宕山〈58m〉・瓦塚〈75m〉・奥の山〈70m〉・中の山〈79m〉)、大型円墳1基(丸墓山〈105m〉)、方墳1基(戸場口山〈42m〉)、中小の円墳で構成される。その形成は、5世紀後半の稲荷山古墳にはじまり、7世紀中葉前後の戸場口山古墳まで続いた。

この古墳群の特徴に、大型前方後円墳が4代にわたって築かれたこと、それに並行して中型前方後円墳・小円墳が密集して築かれたことがある。中型前方後円墳としたものは、ほかの地域ならば中核的古墳であり、大型古墳に分類されるが、そうしたものが100m級の前方後円墳に従属していることに象徴される階層構造が、長期にわたって存続したと推定される。前方後円墳では、奥の山古墳をのぞき、周溝が2重にめぐっており、その形態が一般的な盾形でなく、長方形に近いのも特徴の1つである。大型前方後円墳には、周溝と周溝の間の中堤に造り出しが存在し、人物埴輪が多数おかれたと推定される。造り出しは、墳丘のくびれ部付近にも存在する。

辛亥銘鉄剣の出現によって注目度は低下したが、丸墓山古墳が、全国でもっとも大きい円墳であること、埼玉古墳群でもっとも盛土量が多いことも忘れてはならない。同時期の大王墓、真の継体陵と考えられる大阪府今城塚古墳が全長190m・後円部径100mであるから、円丘部のみを比較した場合、丸墓山古墳は大王墓をしのいでいる。稲荷山古墳・二子山古墳と続いた大型前方後円墳が、丸墓山古墳の段階で円墳となること、丸墓山古墳が二子山古墳の前方に築造されないこと、唯一葺石をほどこす古墳であることなどの点が疑問とされる。この疑問は、『日本書紀』安閑天皇元(534)年に記された武蔵国造の争乱と関係しそうである。

稲荷山古墳後円部には、粘土槨と礫槨が原位置に復元されている。墳丘にのぼって2つの位置をみると、それらが墳丘中軸線からはず

れること，検出位置が浅いことなどから別の埋葬施設が存在するようであり，稲荷山古墳はその被葬者のためにつくられた可能性が高い。鉄剣とともに礫槨に埋葬された人物が，銘文に記された「乎獲居臣（ヲワケの臣）」本人かどうか，この点とかかわるだろう。471年に製作されたとみられる鉄剣と，それに伴う遺物は，博物館に展示されている。武器・馬具・挂甲が出土したのに，冑が伴わないの

稲荷山古墳出土武人埴輪頭部(高さ30cm)

はどうも武人の頂点にたつ杖刀人首らしくない。

　将軍山古墳は，石室が復元され，遺物のレプリカを展示する施設が設けられている。埼玉古墳群で横穴式石室が確認されているのはこれだけである。石材には，千葉県から運ばれたものもある。古墳群の東側には，『延喜式』式内社の前玉神社が存在する。所在地はともかく，社殿が浅間山古墳のうえにのるのは，後世の姿であろう。

地蔵塚古墳 ❷⓪　〈M▶P.178,201〉行田市藤原町1-27
JR高崎線吹上駅🚌富士見工業団地行若小玉🚶2分

県内で唯一の壁画古墳

　バスをおりて2分ほどで地蔵塚公園に着く。その一画に木がおいしげった古墳がある。この古墳は，地蔵堂が墳頂にのることから地蔵塚古墳(県史跡)とよばれている。

　地蔵塚古墳は，消滅した三方塚古墳(推定全長70m，前方後円墳)，八幡山古墳などとともに若小玉古墳群を構成する，一辺が28m，高さ4.5mの方墳である。この古墳の埋葬施設は，切石積み横穴式石室で，側壁に県内唯一の線刻壁画が存在する。壁画の内容は，烏帽子をかぶった人物・弓を引く人物・馬・水鳥，家かと思われるものなどである。石室には，鍵がかかっており，内部をみるには，行田市教育委員会文化財保護課(☎048-553-3581)に事前に連絡する必要がある。副葬品はあきらかではないが，方墳であることと横穴式石室の形態などから7世紀後半の築造と推定される。

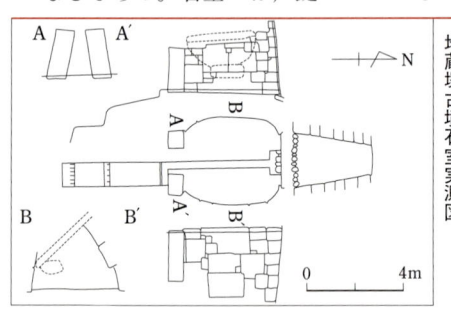

地蔵塚古墳石室実測図

八幡山古墳 ❷①　〈M▶P.178,201〉行田市藤原町2-28
JR吹上駅🚌富士見工業団地行藤原町🚶5分

　バスをおりて5分ほどで埼玉の石舞台といわれる八幡山古墳(県

史跡)がある。墳丘がくずれ，横穴式石室が露出しているので石舞台とよばれたのだが，明日香の石舞台が方墳なのに対して，直径74mの円墳と推定される。

石室は巨石を使用した巨大なもので，3室構造という類例の少ない形態である。石室からは，近畿地方の皇族層を埋葬したと考えられる古墳で出土するような麻布と，漆を何層にも重ねた夾紵棺の破片とその飾り金具類，銅鋺，直刀片，須恵器などが出土している。そうした遺物から古墳の築造が7世紀中葉前後，被葬者は近畿地方と関わりが深い人物と想定され，埼玉古墳群とは系譜が異なる一族だったと推定される。

現在の石室は，修復復元されており，欠損した部分には当時の石材に近いものが補塡されている。石室の石材には，荒川水系の秩父地方で産出する緑泥片岩と利根川水系の榛名山二ツ岳から6世紀に噴出した角閃石安山岩とが使用されている。普段石室には鍵がかかっており，土・日・祝日のみ内部にはいることができる。

> 夾紵棺に葬られたのは誰か

忍城跡 ㉒
048-554-5911(行田市郷土博物館)
〈M▶P.178,201〉行田市本丸
秩父鉄道行田市駅 🚶10分

> 成田氏にはじまる忍城　明治維新まで続いた10万石

行田市駅から国道125号線を西進すると10分ほどで行田市郷土博物館に着く。御三階櫓や時鐘・堀・門などが復元され，かつての忍城(県旧跡)の姿を彷彿させる。ここは忍城の中心であった本丸の跡地である。御三階櫓や時鐘は当時と場所が異なる景観復元であるのは残念だが，西側には土塁が残されており，近くの水城公園とともに散策すれば，かつて浮城といわれた忍城の姿が思い描ける。

忍城は成田氏によって15世紀後半に築かれ，1546(天文15)年，関東一円の支配をめざす北条氏にくだった。1553年には上杉謙信に攻められたこともある。しかし，忍城の名を天下に知らしめたのは，1590(天正18)年の石田三成による水攻めであった。城主不在にもかかわらず，小田原開城後も10日間ももちこたえたことは，忍城がいかに要害堅固であったかを物語る。

江戸時代には徳川家に関係の深い譜代大名が城主となった。知恵伊豆として有名な松平信綱は，1633(寛永10)年から5年ほど城主をつとめ，在任中に島原・天草一揆に派遣されている。その後阿部

鉄剣の里

忍城御三階櫓(復元)

氏が1638年から9代続いた。御三階櫓は1702(元禄15)年忍城の大改修により完成したものである。江戸近郊の城郭では天守閣を築くことは許されず、3重の櫓が代用としてつくられた。1823(文政6)年忍・白河・桑名の3藩に三方領地替えが命ぜられ、桑名の松平氏が忍城へ移った。以後明治維新まで、松平氏が忍10万石の城主であった。幕末の動乱を乗りこえた忍城であったが、1873(明治6)年ごろに主要な建物はすべて競売に付せられ、かつての面影は失われた。

博物館の北側に東照宮があり、ここには徳川家康画像(県文化)がある。桑名から転封となった松平氏が当地へ移したもので、博物館にある忍城の時鐘も桑名から運んできたものである。博物館の南東5分ほどのところに市民の憩いの場となっている水城公園があり、園内には御三階櫓跡の碑が残されている。この公園から市役所にかけては広大な忍沼の跡であり、『新編武蔵風土記稿』に「水郷なり、館のめぐり沼水幾重ともなく」と記載された様子がうかがえる。市内には大手門など忍城15門や本陣跡、高札場跡などの碑がたてられ、土蔵のある家も散見される。加須市の總願寺(不動尊)の黒門は谷郷口六ツ門を移築したものである。

石田堤 ㉓

〈M▶P.178, 201〉 行田市 堤根・鴻巣市 袋
JR高崎線北鴻巣駅🚶30分

わずか1週間で築かれた石田堤

水城公園の東側に天神社があり、日光裏街道(日光館林道)へつうじている。南東へ1kmほど進み、三軒茶屋を右折する道が旧街道である。途中には下忍の一里塚(県史跡)が東塚のみ現存する。工場の敷地内であるため近づけないが、大エノキが枝を広げている様子はうかがえる。一里塚より2kmほど直進すると街道脇に石田堤(県史跡)と松並木があらわれる。

石田堤は、忍城水攻めを計画した石田三成が、行田から熊谷にかけて28kmもの堤を構築したものである。現存するのは丸墓山古墳付近とこの場所のみで、1590(天正18)年6月にわずか1週間で築か

れた。自然堤防や微高地を利用したため短期間でできたとされるが、忍の城下を水没させることはできなかった。荒川から引いた水は堤根付近にとどまる結果となり、堀切橋(ほりきり)付近で決壊して石田方に多数の犠牲者がでてしまった。7月5日の小田原開城後も忍城をめぐる攻防は続き、7月16日ごろようやく開城した。

堤根付近では高さ2m・幅5mの堤が、街道に植えられた松並木と幕末にたてられた顕彰碑とともに280mほど残されている。堀切橋以南の吹上町袋では石田堤史跡公園として整備され、堤の断面のレプリカ展示では土をつきかためた版築(はんちく)の様子をみることができる。日光裏街道はここから2kmほど進んだ鴻巣の箕田追分(みたおいわけ)で中山道(なかせんどう)と合流する。途中の川面橋(かわも)付近ではかつての荒川の様子がうかがえる。追分の立場(たてば)(茶屋)があった地には平成の道標の碑が設置されている。

真観寺(しんかんじ) ㉔
048-556-2678
〈M▶P.178,201〉 行田市小見(おみ)1124
秩父鉄道武州荒木駅(ぶしゅうあらき)🚶15分

真観寺の聖観音立像
天洲寺の木造聖徳太子立像

天神社を北に向かい国道を右折する道がかつての日光裏街道(日光館林道)である。大長寺(だいちょうじ)付近で北にはいり、東行田駅の踏切を渡ったところに忍城の鬼門鎮護のためつくられた長久寺(ちょうきゅうじ)(真言宗(しんごん))がある。水攻めのとき、兵火がもとで本堂を焼失したという。北隣の久伊豆神社(ひさいず)に15mの枝張りを有するフジの古木があり、春にはみごとな景観をみせる。

北に1.5kmいくと名刹真観寺(めいさつ)(真言宗)に着く。山門をくぐると石畳がまっすぐに観音堂(かんのんどう)にのびており、聖観音立像(しょう)(県文化)が厨子(ずし)内に安置されている。ヒノキの寄木造(よせぎ)で平安末期までの作と考えられる。秘仏で、12年に1度午年(うま)に開帳される。観音堂裏手に、7世紀前半に築造された小見真観寺古墳(国史跡)がある。全長112m・高さ7mほどの前方後円墳で、後円部と鞍部(あん)の2カ所に石室をもつ。

真観寺より東方へ1kmほど(武州荒木駅から西へ線路沿いに2分ほど)のところに天洲寺(てんしゅうじ)(曹洞宗(そうとう))がある。この寺は、年代があきらかな太子像(たいし)のなかではもっとも古い、1247(寛元(かんげん)5)年制作の木造聖徳太子立像(しょうとく)(国重文)を所蔵する。高さ141cm、ヒノキの寄木造で太子16歳の姿をうつした孝養像は、聖徳太子の命日にあたる2月22日に拝観することができる。

鉄剣の里

4 人形の街・紅花の街

鴻巣市から桶川市にかけては，古くからの遺跡，中山道宿場の面影，また伝統産業も数多く残っている。

箕田氷川八幡神社 ㉕

〈M▶P.178,207〉 鴻巣市箕田2041
JR高崎線北鴻巣駅🚶15分

箕田源氏の本拠地「もとどり観音」

北鴻巣駅を出て西側に進むと，主要地方道鴻巣・川島線，かつての忍行田道にでる。左折して進むと信号があり，ここが旧中山道と忍行田道の追分である。信号の右手に案内板があり，道の向かいには地蔵堂が残っている。この辺り箕田地区は，10世紀初頭に嵯峨源氏河原左大臣 源 融の孫仕が武蔵権守に任ぜられ，開墾し居館をつくった地とされている。彼の子孫が，いわゆる箕田源氏といわれ，『今昔物語集』などに武勇伝が記された宛，渡辺綱らを輩出している。

中山道をさらにたどると左手に箕田氷川八幡神社がみえる。この神社は988(永延2)年に勧請されたという伝承があり，別名「綱八幡」という。境内の入口に1759(宝暦9)年建立の箕田碑があり，この地と箕田源氏の由緒が記されている。またここより約200m北が居館跡と推定され，伝箕田館跡(県旧跡)ときざまれた小さな石碑がたてられている。

この石碑の北西に氷川神社の鳥居がある。小高い丘に小祠がたっているが，ここが箕田古墳群2号墳である。箕田古墳群は荒川と元荒川に囲まれた標高16〜18mの台地上に，5世紀末から7世紀中頃まで築造されたもので，現在7基残っている。

箕田碑

箕田氷川八幡神社の周辺には，このほかに源経基・頼義らにゆかりの仏像をおさめるとされる弥陀堂，満願寺(真言宗)，宝持寺(曹洞宗)，龍昌寺(真言宗)などの古寺があり，歴史の古さがしのばれる。

箕田氷川八幡神社から中山道をさらに650mほど南下すると、左手に渡辺綱が開いたとされる箕田観音堂がある。本尊は源経基が戦の際に兜にいただいていた１寸８分の馬頭観音、通称「もとどり観音」であるという。江戸時代には忍領三十三観音霊場第７番として巡礼者も多く、境内には聖徳太子供養塔や青面金剛像も多数残っている。

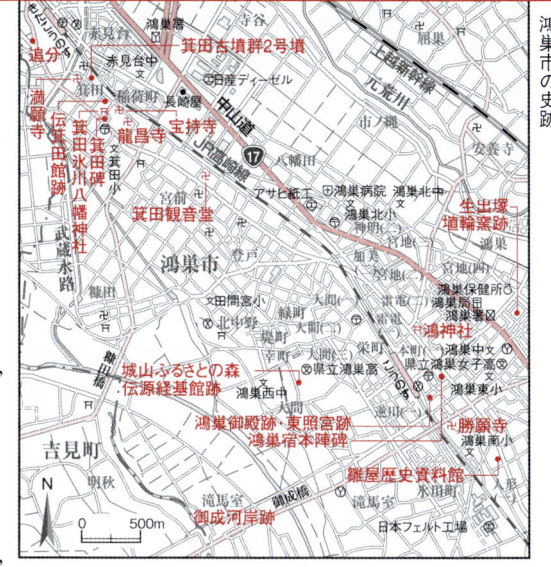

伝源経基館跡 ㉖

箕田源氏のルーツ「経基の営所」

〈M▶P.178,207〉 鴻巣市大間字城山1032-1
JR高崎線鴻巣駅 🚶15分

鴻巣駅西口から西方に県立鴻巣高校をめざして約700m進む。高校南側の一角に城山ふるさとの森が広がるが、ここが源経基館跡(県史跡)と伝えられている。これは『将門記』に書かれている武蔵権守興世王・介源経基と足立郡司武蔵武芝・平将門の争乱記事にでる「経基之営所」をこの地と比定することによる。館の主要部分の規模は東西95m・南北85mの方形館で、土塁・空堀・物見台跡などが確認されている。物見台跡に「六孫王源経基館跡」ときざまれた石碑がたっている。

鴻神社 ㉗

中山道7番目の宿 鴻巣宿のえんぎ市

〈M▶P.178,207〉 鴻巣市元宮町1-9
JR高崎線鴻巣駅 🚶10分

鴻巣駅東口から中山道を北上する。300mほど歩くと道の左手に古い木造の店が数軒並び、右手に鴻神社がある。1873(明治6)年に鴻巣宿にあった氷川・熊野・雷電の３社が合祀されてできた当社には「香具拾参組御免定議定書商人講中連名帳及び焼印」が残っている。香具仲間とは露天商などの仲間のことで町奉行の管轄

人形の街・紅花の街 207

下にあり、これは御免定にしたがい仲間で議定書を作成し、自主統制を行ったことを示す資料である。鴻巣の市の歴史は古く、江戸時代中山道の7番目の宿場となって常設店が増加するなかでも、4・9の日に市が開催され続けたため、露天商の統制は重要であり、さきの文書が残されたのであろう。

勝願寺と人形町 ㉘

〈M ▶ P.178, 207〉 鴻巣市本町8-2-31
JR高崎線鴻巣駅 🚶 10分

人形の街鴻巣　伊奈氏ゆかりの勝願寺

中山道の鴻巣駅入口交差点から150mほど南下すると、鴻巣宿本陣碑がある。さらに50mほど南下し右折して進むと、東照宮入口の道標がある。その奥に鴻巣御殿が存在した。鴻巣御殿は徳川家康・秀忠・家光3代にわたり、領内巡回や鷹狩りの際に宿泊した施設である。

中山道に戻って本町交差点をこえて南進すると、右奥方向に勝願寺の山門がみえる。勝願寺は関東十八檀林の名刹で、江戸初期の関東郡代として名高い伊奈備前守忠次・忠治の墓(県史跡)が残っている。測量・土木技術にすぐれた忠次は家康に重用され、あとをついだ次男忠治は、利根川の東遷、荒川の西遷を行った。このほかに信州松代藩祖真田信之室小松姫の墓、『武蔵鑑』をあらわし俳人としても知られる市内大間出身の福島東雄の墓(県旧跡)、鴻巣宿生まれの俳人横田柳几の墓(県旧跡)、また柳几が建立した芭蕉忌千句塚など数多くの史跡が残っている。寺域の西側は鴻巣公園となっており、サクラやツツジの名所である。また勝願寺では3〜5月の9がつく日に植木市が開かれ、門前に露天商がでる。

勝願寺山門

勝願寺から中山道に戻り、200mほど歩くと、両側に人形店の看板が目につくようになる。ここが人形町である。鴻巣では、江戸元禄期(1688〜1704)から雛人形制作が行われ、天明期(1781〜89)には江戸の雛屋仲間

中山道

と対立するほど販路も広がった。雛人形の歴史を示す古文書や昔の人形などは、鴻巣市産業観光館でみることができる。

北本(きたもと)駅西口から線路に沿って北上すると、左手の畑奥に一里塚(県史跡)がある。もともと東西一対あったものが、明治期鉄道敷設の際に東塚が取りこわされ、西塚のみが残された。塚上には小祠(しょうし)と一里塚碑がたっている。

桶川宿(おけがわじゅく) ㉙   〈M▶P.178〉桶川市 寿(ことぶき) 2-2-4 ほか
JR高崎線桶川駅 🚶 7分

桶川駅東口から中山道を約800m北上すると右側に宿場の上(かみ)の木戸跡と一里塚の祠(ほこら)がある。そのさきの市役所入口交差点を西に向かう道は昔の松山道(まつやまどう)で、1836(天保7)年建立の松山道道標が現在桶川小学校敷地内に移されている。

上の木戸跡から南下して、かつての桶川宿のなかを250mほど進むと、右手に1557(弘治(こうじ)3)年開基の大雲寺(だいうんじ)(曹洞宗(そうとう))につうじる路地がある。本堂のかたわらにある3体の地蔵像のうち1体は、夜ごと人間に化けて宿場の飯盛女(めしもりおんな)と遊んでいたため、動かないよう背中にかすがいを打ちつけられたという1713(正徳(しょうとく)3)年建立の「女郎買い地蔵」である。

中山道をまた南下すると、銀行の前に市(いち)跡の碑がみえる。さらに進むと左側に明治天皇行在所(あんざいしょ)碑と木の門がみえる。ここが桶川宿府(ふ)川(かわ)本陣跡(県文化)で、県内に残る唯一の本陣遺構である。中山道6番目の宿場である桶川宿では府川家が代々本陣をつとめ、加賀(か)藩主前田(まえだ)家などが利用した。1861(文久(ぶんきゅう)元)年に皇女和宮(かずのみや)一行が宿泊し、このとき和宮の寝室として使われた上段の間、湯殿ほかが現存する。

道をはさんで向かい側辺りに脇本陣があったとされており、現在も一部喫茶店となった小林家住宅(国登録)が残っている。本陣の南にも同様の商店が点在する。蔵造りの飲食店の前に標

3 紅花の街桶川宿 つの登録有形文化財

桶川宿本陣跡

人形の街・紅花の街　209

識があり，そこをはいると1836(天保7)年建築の島村家住宅土蔵（国登録）がある。この蔵は当宿穀物問屋木嶋屋が，飢饉に苦しむ人に仕事をあたえる目的で建立したため「お助け蔵」との伝承がある。

中山道の桶川駅入口の交差点をこえてほどなく，右手奥に赤い鐘楼門がみえる。1546(天文15)年開基と伝えられる浄念寺（浄土宗）である。さらに南下すると武村旅館（国登録）が右手にみえる。この建物は桶川に唯一残った江戸期の旅籠で，今もビジネス旅館として営業している。少し進むと左手に下の木戸跡の標識があり，ここまでが桶川宿であった。

上尾宿 ㉚

〈M▶P.178,211〉上尾市宮本町1-14ほか
JR高崎線上尾駅 🚶 2分

宿の総鎮守 氷川鍬神社

上尾駅東口から中山道にでるとすぐに氷川鍬神社がある。もとは「鍬大神宮」といったが，明治期に上尾村氷川神社女体社と合祀され改称した。境内には「上尾郷二賢堂碑記」「雲室上人生祠碑頌」と二賢堂額が残る。二賢堂とは1788(天明8)年江戸の学僧雲室上人が上尾宿旅籠屋山崎武平治碩茂ら地元有志の要請によって開いた郷学「聚正義塾」の学舎の名称で，4年後に雲室が上尾を去ったのちも1860(安政7)年ごろまで続けられた。山崎武平治の墓は，氷川鍬神社の北約480mに位置する遍照院（真言宗）にある。神社手前に「中山道上尾宿」の案内板があり，本陣・脇本陣の位置がわかる。

谷津観音 ㉛

〈M▶P.178,211〉上尾市谷津3-23
JR高崎線上尾駅下車 🚶 5分

足立観音霊場26番

上尾駅西口をでて駅前の大通りを直進，1つ目の信号を左折すると20mほどで右手に公園がみえる。これが谷津観音である。現在はせまい境内となっているが，往古は足立三十三観音霊場第26番として賑わいをみせた。南北朝ころの作と考えられる本尊木彫十一面観音立像は，秘仏だが午年に開帳される。

神社の南方の道を進むと，突き当り右方向に春日神社がみえる。この神社の墓地に「しょうつかの婆さん」といわれている石像がある。「しょうつか」とは葬頭河のことで，三途の川のほとりで亡者の衣類をはぐ奪衣婆のことである。

駅に戻り，市民体育館行きバスに乗る。川バス停でおり，ケヤキ

桶川臙脂

コラム

江戸時代、紅花生産量全国第2位

　江戸時代、桶川宿・上尾宿では紅花が特産であり、桶川臙脂と称され、出羽の最上紅花につぐ全国2位の生産量があった。栽培のきっかけは、寛政年間(1789～1801)に江戸商人 柳屋五郎三郎の手代が出羽から種を入手し、武蔵国足立郡上村(現、上尾市)で栽培したことといわれる。

　最上地方の収穫は7月だが、温暖な当地域では5～6月に収穫できたため、「早庭もの」とよばれ歓迎された。紅花から紅をとる複雑な工程については、桶川市生涯学習センター内の桶川市歴史民俗資料館で詳しくみることができる。

　中分村(現、上尾市)矢部家資料「万作物取高覚帳」によると、天保年間(1830～44)に紅花売上代金は1反につき2両3分から4両1分となり、当時の米の約2倍、麦・菜種の約4倍の価格であった。高収入をもたらす紅花栽培は急速に広がり、これに対して江戸紅花商人が1854(嘉永7)年に訴訟をおこしたが、桶川・上尾の在郷商人の抵抗をうけた。往時の紅花商人の力は、稲荷神社(桶川市寿2)に残る奉納石灯籠にみることができる。

　隆盛を誇った紅花も明治以降化学染料に押されて衰退したが、昭和40年代から復活の動きがうまれた。桶川市では「べに花のさと」をキャッチフレーズとして、紅花畑の拡大、紅花うどんなど特産物づくりに力をいれている。また江戸期の農家を移築したべに花ふるさと館も整備されている。

紅花商人奉納石灯籠

上尾駅周辺の史跡

通りを西進すると、右手に大きな注連縄がみえる。これが民俗行事川の大じめである。村内に疫病などの災いがはいらないように祈願するフセギの行事で、毎年5月15日に、村の入口にあたる旧道路上に長さ4mの注連縄を張りかえ、村内の6カ所の辻に小さな注連縄を張る。

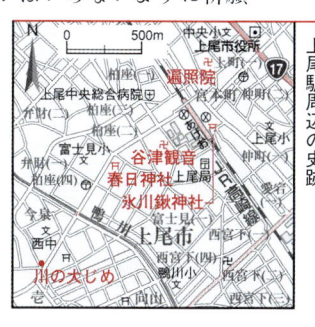

人形の街・紅花の街

⑤ ニューシャトルに沿って

大宮から伊奈に向かうニューシャトルに沿って、中世以来の市の面影を伝える原市や関東郡代伊奈氏の屋敷跡などがある。

鉄道博物館 ㉜
048-651-0088

さいたま市大宮区大成町3丁目47番
JR大宮駅よりニューシャトル鉄道博物館駅 🚶 1分

鉄道車両など実物展示

この博物館では、鉄道システムの変遷を鉄道車両などの実物展示を中心に公開し、鉄道の原理・仕組みや最新の技術を子どもたちが模型やシミュレーション、遊具を使いながら体験的に学習できる。

なお、2017年4月より「キッズプラザ」「科学ステーション」がオープンする。

相頓寺と妙厳寺 ㉝㉞

〈M▶P.178,213〉 上尾市五番町14-2・原市975
JR大宮駅よりニューシャトル原市駅 🚶 5分・15分

市の面影を残す町 西尾吉次ゆかりの寺院

原市は岩槻・菖蒲・桶川・上尾などに向かう街道の要所であり、戦国末ころから毎月3・8日に市がたった。近世には在郷町として発達し、現在でも県道さいたま菖蒲線の旧道には、古民家が点在する家並みなどにその面影が残っている。原市駅から北約300mのところに相頓寺（浄土宗）がある。当寺は1382（永徳2）年創建とされ、同年の銘をもつ六字名号板碑が残されている。境内の地蔵堂には15点の絵馬があり、なかでも1680（延宝8）年の合戦絵馬は市内最古のものであり、ほかにもみるべきものが多い。墓地には、1878（明治11）年におこった近衛砲兵大隊の反乱である竹橋事件の首謀者の1人長島竹四郎の墓がある。

新道に沿って北上すると妙厳寺（曹洞宗）がある。1489（延徳元）年創建と伝え、徳川家康の江戸入府とともに1590（天正18）年この地の領主となった西尾吉次以下累代の墓がある。西尾氏は2代忠永のときに転封となったが、菩提寺は当寺のままであった。1985（昭和60）年の薬師堂改修の際に永楽通宝紋鞍付鐙一双（県文化）が発見された。『新編武蔵風土記稿』によれば、この鞍は西尾吉次ゆかりのものであるとされ、また西尾家譜は吉次が織田信長から拝領したものという。妙厳寺から北方約900mの原市地区の最北端部分をとおる道は、鎌倉街道であったという伝承があり、周辺には鎌倉橋という地名も残っている。

中山道

伊奈氏屋敷跡 ㉟　〈M▶P.178,213〉 北足立郡伊奈町小室185ほか
JR大宮駅からニューシャトル丸山駅🚶5分

関東郡代伊奈氏の本拠地　丘陵上の屋敷跡

　ニューシャトル丸山駅から東方に5分ほど歩くと伊奈氏屋敷跡(県史跡)がある。1590(天正18)年に徳川家康から小室郷・鴻巣など1万石をあたえられた伊奈備前守忠次が、支配の拠点として陣屋を築いたのがここである。伊奈忠次は代官頭・関東郡代として家康の信任厚く、その地方仕法はその後の幕府の地方支配の基本となった。

　この地は大宮台地の独立丘陵上にあり、周囲を沼や湿田に囲まれており、発掘調査では戦国期の堀跡もみつかった。次男忠治が寛永年間(1624～44)に赤山(現、川口市)に陣屋を移すまで関東支配の中心であった。城跡と推定されるのは南北750m・東西350mで、陣屋跡・蔵屋敷跡・裏門跡などが土塁や空堀に囲まれて残存しており、裏門跡の周囲には障子堀が発見されている。

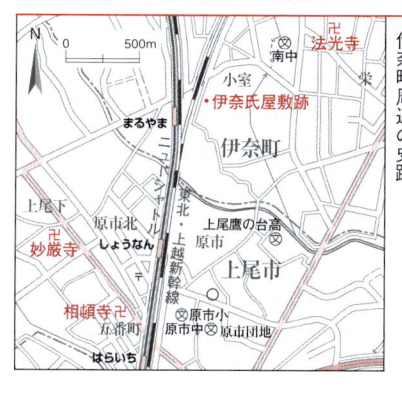

伊奈町周辺の史跡

明星院と西光寺 ㊱㊲　〈M▶P.178〉 桶川市倉田150・北足立郡伊奈町小針新宿463
JR大宮駅からニューシャトル内宿駅🚶10分・10分

伊奈氏ゆかりの古刹　大ケヤキの巨木

　明星院(真言宗)は14世紀に創建されたと伝えられる古刹である。1591(天正19)年代官頭伊奈忠次は、小室(現、北足立郡伊奈町)の無量寺闕伽坊を陣屋にあてるため明星院に移らせ、寺領10石をあたえた。その後14世住職祐長の代に徳川家康の信頼を得て、当院は関東新義真言宗の中心となった。現在も家康から拝領したと伝えられる金屏風1双などがある。また戦国期の岩槻太田氏や小田原北条氏関係の古文書や関東新義真言宗法度など「明星院文書」(県文化)も残されており、現在は大部分が県立文書館に寄託されている。境内には高さ31.4m・幹まわり5.7mの大カヤ(県天然)がある。こ

ニューシャトルに沿って

のほか鐘楼や仁王門、黒塗りの御成門などもあり、関東一円に80寺の末寺・門徒寺をかかえた往時をしのばせる。

明星院の東方約500mに西光寺(真言宗)がある。1965(昭和40)年に県立浦和第一女子高校の生徒により地域調査が行われ、本尊阿弥陀如来像が平安末期の古仏であることが判明するきっかけとなった。境内には近隣から掘りだされた板石塔婆も保存されており、もっとも古いものは1279(弘安2)年のものである。秩父産の緑泥片岩でつくられた典型的な関東地方の板石塔婆で、地元では久喜(現、久喜市)の清久一族がつくったものと伝えられている。

❻ 荒川の流れに沿って

鴻巣市からさいたま市にかけての荒川沿いには、古墳や中世の城跡、河岸や治水に関わる史跡などが多くある。

馬室埴輪窯跡 ㊳

〈M▶P.178〉鴻巣市原馬室字赤台2915-2
JR高崎線鴻巣駅🚌 東松山行馬室🚶20分

古代の埴輪工房 御成橋と河岸跡

バス通りである県道東松山鴻巣線が荒川をこえる橋を、徳川家康以下3代の巡行にちなんで御成橋という。広い河川敷内を流れる旧荒川のほとりには、1929(昭和4)年まで存在した御成河岸跡がある。

馬室バス停さきの2つ目の信号を左折し、なのはな通りを白雲荘の看板を目印に進むと、その奥に馬室埴輪窯跡(県史跡)がある。日本の埴輪研究の先駆的存在で、1932年の発掘調査以来現在までに10基以上の窯跡が確認された。鴻巣市ではもう1カ所生出塚に東国最大級の埴輪窯跡がある。ここからはみごとな人物埴輪(県考古)も出土し、現在は鴻巣市教育委員会が保管している。

石戸城跡と東光寺 ㊴㊵

〈M▶P.178〉北本市石戸宿623・同3-119
JR高崎線北本駅🚌北里研究所メディカルセンター行自然観察公園🚶10分・石戸宿三🚶5分

太田道灌が築いた城 東光寺と源範頼伝説

バス停すぐ向かいの埼玉県自然学習センター内を案内板にしたがって10分ほど歩くと石戸城跡と一夜堤がある。石戸城は岩槻城の支城として太田道灌が築いたと伝えられ、岩槻城と松山城を結ぶ要所でたびたび戦いの舞台となった。『関八州古戦録』によると、鉢形

城主北条氏邦が当城を攻撃したとき、城の北側の深田に一夜にして堤(土橋)を築き攻めたという。石戸城跡から荒川の土手沿いの道を北に進むと、城ヶ谷堤がある。桜土手ともいわれるこの堤は、江戸初期に水害から田畑をまもるために築かれた。第二次世界大戦後石戸宿の人びとがサクラを植え、現在はサクラの名所の1つになっている。

　城ヶ谷堤から荒川沿いに約1200m北上するとまほろばの郷にはいる。木々のなかにいくつかの神社が点在するが、なかでも池のなかにある厳島弁財天に注目したい。この地域には湧水群が多く、今でも谷地に棲む貴重な鳥や昆虫がみられるが、この池もその1つである。さらに北方の高尾さくら公園・北本市野外活動センターの北側には源頼朝の異母弟源範頼伝説に登場する亀姫ゆかりの阿弥陀堂が残っている。

　土手沿いの道を城ヶ谷堤と反対方向に進むと、木立のなかに原山古墳群が点在する。現在9基が保存されている。

　石戸城跡の東南約500mに東光寺(時宗)があり、境内阿弥陀堂脇に石戸蒲桜(国天然)がある。ここ石戸宿には源範頼にまつわる伝説が多く残されている。このサクラも範頼が植えた、彼の墓のうえに植えられたといった話が伝えられる。今は巨幹は倒れ、根ぎわからはえた木が3月末頃花をみせる。

泉福寺と熊野神社古墳 ㊶㊷

〈M▶P.178,215〉桶川市川田谷
2012・347
JR高崎線桶川駅🚌川越行三ツ木🚶
15分・20分

　三ツ木バス停から戻り川田谷交差点を右折し、田園風景のなかを歩く。堤防近く荒川にのぞんで東叡山勅願院泉

泉福寺周辺の史跡

荒川の流れに沿って

福寺(天台宗)がある。慈覚大師の創建とされる名刹で、本尊木造阿弥陀如来坐像(国重文)は鎌倉彫刻の逸品である。像内には造立の由来を記した銘文があり、「弘長二(1262)年」の紀年銘もある。楼門には、1661(寛文元)年に地元豪農が寄進した石造金剛力士像がおさめられ、また境内には石仏・大木など見どころも多い。

泉福寺の南1.3kmに熊野神社古墳(県史跡)がある。径40m・高さ5mの円墳で、荒川流域では唯一の初期古墳である。昭和初期の社殿改築工事の際に多量の玉製品(国重文)が出土した。

> 泉福寺の鎌倉彫刻
> 熊野神社古墳の玉製品

三ツ木城跡と知足院 ㊸㊹

〈M▶P.178,215〉桶川市川田谷字城山2572・下日出谷556
JR高崎線桶川駅🚌川越行川田谷支所🚶5分・日出谷🚶5分

バス停をおりて西進すると、右手に城山公園入口がみえる。公園なかほどに鎌倉幕府公文所寄人足立右馬允遠元の館跡と伝えられる三ツ木城跡がある。

城山公園東方約1.5kmにある知足院(真言宗)には梵語学者で、1702(元禄15)年に足立坂東三十三霊場を創設した盛典の墓(県旧跡)がある。盛典は武蔵国埼玉郡上種足村(現、加須市)に生まれた高僧で、晩年は以前に住職をつとめた当院ですごした。

> 鎌倉武士足立遠元の館跡
> 梵語学者盛典の墓

馬蹄寺 ㊺

〈M▶P.178,216〉上尾市大字平方2088
JR高崎線上尾駅🚌川越駅行桶川新道🚶1分

バス停をおりると右手に馬蹄寺(浄土宗)に続く道がある。山門の右側の巨木がモクコク(県天然)で、樹齢200年以上と推定される。この木の根元には俳人鈴木荘丹が、1814(文化11)年に建立した歌碑がある。荘丹は江戸生まれで関東地方を漂泊し、埼玉県域の与野・桶川・入間にも一時居住、多くの弟子を育てた。

馬蹄寺からさらに西に約300m進むと交差点の角に橘神社がみえる。明治末に近隣の神社を合祀した際に、この地が古くから「橘の里」といわれていたことにちなんで改称さ

> 俳人鈴木荘丹の歌碑
> 平方河岸の名残り

開平橋周辺の史跡

れた。境内には落雷で主幹を途中で失ってはいるが樹齢800年という神木の大ケヤキがあり、また平方河岸出入商人衆奉納石祠がある。これは約300mさきにあった平方河岸の商人が1717(享保2)年に奉納したもので、明治40年代に現在地に移された。

八枝神社 ㊻

〈M▶P.178,216〉上尾市大字平方487
JR高崎線上尾駅🚌川越駅行平方🚶1分

疫病除けの「お獅子様」奇祭「どろいんきょ」

橘神社西方約150mにケヤキなどの大木に囲まれた八枝神社がある。当社には疫病除けの利益で知られた狛狗大神という獅子頭があり、「お獅子様」とよばれ、講もできて近隣のみならず往時は東京までも巡行したという。7月中～下旬の日曜日にはどろいんきょ(県民俗)という奇祭が行われる。白木造りのいんきょ御輿を散水しながら地面でころがし、その後扮装した若者を乗せて地区内を練り歩く祭である。

高城寺・治水橋周辺 ㊼㊽

〈M▶P.178,218〉さいたま市西区遊馬229
JR川越線指扇駅🚶25分

風格ある永田家長屋門「荒ぶる川」と治水橋

指扇駅から徒歩約10分で、かつての大囲堤である荒川堤防がみえてくる。堤防上の道を南に進み、左側に1867(慶応3)年の水神宮の碑をみながらしばらく歩くと、左手に高城寺(曹洞宗)の屋根がみえてくる。山門と2層建ての鐘楼の間には、1663(寛文3)年の笠つき庚申塔がある。また、学制頒布後に遊馬学校が開設されたが、これが喜劇王エノケンこと榎本健一もかよったという現在の馬宮東小学校の前身である。

高城寺から県道さいたま鴻巣線にでると、正面にかつて伊奈氏の土屋陣屋があった永田家の屋敷がある。風格ある武家風の長屋門および築地塀の前は、しばしば時代劇の撮影地となった。当家からは、明治期の埼玉県を代表する政治家永田荘作がでており、高浜虚子・徳富蘇峰ら文人墨客の来訪がたえなかったという。

高城寺から10分ほどの馬宮中学校の隣には、二ツ宮という地名の由来となった氷川神社と八幡神社が並ぶ。当地ではかつて奉納相撲が盛んであったが、現在は子供相撲が行われている。ここから、所沢新道にでて右折すると阿弥陀堂がある。境内には1258(正嘉2)年、1297(永仁5)年と推定される板石塔婆がある。

荒川の流れに沿って　　217

治水橋周辺の史跡

阿弥陀堂から直進すれば治水橋にさしかかる。橋の下の河川敷には、錦乃原桜草園がみえる。かつてこの一帯は、サクラソウの自生地であった。錦乃原の名の由来は、当地を訪れた徳富蘇峰の命名による。橋を渡りきった所沢新道沿いには、斎藤治水翁顕功碑がたてられている。かつて現在のびん沼川を流れていた荒川は、たびたび決壊して住民を深く悩ませた。飯田新田出身の政治家斎藤祐美は荒川改修工事に尽力し、馬宮村付近では、新川(現、荒川)が開削されようやく洪水から救われたが、分断された馬宮村では東西交通が不便となった。1934(昭和9)年、住民の念願かなって鉄橋が完成し、治水翁とよばれた斎藤祐美にちなみ、治水橋と命名された。

顕功碑から所沢新道を進み、船渡橋で右折し、二股道を右に200mほど進むと北側にかつて「昼間の渡し」とよばれた渡船場があった。渡し場跡には記念堂が建立されており、案内板には、徳川家康にまつわる伝説が紹介されている。この付近は、江戸から大正期には、飯田河岸として栄えた。船渡橋の南、びん沼川は右に大きく蛇行する。かつてよく切れどころとなった場所には、水災除けとして九頭竜大神がまつられている。所沢新道にでて左折し200mほどのところにバス停飯田新田がある。

大泉院から田島ヶ原へ ㊾㊿

〈M▶P.178,219〉さいたま市桜区大久保領家363・同田島
JR京浜東北線北浦和駅🚌埼玉大学行埼玉大学前🚶10分・JR浦和駅🚌志木駅東口行さくら草公園🚶5分

　埼玉大学の正門から、歩いて5分ほどのところに日枝神社がある。参道入口には、大ケヤキ(県天然)がある。さらに5分ほど歩くと、大泉院(曹洞宗)に至る。山門をくぐると、さまざまなしぐさや表情をもつ羅漢像が並んでいる。境内にはウスギモクセイ、本堂左奥には開基である春日行光以下4人の春日一族の墓がある。

　大泉院から北東に20分ほど歩くと身形神社がある。弁天をまつった社を囲む池には、在原業平が刺した筆が根づいたという伝説があるセイコノヨシが自生している。すぐ近くには、阿弥陀如来坐像をもつ永福寺がある。

　ここから西北に進み、鴨川にかかる在家橋を渡ると大久保神社があり、さらに茅葺き屋根の観音堂や四脚門などをもつ観音寺がある。ここから県道にでて羽根倉橋方面に歩いて約30分のところに、千貫樋水郷公園がある。千貫樋は荒川からの逆流を防止する樋門で、レンガ造りのアーチは貴重な近代化遺産である。公園には、水生植物園やアスレチック広場などがある。かつて付

大泉院

レンガ造りの千貫樋
150万株のサクラソウ

大泉院から田島ヶ原の史跡

荒川の流れに沿って

近に「羽禰蔵の古戦場」や「羽根倉河岸」があった羽根倉橋の下をとおり、緑豊かな秋ケ瀬公園沿いを50分ほど散歩すると、田島ヶ原サクラソウ自生地(国特別天然)に到着する。広さ4haの自生地には、約150万株のサクラソウが4〜5月初旬に紅紫色の美しい花を咲かせる。周辺は「さくら草公園」として整備され、開花時期には多くの人で賑わう。

7 武蔵一の宮

旧大宮市域には氷川神社をはじめ、「火伏の神」秋葉神社や小栗上野介ゆかりの普門院など伝統ある寺社が多い。

秋葉神社 �51

〈M▶P.178,220〉 さいたま市西区中釘818-2
JR川越線指扇駅🚶35分、またはJR大宮駅🚌丸山公園行秋葉入口🚶15分

山内家ゆかりの寺々
足利氏崇敬の寺

指扇駅から北東に15分ほどの指扇公民館裏手の高木末広自治会館横にある墓地は、かつての地蔵堂(法願寺)で、もっとも大きな1349(貞和5)年のものをはじめ、23基の板石塔婆群がある。

ここから西北に20分ほどで秋葉神社に着く。この神社は古来より「秋葉さま」とよばれ親しまれてきた。1378(天授4)年に了庵禅師が中茎郷に草庵をたて、遠州(静岡県)にある秋葉山の秋葉三尺坊大権現を勧請したのが始まりと伝えられ、「火伏の神」として関東・中部を中心に信仰圏が広がった。とくに12月の例大祭は多くの参拝者で賑わう。また、7月のなかばに行われる秋葉ささら獅子舞の奉納で知られる。

秋葉神社北側の古い川越道沿いには、旧指扇領主山内家の陣屋跡や同家と縁が深い由緒ある寺院が連なる。妙玖寺(浄土真宗)には、山内一豊の甥にあたる一唯、2代目の一輝と一唯の側室栄松院とその母法養院の墓所がある。永昌寺(曹洞

秋葉神社周辺の史跡

中山道

宗)の門前右横には，秋葉社から明治初年の神仏分離令により同寺に移された秋葉三尺坊がある。さらに東に進むと法光寺(日蓮宗)がある。境内西側にある山内家家臣の高村権之丞と妻妙陽夫妻の墓は，主君一唯によって仲を引きさかれた悲話を今に伝えている。

法光寺の東方にある清河寺は，代々鎌倉公方足利氏に篤く崇敬されてきた臨済宗の古刹で，『新編武蔵風土記稿』によれば，かつては七堂伽藍をたて連ねた大寺院であったという。「足利持氏の寺領寄進状」や「太田氏関係文書」など貴重な中世文書７点(県文化)があり，埼玉県立文書館に寄託されている。寺の東隣には推定樹齢650年の清河寺の大ケヤキ(県天然)がある。

清河寺をあとに県道を南に向かうと，JR川越線踏切の西方に，県内でも珍しい方墳として知られる大塚古墳(県史跡)がある。

水波田観音 ㊾

〈M▶P.178,222〉さいたま市西区水判土462
JR大宮駅🚌指扇駅行・二ツ宮行水判土🚶1分

水波田観音さま
林光寺の銅鐘

水判土の交差点をみおろすように水波田の観音さまの仁王門がたつ。この地は古来，戦略上の要地で，中世には水判土館とよばれた城塁が存在した。仁王門をくぐると，平成の大修理であざやかな朱色がよみがえった大観音堂がある。境内には，鐘楼や閻魔堂などが整然と並ぶ。観音堂の裏側に慈眼寺(天台宗)の本堂がある。向かって右方向に八百比丘尼をまつる碑をおさめた小さな祠がある。一方，慈眼寺の裏手は，古い与野道沿いの原稲荷神社にかけて古墳が点在し植水古墳群とよばれている。

水判土の交差点から，所沢新道を荒川方面に向かうと，飯田の足立神社に着く。もとは氷川神社であったが，1907(明治40)年に，足立遠元の子孫といわれる小島家内の足立神社(『新編武蔵風土記稿』に延喜式内社の１つとされる)ほか14社を合祀し，改称された。ここから南東方向へ向かい，５分ほどの地に袋の観音寺(真言宗)があり，古来から安産，子育ての観音様として篤く信仰

水波田観音

されている。付近には植水公民館があり，民具収蔵庫を公開している。道なりに進むと植田谷本にはいる。この付近は，古代の武蔵国足立郡七郷の1つ，殖田郷の中心地で，中世には足立氏が足立郡司として勢力を張った。

鴨川沿いの林光寺(真言宗)は，「真言八祖画集」などの文化財を所蔵する。山門脇の銅鐘は，4カ所の撞座のうえに仏法を守護する四天王が彫り込まれ，その価値の高さから第二次世界大戦中の金属供出を免れたという。本堂裏手には，高さ25mある大ケヤキがある。

側ヶ谷戸古墳群 53

〈M▶P.178,222〉さいたま市大宮区三橋4
JR大宮駅 🚌 二ツ宮行・指扇駅行西高校入口 🚶 5分

鴨川沿いの古墳群　小栗上野介と普門院

林光寺の南方，鴨川にかかる藤橋は，もとはフジの蔓でできたそまつな吊り橋であったが，1796(寛政8)年，廻国行者(六部)小平次の献身的努力により石橋が完成した。橋のほとりの六部堂という祠は，小平次をまつる堂である。藤橋を西に歩けば，島根氷川のお神楽の奉納で有名な島根氷川神社や中世の五輪塔で名高い東光院(曹洞宗)がある。

鴨川の左岸は，縄文海進の時代には海岸であった。藤橋付近からさいたま市立大宮西高校の前辺りにかけては，縄文時代前期の貝塚が点在し，さらにいくつかの古墳が残っており，側ヶ谷戸古墳群を形成している。藤橋付近には台耕地稲荷塚古墳がある。藤橋から鴨川沿いに歩く。ポンプ場の手前にある茶臼塚古墳は，よく整備・保存されている。鴨川にかかる学校橋近くの関沼は現在バードウォッチング場になっているが，かつて関東郡代伊奈忠次によって築かれ，この周辺

水波田観音から普門院への史跡

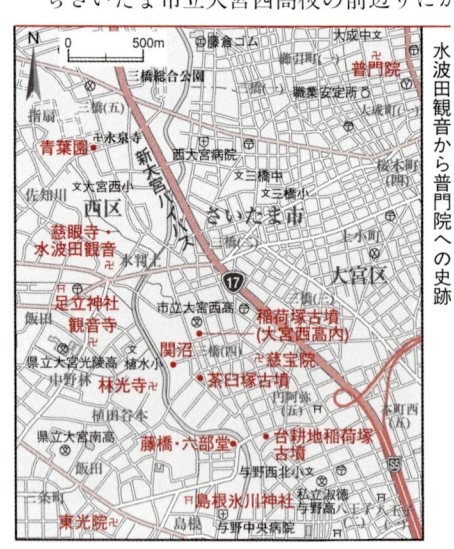

の水田に用水を供給した溜井である。

　ポンプ場前をとおる道を直進すれば, 慈宝院(天台宗)の北側にでる。南側の墓地には山王山古墳があり, 墳丘はないが, 一部が露出している石室をみることができる。墓地の向かいには上の稲荷古墳がある。

　側ヶ谷戸古墳群のうち, もっとも大きいのは大宮西高校内の稲荷塚古墳である。スダジイの大木におおわれた形のよい円墳で6世紀末頃つくられたと推定されている。出土した埴輪・勾玉などの遺物はさいたま市立博物館に収蔵されている。

　大宮西高校前の道を北に進み, 県道を横切って道なりに進む。並木橋のさきを鳶坂といい, 幕末の武州一揆の際, 水波田観音に集結した一揆勢が関東取締出役により鎮圧された場所である。古い川越道との辻には, 1715(正徳5)年の笠つき庚申塔がたっている。そのまましばらく直進すると, 霊園青葉園がある。園の正面入口左には青葉園の藤(県天然)が植えられている。また, 青葉園記念館には, 画家の寺内萬次郎・彫刻家の小倉右一郎らの作品が収蔵・展示されている。

　青葉園前から大宮駅西口行きバスに乗り, 所沢新道バス停で下車すれば, 普門院(曹洞宗)が近い。普門院は, 室町期の高僧月江正文和尚に帰依した武将金子駿河守が居宅を寺にしたのが始まりという。江戸時代には大成領主小栗家との関わりが深く, 墓地内には小栗忠政一族の墓30基をはじめ, 幕末に外国・勘定・軍艦奉行などを歴任, 横須賀製鉄所建設に着手するなど幕政改革を強行した末, 新政府軍に処刑された幕臣小栗上野介忠順の忠魂碑などがある。

氷川神社 ㊵

〈M▶P.178,225〉さいたま市大宮区高鼻町1-407
JR京浜東北線さいたま新都心駅🚶30分, またはJR大宮駅🚶15分

旧「大宮」市の由来　武蔵国一の宮

　さいたま新都心駅の東側, 現在のショッピングモールがある場所は, 片倉大宮製糸場の跡地である。敷地7万8000坪(25万7400㎡)の大工場で, 1916(大正5)年に大宮仲町からこの地へ移転し, 1972(昭和47)年まで生糸を生産した。

　駅前広場を中山道沿いに北へ向かうと, すぐ右手に氷川神社参道

武蔵一の宮

武蔵国一宮碑

の入口、一の鳥居がある。参道はかつての中山道であり、ケヤキやシイなどの美しい並木道が続く。一の鳥居下には「武蔵国一宮」の碑がある。1722（享保7）年の造立で、氷川神社に現存する最古の石碑である。石碑は明治初期の廃仏毀釈で「本地正観音」の文字が削られ、裏返されて「官幣大社」の文字がきざまれ、戦後はそれがセメントで埋め込まれるなど、時代の波に翻弄されてきた。

　参道を少し歩くと、左手の市民会館の奥に山丸公園がある。かつて片倉製糸・岡谷製糸と並んで県内三大製糸場と称された山丸製糸場の跡地の一部である。公園内には大宮の町が鉄道とともに発展したことを記念して蒸気機関車がかざられ、かたわらには鉄道駅を大宮に誘致した白井助七の顕彰碑がある。さらに参道を進むと、大宮駅からのびる中央通りと交差する。ここから二の鳥居までは「平成ひろば」という公園がある。ここはかつて大宮駅前の闇市が移転してきたバラック街であったが、現在は公園として整備されている。なお大宮駅周辺は、氷川神社の門前町として栄えた大宮宿であったが、現在は都市化が進んで当時の面影はほとんどみられない。

　二の鳥居付近には、さいたま市立博物館がある。ここには円空作の木造地蔵菩薩坐像（県文化）をはじめ、多くの文化財が展示されており、おもに旧大宮市域の歴史を紹介している。

　参道の終点、三の鳥居をくぐると氷川神社の境内である。武蔵国総鎮守で、『延喜式』神名帳に大社として記載された。氷川神社は、出雲国簸川の杵築大社を移したといわれる農耕神で、もとは広大な見沼（御沼）を神池そのものとみたて、大宮区高鼻の氷川神社を男体宮とし、緑区宮本の氷川女体神社を女体宮、その中間点にある見沼区中川の中山神社（通称中氷川神社）を簸王子宮とする、三社一体の壮大な規模をもつ社であったという。現在の大宮氷川神社境内の神池は、見沼の名残りだといわれる。中世には源頼朝・執権北条

大宮公園周辺の史跡

氏・足利尊氏・岩槻太田氏・小田原北条氏ら武将たちの篤い尊崇をうけ、江戸時代には徳川家康から社領300石と神輿1台を寄進され、神事祭礼に葵紋つきの提灯使用を許されていた。その後、明治時代初めの神道政策で、三社一体だった氷川神社は男体宮を本社、その他を摂社・末社と区別され、また神仏分離の方針により社内にあった観音寺は満福寺（さいたま市北区日進町）に移り、氷川神社は大きく改変された。本社の大宮氷川神社は官幣大社とされ高い格式をもち、毎年の祭礼には勅使が下向し、明治天皇も3度訪れている。社宝には、1868（明治元）年の天皇行幸を描いた「氷川神社行幸絵巻」（県文化）がある。

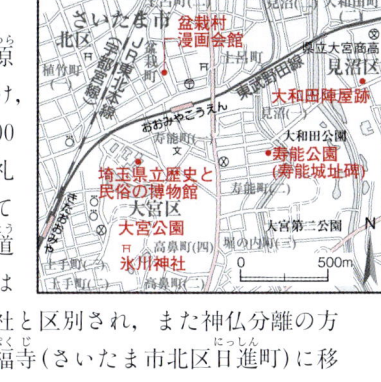

氷川神社の北側にはサクラの名所、大宮公園が広がる。公園内にはル・コルビュジエに学んだ前川國男の設計による埼玉県立歴史と民俗の博物館がある。備前長船住景光銘の太刀と短刀（いずれも国宝）をはじめ、県や市の指定文化財が多数展示されており、埼玉の歴史を年代別に紹介した常設展のほか、年数回の特別展もある。

大宮公園から北へ歩き、東武鉄道大宮公園駅をこえると盆栽村がある。かつて東京の団子坂（現、文京区）付近に住んでいた植木職人や盆栽師が、関東大震災に見舞われたのを機に盆栽づくりに適した広い土地を探し求め、1925（大正14）年、水と空気の新鮮なこの地を選んで移住してきたのが始まりである。町内のかえで通り沿いに漫画会館がある。明治〜昭和期にかけて風刺漫画で活躍した漫画家北沢楽天が晩年をすごした旧宅を博物館にしたもので、「漫画」の名づけ親でもある楽天の事績や、日本の漫画史などが展示されている。

寿能城跡 55

〈M▶P.178,225〉さいたま市大宮区寿能2-255
東武野田線大宮公園駅🚶10分

戦国期岩槻城の出城沼に囲まれた要害の城

駅をでて正面の道沿いに歩き、産業道路にでると寿能町交番のかたわらに、「寿能城址」と彫られた石柱がたっている。この道を奥へ進むと、寿能公園に着く。寿能城跡（県旧跡）である。戦国時代の岩槻城の出城として1560（永禄3）年に築城され、岩槻城主太田三楽

武蔵一の宮　225

斎資正の4男、潮田出羽守資忠(潮田は母姓)が城主となった。寿能城の名の由来は「州の城」だともいわれ、東・北・南の三方が見沼に囲まれた台地の突端に位置する要害であった。潮田氏は小田原の北条氏に属し、1590(天正18)年、豊臣秀吉の小田原攻めの際、城主潮田資忠は長子資勝とともに小田原の籠城戦で戦死、わずかの家臣がまもる寿能城も豊臣勢の火にかかり落城した。わずか30年という短命の城であった。

1926(大正15)年に県史跡に指定されたが、第二次世界大戦中、高射砲陣地が築かれてかつての面影を失い、戦後は住宅地が造成されるなどして、まったくその痕跡は失われてしまった。現在の寿能公園があるところはかつての物見櫓と伝え、潮田資忠の墓碑がある。

寿能城の東北方約800m、大和田坂上バス停の北側には、岩槻城の家老伊達与兵衛房実の陣屋がおかれていた大和田陣屋跡がある。寿能城と大和田陣屋は、岩槻防衛上の拠点として密接な関係があったと考えられている。

万年寺 56

〈M▶P.179,226〉さいたま市見沼区片柳1-155
JR大宮駅🚌染谷折返場・浦和美園駅行根木輪🚶15分

1509年開山の古刹 井沢弥惣兵衛の頌徳碑

根木輪のバス停から右方へ10分ほど歩くと、左手に片柳の筆塚がある。江戸時代後半の文化・文政期(1804～30)に華道正風遠州流の大師匠として活躍した守屋巌松斎(本名藤内)が建立した。巌松斎は日光御成道・中山道沿いに3500人余の門人をかかえ、関東一円はいうにおよばず、遠くは越後国(新潟県)から入門するものもあったという。

万年寺の井沢弥惣兵衛頌徳碑

万年寺周辺の史跡

筆塚を左にまがり，二叉の道を右にいくと万年寺(曹洞宗)にでる。開創は1509(永正6)年といわれ，1591(天正19)年に徳川家康から寺領20石を拝領した古刹である。江戸時代初期の見沼溜井造成に際してもとの寺域が水没したため，現在の地に伽藍を移したという。江戸時代中期，溜井の干拓および見沼代用水開削にあたり，工事の指揮をとった井沢弥惣兵衛為永が当寺に詰所を設けた。境内には，見沼東縁代用水関係者が1817(文化14)年に建立した井沢弥惣兵衛の頌徳碑がある。また，旧武田家臣で大坂冬の陣で先陣をつとめたと伝える当寺中興の祖，初鹿野伝右衛門昌久の墓もある。幕末から明治にかけては寺子屋が開設され，村の子弟の教育にあたった。第二次世界大戦中は，学童疎開の受け入れ施設にもなった。

　根木輪のバス停まで戻り，バス停正面の小道を奥へ進むと常泉寺(曹洞宗)に着く。1591(天正19)年に徳川家康から寺領10石を拝領した名刹である。1883(明治16)年に火災にあったが，住職と交わりの深かった山岡鉄舟の尽力で再建された。本堂には鉄舟が書いた山額が掲げられている。墓地の一角には関東大震災の際の流言により非業の死をとげた姜大興の墓があり，手厚く葬られている。

　根木輪から少しさき，三崎台のバス停のすぐ左に旧坂東家住宅見沼くらしっく館がある。加田屋新田を開発した坂東家の1857(安政4)年建築の旧宅をほぼ同位置に復元した博物館である。「生きている民家」をテーマに，屋敷林や周囲の景観も保全し，当地で行われてきた年中行事も再現して公開している。住宅解体後の発掘調査で発見された土瓶にはいった一分銀400枚(100両相当)も展示してあり，一見の価値がある。

さいたま新都心周辺 ⑧

旧与野・浦和市域には，玉蔵院・調神社・氷川女体神社などの伝統ある寺社や，見沼通船堀などの史跡が多くみられる。

さいたま新都心 ㊼

〈M▶P.178,228〉さいたま市中央区新都心地区
JR京浜東北線さいたま新都心駅 すぐ

　新都心駅の改札をでると目の前に新都心地区のランドマーク，さ

さいたま新都心周辺の史跡

動輪モニュメント
操車場跡に新しい町

操車場の記憶

いたまスーパーアリーナの巨大な姿が迫る。スーパーアリーナは，音楽・スポーツなど多様なイベントに利用できる多目的型の施設である。1階にある彩の国街道には「大宮操車場大パノラマ」の絵が掲げられている。

　ここさいたま新都心は，政府機関の分散政策をうけて2000（平成12）年に開かれた新しい町であるが，1922（大正11）年から1984（昭和59）年まで，国鉄大宮操車場として広大な敷地を有し，鉄道の町大宮の発展に寄与してきた。

　町開き後の今，操車場をしのぶものは少ない。スーパーアリーナ前の八幡通りの反対側歩道上に，「操車場の記憶」と題された3個の機関車の動輪モニュメントと，1984年当時の操車場を250分の1の縮尺で描いたものがある。さらに八幡通りを西へ，5分ほど足をのばしたい。新幹線の高架をくぐるとさいたま新都心開設記念小公園（大宮操車場メモリアルポケットパーク）があり，足元には線路の一部が残され，頭上には操車場を描いた絵が掲げられている。なお，造幣さいたま博物館（大宮区北袋町1-190-22）が開館した。

与野の大カヤと与野宿 ❺

〈M▶P.178,228〉さいたま市中央区鈴谷4-15-2
JR埼京線南与野駅 🚶 8分

樹齢1000年の大カヤ
歯仏の観音

　南与野駅の北，長さ日本一のケヤキ並木（埼大通り）を西に左折する。鈴谷の交差点周辺が中世の今宮館跡である。館跡からは多くの掘立式建物群・内堀・外堀・井戸・畑・陶磁器・板石塔婆・銅銭など，館の外からは市が開かれていた町場と考えられている掘立式

与野の大カヤ

建物群や柵が発見されており、中世与野郷の中心地であった。

　交差点を右折し最初の信号を右折すると、正面に金毘羅堂と青々とした与野の大カヤ(国天然)があらわれる。高さ21.5m、樹齢約1000年。室町時代の応永年間(1394〜1428)には、すでに関東随一の巨木として知られ、旅人の目印となっていた。注連縄が張られ榧木金毘羅として信仰の対象にもなっている。道を隔てて妙行寺(日蓮宗)の本堂がある。裏には樹齢約600年のモクコク(県天然)が枝を広げている。「正元二(1260)年」銘の旧与野市域最古の板石塔婆や徳川家光朱印状などがあり、墓地には松尾芭蕉の流れをくみ『与野八景句集』で知られる江戸後期の俳人鈴木荘丹、江戸末期の武芸者であり地動説を紹介した天文学者でもあった稲垣田龍の墓がある。

　もとの道を北に10分ほど歩き、彩の国さいたま芸術劇場をすぎると、左に庚申堂がある。堂内の「元禄三(1690)年」銘の庚申塔碑文と「与野本町絵図」から、この地が近世与野宿の南端であったことがわかる。庚申堂から北に向かう道路を本町通りといい、古代には武蔵国府の府中と武蔵一の宮の氷川神社を結ぶ道として、中世には鎌倉街道羽根倉道として、近世には甲州道中日野宿から奥州道中岩槻宿に向かう脇往還として、人びとに利用されてきた。近世の与野は、脇往還の宿として幕府に公認されるとともに、周辺村落の物資を交易する4と9の六斎市の町として、江戸末期には戸数304軒と浦和をしのぎ大宮宿に匹敵する繁栄を誇っていた。

　本町通りを北に進むと、左手に高さ30mの朱塗りの多宝塔があらわれる。畠山重忠が創建したと伝えられ、江戸初期に浦和道場から移転してきた円乗院(真言宗)

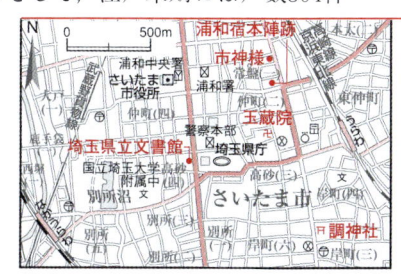

浦和周辺の史跡

さいたま新都心周辺

である。墓地には1608(慶長13)年の宝篋印塔,「寛文五(1665)年」銘の庚申塔,高さ324cmの石造地蔵菩薩立像など江戸前期の文化財が多い。

円乗院の隣に,サクラとバラ,弁天池とスリバチ山(富士塚)で市民に親しまれている与野公園がある。円乗院から北側の本町通りの一部に,前庭を有する蔵造りの家並みが残されている。江戸時代から大正時代まで市がたっていた中町地区である。

本町通りをさらに北に進み,案内を右折すると長伝寺(浄土宗)に着く。本堂に木造阿弥陀如来像が,観音堂には1670年ころに制作された歯仏の観音(木造聖観音坐像)が安置されている。墓地には,天明の飢饉に際して多くの人びとを救い「与野聖人」とたたえられた儒学者西沢曠野の墓がある。

小村田の交差点をすぎると『新編武蔵風土記稿』に「扇の宮」と記され,近世与野宿の北端に位置した氷川神社のうっそうとした大ケヤキに迎えられる。与野町の人びとが1709(宝永6)年に建立した本殿と翌年制作の神輿が,当時の与野宿の繁栄を示している。

調神社と浦和宿 59 60

〈M▶P.178,229〉 さいたま市浦和区岸町3-17-25
JR京浜東北線浦和駅 🚶 10分

12月8日 12月12日「施餓鬼会」「十二日まち」

浦和駅西口から県庁通りを歩くと,2つ目の信号が中山道との交差点である。直進すれば,埼玉県庁や「安保文書」「赤堀文書」(ともに県文化)など多くの古文書を保管する埼玉県立文書館がある。ここを左折し,中山道を南に進む。右手の銀行の角に埼玉県師範学校埼玉県医学校発祥之地碑がある。

南にうっそうとした杜がみえてくる。地域の人たちから「つきのみや神社」とよばれ親しまれている『延喜式』式内社の調神社である。調神社には鳥居がない。狛犬のかわりに参拝者を迎えるのが,狛兎である。室町時代からの月待信仰の名残りである。境内の左手に1859(安政6)年9月に建立された豪壮な本殿がある。社宝に「扇面三十六歌仙絵」や松平定信の書による扁額など多くの文化財がある。本殿東の稲荷社殿は,1733(享保18)年に建立された一間社流造の旧本殿である。欄間のウサギの彫刻が特徴的である。調神

調神社

社の東側に広がる調(つきみや)公園は、1874(明治7)年に設置された県内で最初の公園であり、毎年12月12日、十二日まち(酉の市)が行われ、周辺は夜遅くまで参拝者で賑わう。

調神社から県庁通りの交差点に戻る手前に、新しい中山道浦和宿石柱がたっている。江戸時代の浦和宿は、この辺りから中山道に沿って北に下町・中町・上町と分かれていた。現在の高砂町・仲町・常盤町である。天保年間には戸数208軒、本陣1・脇本陣3・問屋1・旅籠15、1230人が住む比較的小さな宿であった。

中山道を北へ歩き、門前通り石柱を左折する。目前に弘法大師の開山と伝えられる玉蔵院(真言宗)の山門がある。古くからの地蔵信仰の寺と考えられ、1780(安永9)年建立の地蔵堂に、平安時代後期作の木造地蔵菩薩立像(県文化)が安置されている。室町期の絹本着色両界曼荼羅(県文化)、鎌倉時代以降の密教関係文書である「玉蔵院文書」(県文化)、徳川家康からの朱印状、「守護侍不入」の石杭など多くの文化財を伝えている。毎年8月23日に行われる施餓鬼会も有名である。

さらに北に向かう。右に江戸時代末の「浦和宿絵図」に描かれている鰻の老舗山崎屋をすぎると、中山道浦和宿石柱がある。市役所通りとの交差点をこえると、左手奥に仲町公園がある。江戸時代の浦和宿本陣跡の一部である。1868(明治元)年と1870年、明治天皇が氷川神社参詣に際し、本陣に宿泊したことを示す明治天皇行在所跡碑が残されている。本陣は、代々星野権兵衛家がつとめていたが、現在、ここに残された建造物はなく、表門のみが大間木の大熊家に移築されている。

さらに中山道を進むと、左手に市神の石祠と「御免毎月二七市場定杭」ときざまれた石杭が並ぶ。1590(天正18)年岩槻城攻略後、浅野長政が浦和の市の保護のためにだした禁制が残されている。頭上を新浦和橋がかかる辺りまでくると、江戸時代の浦和宿もおわり

さいたま新都心周辺

見沼田んぼ ❻ 〈M▶P.179,232〉 さいたま市緑区大間木地区
JR武蔵野線東浦和駅 徒 5分

八丁堤と見沼代用水
唱歌「案山子」発祥地

　東浦和駅をおりて駅前通りを渡ると、突然視界が開け、のどかな田園風景が広がる。見沼田んぼである。都心から約25kmの距離にある見沼田んぼは、広さ1260ha余、首都圏にもっとも近い地域で保全された田園地帯である。この地域は、江戸中期に大規模な見沼干拓事業がほどこされるまでは、沼や湿地帯が広がっていた。

　3代将軍徳川家光の治世の1629（寛永6）年、関東郡代伊奈忠治が八丁堤（八丁は約870m）を築き、見沼をせきとめて溜井とし、灌漑用水池として利用した。8代将軍吉宗の治世は全国各地で新田開発が奨励されたが、1727（享保12）年、幕命をうけた紀伊出身の井沢弥惣兵衛為永が見沼を干拓し、溜井にかわる用水路を利根川から引いた。長さ約60kmにおよぶ見沼代用水である。この開発の成功であらたに1200町歩の新田が完成し、4960石の年貢増収となった。

　1958（昭和33）年の狩野川台風は、埼玉県南部や東京都の下町に大きな被害をだした。この被災により、見沼田んぼの治水能力が見直され、埼玉県は1965年、見沼田んぼの宅地化を原則として認めない「見沼三原則」を制定した。さらに1995（平成7）年には、「見沼たんぼの保全・活用・創造の基本方針」が策定され、開発規制が強化さ

見沼周辺の史跡

見沼通船堀

れた。「山田の中の一本足の案山子(かかし)，天気のよいのに蓑笠(みのかさ)つけて」で有名な唱歌「案山子」は，氷川女体(にょたい)神社神主家出身の武笠三(むかささん)の作詞である。見沼たんぼの黄金(こがね)色の稲穂と案山子をうたったものである。見沼氷川公園内には唱歌「案山子」発祥の地の像がたてられている。

見沼通船堀(みぬまつうせんぼり) (62)

〈M►P.179,232〉 さいたま市緑区大間木地区
JR武蔵野線東浦和駅🚶10分

江戸時代のハイテク運河
通船堀差配役の役宅

東浦和駅の改札口から駅前通りを右方に歩き，附島(つきしま)橋を渡ると，左方に竹林がしげる見沼通船堀公園がある。春にはモモやユキヤナギ・サクラ・菜の花などがいっせいに咲ききそう。

附島橋から川口市の木曽呂(きそろ)に至る約870mの道が八丁堤といわれる人工の堤である。井沢弥惣兵衛為永は見沼代用水を開削して新田開発に成功したのち，芝(しば)川から荒(あら)川を経て江戸に至る物資輸送を考え，見沼代用水と芝川を結ぶ運河づくりに着手する。しかし，芝川と見沼代用水の水位差は約3mあった。そこで，木製の閘門(こうもん)を設けて水位を調節し，段階的に船をとおす仕組みを採用した。こうして1731(享保16)年，日本最古の閘門式運河として知られる見沼通船堀が完成した。パナマ運河の完成より183年前のことである。

通船堀沿いに整備された歩道を歩くと，見沼通船堀西縁閘門があらわれる。2つの閘門をすぎると，八丁堤のなかほどの八丁橋があり，ここを流れる川が，見沼中悪水(なかあくすい)(悪水とは排水のこと)とよばれる芝川である。芝川を渡り，再び見沼通船堀東縁沿いに歩く。こちらにも閘門が2カ所復元されている。東縁二の関まできたら，もとの道を戻ろう。八丁橋の赤山(あかやま)街道沿いに，この見沼通船堀の積荷や船頭の割振りなどの船割りをになっていた役宅の鈴木(すずき)家住宅(国史跡)がある。文政(ぶんせい)年間(1818～30)ころの建築といわれ，住宅は未公開だが，米蔵などが，鈴木家住宅附属建物として復元した船とともに，土・日曜日に公開されている。また，赤山街道沿いには，芝川のほとりに見沼通船にたずさわった人びとの信仰を集めた水(みず)神社と，見沼代用水東縁の辺りに1800(寛政(かんせい)12)年に富士講の一派丸参(まるさん)講信者が築造した木曽呂の富士塚がある。この一帯すべてが，国指定史跡である。

清泰寺 ㊿　〈M▶P.179,232〉さいたま市緑区東浦和大牧581
JR武蔵野線東浦和駅🚶10分

　東浦和駅から左方に向かい，最初の信号を右折して少し歩くと，江戸時代に大宮氷川神社の本殿を移築した大間木氷川神社がある。この神社から道が二叉に分かれるが，その左の道は赤山街道である。江戸初期に関東郡代伊奈忠治が構えた赤山陣屋(川口市)と支所の土屋陣屋(さいたま市西区)をつなぐ街道であった。赤山街道を少し歩くと，慈覚大師円仁の開山と伝える古刹清泰寺(天台宗)がある。ここには，武田信玄の娘で，2代将軍徳川秀忠の庶子幸松丸(のちの会津藩祖保科正之)を養育した見性院の墓(県旧跡)がある。1858(安政5)年に会津藩が寄進した葵の霊廟がその業績を今に伝える。また，当寺の境内を取り囲む351基の庚申塔は，江戸期における庚申信仰の広がりを実感させてくれる。

　大間木氷川神社まで戻り，今度は右の見沼台通りをいき，10分ほど歩くと，右側に大牧小学校にはいる道がある。小学校の正門から北へ少し歩くと，江戸初期の見世棚造の本殿(県文化)をもつ大牧氷川神社がある。

　見沼台通りへ戻ってさきへ進むと，国道463号線(浦和越谷線)にぶつかる。右折して見沼田んぼを少し歩くと，芝川のほとりに，浦和くらしの博物館民家園がある。ここは旧浦和市内に伝わる伝統的な建物を移築・復元し，生産・生活用具とともに展示公開している屋外博物館である。特に旧浦和市農業協同組合三室支所倉庫(国登録)は，大谷石土蔵造で見沼田んぼにはえる。

　民家園には分館として，旧高野家離座敷(さいたま市緑区大間木89)がある。ここは江戸末期，蛮社の獄で幕吏に追われた高野長英をかくまった弟子の高野隆仙の茶室跡である。国道463号線から赤山街道にはいって5分ほどのところにある。なおその道中，赤山街道の右手奥に，ケヤキ造りのがっしりした門がみえる。旧浦和宿本陣の表門であった大熊家表門である。

氷川女体神社 ㊿　〈M▶P.179,232〉さいたま市緑区宮本2-17-1
JR武蔵野線東浦和駅🚌馬場折返場行芝原小学校🚶10分

　バス停から最初の信号を右方に5分ほど歩くと，見沼代用水西縁

武田信玄の娘・見性院 高野長英の隠れ家

にぶつかる。そこから左方へ5分ほど歩くと，左手に27段の石段がある。その上の台地上に，豊かな常緑広葉樹の社叢に囲まれた氷川女体神社がある。県内屈指の古社で，大宮氷川神社とともに武蔵国一宮といわれてきた。見沼は，江戸中期に干拓される以前は，大宮氷川神社の男体宮とこの女体宮の神が往来する水路であり，文字どおりの神沼であった。見沼干拓で神を船で送る御船祭が不可能となり，かわりに磐船祭が行われた。見沼に面した社頭の磐船祭祭祀遺跡はその名残りである。

見沼代用水西縁沿いに20分ほど歩くと，さいたま市立病院のすぐ横にさいたま市立浦和博物館がある。旧埼玉師範学校の鳳翔閣を復元した建物であり，見沼通船堀の模型など，浦和地域の資料を展示している。

氷川女体神社の磐船祭・旧埼玉師範学校・鳳翔閣

⑨ 戸田の渡しから蕨宿へ

戸田の渡しから旧蕨宿にはいると，復元された町並みが往時をしのばせる。

戸田渡船場跡 ㉒　〈M▶P.179, 236〉戸田市川岸1-7
JR埼京線戸田公園駅🚶15分

江戸時代，戸田は中山道の板橋宿と蕨宿の間を流れる荒川の渡船場として交通の要衝だった。戸田公園駅から東へしばらくいくと国道17号線につきあたり，東京方面をのぞむと道路は上り坂になり戸田橋へとつながる。荒川堤防上の道路との交差点を東にいくと道路脇に戸田渡船場跡の碑がある。渡しの成立は天正年間(1573～92)といわれ，中山道の発達とともに交通量は増大し，幕末には13艘の船が往来していた。この碑のすぐ下の地蔵堂の西側南北約200mの道路が市内に残る数少ない中山道の道筋である。

堤防上の道を西へ戻ると戸田ボートコースを一望することができる。1940(昭和15)年，戦争によって幻におわった第12回オリンピック東京大会の漕艇場として建設されたもので，全長2400m，幅90mのコースである。コースの東端には戸田橋親水公園があり，1932(昭和7)年に完成した3代目の鉄橋の親柱が保存されている。なお，

中山道と戸田の渡し

戸田渡船場跡の碑

戸田の史跡

初代の戸田橋は1875(明治8)年に完成しており，これに伴って300年以上続いた戸田の渡しも幕をとじた。

妙顕寺 ⓺⓺
048-441-4846
〈M▶P.178,236〉 戸田市新曽2438
JR埼京線戸田駅🚶15分

日蓮自書の子安曼荼羅
日蓮上人ゆかりの寺

　戸田駅から線路に沿って南へ5分ほど歩くと新田口公園という小さな公園に着く。この付近は鍛冶谷・新田口遺跡(県史跡)とよばれ，弥生時代後期から古墳時代にかけての多数の方形周溝墓と竪穴住居跡が発見された。ここから西へ10分ほどで観音寺(眞言宗)に着く。ここには市内最古の「建長五(1253)年」銘の阿弥陀一尊種子板石塔婆(寺には複製品，現物は戸田市立郷土博物館)がある。さらに西へ10分ほどいくと立派な仁王門のたつ妙顕寺(日蓮宗)がある。この寺は日蓮上人在世中の1281(弘安4)年に創建されたといわれ，古くから安産の守護として知られている。日蓮上人が佐渡流罪の途上，この地の領主墨田(隅田)五郎時光の願いにより安産護符をあたえると，その法力によって難産に苦しんでいた時光の妻が無事男子を出産したという。その力に感謝して墨田氏が日蓮上人の弟子の日向上人を招き開山としてこの寺をおこしたという由緒が残っている。寺には日蓮上人が自書して時光にささげたという「弘安二(1279)年」銘の子安曼荼羅とよばれる題目曼荼羅，弟子の日向上人が日蓮上人の法話を筆録したと伝えられる『日向記』などの墨跡(いずれも県文化)が残されている。

中山道

蕨宿 ❻₇
048-432-2477（資料館）　〈M▶P.179,238〉蕨市中央5ほか
JR京浜東北線蕨駅🚶15分

中山道2番目の町・蕨宿はたおりの町

蕨駅西口から駅前通りをまっすぐに西へ1kmほど歩くと、角に鰻屋のある交差点に着く。この店は江戸時代から続く老舗で今井の名で知られている。この前の道が中山道で、この付近が蕨宿のほぼ中心部にあたる。当時の道幅は現在とほぼ同じだったという。

交差点から少し北へ歩くと街道脇に本陣跡があり、蔵造りの商家も何軒かある。本陣跡の隣には蕨市立歴史民俗資料館があり、天保期(1830～44)の蕨宿の復元模型が展示されている。さらに進んで中山道と国道17号線との交差点には、からくり時計がつくられ、宿の北側の入口も復元されている。近くのレストランの裏にいくと蕨宿を囲む用水堀にかかっていた小さなはね橋が今でも残っている。

蕨は明治・大正のころは日本でも有数の織物業の町で、毎年8月には機まつりが盛大に開催され、当時をしのぶことができる。歴史民俗資料館には蕨の綿織物業の祖といわれる高橋新五郎の「双子織縞帳」が展示されている。幕末の開港直後、機械紡績による細く均質なイギリス製綿糸を横浜で買いつけ、これを使って織りあげた双子織は大変な評判を博したという。1865(慶応元)年の書付けの残る「家伝古今縞本帳」という縞帳には英語でマンチェスターの文字が読める緑色の製品ラベルが貼りつけられている。なお、市内塚越3丁目の塚越稲荷神社には高橋新五郎が機神としてまつられている。

イギリス製綿糸のラベル

和楽備神社 ❻₈
048-431-2549　〈M▶P.179,238〉蕨市中央5-20
JR京浜東北線蕨駅🚶15分

4基の戦争碑成年式発祥の地

本陣跡の前の交差点を市役所方面にいくと真新しい和楽備神社の本殿が右側にみえる。この神社はもとは蕨宿三鎮守の1つの八幡社で、1911(明治44)年に蕨町内の18社を合祀して、あらたに和楽備神社と名づけられた。本殿は1996(平成8)年惜しくも火災にあい全焼、翌年再建された。本殿の後ろに日清戦役凱旋記念碑・日露戦役記念碑・忠魂碑、そして第二次世界大戦の戦没者の慰霊碑が4基並ん

蕨駅周辺の史跡

でいる。1つの町の戦争碑が1カ所にまとまっている例はあまりなく、蕨と近代日本の戦争との関わりを示す貴重な資料といえよう。

隣接して蕨城跡(県旧跡)があり、神社の境内には堀跡の一部が残り、土塁も復元されて公園として整備されている。蕨城は南北朝時代に渋川氏が居を構え、1524(大永4)年に北条氏綱によって破壊されたとされる。公園のなかに「成年式発祥の地」と書かれた女性の像がある。1946(昭和21)年、蕨町と蕨町青年団が成年式をはじめたのが全国に広がり成人の日制定につながったのである。

国道17号線に戻り、北へしばらく歩くと左に本法院(日蓮宗)がある。その隣に春日公園という小さな公園があり、ここに「平和を愛して」ときざまれたモニュメントがある。1995(平成7)年、戦後50年を期して蕨市が恒久平和を祈念してたてたものである。第二次世界大戦末期の1945(昭和20)年4月12日、春日公園西側の中山道付近の民家が米軍の空襲をうけ36人の市民が犠牲になっている。その後も蕨は2回の空襲にあい、全部で50人の市民が犠牲になっている。県内では熊谷につぐ大きな被害であった。

「平和を愛して」のモニュメント

如意輪観音堂と長徳寺 ㊹㊺
048-266-1465

〈M▶P.179〉川口市芝西1-19-17・芝6303
JR京浜東北線蕨駅 🚶15分・30分

隠れキリシタンのマリア観音と十字架

蕨駅東口から京浜東北線に沿って南浦和方面にいき、芝陸橋の手前を右にはいってしばらく歩くと墓地があり、如意輪観音堂がある。堂内に阿弥陀如来坐像を安置した厨子があり、「あけると目がみえ

238　中山道

中山道をいく旅人

コラム

渡辺崋山と生田万との出会い

　1831(天保2)年10月11日，中山道板橋宿をすぎた辺りには，江戸から上州(現，群馬県)に向かう三河国田原藩(現，愛知県)藩士渡辺崋山の姿があった。崋山は，このとき39歳，佐藤一斎，松崎慊堂に儒学を学ぶかたわら，谷文晁らに絵を学び画家として名をしていた。国宝『鷹見泉石像』をはじめ名作は多い。旅のおもな目的は田原藩主三宅氏の系譜探索のため，旧領武州三ヶ尻(現，熊谷市)を調査することで，その後，優れた観察・考証と評価が高い『訪瓺録』(『新編埼玉県史資料編10』所収)をあらわした。

　その旅日記である『毛武遊記』(『渡辺崋山集』第2巻所収)によれば，道すがら思わぬ人物に出会った。「志村といふ所に出づ。たばこの火からむと，先行人に追ひ付て物がたれば，こは惣髪といふ頭にて，眉毛うすく鼻すじ通り面長く色黒，かたに包みを負いたるもののふ(武士)なり。身のたけは予にひとしく大きやかなる男，神世の学をむねとし平田篤種(胤)ぬしの学び子となりて，其家に在しとぞ」崋山が志村(現，板橋区)でたまたま煙草の火を借りた相手は，異様な風体の武士であった。その人の名は生田万，当時30歳。はじめ儒学を学んだが，やがて平田篤胤に入門し，国学を志した。上州館林藩に仕えたが，1828(文政11)年，藩政改革の意見書が上層部の怒りをかい，追放処分となった。その後，数年各所を転々としたが，生活は苦しく現実否定の傾向はさらに強まった。崋山と出会ったときは，再仕官かなわず失意のうちに，私塾を開くため，上州太田へ向かう途中であった。

　蕨・浦和・大宮と一緒に歩くうちに話が弾んだ。崋山は万が熱く語った平田篤胤の人となりを詳しく書き留めている。話は尽きず，崋山は，「我やどるかた(上尾)まで来てひとよを語あかさばや」と誘ったが，万は「いとつかれにつかれたれバ」といって別れた。「志良登保布乎尓比多山乃もる山の山守りとしも我やなりにき(太田の北方にある新田神社の山守になる)」と別れ間際に吟じた万の後姿は，どこか寂しげだった。

　「我が神の世の事ぞすぐはしき道(神道)なるをすてて，から国のねじけたる道(中国の儒教)を学など心得ぬ」と万は力説していたが，崋山自身も体制依存的な儒学に飽き足りない思いがあった。この旅の前後，小関三英や高野長英らと知り合い蘭学に傾倒し，広く世界に眼を開き始めていた。崋山にとって，気楽な旅はこれが最後だったのである。

　その後の2人の人生は，まったく違う道を歩むことになるが，ともに壮絶な生き方をした。生田万

は1836(天保7)年,平田門人の招きで越後(現,新潟県)柏崎に移住,国学を教授していた。飢饉に苦しむ農民を顧みず暴利を貪る柏崎代官に再三嘆願したがかなわなかった。翌1837年6月1日,2月におきた大塩平八郎の乱に刺激され,窮民を救わんとして柏崎陣屋を襲撃したが失敗し,自害した。

一方,華山は旅の翌年,家老に就任,海防掛兼務後,本格的に蘭学研究を進め,「蛮社」とよばれた開明派グループの盟主的存在となる。

華山は列強の接近による強い危機感とともに西洋の合理主義,行き届いた教育や万事議論の慣行など,開かれた社会制度に憧れの念を抱いた。そうした開国思想は幕府内守旧派の忌むところとなり,1839年「蛮社の獄」により在所蟄居,2年後に自害した。

日本の夜明けを夢見つつも,はかなく散った渡辺華山と生田万。思想的な立場は違っても,最初で最後のほんの一時の出会いのなかで,互いに相通じ合う何かを感じとったに違いない。

なくなる」と言い伝えられ,第二次世界大戦後になって開帳された。この坐像は総高29.3cm,木造漆箔着色の小柄な仏像で,光背の光縁部には蓮華に似せて麦穂の形が図案化され,巧みにキリスト教関係の紋様が取り入れられている。首は胴部から引きぬけ,胎内にヒノキ材一木造のマリア観音(高さ13.2cm)とキリスト像を付した銅製の十字架がおさめられていた(県文化,県立歴史と民俗の博物館蔵)。芝村の隠れキリシタン竹子屋権七郎(洗礼名レオン)の妻ルヒイナ(洗礼名)に関係する遺物ではないかと推測されている。ルヒイナの父親,幕府代官熊沢三郎左衛門忠勝は芝の長徳寺の大檀越で,住職の寒松(龍派禅珠)と親しく,この寒松が幕府要人に救命を懇願したおかげでルヒイナはたすけられたという。

観音堂から北へ約15分歩くと産業道路の手前にうっそうとした森があり,長徳寺(臨済宗)がある。境内にはビャクシンの巨木(県天然)がそびえる。創建は1364(貞治3)年,中興は13世住持寒松。寒松は足利学校(栃木県)10世の庠主(学長)をつとめるほどの学僧で,江戸城内の紅葉山文庫の創設にも尽力した。寺には寒松の残した詩文集『寒松稿』,日記『寒松日暦』,龍派禅珠頂相(いずれも県文化)などがあり,開山塔の後ろには龍派禅珠の墓(県史跡)がある。

Nikkodocyu # 日光道中

鷲宮催馬楽神楽

牛島のフジ

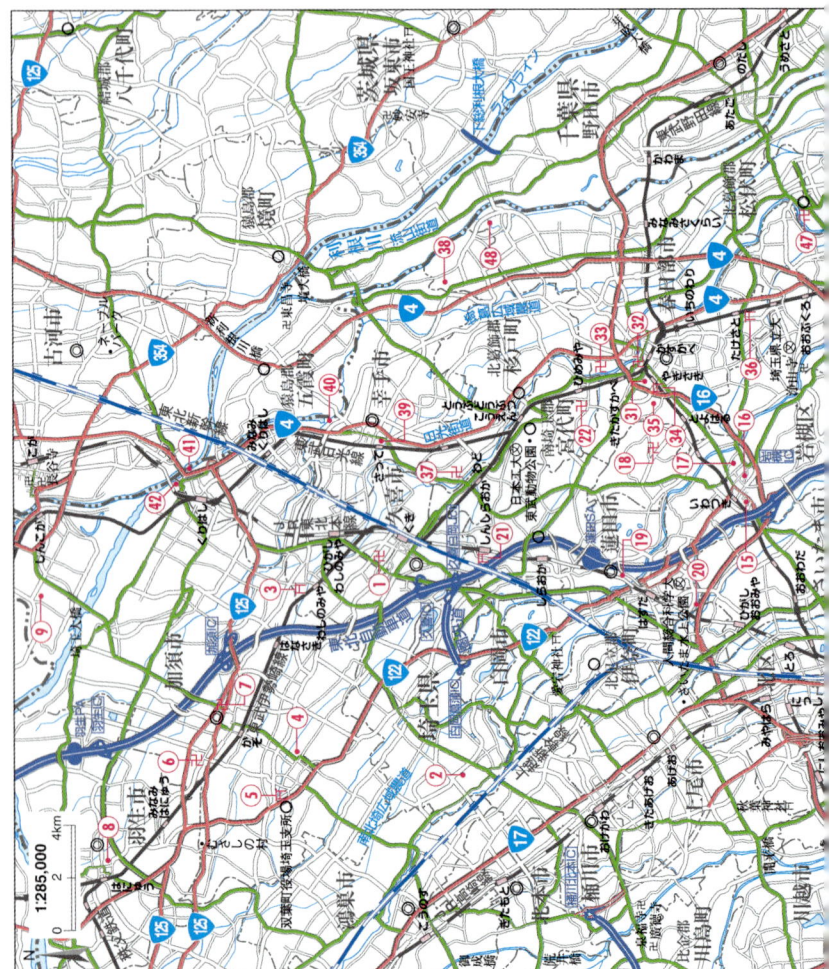

① 甘棠院
② 天王山塚古墳
③ 鷲宮神社
④ 私市城跡
⑤ 玉敷神社
⑥ 不動ヶ岡不動尊
⑦ 龍蔵寺
⑧ 『田舎教師』小林秀三の墓
⑨ 田中正造の墓
⑩ 善光寺
⑪ 峯ヶ岡八幡神社
⑫ 赤山城跡
⑬ 鳩ヶ谷宿
⑭ 大門宿
⑮ 遷喬館
⑯ 時の鐘
⑰ 岩槻城跡
⑱ 慈恩寺
⑲ 黒浜貝塚
⑳ 寅子石
㉑ 久伊豆神社
㉒ 西光院
㉓ 富士浅間神社
㉔ 草加宿
㉕ 草加松原
㉖ 茶屋通り

㉗見田方遺跡
㉘大聖寺
㉙久伊豆神社
㉚越ヶ谷宿
㉛粕壁宿
㉜最勝院
㉝観音院
㉞八幡神社
㉟大畑香取神社
㊱梅若塚
㊲水陸寺
㊳日沼浅間塚古墳
㊴幸手宿
㊵権現堂河岸
㊶栗橋関所跡
㊷さいたま市ふる里おおとね
㊸古潮市立資料館
㊹迎摂院
㊺清浄寺
㊻密厳院
㊼静栖寺
㊽大桃の里

◎日光道中散歩モデルコース

1. 東武伊勢崎線羽生駅 1 『田舎教師』小林秀三の墓 20 お種さんの資料館 1 田舎教師の像 10 勘兵衛松 2 川俣関所跡 10 羽生市立郷土資料館 10 藍染ふる里資料館 15 さいたま水族館 10 總願寺 7 壱蔵寺 15 東武伊勢崎線加須駅

2. 東武伊勢崎線古槻駅 5 芳林寺 10 浄国寺 10 岩槻郷土資料館 7 遷喬館 5 時の鐘 10 岩槻城跡 18 愛宕神社(岩槻城大手) 5 岩槻駅......5......岩槻駅東武野田線東岩槻駅 25 玄奘三蔵霊骨塔 10 慈恩寺 25 東武野田線豊春駅

3. 東武野田線八木崎駅 15 満蔵寺梅若塚 20 八幡神社 2 浜川戸富士塚 10 最勝院 10 小渕一里塚跡 15 観音院 30 田村本店 8 春日部市上資料館 10 東武伊勢崎線春日部駅

4. 東武伊勢崎線草加駅 5 浅古家 10 大川家 6 草加市立歴史民俗資料館 5 煎餅屋重 10 札場河岸 3 松原 20 藤助河岸 2 蒲生一里塚 15 東武伊勢崎線新田駅

利根川旧流路に沿って

1

利根川旧流路の自然堤防上のこの地域には、鷲宮神社・玉敷神社・不動ヶ岡不動尊など古くから崇敬される社寺が残る。

甘棠院 ❶
0480-23-1678
〈M▶P.242,245〉 久喜市本町7-2-18
JR宇都宮線・東武伊勢崎線久喜駅🚶20分

関東一の提灯祭り 古河公方館跡甘棠院

毎年7月12・18日、久喜駅の周辺は多くの人でごった返す。6台の山車と1台の御輿が繰りだされる提灯祭りのためである。この祭りは、1783(天明3)年の浅間山の噴火による大凶作からの復興を祈願してはじまったとされる。昼は素戔嗚尊などの人形山車を、夜は人形をはずし山車の4面に提灯を400以上もかざりつけ、町内を曳きまわす。地元では天王様とよぶが、これは本来、牛頭天王をまつる天王社の祭礼であったことを示している。現在では、神仏分離により、素戔嗚尊をまつる八雲神社の祭礼となっている。

久喜駅より北西約800mに位置する光明寺(真言宗)には、江戸末期の著名な儒者亀田鵬斉の孫弟子にあたる中島撫山の墓がある。撫山は、『山月記』などで有名な作家中島敦の祖父である。敦も短期間であるが、久喜で幼少時代をすごしている。

光明寺から北西約200mのところに、甘棠院(臨済宗)がある。ここは古河公方2代足利政氏の館跡(県史跡)であり、西側および北側には空堀がめぐらされ、北側には土塁跡も残っている。

足利尊氏は京都に幕府を開いたが、関東の地を4男基氏におさめさせた。基氏の子孫が代々この鎌倉公方を世襲したが、4代持氏が永享の乱(1438年)で自害したのち、あとをついだ子の成氏は、上杉氏勢力一掃のため、関東管領上杉憲忠を謀殺し、室町幕府・上杉氏に対抗した。成氏は、1455(康正元)年、下総国古河に拠を移

提灯祭り

日光道中

し，古河公方とよばれた。

その長子政氏は子の高基と対立し，古河から下野国小山へ移り，武蔵国岩槻城で出家した。その後久喜に隠退して1520(永正17)年，館を寺とした。永安山甘棠院と号し，子の貞巌和尚を開山とした。政氏は1531(享禄4)年ここで没した。境内の政氏墓所にある五輪塔(県史跡)には，「甘棠院殿吉山道長」の銘が読める。なお，甘棠院には紙本著色伝貞巌和尚像(国重文)，絹本著色足利政氏像(県文化)などがある(現在は埼玉県立歴史と民俗の博物館へ寄託)。

甘棠院から騎西県道を北西へ約2kmいくと，右に神道無念流戸賀崎氏練武遺跡(県旧跡)がある。神道無念流は江戸中期におこった剣術流派の1つで，流祖福井兵右衛門嘉平の高弟戸賀崎熊太郎暉芳が開いた道場である。廃刀令により武道がすたれ，道場も大正中頃にはなくなってしまったが，戸賀崎家には道場壁書・免許皆伝状・入門帳などが残されている。

天王山塚古墳 ❷

〈M▶P.242,246〉 久喜市 菖蒲町上栢間3288
JR高崎線桶川駅🚌菖蒲車庫行下栢間🚶5分

バスが元荒川を渡るとすぐの下栢間で下車すると，道路の反対側に善宗寺(浄土宗)がある。この一帯は，徳川家康の有力家臣の1人内藤四郎左衛門正成が5000石の所領をあたえられ，陣屋をおいたところである。内藤家の菩提寺である善宗寺には，正成以後の内藤家歴代の宝篋印塔22基が並んでいる。

バス停に戻って北へ約5分で，南埼玉郡最大規模の天王山塚古墳(県史跡)に着く。元荒川左岸栢間地区に分布する10基からなる栢間古墳群の中心となる前方後円墳で，全長107m，後円部径55mで主

菖蒲周辺の史跡

軸はほぼ東西をさす。周溝は現在、北と東にその痕跡を残しているが、発掘調査の結果、26m幅の周溝が存在したとみられている。

天王山塚古墳隣の鎮守の森公園の向かいに神明神社の社叢(県天然)がある。長さ550mをこす参道林とそのさきの境内林からなり、面積1.74haで、アカシデ・ヒサカキ・シラカシを主とする温暖林がよく保存されている。

再び菖蒲車庫行きのバスに乗り、小林をすぎた田園地帯の左手にある「あやめ園」のなかに「菖蒲城址」の碑がみえる。新堀バス停で下車し桶川方面に500mほど戻ると、菖蒲城跡につく。古河公方足利成氏が上杉氏に対する防備として、金田式部則綱に築城させたものである。城跡には、旗本内藤氏の屋敷の門が移築されている。バスを菖蒲神社前でおりると、道の反対側に菖蒲のフジ(県天然)のある菖蒲神社がある。

鷲宮神社 ❸
0480-58-0434
〈M▶P.242,245〉 久喜市鷲宮1-6-1
東武伊勢崎線鷲宮駅🚶10分

鷲宮催馬楽神楽は江戸神楽の源流

鷲宮駅から直進し、青毛堀に沿って左折すると鷲宮神社の社叢がみえてくる。古来農業神として崇敬されている。酉の市で有名な東京台東区千束の鷲神社など分社も多い。鎌倉時代には、鎌倉幕府執権北条貞時により社殿が造営されており、鎌倉幕府にとって重要な神社であったことがうかがえる。1372(応安5)年には下野国守護小山義政が社殿を再興し、1376(永和2)年に、太刀(国重文)を奉納している。戦国時代には、古河公方や後北条氏の祈願所にもなり、

霊樹寺木造釈迦如来坐像

1591(天正19)年、徳川家康から400石の朱印状をあたえられた。

鷲宮催馬楽神楽(国民俗)は、江戸神楽の源流ともいわれ、宝永年間(1704〜11)に執行された記録がある。現在は後継者の育成につとめ、継承されており、毎年1月1日・2月14日・4月10日・7月31日・10月10日・12月初酉日に境内の神楽殿で奉奏されている。

拝殿前にある寛保治水碑(県史跡)は、1742(寛保2)年8月の大水害の復旧を命じられた長州藩主毛利宗広が、翌年、無事完工の感謝のしるしとして寄進したものである。

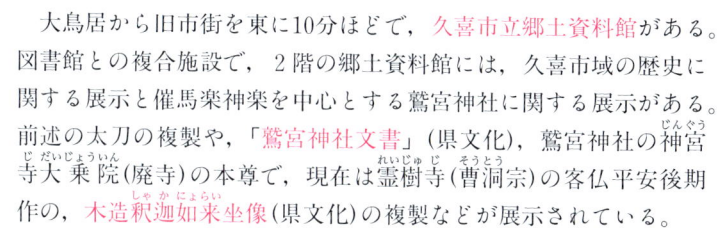

大鳥居から旧市街を東に10分ほどで、久喜市立郷土資料館がある。図書館との複合施設で、2階の郷土資料館には、久喜市域の歴史に関する展示と催馬楽神楽を中心とする鷲宮神社に関する展示がある。前述の太刀の複製や、「鷲宮神社文書」(県文化)、鷲宮神社の神宮寺大乗院(廃寺)の本尊で、現在は霊樹寺(曹洞宗)の客仏平安後期作の、木造釈迦如来坐像(県文化)の複製などが展示されている。

私市城跡と玉敷神社 ❹❺

0480-73-6022

〈M▶P.242,247〉加須市根古屋200・騎西535-1

東武伊勢崎線加須駅🚌鴻巣行根古屋🚶すぐ・加須駅🚌騎西1丁目🚶5分

武蔵七党私市党の本拠地。神楽もみどころ

バス停をおりたところに私市城跡の土塁が残されている。この地は武蔵七党の1つ私市党の本拠地であったが、戦国時代には上杉謙信におとされ、のちに豊臣方の浅野長吉に攻略された。徳川家康の

騎西周辺の史跡

利根川旧流路に沿って　247

玉敷神社神楽

関東入部で松平康重2万石の居城となり、のち、大久保忠常が領したが、1632(寛永9)年に大久保忠職が美濃国加納に転封となったため廃城となった。城跡の発掘調査が進み、戦国期から江戸初期の遺構や遺物が確認され、近年の調査では大規模な障子堀が発掘された。

　私市城跡から北へ1kmほどの、保寧寺(臨済宗)の木造阿弥陀如来及両脇侍像(国重文)は、1196(建久7)年造立で、運慶・快慶に代表される慶派の仏師宗慶の作で、中尊像の胎内には平氏女や藤原某などの施主名が記されている。

　私市城跡から西へ1.5kmほどのところに『延喜式』式内社玉敷神社がある。玉敷神社神楽(国民俗)は1719(享保4)年に執行されたという記録があり、一社相伝の古式を伝える神楽である。毎年5月5日・7月15日・12月1日に公開されている。境内のフジ(県天然)は樹齢400年と伝えられる古木で、1本の幹から700m²も広がり、房は1mにもおよぶ。境内には、宮司で國學院大学の学長をつとめた河野省三の邸宅跡の庭園が整備・公開されている。

　玉敷神社の前を左折し、騎西バイパスを横断して20分ほどいき、上崎の交差点を右折すると竜興寺(臨済宗)がある。境内にある3基の宝篋印塔(県史跡)は、永享の乱で没した足利持氏と、その子で結城合戦に敗れてとらえられ、斬殺された春王丸・安王丸兄弟の供養のために造立されたものである。境内の青石塔婆(県史跡)は、「文永八(1271)年」の銘があり、「奉造立青石卒都婆云々」ときざまれている。当時板碑を「青石卒都(塔)婆」とよんだことを伝える貴重な資料である。

不動ヶ岡不動尊 ❻　〈M▶P.242〉　加須市不動岡2-9-18
0480-61-0031　　東武伊勢崎線加須駅 🚌 加須車庫行終点 🚶 5分

　バス終点の加須車庫からすぐの国道125号線「不動尊入口」交差

總願寺本堂

点を左折して北へしばらくいくと，突き当りに地域の人たちから「不動さま」と親しまれている関東三大不動の1つ總願寺(真言宗)がある。總願寺は1616(元和2)年に總願上人によって開基された寺で，本堂である不動堂は天保年間(1830～44)にたてられたものである。本尊は秘仏とされ公開はされていないが，毎年12月8日のすす払いの儀式に1日のみ開帳される。西に構える黒門は，もと忍城(行田市)の谷郷口六ツ門を移築したもので天保年間の建築である。境内にある散蓮華模様青石塔婆は全国的にも珍しいもので，鎌倉時代の建立といわれる。

毎年2月の節分の日に行われる鬼追い豆まき式，9月28日の柴燈護摩火渡り式の行事のときは，境内は多くの人で賑わう。周辺は門前町をなしており，今もその風情が残っている。名物の菓子である五家宝を売る店も並んでいる。

鯉のぼり生産量日本一
不動尊秘仏公開は年1回

龍蔵寺 ❼
0480-61-0850
〈M▶P.242〉 加須市大門18-51
東武伊勢崎線加須駅 🚶15分

加須駅北口から北へ800mほどいくと国道125号線にでる。そこを左折して400mほどいくと，左手に龍蔵寺(浄土宗)がある。1355(文和4)年に教蔵上人によって開基され，江戸時代には幕府から寺領22石をあたえられたという朱印状が残されている。本堂は入母屋造，瓦葺きの江戸時代を代表する寺院建築で，完成は1844(天保15)年といわれる。本尊木造阿弥陀如来立像(県文化)は，鎌倉時代の1293(永仁元)年につくられたものである。境内にある大イチョウは樹齢650年になるもので，樹周は4.3m，樹高は50mである。

利根川の豊かな水にめぐまれた北篠崎地区には，「浮野の里」とよばれる約5319m²の湿原がある。ここでは関東地方の平地ではほとんどみられなくなった，トキソウ・ヒオギアヤメといった植物群がみられる。また縄文時代早期より人びとが生活していたことが，

鎌倉時代の木造阿弥陀如来立像と大イチョウ

利根川旧流路に沿って

ジャンボ鯉のぼり

水深遺跡よりうかがえる。そして樋遣川古墳群・鶴ケ塚古墳など古墳時代の遺跡も数多く残っている。

加須市は鯉のぼりの生産でも有名である。全国で50％のシェアを占める鯉のぼりは、明治の初め、傘・提灯の職人が副業として材料の和紙でつくったのが始まりといわれている。毎年5月3日の市民平和祭で、全長100mのジャンボ鯉のぼりが利根川の土手を勇壮に泳いでいる。

『田舎教師』小林 秀三の墓 ❽
048-561-2209(建福寺)

〈M▶P.242〉羽生 市南1-3-21
東武伊勢崎線・秩父鉄道羽生駅🚶3分

『田舎教師』が生活した町　文学の寺建福寺

「四里の道は長かった。その間に青縞の市の立つ羽生の町があった」ではじまる田山花袋の小説『田舎教師』。主人公の林清三のモデルとなった小林秀三の墓がある建福寺(曹洞宗)は、羽生駅前通りの最初の交差点を右折し、まもなくの右手にある。作中では成願寺という名で登場する。群馬県館林で生まれた田山花袋は、1899(明治32)年、詩人の太田玉茗の妹里と結婚。玉茗が建福寺の住職になったことから、建福寺滞在が多くなり、そのときに小林秀三の日記に出会う。その日記をもとに、青雲の志をもちながらも21歳でこの世を去った青年教師の心の軌跡を忠実に描いたのが『田舎教師』である。秀三は勤務先である弥勒高等小学校にかようために、1901年から約1年間建福寺に下宿していた。

小林秀三が下宿した建福寺旧本堂内部

山門をはいると右

手に秀三が下宿していたという旧本堂がある。本堂内には秀三の肖像写真と，秀三の教え子小林三季が描いた8枚の「田舎教師絵巻」が掲げてある。旧本堂前には，1938(昭和13)年にこの地を訪れた新感覚派の作家横光利一が書き残した「山門に　木瓜咲きあるる　羽生かな」の句碑がある。句碑には，横光利一とやはりこの地を訪れた新感覚派の川端康成，片岡鉄平の名がきざまれている。句碑の前から墓域にはいると，突き当たりに小林秀三の墓と小杉放庵の「田舎教師」文学碑がある。秀三が勤務していた弥勒高等小学校は，建福寺から東へ5kmほどの現在の弥勒地区にあったが，1909(明治42)年に廃校になり，その跡地には秀三を慕った卒業生たちによる「田舎教師由緒之地」の碑と，郷土の彫刻家法元六郎が1977(昭和52)年に制作した田舎教師の像が，今はない小学校をみまもっている。

　主人公の林清三が思索のためによくいったのが，建福寺の北西3kmほどにある勘兵衛松(県天然)である。この松並木は1628(寛永5)年江戸幕府3代将軍徳川家光が日光社参のおりに，関東郡代大河内金兵衛がその家臣勘兵衛に命じて植えさせたものといわれる。この松並木をすぎると，まもなく利根川の昭和橋に着く。土手をのぼりきったところが川俣関所跡(県旧跡)である。川俣関所は，中山道鴻巣宿(鴻巣市)から忍城下(行田市)を経由して日光に至る，日光裏街道の利根川の渡船場に設けられた関所である。この関所は忍藩が1610(慶長15)年以来，明治維新まで番士に警護させてきた。その警護にあたった佐藤・石川両家に「川俣関所関係文書」(県文化)と関所用具が所蔵されている。

　もう1つ，『田舎教師』冒頭にでてくる「青縞」は経・緯ともに藍でそめた綿糸で織った木綿平織のことで，江戸時代中期に羽生・加須・忍などの市で売買され，野良着や足袋に使われた。武州藍染技術(県文化)は，紺屋職人とよばれ，その技術者としての認定をうけた中島紺屋が現在も伝統技術の保存につとめている。建福寺から南西2kmほどの小松地区の藍染ふるさと資料館では，気軽に藍染めを体験することができる。

　羽生市北部，利根川をみおろす台地のうえに村君古墳群がある。その代表的な1つに，永明寺(真言宗)にある前方後円墳の永明寺古

墳がある。墳頂前方部には文殊堂が，後円部には薬師堂がひっそりとたっている。薬師堂には「貞治六(1367)年」銘のある木造薬師如来坐像と鎌倉中期の銅造阿弥陀如来立像(ともに県文化)などがある(ともに埼玉県立歴史と民俗の博物館に寄託)。

田中正造の墓 ⑨
0280-62-2021(加須市立北川辺西小学校)

⟨M▶P.242⟩　加須市麦倉1189
東武日光線柳生駅 🚶20分

足尾鉱毒事件の闘士田中正造ゆかりの地

利根川と渡良瀬川にはさまれた北川辺町，この輪中の町の歴史は，水害との闘いであった。今でも町内を歩くと，水塚とよばれる土盛りのうえにたてられた古い家屋を目にする。またこの地は万葉の時代には，一面に葦原の広がる湿地帯で，武蔵国・下総国・下野国のどこにも属さぬ領域として，「まくらが」とよばれていた。『万葉集』にも，「麻久良我の　許我の渡の　唐楫の　音高しもな　寝なへ子ゆゑに」(まくらがの古河の渡しの唐楫の音が高いように，噂ばかり高いことよ。まだ共寝もしていないあの娘のために)など3首の歌がみえる。東武日光線新古河駅から南東へ3分ほどの鷲神社境内に，古河の渡し(県旧跡)としてこの歌を記した歌碑がたつ。

　新古河駅から1つくだった柳生駅より，麦倉方面に歩いて20分ほどの地に，加須市立北川辺西小学校がある。この小学校の敷地内には，足尾鉱毒事件で知られる田中正造の墓がある。

　1887(明治20)年ころから，渡良瀬川に白い腹をみせた魚が浮きはじめ，その流域の稲も枯れ，病みわずらう人がではじめる。その原因が上流の足尾銅山から流れてる鉱毒にあることを，栃木県選出の代議士であった田中正造は，帝国議会で取りあげその解決を訴えた。しかし政府の対策に失望した正造は代議士を辞職し，天皇に直訴しようとする。政府は，鉱毒問題と治水問題をすりかえ，鉱毒被害のひどかった利島・川辺両村(現，加須市)と谷中村(現，栃木県栃木市)を，遊水池として水の底に沈める計画を進めた。正造の指導で

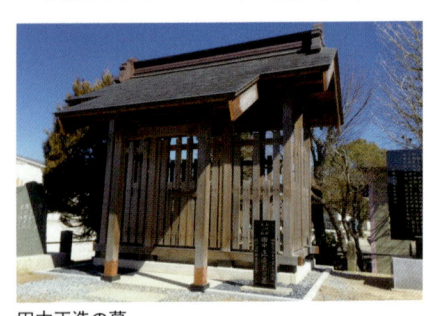

田中正造の墓

村人たちは団結して闘い，北川辺の地は水の底に沈むことを免れたが，遊水池計画は谷中村に集中することとなった。

　北川辺の人たちは，「谷中村食糧工事義捐人夫」の旗を掲げ，正造とともに谷中村の人たちを最後まで支援し，正造を感激させた。こうした正造を慕うゆかりの人びとの要望で，正造の死後その遺骨は北川辺の地にも分骨された。今でもその遺徳をしのび，北川辺では毎年10月4日に，地域の人たちにより法要会が営まれている。

2 日光御成道をゆく

徳川将軍の日光社参のために整備された日光御成道沿いには，一里塚・杉並木などが残り，往時の面影をとどめている。

善光寺 ❿　〈M▶P.243,254〉川口市舟戸1
JR京浜東北線川口駅🚶15分

キューポラのあった街　江戸名所善光寺詣り

　中世鎌倉街道の1つ中道が，日光御成道とされ，川口はその第2宿として繁栄した。

　川口駅東口から右へ，川口本町通りアーチ手前から善光寺通りへはいる。高度成長期，周辺は溶鉱炉の煙突（キューポラ）が乱立する鋳物工場街で，早船ちよの小説『キューポラのある街』が1962（昭和37）年に吉永小百合主演で映画化され有名となった。1980〜90年代，鋳物需要の激減とバブル経済の崩壊で工場閉鎖があいつぎ，今は「埼玉都民」のマンション街へと変貌した。約15分で荒川堤防ぎわの善光寺（真言宗）に着く。1197（建久8）年の創建で南北朝中期以来，善光寺と称された。江戸時代には日本三大善光寺の1つとして信仰され，徳川家の祈願所として朱印状・寺領を拝領した。『江戸名所図会』や歌川（安藤）広重の『名所江戸百景』などには，江戸近郊の名所として荒川河川敷にたつ寺が描かれている。本尊仏の1つ金銅勢至菩薩像（県文化）は鎌倉期の作とされる。

川口の渡し善光寺（歌川広重筆『名所江戸百景』）

川口市の史跡

2003(平成15)年から堤防改修のため全面改築がはじまっている。

善光寺門前から北へ約3分にある川口市母子福祉センターの母屋・離れ・蔵が旧鋳物問屋鍋平別邸(国登録)である。さらに北へ約2分歩くと川口神社の白い石造りの大鳥居がある。鳥居前の道を東へいき、国道122号線角右手の川口市中央公民館の裏手に鋳物資料室がある。戦国時代、岩槻の太田氏につかえた渋江鋳物師の末裔が江戸時代初期に移住し「鋳物の川口」が勃興した。鋳型向きの良質の砂と粘土を荒川・芝川が供給、大消費地江戸の繁栄で鍋・鉄瓶・釜などの日用品生産が発展し、幕末には幕府や諸藩の命令で大砲や砲弾を鋳造した。旧家増田家には、大砲の設計図と、幕府の洋式砲術家高島秋帆が御用鋳物師増田安次郎の技術をたたえた「文久三(1863)年」の褒状が伝わる。

歩道橋で川口本町通を渡り、左手の小道を右折する。正面の錫杖寺(真言宗)は、1648(慶安元)年に御朱印寺領20石を拝領し、歴代将軍の日光参詣の休憩所、鷹狩りの御膳所とされ、真言宗関東七カ寺の1つ。鋳物師長瀬治兵衛守久鋳造の「寛永十八(1641)年」銘の銅鐘(県文化)や江戸城大奥最後の年寄滝山の墓がある。

峯ケ岡八幡神社 ⑪

〈M▶P.243,255〉 川口市峯1304
JR川口駅🚌草加駅西口行(新郷支所経由)貝塚🚶5分

バス停そばの一の鳥居から参道を10分のぼると峯ケ岡八幡神社である。平安初期慈覚大師円仁創建と伝えるが、木造僧形八幡坐像(県文化)胎内には「弘安五(1282)年」銘の願文があった。八幡会館角で峯八幡坂通りを渡り、畑と住宅の間を西へ。左手下の全棟寺の墓地とレストランの駐車場が、県南最大規模の全長75mの前方後円墳高稲荷古墳であった。10分で新郷貝塚(県史跡)のある新郷若宮公園に着く。縄文時代後期の貝塚で3つの貝塚が馬蹄形に点在する。裏から東本郷赤山通りへでて10分、左手に江戸時代以来の農村の魔除け行事(毎年5月24日)を継承する安行原の蛇造りがある。直

原始・古代・近世の生活 信仰跡と植木産地

進10分，左折5分の金剛寺(曹洞宗)に安行苗木開発の祖吉田権之丞の墓(県旧跡)がある。

寺門前を北へ，東本郷赤山通りと峯八幡坂通りを経由し，約600種の植木・観賞用植物が栽培・研究される埼玉県植物振興センターに着く。周辺が植木の里安行で，明暦の大火(1657年)後，江戸に植木・苗木をおくり，以来植木産地として繁盛した。

峯ヶ岡八幡神社周辺の史跡

赤山城跡 ⑫

〈M▶P.243,255〉川口市峯・安行・赤山
埼玉高速鉄道戸塚安行駅 🚶 15分

埼玉県花と緑の振興センターから南西5分で東本郷赤山通り，右折6分で赤山街道，渡った奥が関東郡代伊奈氏の陣屋赤山城跡(県旧跡)である。伊奈氏は徳川家康の関東入国の際に鴻巣・小室1万石を給され，関八州の天領を統括，3代忠治が赤山7000石を拝領し，小室から赤山に陣屋を移した。

赤山街道へでて北東へ，外郭環状道路(国道298号線)の下で左折，7分で西福寺(真言宗)に着く。中興の僧鏡胤が1690(元禄3)年に観音堂を再建したのちに西国・坂東・秩父の札所観音を勧請し百観音と名づけた。以来参詣者が急増。三重塔(県文化)は高さ23m，3代将軍家光の長女千代姫が奉建した。

「赤山街道」のルーツと百観音札所

鳩ヶ谷宿 ⑬

〈M▶P.243,255〉川口市
鳩ヶ谷本町・桜町ほか
埼玉高速鉄道鳩ヶ谷駅 🚶 10分

国道122号線沿いの鳩ヶ谷駅から西へ進み，用水沿いの道を左折，第二産業道路を渡り約3分で真光寺(曹洞宗)の旧寺門に着く。この本堂が鳩ヶ谷宿の本陣船戸家の建物で，昭和初期に本町から移築された。

鳩ヶ谷宿の史跡

日光御成道をゆく　255

鳩ヶ谷駅に戻り国道122号線を東に渡り、見沼代用水と旧鳩ヶ谷市街地をつらぬく御成道が交差する吹上橋へ向かう。御成道沿いにのぼるとすぐ左手の石造りの広場に、大きな日光御成道の案内板とからくり時計がある。この向かい側の小路の奥が本陣跡である。信号2つ目の右手角、鳩ヶ谷商工会館ビル奥に川口市立文化財センター分館郷土資料館がある。北上し、埼玉りそな銀行前のT字路のさき左側が、不二(富士)講中興の祖小谷三志居宅跡(県旧跡)だが、案内板などはない。ゆるやかな上り道を4分ほど進むと五叉路にでる。いちばん右側の道をはいった正面が地蔵院(真言宗)で、本堂左手の木立の背後の墓地に自然石を2つ重ねた、小谷三志の墓がある。

御成道沿いに発展した町並みが今も残る

大門宿の史跡

大門宿本陣・脇本陣の長屋門が残されている

大門宿表門

大門宿 ⓮

〈M▶P.243,256〉 さいたま市緑区大門
JR武蔵野線東川口駅🚃浦和駅行美園局前🚶2分

御成道沿い美園局前バス停から北西へ約2分、右側の大門宿本陣表門(県史跡)は、本陣会田家が1694(元禄7)年にたてた茅葺きの長屋門で、すぐさきの左側には脇本陣の会田家の通称「赤門」がある。道沿いの東北道手前に、徳川家康から寺領30石を拝領した大興寺(真言宗)がある。東北道をこえ約15分、辻バス停さきの脇道を左折して10分で国昌寺(曹洞宗)である。菊の大紋

不二(富士)講中興の祖・小谷三志

コラム

5〜10万人の信者を集め二宮尊徳とも親交

富士講は、戦国時代末に角行行者が、戦乱をおさめ民の苦難を救おうと富士山にこもり、富士山神霊の啓示で創始した民間信仰である。江戸中期には数派に分裂し、関東地方を中心に普及した。しかし、大半は災厄のがれや病気平癒を祈る加持祈禱と富士登山が中心となっていった。

小谷三志は1765(明和2)年、鳩ヶ谷宿で累代の麴屋河内屋小谷家の長男に生まれた。中世以来浅間神社がまつられ富士信仰が根づいていた鳩ヶ谷宿で、河内屋庄兵衛(三志)は30代末には富士講鳩ヶ谷講の主先達となり禄行三志を名乗った。三志は、師の参行禄王や先師の食行身禄の書簡・文書から教理を体系化し、日常生活のなかでまもるべき教えとして、家内和合・家業励行・質素倹約・余財供与・公共事業への無償奉仕など、人生の目的を世のため人のためにつくすことと説き、実践運動を展開した。富士講8世の教統をついだ彼の教え「二つなき道」を学び実践する結社「不二孝(のちに不二道)」は、関東から中部・近畿・山陽・九州に広まり、5〜10万人もの信者を集めた。三志は後援者の仲介で公卿らとも交際し、仁孝天皇から紫衣を下賜された。篤農家の二宮尊徳とも親しく交わり、報徳思想の形成に大きな影響をあたえたという。

三志没後も組織は拡大したが、明治政府の神仏分離と神道国教化で、不二道は国策にしたがい神道へ移行した実行教と、三志の教えに殉じた不二道孝心講とに分裂した。鳩ヶ谷中心の不二道孝心講は、社会奉仕団体となるが、完全な無償奉仕で弱体化し、第二次世界大戦後に消滅した。

つき山門は伝左甚五郎作の竜の彫刻の伝説から「開かずの門」とよばれる。

御成道に戻り、代山の浦和学院高校内のシラサギ記念自然史博物館と寺山T字路さきの坂下左のさぎ山記念公園にいこう。見沼田んぼ開発期の享保年間(1716〜36)からシラサギが集団営巣し野田の鷺山とよばれたが、高度経済成長期に環境汚染でシラサギは姿を消した。公園前から北へ約25分で膝子の一里塚。一里塚から20分ほどで七里に至る。七里から北へ約1時間いくと岩槻宿に達する。

遷喬館と時の鐘 ⑮⑯

〈M▶P.242,259〉 さいたま市岩槻区本町4-8-9
東武野田線岩槻駅 🚶 7分

岩槻駅をおりると、人形店が多数軒を連ねている。「人形の街」

時の鐘

「人形の街」岩槻、城下町の面影も残る

として全国的にも有名な岩槻は、3月・5月の節句前には人形を買い求める客で賑わう。人形製作の始まりは、日光東照宮造営に参加した工匠に始まるなど諸説があり、あきらかではない。岩槻人形が発展するのは昭和にはいって、とくに第二次世界大戦後のことである。

駅前通りを約100m進み交差する大きな通りが、日光御成道である。交差点を南におれて進むと、左手に1930(昭和5)年建設の旧岩槻警察署(国登録)があり、現在さいたま市立岩槻郷土資料館として利用されている。考古・歴史資料や岩槻藩士児玉南柯の遺品などがある。

郷土資料館から岩槻駅方面へ200mほど戻り、狭い路地を西にはいったところに芳林寺(曹洞宗)がある。墓地内に5代岩槻城主太田氏資(資房)の、高さ1.14mの宝篋印塔がある。1871(明治4)年、岩槻に県庁がおかれた際、1841(天保12)年建立の本堂は、わずか40日間ではあるが、仮庁舎となった。

御成道を戻り、北へ武家地の連なる小路の1つ、裏小路にはいる。歩いてほどなく右手の茅葺きの質素な平屋が、遷喬館(県史跡)である。1799(寛政11)年、児玉南柯が当初私塾として創設し、1820(文政3)年藩主大岡忠固が南柯の功績をたたえて藩学所とした。県内に残る唯一の藩校である。南柯の前半生は藩政をまかされ、後半生はこの遷喬館で藩士の子弟教育に専念した。その教えは文武両道を旨とし、館内に武芸稽古所も設立した。彼の45年間にわたる日記と著述は、当時の状況を知る貴重な資料である(県文化,埼玉県立文書館保管)。

遷喬館から裏小路を東に500mほど直進すると、小路のつきあたったところ左手に「岩槻にすぎたるものが2つある。児玉南柯と時の鐘」とうたわれた時の鐘がある。1671(寛文11)年に鋳造され、ひびがはいったため1720(享保5)年に改鋳された。明け六つ(午前6時ごろ)と暮れ六つ(午後6時ごろ)の毎日2回、その美しい音色が9里四方にまで響き渡ったという。

日光道中

時の鐘の通りを北に向かう。先の交差点をそのまま200mほど進んだ右手の浄安寺に，児玉南柯の墓がある。本堂裏左手には南柯が藩主忠固から賜った「さざれ石」がある。寺にはほかに岩槻藩初代藩主高力清長の墓，家康の6男忠輝の嫡子徳松と母見性院の墓や供養塔などもある。

　岩槻市街地は，大宮台地が舌状の地形を形成している一部にあたり，その縁辺に多くの縄文時代の遺跡が存在する。岩槻駅から南東方向約2kmの城南3丁目に，縄文時代晩期の真福寺貝塚(国史跡)が保存されている。

岩槻城跡 ⑰ 〈M▶P.242,259〉 さいたま市岩槻区太田1ほか
東武野田線岩槻駅 🚶 20分

太田道真・道灌築城
白鶴城とよばれる

　岩槻駅の北方約1km，旧国道16号線を春日部方面に進むと，左手前に市民プールと中央公民館がある。この周辺が江戸時代の岩槻城の中枢部であるが，当時の面影を残すものはなにもない。この交差点から南方面にこんもりとした森がある。その一帯(新曲輪・鍛冶曲輪)が，現在，岩槻城跡(県史跡，岩槻公園，通称お林公園)として，保存・整備されている。

　岩槻城は，城の背後を北から南に元荒川(旧荒川)が流れる。大宮台地の舌状地中央部にある本丸を中心に，二の丸・三の丸・その他の曲輪からなり，曲輪と曲輪の間には土塁と空堀がめぐり，周囲の沼地と元荒川を天然の堀とした。

　初期の岩槻城は，1457(長禄元)年，扇谷上杉家の家宰であった太田道真が，子の道

岩槻区中心部の史跡

日光御成道をゆく

岩槻城黒門

灌とともに築城したといわれる。当時関東の支配をめぐり，鎌倉を拠点とする関東管領の上杉氏と，古河による古河公方足利成氏が対立しており，上杉勢の軍事拠点として築城された。

　1564(永禄7)年，家督争いから太田氏資が敵対していた北条(後北条)氏に走り，1567年，北条氏政は次男氏房を，氏資の娘小少将の婿として岩槻城にいれ，北条氏の支配がはじまった。1588(天正16)年の「北条氏房文書」に「大構」の文字がみえる。古地図によれば，大構は，城郭・小路・城下町のすべてを囲い込み，全長7km余におよぶ，高さ約4m・幅約8m，外側に堀をめぐらす土塁であった。現在は，岩槻駅付近の愛宕神社などにわずかに残るだけである。

　1590年，豊臣秀吉の関東進出の結果，小田原城とともに岩槻城も落城した。関東にはいった徳川家康は，有力家臣の高力清長を岩槻城にいれ，その後も有力譜代大名を城主とした。江戸幕府後半の約120年間は大岡氏がおさめ，明治維新を迎えた。

　築城当時の城の規模はあきらかでない。道灌の築城伝説によれば，2羽のタンチョウヅルが飛来したことから，白鶴城ともよばれたという。公園内の白鶴城記念碑にその由来が記されている。自然の地形を利用した高い土塁と深い空堀や馬出しが樹木におおわれ，城跡の雰囲気をかもしだしている。公園内には，岩槻城の城門と伝えられる黒門や1770(明和7)年につくられた裏門が移築保存され，中央の池には八ツ橋がかけられている。園内は市民の憩いの場になっており，とくにサクラの季節には多くの市民で賑わう。

　市民プールのほうへ戻り，交差点を直進した宮町に久伊豆神社がある。欽明天皇の代に出雲の土師連が創建したと伝える。広い境内には樹齢300年といわれる大サカキ(県天然)をはじめ，シイ・クスノキ・ケヤキなどの樹木がしげる。

日光道中

慈恩寺本堂

慈恩寺 ⑱
048-794-1354
〈M▶P.242,259〉さいたま市岩槻区慈恩寺137
東武野田線豊春駅🚶20分

　豊春駅から道なりに西へ向かうと、坂東12番札所である慈恩寺（天台宗）がある。平安時代初期、慈覚大師円仁の開山と伝える。寺号は、円仁が学んだ唐の大慈恩寺と、風景が似ているところから命名されたといわれる。1549（天文18）年の岩槻城主太田資正の書状に、「慈恩寺は本坊四十二坊新坊二十四坊」とあり、当時大寺であったことが知られる。江戸時代には、徳川氏や累代の岩槻城主から保護をうけ、寺領100石の朱印寺であった。境内には、江戸後期建立の本堂手前に、1589（天正17）年に、太田氏の家臣伊達与兵衛房実が寄進した南蛮鉄灯籠がある。

　寺の南、低地をはさんだ丘上に玄奘三蔵の霊骨塔（十三重塔）がたっている。1942（昭和17）年南京を占領中の日本軍によって発見され、その後南京政府から贈られたという頂骨の一部がおさめられている。

> 慈覚大師円仁開山の坂東12番札所

黒浜貝塚 ⑲
〈M▶P.242,263〉蓮田市黒浜1887・1888ほか
JR宇都宮線蓮田駅🚶20分

　蓮田駅東口から線路に沿って北東に歩くと、東北自動車道をこえる橋の手前左手に小さな林がある。ここが黒浜貝塚（国史跡）で、縄文前期の指標土器である黒浜式土器の出土地である。この辺りは縄文時代には奥東京湾の海岸線であった。同じく縄文前期の指標土器の１つ関山式土器が出土した関山貝塚も、元荒川をはさんだ反対側の綾瀬川を西にみおろす場所にある。

　蓮田駅から国道122号線を3.5kmほど北上すると、閏戸の交差点がある。この東側が貝塚という地名で、交差点から600mほど東に貝塚神社があり、境内に貝殻が散乱している。ここが綾瀬貝塚（県史跡）である。また、閏戸の交差点から県道をすぐ左にまがると、愛宕神社がある。ここで、毎年豊作を祝う閏戸の式三番（県民俗）

> 縄文前期の指標土器・関山式土器

日光御成道をゆく

という舞が奉納される(10月第2土曜日)。

愛宕神社から県道を1kmほど北上し右折すると、蓮田市郷土資料館がある。ここには円空仏(えんくうぶつ)(蓮田市内に二十数体残されている)や、関東では珍しい手焙形土器(てあぶりがたどき)(弥生時代後期～古墳時代初頭)、閏戸三番の資料などが展示されている。

寅子石(とらごいし) ❷ 〈M▶P.242,263〉 蓮田市馬込(まごめ)2795
JR宇都宮線蓮田駅🚌大宮駅・大宮車庫行関橋🚶3分

蓮田駅東口から県道を南下し、埼玉県立小児医療センターを左にみてつぎの信号を右折すると、左手の田んぼのなかに小さな墓地があり、ひときわ大きな板石塔婆(いたいしとうば)(県文化)がみられる。高さ4mで、県内で2番目に大きい板碑で、正面には「南无阿弥陀仏(なむあみだぶつ)」と大きくきざまれている。碑文によると、1311(延慶(えんきょう)4)年に唯願法師が親鸞(しんらん)の高弟である真仏法師(しんぶつほうし)の供養(くよう)のためにたてたものであるが、長者の1人娘寅子が器量よしで縁談がひきもきらず、胸を痛めた寅子がみずから命を絶ったため、近在の若者が供養塔をたてたという言い伝えがあり、地元では寅子石とよばれている。

蓮田駅東口から県道を東へ進み、川島橋(かわしま)で元荒川を渡って道なりに進み、左手に少しはいったところに住宅団地がある。ここは鎌倉時代末期につくられたとされている江ヶ崎城跡(えがさき)(県旧跡)で、団地の東側に空堀の跡がわずかに残っている。城主は新羅三郎義光(しんらさぶろうよしみつ)の子孫もしくは家臣、または武蔵七党(しちとう)の1つ野与党の鬼窪尾張守繁政(おにくぼおわりのかみしげまさ)という説もある。

蓮田市内を北から南に流れている見沼代用水(みぬまだいようすい)は、柴山の伏越(ふせこし)で元荒川を、また瓦葺きの伏越で綾瀬川(かわらぶき)をそれぞれくぐっている。瓦葺き伏越は、1960年代まで掛渡井(かけとい)(掛樋)という川のうえをとおす方法だった。江戸時代中期の見沼代用水のもっとも困難な工事であり、当時の土木技術

板石塔婆(寅子石)

高さ4mの板石塔婆
見沼代用水の伏越

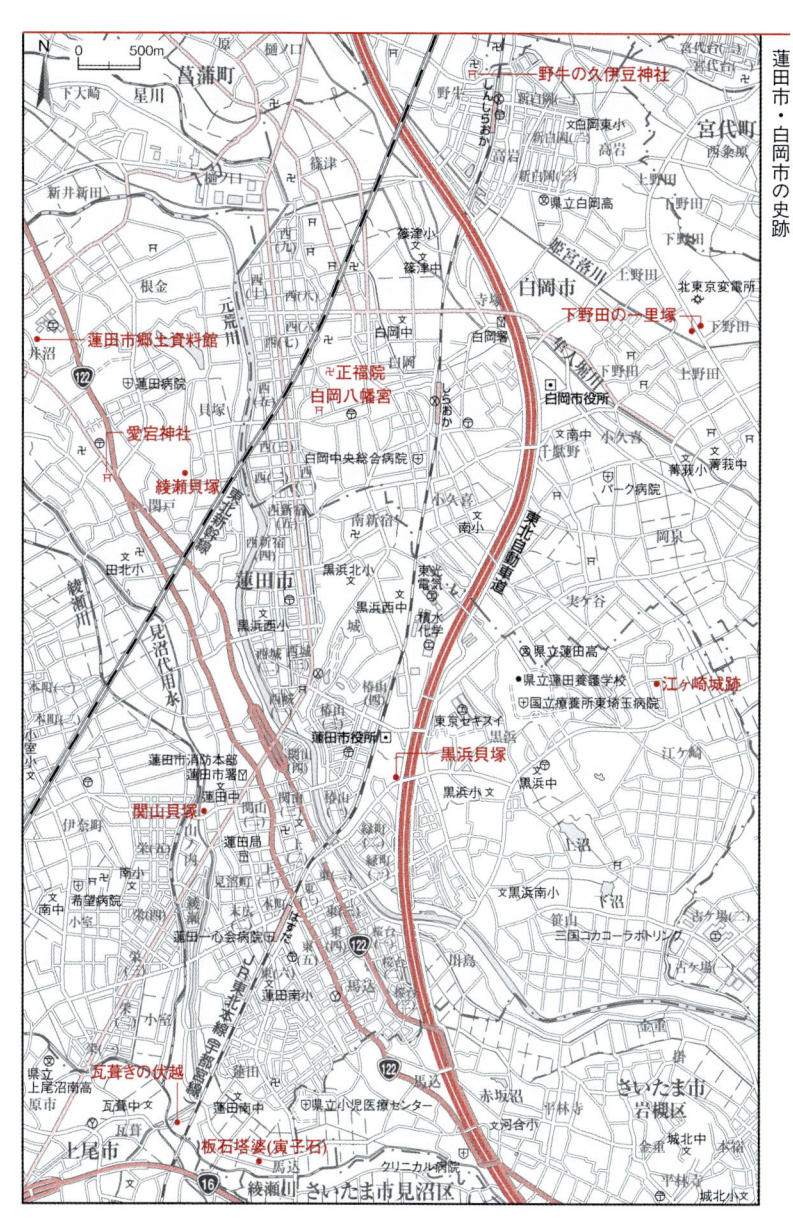

の高さを示している。

新井白石と久伊豆神社 ㉑

<M ▶ P.242,263> 白岡市野牛
JR宇都宮線新白岡駅 🚶 5分

新白岡駅東口をでて，線路沿いに久喜方面へ200m進み，最初の踏切を渡るとほどなく右側に野牛の久伊豆神社がある。社殿正面に掲げられた扁額は野牛村領主の新井白石が奉納したものである。額中の「久伊豆」の文字は1711(正徳元)年に来日した朝鮮通信使の李礥(号東郭)が白石のために書いたものである。

白石は上総久留里藩の藩士であったが，1709(宝永6)年甲府藩主徳川綱豊が6代将軍家宣となって侍講に任命され，側用人の間部詮房とともに「正徳の治」とよばれる諸改革にあたった。このとき野牛村など3カ村500石が宛てがわれ，明治維新まで新井氏の知行地となった。白石は野牛領民の訴えで，低湿地を，溝渠を掘って改良した。耕地は良田となり収穫も増加したので，村民はこの堀を「白石堀」「殿様堀」とよんだという。この堀は神社脇の道路から右手につうじるが，現在は暗渠となっている。

新白岡駅隣の白岡駅西口から白岡公園に向かって15分の地に，白岡八幡宮がある。849(嘉祥2)年慈覚大師円仁によって創建されたと伝えられ，1195(建久6)年には源頼朝の命で鬼窪氏を奉行として社殿を造立した。八幡宮入口の鳥居を左折し5分ほどで，正福院(真言宗)がある。白岡八幡宮の別当寺として，849年に建立された。境内には中世の年号のある宝篋印塔や五輪塔などがある。

新白岡駅から，菁義もしくは岡泉経由で3kmほどの地に下野田の一里塚(県史跡)がある。これは日光御成道沿いに築かれたもので，江戸日本橋から42.9km，11番目の塚にあたる。日光御成道は，道中奉行の支配管理の下に塚や杉並木も保護されてきた。しかし第二次世界大戦中の乱伐

下野田の一里塚

新井白石の知行地
御成道の一里塚

や戦後の道路拡張などで，今日では昔日の面影はない。街道の両側に塚がある一里塚としては県内唯一である。

西光院とその周辺 ㉒
0480-34-6278
〈M ▶ P.242,265〉 南埼玉郡宮代町東410
東武伊勢崎線姫宮駅 🚶 15分

姫宮駅西口からまっすぐ進んで突き当りを左へまがり，最初の信号を右におれて進むと，つぎの信号付近が西光院(真言宗)である。奈良時代の僧行基の草創と伝えられる古刹である。1176(安元2)年作の木造阿弥陀如来及両脇侍像(国重文)は，当地域の平安時代の信仰を物語る。東京国立博物館に保管されているが，阿弥陀如来像の複製は西原の宮代町郷土資料館でみることができる。境内には1367(貞治6)年や1742(寛保2)年の宝篋印塔，さらに板碑などもあり，探し歩くのも楽しい。

木造阿弥陀如来像
定朝様式を伝える

西光院と道を隔てた南側に五社神社がある。熊野三社・白山・山王の五社を，一棟に等間隔にあわせまつることからその名がある。本殿(県文化)は，文禄・慶長期(1592〜1615)の形式を伝えている。蟇股には，少しみえにくいが牡丹・竜・孔雀・鳳凰・虎・猿などの彫刻がみごとである。祭神は天之忍穂耳命ほか7柱である。

つぎに姫宮駅の隣の東武動物公園駅西口から東武動物公園方面に歩いてみよう。道が右にカーブしてつぎの信号を左折する。笠原小学校を左にみながら道なりに進むと，やがて左手に池がみえる。池の

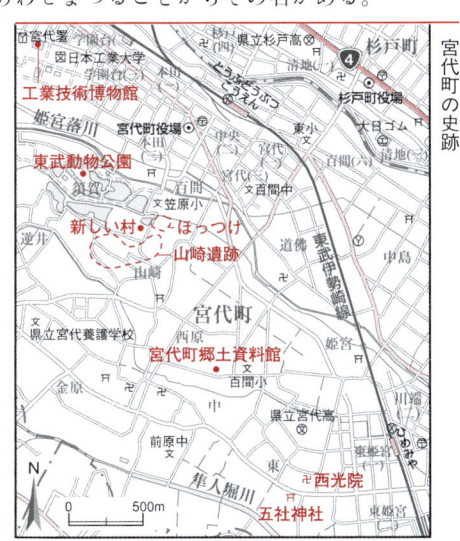

宮代町の史跡

日光御成道をゆく

反対側の細長い田んぼが「ほっつけ」である。享保年間(1716〜36)、笠原沼を新田開発する際に沼底をさらに掘り、そこから得られた土を周囲に盛りあげることで耕作面を高くしたものである。先人の努力は隣の新しい村に引きつがれている。市民と協力しての農地保護を目的に設立されたもので、さまざまな事業を展開している。

新しい村からさらに進む。小高い地域一帯が縄文時代早・中・後期の遺跡山崎遺跡である。このほか西原自然の森敷地内の宮代町郷土資料館では、地域の歴史がよくわかる。学園台の日本工業大学構内の右手奥には、工業技術博物館がある。日本の産業の発展に貢献した機械類(うち178点が国登録)を動態保存し展示している。

３ 日光道中の町々

草加宿から日光道中(日光街道)を北上して栗橋宿に至るこの地域は、都市化が進むが、各所に宿場の面影をとどめている。

富士浅間神社 ㉓

〈M▶P.243, 267〉 草加市瀬崎町500
東武伊勢崎線谷塚駅 🚶 4分

富士信者によって再建された本殿

谷塚駅から東へ200m、旧日光道中(県道足立越谷線)にでると、富士浅間神社がある。江戸時代から続く富士講(富士山を信仰・参拝する組織)の拠点である。本殿は1842(天保13)年に富士講信者が再建、境内にはその中心となった晒業者の碑がある。また奥には、富士信仰を示す富士山(ミニチュア)が築かれている。

そこから旧街道を北へ100mほどいくと、徳川将軍が鷹狩りのため現在の足立区花畑からかよった花又道が東に向かってのびている。さらに北へ400mほどいくと、火あぶり地蔵がある。この地の長者に奉公していた千住宿の親孝行な娘が、母の大病の報に帰宅を願いでたが許されず、思い悩んだ末長者の家に放火する。その罪で火刑になった娘の供養のた

浅古家の地蔵堂

草加宿 ㉔ 〈M▶P.243,267〉草加市高砂1・2, 住吉1, 神明1
東武伊勢崎線草加駅 🚶 5分

日光道中2つ目の宿場 名物草加煎餅

日光道中2つ目の宿である草加宿は，1630(寛永7)年に近隣9カ村の協力によって開かれた。それまでの千住・越谷間は，現在の中川・元荒川沿いの迂回ルートだった。

草加駅から駅前通りを旧道との交差点で右折し少しいくと，市役所をはさんで豪商浅古家の蔵造りの建物と邪神を防ぐ境神でもある地蔵堂がある。設立者の大和屋浅古半兵衛は，幕末に江戸に進出し全国第8位の質屋を経営するほどであった。旧道を北へ戻り交差点をさらに北へいくと草加宿起点の石碑がある。1911(明治44)年にたてられ，草加宿より千住・越ヶ谷・浦和・栗橋へのそれぞれの距離が尺単位できざまれている。

旧道から東武伊勢崎線に沿って北へいくと，草加小学校敷地に大正時代にたてられた県下初の鉄筋コンクリート校舎を改修した草加市立歴史民俗資料館(国登録)がある。県内最古で5300年前の縄文時代の丸木舟，毛長川左岸の西地総田遺跡の出土物，板碑，宿開設者大川図書の末裔「中の大川」邸の復元模型などが展示されている。

草加市中心部の史跡

日光道中の町々

百代橋からみた草加松原

草加松原 ㉕

〈M▶P.243,267〉草加市栄町1～3
東武伊勢崎線松原団地駅🚶3分

日光道中の松並木沿いに遊歩道が整備される

　草加駅前通りから旧道にでて道沿いの神明2丁目にある綾瀬川にかかる六丁目橋を渡ると，望楼や松尾芭蕉像がある札場河岸公園である。札場河岸は，禁令や法令などが書かれた高札があったことから名づけられた。慶長年間(1596～1615)につくられ，現在は石組みが復元されている。綾瀬川にはこのほか魚屋河岸があり，草加宿は舟運によってささえられていた。一説によれば江戸までの舟運が本格化したのは江戸後期で，1899(明治32)年の東武鉄道開設まで栄えた。

　綾瀬川沿いに南東にくだると，草加松原のある甚左衛門堰(県文化)がある。1894(明治27)年に建設されたレンガ造り水門で，建設当時の形状を保ち，横黒煉瓦(両面焼きレンガ)という古い型式の材料を使用している。草加松原は，六丁目橋から栄町3丁目までの約1.5kmで，マツが植えられたのは江戸時代前期から中期ごろである。松並木の長さは参勤交代での大名行列の長さを基準にしたといわれている。松並木一帯は整備され，遊歩道で矢立橋・百代橋などのモニュメントをたどり，『奥の細道』の気分にひたることができる。

茶屋通りとその周辺 ㉖

〈M▶P.243,267〉草加市旭町2・越谷市蒲生町ほか
東武伊勢崎線松原団地駅🚶5分

日光道中筋に現存する唯一の一里塚

　草加松原をぬけたさきの，綾瀬川右岸沿いの道が茶屋通りとよばれ，蒲生本町まで続いている。街道や河岸に集まる人びとを相手に店がたち並び，草加側を出茶屋，蒲生側を下茶屋と称していた。蒲生大橋を渡ると，右手に蒲生の一里塚(県史跡)がある。県内の日光道中筋に現存する唯一のもので，1806(文化3)年に幕府が編纂した

268　日光道中

草加煎餅

コラム

醬油の香りと手焼きの味わい

「煎餅干す　日影短し　冬の町」（正岡子規）、「草紅葉　草加煎餅を　干しにけり」（水原秋桜子）などと詠まれた草加煎餅は、草加の代名詞である。現在でも60軒以上の製造所や販売所がある。

伝説では、街道沿いの茶店の「おせん」という女性が売れ残りの団子の処分に困っていると、通りがかりの武士から「団子をつぶして天日干しにし、焼餅にしたらどうか」との示唆があり、実践したところ好評で名物になったという。参勤交代など、交通が盛んな日光道中ならではのエピソードか。

草加煎餅は、良質の米と豊富な水、醬油の産地下総野田に近いことなどからうまれたのであろう。そして宿場間の距離の長さから間食として、安価で軽量な土産物として需要があり、綾瀬川の舟運をとおして江戸にもちこまれた。

市内には店舗ばかりでなく、旧道沿いの神明1丁目には、おせん茶屋・おせん公園（草加煎餅発祥の地の碑）・六丁目橋（煎餅を焼く職人のレリーフ）にモニュメントがある。また、市文化会館内の伝統産業展示室では、製造過程をパネルや写真で紹介し、手焼き体験もできる（要申込）。

「日光道中分間延絵図」にも描かれている。さらにいくと江戸時代中期につくられ年貢米などを運んだ藤助河岸で、河岸場跡が復元されている。通りを北上して県道足立越谷線に合流する手前に、清蔵院（真言宗）がある。1638（寛永15）年建立の山門は、日光東照宮造営を担当した工匠の作とされる。欄間をかざる竜の彫刻は金網におおわれている。この竜が夜ごとに脱けだし畑を荒らすため、金網でふさいだという伝説によるものである。

新田駅より東へ草加公園通りをいき、葛西用水沿いに南へ約600mのところに三覚院（真言宗）がある。ここの格天井板絵（県文化）は尾形光琳の流れをくむ酒井抱一の養子鴬蒲の作で、四季をあらわす草木画など25枚が天井にはめこ

蒲生の一里塚

日光道中の町々　269

まれている(非公開)。

　新田駅より線路沿いに南へ約200mいくと旭天満宮がある。境内には縁起碑銘があり、江戸時代初期の新田開発者の事蹟がきざまれている。この付近は駅名に示されているように開墾地であった。

　駅より線路沿いに北へ約500mいくと宝積寺(真言宗)がある。江戸時代後期の木造千体地蔵があり、地蔵菩薩が分身したさまを造形化したものである。さらに道なりに200mほどいくと旭神社(氷川神社)がある。毎年10月中旬に豊作と悪疫退散を祈願し、注連縄で大蛇をつくり鳥居に奉納する蛇ねじりが行われる。

見田方遺跡と大聖寺 27 28
048-986-4640(大聖寺)

〈M ▶ P.243,271〉越谷市レイクタウン8-2・相模町6-442
JR武蔵野線越谷レイクタウン駅、または東武伊勢崎線越谷駅🚌吉川車庫行不動前🚶すぐ

徳川家康が鷹狩りで宿泊した大相模不動尊

　越谷市域を北西から南東へと貫流する元荒川流域には、史跡・文化財が点在している。そして四丁野・三丁野・四条・大里・間久里などの条里制の地名が残っている。

　越谷レイクタウン駅北口の広場には、古墳時代後期の集落跡である見田方遺跡があり、史跡公園となっていたが、駅開業に伴い埋め戻され保存されている。大相模調節池の西岸を15分ほどいくと中村家住宅がある。江戸時代の名主家の居宅を移築し、公開している。

　不動前バス停の北に、徳川家康が鷹狩りで宿泊し、大相模不動尊として親しまれた大聖寺(真言宗)がある。ここには家康使用の夜具、1715(正徳5)年建立の山門と老中松平定信筆の掲額、戦国時代末に後北条氏支配下であったことを示す「北条氏繁掟書」などが残されている。

大聖寺山門

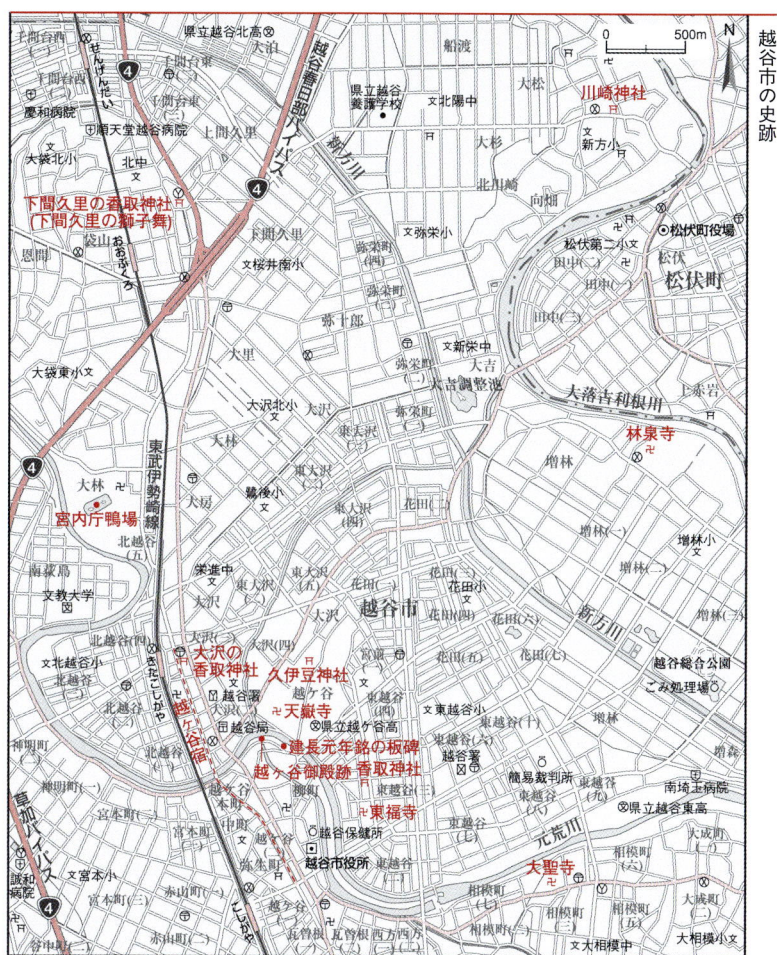

久伊豆神社 ㉙	〈M ► P.242, 271〉 越谷市越ヶ谷1700
048-962-7136	東武伊勢崎線越谷駅🚶20分

徳川将軍家が保護　平田篤胤も滞在

　越谷駅東口から越谷市役所を左手にみながら平和橋を渡って少しいくと、高台に東福寺(真言宗)があることがわかる。これは元荒川が形成した自然堤防が砂丘になったものである。同寺には14世紀の弥陀三尊板碑がある。さらに北へいくと、砂丘の連なりに香取神社がある。この付近は下総国新方荘に属し、元荒川は武蔵国との国境だった。祭祀圏もこの東側は香取神社、西側は久伊豆神社に分か

日光道中の町々

平田篤胤の仮寓跡

れている。

　東福寺から元荒川沿いに北へ約500mいくと、久伊豆神社の参道にぶつかる。同社は現在、元荒川左岸に位置するため前述の祭祀圏と矛盾するようだが、1614(慶長19)年の改修による元荒川の流路が変更されたことによる。平安時代末創建と伝えられ、古来武士の尊崇を集め、江戸時代には将軍家の保護をうけた。池畔にあるフジ(県天然)は樹齢約200年といわれる。また国学者平田篤胤の仮寓跡(県旧跡)がある。越谷には篤胤の門人が多く、この地に滞在する機会が多かった。

　久伊豆神社の隣は天嶽寺(浄土宗)である。1478(文明10)年創建とされ、戦国時代には後北条氏の城砦に用いられたと伝えられ、家康・秀忠・家光も狩猟のたびに訪れている。珍しい2階建ての山門、江戸時代前期の木造釈迦如来涅槃像、地元出身の俳人で方言学の祖である越谷吾山の供養墓石と句碑がある。

　天嶽寺から西方へ宮前橋を渡り右折、川沿いにさかのぼると「建長元(1249)年」銘の板碑がたっている。高さ155cmで阿弥陀一尊の種字がきざまれている。元荒川流域は板碑の分布が多い。川沿いの道をさらにいくと徳川将軍家の越ヶ谷御殿跡がある。1604(慶長9)年増林にあったものをここに移した。越谷には当時御鷹場があり、鷹匠橋という名も残る。こうした鷹狩りと民情視察のための施設として存在したと思われる。

越ヶ谷宿 ㉚

〈M▶P.243,271〉 越谷市越ヶ谷1〜大沢3
東武伊勢崎線越谷駅、または北越谷駅 3分

県鳥シラコバトが生息する水郷の宿

　越ヶ谷宿は、元荒川をはさんで南側の越ヶ谷町と北側の大沢町による合宿で、周辺の村民の移住により成立した。また瓦曽根の溜井や河岸など、灌漑・水運にささえられた水郷の宿であった。

　北越谷駅から旧日光街道を南へ100mほどいくと大沢の香取神社がある。この神社は大沢の総鎮守で、宿成立ののち寛永年間(1624

〜44)に周辺の村より移された。

大沢の香取神社から旧日光道中を北上し、東武線の高架をぬけ約500mいくと宮内庁鴨場(御猟場)である。もとは幕府と紀州藩の鷹場で、現在の鴨場は1908(明治41)年の開設。面積1万2000㎡余の鴨池を中心に約11万7000㎡ある。一般の立入りは禁止。旧道をさらに北へ2kmいくと、下間久里の香取神社がある。毎年7月15日の例大祭に行われる下間久里の獅子舞(県民俗)は、3頭立ての獅子が村をまわり、深夜におよぶ。

元荒川左岸に沿って東へいった増森の小島家慈光庵には、1575(天正3)年の廿一仏板石塔婆(県文化)がある。二十一仏の種字をきざんだ板碑は、サルを神使とする山王二十一社権現の信仰と庚申信仰が習合したもので、全国に39基しか確認されていない珍しいものである。

せんげん台駅から西に3.5kmほどの元荒川右岸に浄山寺(曹洞宗)がある。本尊の木像地蔵立像(国重文)は9世紀の作と推定され、県内最古の仏像である。

ここから北西約2kmの増林の林泉寺(浄土宗)に「嘉元二(1304)年」銘の木造伝正観音菩薩坐像(県文化)がある。この付近には県鳥のシラコバト(国天然)が生息している。ここから約2km北の北川崎に伝わる川崎神社の虫追い(県民俗)は7月24日に行われる。

粕壁宿 ㉛

〈M▶P.242,275〉春日部市粕壁1・2、粕壁東1〜3
東武伊勢崎線・野田線春日部駅 🚶 5分

春日部駅東口から公園橋通りを進むと、旧日光道中である春日部大通りにでる。国道4号線の一宮交差点から新町橋西交差点までの約1kmが、かつての粕壁宿である。1843(天保14)年には本陣・脇本陣各1軒、旅籠45軒など戸数773軒を数えた。田村本店前の石の道標は1834年にたてかえられたもので、「西南いハつき(岩槻) 北日光 東江戸右之方陸羽みち」ときざ

田村本店前の道標

まれている。古利根川にかかる春日橋たもとの稲荷神社は碇神社ともいう。境内にそびえたつ推定樹齢600年、高さ12mのイヌグス(県天然)は、かつて古利根川を行き交う舟の格好の目印であった。

春日部大通りを北に進んだ新町橋西交差点は高札場があった場所で、田村本店前の道標ももとはここにあった。

東武線をこえる内谷陸橋たもとの春日部市郷土資料館では、市内遺跡からの出土品や粕壁宿の復元模型などを展示している。

最勝院と観音院 ㉜㉝
さいしょういん かんのんいん
048-752-3274・048-752-3870
〈M▶P.242, 275〉 春日部市粕壁3-9-20
東武伊勢崎線・野田線春日部駅🚶10分

春日部駅東口から春日部大通りを北に進み、新町橋西交差点正面の旧寺町にある最勝院(真言宗)には、春日部重行の首塚と伝わる小塚がある。重行は南朝方について足利尊氏と戦い、敗れ京都で自刃したという。境内には東武鉄道開業以前の1893(明治26)年、東京の千住と粕壁とを結んで開業した千住馬車鉄道の終点があった。春日部駅東口から公園通りをさらに進んだ古利根公園橋のたもとには、馬車鉄道のレリーフがある。新町橋西交差点の角にある浜島家住宅蔵(国登録)は、明治前期に座敷蔵として建てられたものである。また、八丁目のめがね橋は1891年に旧倉松落にかけられた4連アーチの樋門で、現存するレンガ造樋門としては県内最古である。

新町橋を渡って左折し、小渕の立体交差点をすぎると国道4号線の左手に、1689(元禄2)年に建立された市内最古の建築物で唯一の楼門(仁王門)をもつ観音院(修験宗)がある。小渕山正賢寺と号し、京都聖護院の末寺になる。7体の円空仏(県文化、埼玉県立歴史と民俗の博物館寄託)が伝わり、5月3〜5日の円空祭で開帳される。いずれも変化に富んだ力作で、とくに聖観音菩薩立

観音院の円空仏

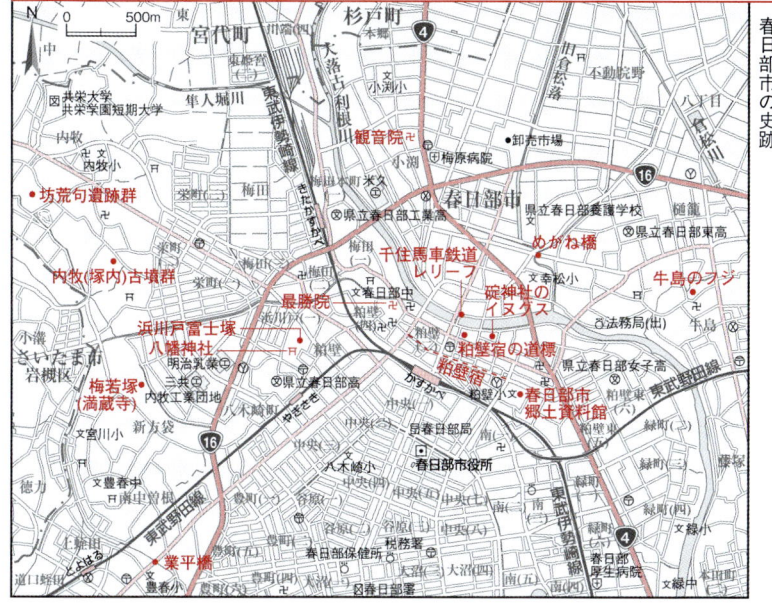

像は総高194cmで、県内最大級の大きさを誇る。また、境内奥には松尾芭蕉の「ものいへば　唇寒し　秋の風」の句碑がある。『奥の細道』は旅の第1夜を草加宿に泊ったとしているが、随行した曽良の日記によると粕壁宿と記されている。文学である紀行文と、記録である日記との違いなのだろうが、行程からみても粕壁での宿泊が妥当であろう。

八幡神社 ㉞
048-752-3430　〈M▶P.242,275〉　春日部市粕壁5597
東武野田線八木崎駅 🚶 5分

春日部氏が元弘年間(1331〜34)に鎌倉の鶴岡八幡宮を勧請したといわれ、社宝の和鏡3面は鎌倉から南北朝期の作である。旧本殿は室町後期の特徴がみられたが、惜しくも1995(平成7)年に焼失した。参道の鳥居にかかる扁額には「新方荘総社」の銘があり、かつては新方領40余郷の総鎮守であったことを示す。鳥居脇には幕末にたてられた都鳥の碑があり、『伊勢物語』の都鳥の故地を春日部の古隅田川にあてる。東下りした在原業平は、隅田川の渡しで都への郷愁から「名にしおはば　いざ言問はん　都鳥　わが思ふ人はありやなしやと」と詠んだという。古隅田川は今では細流となって

日光道中の町々

しまったが，上流の豊春小学校前の県道には業平橋と称する橋もある。なお，八幡神社では10月20日の大祭に，隔年で薪能(たきぎのう)を奉納している。

八幡神社の東隣，八幡公園の一角にある浜川戸富士塚(はまかわどふじづか)は，富士山を信仰する富士講の人びとが江戸時代後期に築造したミニ富士山である。合目石(ごうめいし)を配した高さ8.2mの大きな塚は，関連行事などとあわせて貴重な民衆信仰遺跡である。また，この一帯は浜川戸遺跡とよばれる古墳時代から近世にかけての複合遺跡で，とくに1979(昭和54)年からの発掘調査では，春日部氏の居館跡と推察される堀や建物跡，「弘安(こうあん)六(1283)年」銘のある市内最古の板碑などが出土した。『吾妻鏡(あずまかがみ)』に登場する春日部氏は宝治(ほうじ)合戦で三浦(みうら)氏に味方して一時衰微(そうび)したが，数多く出土した宋・元製の青磁・白磁の破片が館の主の威勢を物語っている。

梅若塚(うめわかづか) ㉟
048-752-0521(満蔵寺)

〈M▶P.242,275〉 春日部市新方袋(にいがたぶくろ)253
東武野田線八木崎駅 🚶15分

謡曲「隅田川」の梅若塚
市内最古の遺跡群

八木崎駅から国道16号線を西の方へ500mほど進んで新方袋の交差点で横断し，工業団地の西側を北へいくと満蔵寺(まんぞうじ)(真言宗)に着く。境内にある梅若塚は，謡曲「隅田川(すみだがわ)」にちなむ供養碑(くようひ)である。平安時代，都の公家吉田惟房(これふさ)の子梅若丸は，人買いにだまされて東国(とうごく)につれだされ，病気になり隅田川のほとりにすてられた。梅若丸は「尋ね来て　問はば答へよ　都鳥(みやこどり)　隅田河原の　露と消えぬと」という歌を残して息たえたという。また，境内にそびえたつ樹齢200年以上のお葉付きイチョウ(県天然)は，ふつうのイチョウとは異なって枝が水平や下向きにのび，実が葉の付け根の縁につく。

満蔵寺からさらに北へ1kmほど歩くと，内牧(塚内)古墳群(うちまき(つかない)こふんぐん)へでる。古墳時代後期の小規模な円墳が18基確認され，塚内4号墳から出土した人物埴輪(はにわ)や円筒埴輪，直刀(ちょくとう)，ガラス小玉などは郷土資料館に展示されている。そのさらに北，内牧公園内の坊荒句遺跡群(ぼうあらくいせきぐん)では，旧石器時代のナイフ形石器や火を焚(た)いた跡がみつかった。また，縄文時代には海進によってこの付近にまで海がはいりこみ，海をみおろす形で市域最初の集落が営まれた。

日光道中

やったり踊り

大畑香取神社やったり踊り ㊱

〈M▶P.242〉春日部市大畑230
東武伊勢崎線武里駅🚶3分

　念仏踊りの一種であるやったり踊り（県民俗）が，毎年7月15日に近い土曜日の夜に大畑香取神社で行われる。江戸時代に大畑村と備後村が不毛の土地を押しつけあい，相撲で決着をはかった。勝った大畑村の人びとが「やったり，やったり」とはやしたてて踊ったことにはじまるという。神社は武里駅から西方へ200mほどのところにある。

　東武野田線藤の牛島駅から北へ徒歩10分のところに，牛島のフジ（国特別天然）がある。推定樹齢1200年以上，藤棚は600m²にもおよぶ。4月下旬から5月上旬が花の見ごろで，詩人三好達治は「牛島古藤花」という詩を詠んでいる。

7月中旬のやったり踊り
特別天然記念物のフジ

永福寺とその周辺 ㊲
0480-32-0079　〈M▶P.242,278〉北葛飾郡杉戸町下高野396
東武伊勢崎線和戸駅🚶15分

8月22・23日には「どじょう施餓鬼」

　和戸駅から，県道春日部久喜線を北へ5分ほど歩くと，日光御成道（県道岩槻幸手線）と交差する。これを右折して和戸橋を渡り，すぐに右折して県道上高野杉戸線を杉戸方面に6分ほど歩くと，「龍燈山永福寺」と「因幡池」の看板がみえてくる。永福寺は，毎年8月22・23日に行われるどじょう施餓鬼で有名で，関東三大施餓鬼の1つともいわれる。施餓鬼とは，生前に悪業を行って餓鬼道におち，飢餓に苦しむものの霊に飲食をほどこす法会であるが，放生（生き物を逃がすことによる慈悲の実践）としてドジョウを因幡池に放つことからこの名がつ

永福寺

日光道中の町々

杉戸町の史跡

いた。これは，室町時代に永福寺51世日尊上人が，悪逆非道の末に地獄におちた亡父を救うためにはじめたのだという。父の名は因幡前司藤原長福といい，因幡池の名はこれに由来する。因幡池は永福寺と少し離れた後宿児童公園内にあるが，普段水はなく，施餓鬼のときに水をいれるという。

また，永福寺の門前には西行法師見返りの松がある。鎌倉時代の歌人西行は諸国を行脚したことで名高いが，1186(文治2)年に奥州に向かう途中，この地で病に倒れたという。土地の人びとに助けられ快復した西行が，この松を振り返りながら奥州に旅立ったという伝承が残る。この付近をとおる鎌倉街道を，北に向かったのである。

永福寺から県道上高野杉戸線をさらに杉戸方向に10分ほど進むと，古利根川にかかる万願寺橋がある。ここが鎌倉街道高野の渡しの跡と推定されている。現在の古利根川は，江戸時代初期までは利根川の本流で水量も多く，交通の要所であった。

永福寺から南側用水沿いの細い道を4分ほど歩くと，日光御成道と交差する手前に，鎌倉時代の堤防と推定される古利根川堤防跡もある。すぐ近くの下高野には日光御成街道一里塚(県史跡)も残り，さらにここから昌平高校のほうに500mほど歩いたところの荒地が，奈良・平安時代の集落跡の山合遺跡である。

目沼浅間塚古墳 ㊳

〈M▶P.242〉北葛飾郡杉戸町目沼字浅間398
東武伊勢崎線東武動物公園駅🚌関宿中央ターミナル行宮前🚶12分

縄文の貝塚と古墳群
心学者大島有隣の恭倹舎

東武動物公園駅の東口から，関宿中央ターミナル行きのバスに20分ほど乗って宮前で下車，ふれあいセンター方向へ12分ほど歩くと浅間台団地に着く。この一角に全長46mの目沼浅間塚古墳があり，よく保存されている。この一帯が目沼古墳群で20基の古墳が確認されている。目沼9号墳はみられないが，出土品(県文化)は埼玉県立

恭倹舎

歴史と民俗の博物館にある。

　ここから2kmほど南には木野川古墳群も残る。杉戸町西北部の目沼・木津内から木野川に至る地域は、いわゆる下総台地の西北端に位置し、標高は約9～12mと周囲より3～4m高い。古墳の築造には適した土地柄だったのである。同様の地理的理由から縄文遺跡も多い。目沼貝塚や木津内貝塚など杉戸町の縄文遺跡の多くは、この地域に集中している。これは、海進がもっとも進んだ縄文時代には、この地域をのぞいて杉戸町は海底だったことを示しているのである。

　東武動物公園駅から東武日光線で1つくだった杉戸高野台駅でおり、国道4号線を杉戸方面に5分ほど歩くと「大島」の道路標示がある。これを左折すると100mほどさきの稲荷神社の境内に、恭倹舎(県史跡)がある。これは、江戸後期の心学者大島有隣の設立した学舎で、この地方の心学の普及の跡を物語っている。大島有隣はこの地の名主であったが、江戸で中沢道二の教えをうけて心学者となり、諸大名や旗本に講説したり、幕府の命をうけ佃島人足寄場でも教化活動にあたりするなどして活躍した。

幸手宿と権現堂河岸 ❸❹

〈M▶P.242,280〉幸手市北3-6
東武日光線幸手駅🚶30分

将軍の日光社参の休憩所
サクラが彩る権現堂

　幸手駅から、まっすぐのびる道の右側に陣屋稲荷がある。戦国時代に幸手を支配した一色氏の神社である。そこから北へと続く道をいくと、幸宮神社に至る。神社のすぐさきに十字路がある。左右にのびる道が、日光御廻り道である。右折すれば、日光道中と交差する。日光道中を左に向かっていくと、左側に聖福寺の勅使門がみえる。ここは将軍の日光社参の際の休憩所であった。また、街道の突き当りの寺が正福寺である。ここに「義賑窮餓之碑」(県史跡)がある。これは1783(天明3)年の浅間山大噴火による大飢饉の際に、米や金をだして幸手の民衆を救った人びとをたたえたものである。

日光道中の町々

幸手市の史跡

権現堂桜堤

　ここから、しばらく直進すると、権現堂川の堤がみえてくる。右にいけば、権現堂河岸跡である。江戸時代初期に行われた大規模な河川改修のおかげで、川を輸送路として利用できるようになった。河岸は米の積み出しなど舟運の要所として繁栄したが、1927(昭和2)年の「権現堂川の締め切り」で、堤としての役割をおえた。

　一方、左にいくと、権現堂桜堤の入口である。1920(大正9)年にサクラが植えられ、約1kmにわたってサクラのトンネルを形成し、サクラの名所として花見客で賑わっている。また、堤下には菜の花が広がっている。

栗橋関所跡 ㊶ 〈M▶P.242〉久喜市北2
JR宇都宮線・東武日光線栗橋駅 徒歩15分

　栗橋駅東口から利根川へ向かっていくと、国道4号線と国道125号線が交差している。そのたもとが栗橋宿の入口である。栗橋宿は渡船場と関所を備えた宿場として栄えた。宿場の入口すぐには焙烙地蔵があり、関所破りの罪により処刑されたものを付近の人があわれみ、供養のためまつったと伝えられる。

　北へ約800mいくと、道の左手には脇本陣跡があり、右手には本陣跡がある。さらに、利根川橋付近に栗橋関所跡(県旧跡)の碑がある。江戸幕府は治安の維持のため、主要な街道の国境が大河川や山地をこえる場合に関所を設け、いわゆる「入り鉄砲に出女」を取り締まった。奥州・日光道中が利根川を渡る栗橋は、東海道の箱根、中山道の碓氷と並ぶ重要な関所で、通行人や輸送荷物を厳重に取り

「入り鉄砲に出女」を取り締る栗橋関所と人びとの生活

栗橋関所跡の碑

締まった。規模は，面積680m²に木柵をめぐらし，柵のなかに53m²の番屋が設けられていた。番屋には，関東郡代伊奈氏の支配下の4人の番士が2人ずつ5日交替で，明け六つ(午前6時ごろ)から暮れ六つ(午後6時ごろ)までつとめていた。関所跡は河川改修によって川底に沈んでしまったが，模型が久喜市栗橋文化会館イリスに展示されている。関所跡の碑から八坂神社の前をとおり，300mほどいくと，栗橋関所番士屋敷跡がある。1624(寛永元)年に江戸幕府によって設けられ，屋敷の面積は1400m²で高く盛り土がなされている。「栗橋関所日記及び関係資料」(県文化)は県立文書館に寄託されている。

童謡のふる里おおとね ㊷
0480-72-2111　　〈M▶P.242〉加須市佐波258-1　東北自動車道加須IC❿10分

作曲家下總皖一のふるさと カスリーン台風の驚異

東北自動車道加須ICから利根川へ向かっていくと，旧大利根町と旧北川辺町(ともに現，加須市)を結ぶ利根大橋がある。その手前の道の駅童謡のふる里おおとね(農業創生センター)に，作曲家下總皖一の銅像がある。彼は，1898(明治31)年に北埼玉郡原道村(現，加須市)で生まれた。おもな作品に，童謡「たなばたさま」「花火」「野菊」などがある。また，埼玉県内では，県立久喜高校・県立蕨高校など約150校の校歌を作曲して，生涯で，約3000曲を残した。

ここから利根川を2kmほどくだると，カスリーン公園がある。ここは1947(昭和22)年9月のカスリーン台風で，堤防が決壊した場所である。決壊口は最大350mにもおよび，そこから東村(現，加須市)と栗橋町(現，久喜市)に向かって大量の土砂が流れだした。被害は，埼玉県の東部地区のほぼ全域から東京都葛飾区・江戸川区まで達した。当時の浸水状況をあらわすものが，加須市・久喜市・杉戸町・宮代町などの電柱に赤い帯で示されている。

カスリーン公園「決壊口跡」の碑

日光道中の町々　281

現在，栗橋２丁目の国土交通省関東地方整備局利根川河川事務所で，利根川百年史編さん史料，明治時代の利根川改修に関する資料などを所蔵しており，閲覧することができる。いずれはカスリーン公園一帯に全長410m・幅340mにおよぶスーパー堤防が完成し，スーパー堤防上に利根川資料館が建設される予定である。

④ 中川に沿って

中川に沿った葛飾の地は，かつて下総国に属していた。水と戦い水を利用して生かしてきた人びとの足跡をたどる。

八潮市立資料館 ㊸
048-997-6666

〈M▶P.243〉 八潮市 南 後谷763-50
東武伊勢崎線草加駅 🚶 20分

水と戦い、利用し、たくましく生きる。県下最大の円空仏

草加駅東口から東方に歩き，綾瀬川を渡ると八潮市にはいる。南後谷交差点を右折してタブノキ通りにはいり，300mほど歩くと，右手奥に八潮市立資料館がある。東に中川，西に綾瀬川が流れる低地に住む人びとは，古くから水に悩まされながらも水運や農耕に水を利用して生活してきた。八潮市は，「水と生活」をテーマとした資料館を，1989(平成元)年にオープンさせた。常設展示は，古代・中世・近世・近現代の４つのエリアで構成されている。近現代エリアには，かつて豊かな水を利用して栄えた長板中型・注染，船大工などの地場産業の展示があり注目される。長板中型(県文化)は江戸時代に江戸っ子の間で粋なものとして愛用された浴衣の柄染めを行う技法で，裏表の模様が重なるように型付けをするのが特徴である。資料館の敷地内には，1876(明治９)年にたてられた旧藤波家住宅がある。座敷にあがることができ，江戸末期の民家様式をうけ

八潮市立資料館

282　日光道中

ついだ欄間の巧みな格子組みなど，明治期の建築を知ることができる。

草加駅東口から八潮団地行きバスの終点で下車して，東へ10分ほど歩くと，八潮市の東を流れる中川にかかる八条橋の近くに，大経寺(浄土宗)がある。円空作木造千手観音立像(県文化)は，像高243cmの県内最大の円空仏で，子年と午年の6年に1度4月15日から17日の3日間のみ開帳される。

ついで大経寺の北約200mにある17世紀末創建の江戸時代名主格の住宅で，周囲に構え堀跡が残る和井田家住宅(国重文)や，大経寺の西南約250mにある桃山時代様式の蟇股を残す四脚門である清勝院山門にも足を運ぶとよい。

迎摂院 ㊹
048-952-6450

〈M▶P.243〉三郷市番匠免1-127-1
JR武蔵野線吉川駅🚃亀有駅北口行番匠免🚶3分

万葉遺跡「葛飾早稲産地」江戸時代から続く大般若

「鳰鳥の　葛飾早稲を饗すとも　その愛しきを　外に立てめやも」
万葉のいにしえより，三郷・吉川の地は早稲米産地として知られ，天領となった江戸時代，中川を舟積みされた収穫米が10日後には江戸庶民の食卓にのぼることは，当地農家の自負するところであった。三郷駅北側の丹後神社境内には，冒頭の万葉歌碑がたてられている。

番匠免バス停から北方へ約200mのところにある迎摂院(真言宗)に，番匠免の大般若(県民俗)とよばれる祭事が伝わる。これは計600巻の般若心経を100巻ずつおさめた長持を荒縄でくくり，若い衆がかついで賛同者宅1軒1軒をまわる行事である。夕刻になると，担ぎ手たちが迎摂院境内で荒縄が切れるまで長持をもむ勇壮なフィナーレを迎える。幹事役によると「発祥はわからないが江戸時代にはすでに行われていた。今は町会の代表者宅をまわり，賛同者すべてを戸別にまわることはしていない。自分たちの若いころは荒縄のしばり方にも厳しい口

迎摂院観音堂

中川に沿って　283

西念法師の塔

伝があり，先輩にしごかれたものだ」とのこと。近年は7月第2土曜日の早朝より行われている。迎撰院境内には，室町期の建造と推定される観音堂がある。堂内の肘木は法隆寺金堂と同じ様式である。

清浄寺と密厳院 ㊺㊻
048-981-6000・048-982-1515
〈M▶P.243〉清浄寺：吉川市木売2-20-5，密厳院：吉川市高久1-18-2
JR武蔵野線吉川駅すぐ

密厳院本尊子育て地蔵
二郷半の由緒をきざむ鐘

　吉川駅南側，清浄寺の南无仏塔（県文化）は市内最大の板石塔婆で，元僧一山一寧の書といわれる。向かって左には当寺の開山といわれ，親鸞の弟子にあたる西念ゆかりの西念法師の塔（県文化）がある。鎌倉時代のこの種の石造物としては，県内唯一のものである。さらに南へ10分ほどいくと，中川の自然堤防に密厳院のイチョウ（県天然）がそびえる。樹齢約800年，雌木で数多くの銀杏をつけるものとして関東一といわれる。密厳院本尊の地蔵菩薩は「子育て地蔵」として人びとの信仰を集めている。

　吉川駅隣の新三郷駅北口から北西へ約1kmの三輪野江にある定勝寺銅鐘（県文化）には，かつて三郷・吉川の地が「二郷半」とよばれた由来や林鵞峯の漢詩がきざまれ，地域の歴史を知るうえの貴重な資料である。三郷・吉川は幹線道路をはずれると，意外なほど田畑が残ることに気づく。徒歩，自転車での散策をおすすめする。

静栖寺とその周辺 ㊼
048-991-2744
〈M▶P.242,286〉北葛飾郡松伏町田中2-7-2ほか
東武伊勢崎線北越谷駅松伏給食センター行松伏町役場前3分

高さ3mの宝篋印塔
石川民部家の墓石群

　バス停から，松伏第二小学校の西側に真新しい山門のある静栖寺（真言宗）がみえる。静栖寺は，16世紀後半にこの地に定住し，17世紀に松伏地域を開発した石川民部家の菩提寺である。石川民部家は，関西出身の武家であったという説が有力である。静栖寺には，12世

コラム 食

鯰料理

川からの恵みをうけた食文化

　JR武蔵野線吉川駅南口をおりると大きなナマズのモニュメントがある。吉川市の「なまずの里」事業の一環である。同事業は郷土料理用のナマズの養殖に成功し、地酒なまず御前、なまずせんべい、なまずまんじゅうまで開発している。

　18世紀には江戸の人口は100万人をこえ、世界有数の巨大消費都市となった。現在の埼玉県東部はその後背地として、生活物資を送り込む江戸川や中川の舟運が大都市江戸をささえた。舟運で栄えたこの地域では川の文化がはぐくまれ、食文化では川魚料理が完成していく。江戸時代初期には、河岸を中心に川魚料亭が軒を連ね、地元だけでなく江戸の人びとの舌を楽しませた。

　とくに吉川市付近では「吉川にきて、なまず食わずなかれ」といわれるほどで、江戸創業の鯰料亭が今も健在である。近藤勇も食した福寿家、谷文晁の鯰絵画のある糀家、趣のある建物の残る岩槻市のきわい家。これらの料亭では、天ぷらでなく、ナマズの刺身やたたきのほか、鯰懐石として手の込んだ鯰創作料理が楽しめる。

　だが鯰料理は料亭だけのものではない。川魚はむしろ農民の食文化を形成するものだった。春、産卵前のフナ・コイ・ザコ・ナマズが田んぼにやってくる。動きのとまる夜に行う「火ぼり漁」は、夏の夜の風景である。冬の楽しみは「沼開き」。田堀に集まった川魚のけいどり(田堀の水をかきだす)が解禁されるときである。

　埼玉県東部の農民にとって、もっとも特徴的な鯰料理は「たたき」である。ナマズを骨ごと「たたい」て団子にし、油で揚げた大胆な食べ物だ。コリコリした感触がおいしい。近くの川や沼でとってきたナマズをさっそく男衆がたたいて、農家の食卓をかざる。今でもこの地域では「鰻屋」が看板でも鯰料理をだす店が多い。農民と同じ調理方でたたきをだすところもまだある(要予約)。

　東部低地は川に規定された広大な水田地帯である。そこに住む農民は川から恵みを得てきた。川魚料理、とくに鯰料理はユニークで、埼玉県東部を語るにふさわしい食文化といえるだろう。

ナマズのモニュメント

紀後半のものといわれる一木造の十一面観音立像と、応永年間(1394〜1428)につくられたという寄木造の十一面観音立像がある

松伏町の史跡

光厳寺帰依仏塔

(非公開)。境内左手には，石川民部家の墓所である静栖寺の石塔群がある。1622(元和8)年の3mもある宝篋印塔や，一石五輪塔(1石から彫った五輪塔)など三十数基が林立する。豪農として，新田開発ほか多岐にわたる事業での石川民部家の活躍が想像できる。

静栖寺より春日部方面へ3kmほどいくと，大川戸に光厳寺(曹洞宗)がある。鎌倉時代に大川戸氏の持仏堂であったと伝えられている。ここの帰依仏塔(県史跡)は，「歸依佛」ときざまれた正安年間(1299〜1302)の板碑で，鎌倉建長寺や京都南禅寺などの住職を歴任した元僧で，書の大家として知られた一山一寧の書といわれている。同様の帰依仏塔は，「正安三(1301)年」銘のものが上赤岩の源光寺(単立)境内にもある。

光厳寺から春日部方面へ約1kmで，朱の鳥居をもつ大川戸八幡神社がある。社殿左側に，樹齢650年という大川戸の大イチョウ(県天然)がある。県内屈指の胴回り8.3m・樹高18mの大木である。

大凧の里 ㊽

〈M▶P.242,287〉 春日部市西宝珠花637
東武野田線 南桜井駅🚶90分，または東武伊勢崎線春日部駅🚌関宿中央ターミナル行大凧公園入口🚶25分

百畳敷の大凧が江戸川の川風に舞う

南桜井駅より県道松伏庄内関宿線を，途中国道16号線に実物大の大凧看板をみつつ北へ進み，立野交差点を右折して北西へいくと，河岸の町として栄えた西宝珠花に着く。現在の町並みは，1952(昭和27)年，江戸川拡張のためそのまま移転したものである。村の75％にあたる250戸が移転する大事業だった。その河川敷で毎年5月3・5日に庄和の大凧祭りが行われる。和紙と竹でつくられた縦15m・横11m・重さ800kgの百畳敷の大凧が空を舞う。上若組・下若組があげる2枚の大凧には，第二次世界大戦前は「八紘一宇」，近

花蔵院の四脚門

年は「景気上昇」など，その年を象徴する文字が記される。町並みの北端に大凧会館があったが，閉館となり，跡地は大凧公園として整備されている。

町の西には，小島庄右衛門の墓や像のある小流寺(浄土真宗)がある。庄右衛門は江戸川開削者の１人で，伊奈氏の一族。小流寺縁起には，開削の経緯が記されている。

小流寺から県道を北に進むと，倶利伽羅不動像がみごとにきざまれた板石塔婆(秘仏)がある。また，下総台地の西端となる宝珠花台地は，縄文遺跡の宝庫で，西親野井に県内最大級の規模をもつ神明貝塚もある。

西宝珠花から県道を南下し，庄和高校の角を東にまがると，西金野井香取神社にでる。檜皮葺き一間社流造の香取神社本殿(県文化)は，室町時代の建立とされる。平将門由来と伝えられる西金野井獅子舞(県民俗)が奉納される。また，同社の別当寺であった花蔵院の四脚門(県文化)も彫刻がみごとである。

南桜井駅から線路に沿って西に進むと，朝倉病院の石門に出合う。これは第二次世界大戦前，高射砲時限信管を製造した東京第一陸軍造兵廠江戸川工場および服部時計店の軍需工場正門である。戦後は，加賀豊彦が「東洋のスイス」をめざした農村時計製作所(のちリズム時計)となる。その西には，樹齢400年という蓮花院の大ムク(県天然)がある。

旧庄和町の史跡

中川に沿って

あとがき

　埼玉県高等学校社会科教育研究会歴史部会の日本史研修会が，山川出版社「全国歴史散歩シリーズ」の11巻として，『埼玉県の歴史散歩』を著したのが1974(昭和49)年であった。その後，1991(平成3)年に新版が刊行された。初版以来30年，3回目の改訂の今回は大幅に執筆会員も入れ替わり，当初の執筆陣はみな退職された。『歴史散歩』の編集自体が歴史の歩みを感じさせてくれる。

　この間，埼玉県も大きく変貌をとげ，1973年に450万人であった人口は2002年には1.5倍を超え，東京，大阪，神奈川，愛知に次ぐ集住圏となっている。交通網も上越・長野新幹線，東北・山形・秋田新幹線が開通し，埼京線は都心まで延長され，地下鉄の乗り入れや鉄道の複線化も進んだ。また，関越道・東北道・圏央道と高速道路網も広がった。2000年に街開きが行われたJR高崎線の「さいたま新都心駅」周辺の再開発はその象徴で，地域の景観を塗り替えたばかりでなく，県民の生活意識をも変化させたといえよう。

　高度経済成長期からの首都圏の急速な開発と遺跡破壊が進行するなかで，高校の歴史教育の現場では，文化財保護教育と地域史研究・教育重視の声がたかまり，本書刊行の機運が生まれたのだが，21世紀を迎え，文化・環境・共生が重視される現今においても，執筆者による最新の学術研究吸収と現地踏査徹底の初心は引き継がれ，編集の基本となっている。

　今回の改訂版では，従来の東西南北の地域分けを，川越街道・鎌倉街道・秩父往還・中山道・日光道中と街道中心に変更した。地場産業なども含めた急激な地域の変貌を念頭に内容を刷新し，地図・写真を含めての全面改訂となったが，本書の構成意図をくみとってご活用いただければ幸いである。

　2005年1月

　　　　　　　　　　　　『埼玉県の歴史散歩』編集委員会委員長
　　　　　　　　　　　　　　　　　　　　　　滝澤民夫

【埼玉県のあゆみ】

原始・古代

　埼玉県に人が居住するようになるのは，寄居町末野遺跡・三芳町藤久保遺跡の石器と出土層などから3～2.5万年前，旧石器時代後期と推定される。県内には，300カ所をこえる遺跡がある。多くは所沢市砂川遺跡のようにナイフ形石器を出土する後期後半の遺跡だが，深谷市白草遺跡は細石器を出土し，終末期の遺跡とされる。

　旧石器が火山灰の堆積した関東ローム層から出土するのに対し，縄文時代の竪穴住居はそれを掘り込んで住居を築いており，1つの遺跡で長期間の生活が行われたことが想定される。火山活動の停止，気候の温暖化，海進などによって狩猟・採集生活も安定したものになり，定住集落が形成されたからである。海進が進んだ大宮台地周辺には，蓮田市黒浜貝塚，富士見市水子貝塚など竪穴住居跡に貝類を捨てた遺跡が存在する。貝塚からは，貝殻と貝層のなかから出土する魚類の骨の出土によって，漁撈が活発であったことが推定される。一般的には縄文時代にトチ・クリなどの採集が重要な生業であったことは，川口市赤山遺跡のトチをさらした水場遺跡，本庄市古井戸・将監塚遺跡のような，内陸部にも大集落が形成されることからもうかがえる。

　西日本では紀元前400年前後から本格的な水稲耕作が行われるようになり，弥生時代にはいったとみられるが，東日本では，気候が初期の稲作に向いていなかったことや，サケ・マスなどの食糧資源に恵まれていたことなどから，水稲耕作の普及が遅れた。埼玉県では弥生時代前期でも終末にはいる土器を出土した遺跡は，深谷市四十坂遺跡など数例で，本格的な農耕集落が形成されるのは，中期後半からである。その典型として，環濠集落・方形周溝墓・灌漑水路・農具などの検出された熊谷市北島遺跡があげられる。美里町神明ヶ谷戸遺跡も同じ時期の環濠集落だが，こちらは石鏃の出土などから，畑作が中心であったと推定される。こうした生業・環境・交流の違いなどから後期には，県内に弥生町式土器・吉ケ谷式土器・櫛描文系式土器の3つの文化圏が形成された。方形周溝墓の形成は農耕により，階層差が生じたことを示している。

　古墳時代には広域な地域間交流が進み，土器にも東海や近畿地方の影響があらわれ，急激に地域差が解消する。同時に，東松山市五領遺跡のような大規模集落も出現する。4世紀前半には，本庄市鷺山古墳・吉見町山の根古墳など東海地方に多い前方後方墳，後半には前方後円墳の諏訪山古墳が築かれる。5世紀には，本庄市金鑽神社古墳のような葺石・埴輪をもつ円墳が出現する。県内各地に前方後円墳が形成されるのは，辛亥銘鉄剣が出土した行田市稲荷山古墳が築造された5世紀末以降である。この時期群集墳も形成されるようになる。神川町青柳古墳群は6世紀，深谷市鹿島古墳群は7世紀の好例である。

考古学資料と並行して文献史料に目を向けると、『日本書紀』の安閑紀に武蔵国造の争乱と横渟(横見)屯倉の設置記事があり、ワカタケル大王(雄略天皇)の時代から大和王権の支配が浸透していったことがうかがえる。また、『国造本紀』には「知々夫国造」「无邪志国造」の記述があるが、国造の設置は6世紀以降のことと思われる。

　大化改新後、中央集権体制が整ってくると、武蔵国に新しく国司が中央から派遣され、国府は現在の東京都府中市におかれた。

　奈良時代中期(729～748)までには行政区画も整備され、武蔵国内に20の郡(うち15郡が埼玉県内)に設置され、そのうち高麗郡は716(霊亀2)年、高句麗からの渡来人を移住させて設けられた。当時、武蔵国は東山道に属し、土地開発も県北などがとくに進み、条里遺跡も児玉郡美里町、熊谷市など北部に多い。県南地方の低湿地帯も徐々に開発され、771(宝亀2)年東海道に編入された。

　平安時代にはいると、律令の公地公民制はくずれ、国司や郡司のなかには地位を利用して、私営田領主となるものがあらわれた。なかでも、845(承和12)年、男衾郡(大里の一部)の郡司壬生吉志福正が、武蔵国分寺の焼失した七重塔を独力で再建寄進したように、富裕者となっていったものもあらわれた。彼らのなかには、所領を権門勢家に寄進して土地の権利をまもるものも出現し、荘園が各地に開かれた。県北にある本庄などはその名残りで、川越市の河肥荘、大里郡の畠山荘などはよく知られている。律令政治の衰退に伴い、9世紀ごろからは治安が乱れ、武蔵国は「凶猾党を成し、群盗山に満つ」という状況で、861(貞観3)年郡ごとに検非違使がおかれた。国司のなかにも京に帰らず土豪となって、官物を横領するものもでてきた。嵯峨源氏の系譜をひく源仕などは土着して勢力をはり、官物を盗み、919(延喜19)年には国府をおそった。のちの箕田源氏の祖である。平将門の乱が勃発して朝廷を驚かせたのが、その20年後の939(天慶2)年であった。

　こうした地方政治の混乱は、各地に小武士団の発生する原因となった。県内で結成された有力な武士団としては武蔵七党があり、このうち代表的なものは児玉党・横山党・猪俣党・野与党・丹党などである。武士団の名は県内各地の地名として残り、居住した館も多数存在している。保元・平治の乱では源義朝に大勢したがって、武蔵武士の名声を高めた。

中世

　1180(治承4)年10月、源頼朝は隅田川をこえて武蔵にはいった。これよりさき、伊豆で挙兵し石橋山の戦いで破れた頼朝は、房総で再挙していた。この頼朝を豊島・葛西・足立・畠山・河越・江戸の武蔵の諸氏が隅田川に迎え、帰属を誓った。武蔵の地は新しい勢力、頼朝の支配下にはいったのである。ついで富士川の戦いで平維盛を破り、東国支配を確実にした頼朝は、同年12月武蔵武士の所領を安堵した。領主権を保証された武蔵武士は、頼朝への忠誠をかたく誓った。武蔵の地は鎌倉政

権をささえる拠点となった。平氏追討と奥州征討には多数の武蔵武士が加わり，その活躍はめざましかった。頼朝にしたがった埼玉出身の武士の姓を『吾妻鏡』から拾うと105氏になる。頼朝にならって，執権北条氏も武蔵の掌握につとめた。武蔵は北条氏の時代にも鎌倉将軍の御分国として確保され，その国務は北条氏が握っていた。承久の乱に際し，北条政子が「安保刑部丞実光以下武蔵国の勢を相待ち，速かに参洛すべし」といったが，これは当時，北条泰時が武蔵守として国務をとっており，武蔵武士が北条氏にとりもっとも頼りになったからである。北条氏は武蔵野の開発にもつとめ，太田荘の荒野や武蔵野の開墾，太田荘の堤防や樽沼堤の修築を命じている。地頭や農民もこれにこたえて開墾につとめ，鎌倉時代は平安時代にくらべて1万5000町歩(約15,000ha)余り田地がふえ，5万1540町歩になった。

　鎌倉時代は比較的平穏であったが，元弘の変(1331年)以後は，南北朝，室町・戦国時代へと県下の地は戦乱が続いた。元弘の変とそれに続く南北朝の抗争は，苦林(坂戸市)・女影(日高市)・入間川(狭山市)・小手指ケ原(所沢市)など鎌倉街道沿いの各地で展開され，県下の武士はそれぞれの陣営に属して戦っている。このさなか，1353(文和2)年，関東公方足利基氏は入間川に陣所を構え，武蔵武士を掌握した。こうして武蔵における新田・足利の争いは足利の勝利におわり，1368(応安元)年，管領上杉憲顕が川越の平一揆を鎮定すると戦乱もおさまり，武蔵は守護上杉氏の威令に服するようになった。

　しかし，この平静も1416(応永23)年の上杉禅秀の乱によって破れ，県下は再び動乱の地となった。ことに，永享の乱(1438年)で殺された関東公方足利持氏の遺児成氏が，古河によって(古河公方)，管領上杉氏と争うようになると，戦場は東へとひろがった。なかでも五十子(本庄市)をめぐる戦いは名高い。そのため深谷・河越・岩槻・蕨の諸城が古河に備えて築かれた。

　1477(文明9)年，山内上杉氏の家臣長尾景春が主家にそむいて鉢形城(寄居町)によると，戦乱は複雑になり，戦火はさらにひろがった。その後，この景春の反乱は扇谷上杉氏の家臣太田道灌の働きによって一時鎮静化したが，それもつかの間で，1486年の道灌の謀殺を契機に，今度は山内・扇谷両上杉氏が県下各地で戦い，これに古河公方・長尾景春・太田一族の動きもからんで，戦いは武蔵全域にひろがり，混乱が深まった。しかし，小田原の戦国大名北条氏(後北条氏)がこの間隙を縫い県下に侵入しはじめると，両上杉氏と古河公方の旧勢力は和睦し，一致して対抗した。1546(天文15)年の川越夜戦はこうしたなかで戦われたが，結果は北条氏の圧勝におわり，北条氏の武蔵支配は決定的となった。守護上杉氏の勢力が一掃されると，大石・藤田・成田らの有力地侍は北条氏にしたがったが，ひとり岩槻の太田三楽斎資正は，越後の上杉謙信と結んでこれに抵抗した。しかし，この三楽斎も1564(永禄7)年には，北条氏と結んだ嫡男太田氏資に追われて常陸に走り，県下は，北条氏の治めるところとなり，その支配は豊臣秀吉の小田原平定まで続いた。

埼玉県のあゆみ

近世

　徳川家康は，小田原参戦の論功行賞の一環として，秀吉に関東入国を命ぜられ，1590(天正18)年江戸を根拠地として，家臣の知行制や検地を行った。家康が征夷大将軍となるころには，武蔵の支配体制は安定している。江戸時代の埼玉は，武蔵国の北半分を占め，天領(32%)や旗本領(35%)が多く，諸藩領(32%)は忍・岩槻・川越の3藩のほかに，他藩の飛び地(大名領)があり，ほかにわずかな寺社領(1%)があった。

　天領は主として県の南東部や秩父の山地にあり，関東郡代や代官により治められていた。関東郡代伊奈氏は，検地や宿駅の整備につとめるとともに，利根川の東遷，江戸川の開削，荒川の西遷などの河川の改修や用排水路の整備に力をそそぎ，池沼の多い東部低湿地をみごとな新田地帯に開発した。8代将軍徳川吉宗の代にも新田開発が盛んに行われ，見沼が干拓された。

　600余りの旗本領は県北東部や西部山麓地帯に分布しており，数千石の大きいものもあったが，一般に数百石規模の小さいものが多く，なかに数人のものが一村を支配する相給知行もあった。当初規模の大きい旗本はその知行地内に陣屋をおいていたが，のちには江戸に集められ，かわって有力農民を代官として治めさせた。

　中世からの城の多くは廃城となり，江戸時代をつうじて残ったのは忍・岩槻・川越の3城のみである。3城は江戸防衛の見地から譜代の重臣が封じられたが，ほとんど10万石以下の小藩で，城付領地のほか県外の各地に新領が散在していた。そのうえ藩主の交替がしばしば行われたので，領地に定着した藩政は展開しにくかった。しかし，17世紀における歴代川越藩主による武蔵野台地の新田開発は有名で，松平伊豆守信綱の野火止の開墾，柳沢吉保の三富新田の開拓がある。江戸時代も後半の寛政期(1789～1801)以降になると，各藩は教学に力をいれ，忍の進修館，川越の講学所長善館，岩槻の遷喬館などの藩校を設立し，藩士の子弟の教育にあたった。なお，寺社領は400余りあったが，最高は川越の喜多院500石，鷲宮神社の400石などで，大部分は小さなものだった。

　幕府の五街道整備は，領国支配のうえから重要であった。五街道のうち日光道中(日光街道)は県の東部を，中山道は中央をとおっているが，中山道は京都と結ぶ重要な街道であり，交通量も多かった。そのため，沿道の農民は助郷役の負担が重く，1764(明和元)年，助郷・国役金の重課に対して，上・信・武州の20万人ともいわれている農民が蜂起した伝馬騒動が発生している。

　一方，舟運は利根川・江戸川・古利根川・元荒川・綾瀬川が流れる東部平野で盛んで，米や野菜を各河岸場から江戸へ輸送した。西部地方では荒川・入間川・新河岸川の河岸問屋が栄え，秩父の材木や絹，入間の茶，小川の和紙などを運び，名栗川流域は西川材を筏に組んで流した。こうした商品生産物の取引で交通の要地に六斎市が盛んになった。安政にはいって欧米貿易がはじまると，生糸や茶などの輸

出品の需要が急速に増大し、諸物価が騰貴して社会情勢はさらに不安定になった。1866(慶応2)年6月、入間郡名栗村(現、飯能市)の貧農の蜂起に端を発した武州世直し一揆は、またたくまに北西部一帯から群馬にまでひろがり、一揆に加わったものは数万人におよんだ。これは幕末の転換期を象徴する事件であった。

近代・現代

今でも「二つの埼玉」といわれることがある。さいたま市を中心とする県南と、熊谷を中心とする県北とでは、風土を異にするという意味である。根拠がないわけでもない。維新当初、県内の行政区域は大変入り組んでおり、1869(明治2)年には6県に整理され、その後、1873年には埼玉県と熊谷県の2つになった。それが1876年に統合されて今の群馬県と埼玉県が誕生したのである。

1884年秋、県北の秩父に大きな事件がおこった。約1万人の農民たちが、租税の減免や高利貸しへの対策を求めて武装蜂起した。世にいう秩父事件である。ほぼこれを契機として埼玉県は産業の発展という方向で、官民あげての県政の充実につとめることになる。第二次世界大戦前から戦後にかけて、埼玉の名を有名にしたのは養蚕や製茶であり、それには先覚者たちの優れた努力が大きくものをいっている。伝統産業の行田の足袋や川口の鋳物も政府の殖産政策のもとで、大きく発展していった。そして、その後の資本主義の影響による煉瓦工場(深谷市)の建設や、富国館製糸場・開国館製糸場(深谷市)に代表される機械製糸工場も盛んになった。ただし、大局的にながめると、戦前の埼玉は農業県であった。50町歩(約50ha)以上を保有する大地主の数が全国の第7位という実態からすれば、小作争議発生件数が関東地方でも多いほうにはいるというのも当然ではある。ストライキの発生件数も、関東では東京についでいる。1923(大正12)年の関東大震災に際しては、現在の国道17号線沿いの市町村で、多数の朝鮮人を群衆が虐殺する事件もおこっている。

1933(昭和8)年、現在のJR京浜東北線が開通した前後から、埼玉は東京の衛星都市としての性格を強くもつようになる。交通条件の整備とあいまって、県南地域のそうした性格は、ますます強まっていった。軍国主義の機運が高まるにつれて、1910(明治43)年に開設された所沢の陸軍飛行場をはじめ、県内にも数多くの軍事施設がおかれていった。第二次世界大戦の敗戦時は7つの飛行場と2つの航空士官学校、そのほか造兵廠など十数カ所におよんだ。

そのため爆撃機による空襲や戦闘機の機銃掃射までうけ、空襲による死傷者は県内で1000人におよんだ。なかでも1945(昭和20)年8月14日の夜大空襲に見舞われ、翌15日に敗戦を迎えた熊谷市がもっとも悲惨であった。

敗戦後も多くの試練が埼玉に訪れた。なかでも、1947年9月、カスリーン台風による利根川をはじめとする各河川の氾濫は、県内の広大な水田地帯の大部分を水没させた。その後、戦後復興とともに1953年ごろから町村合併が促進され、実質的な地方自治の確立が推進されることになり、数多くの田園都市がうまれていった。

1955年の後半ごろからの高度経済成長政策により、埼玉県は首都圏の一環としての機能を分担させられることになり、交通網の整備強化、工業団地・住宅団地の造成なども急ピッチで行われた。最近では産業別人口も第2次・第3次産業が第1次産業を大きく上まわり、名実ともに工業県へと移行したことを示している。1967年の埼玉国民体育大会は、埼玉県の変貌を内外に大きく示すことになった。さらに西武鉄道秩父線、JR武蔵野線・上越線・東北新幹線・埼京線の開通、関越・東北自動車道の開通などは、この方向性をますます強める要因となった。

　しかし、1973年JR上尾駅でおこった上尾事件や交通事故の多発は、現在の埼玉県が抱えている困難を具体的に示すものである。また、2000(平成12)年前後には所沢市の民間ゴミ焼却場周辺のダイオキシン発生が社会問題化した。2000年5月には旧国鉄大宮操車場跡を再開発した、さいたま新都心が街開きした。

　そうしたなかで、30年前には県人口450万人・38市であった埼玉県は、県人口719万人・39市へと集住化を強めている。2004年には37年ぶりの国体も開催された。国の施策に伴い、さいたま市成立に象徴される大規模町村合併が進行するなか、地域の再編とともに、住環境の保全、地場産業の復興、地域経済の活性化が21世紀にはいっての課題となっている。

【地域の概観】

川越街道

　1500年ごろ(戦国時代)まで川越からの交通路は、南への所沢・府中を経て小田原(東海道)に至る道、北への松山(東松山)から熊谷(中山道)に至る道だった。関東管領扇谷上杉氏が古河公方足利氏に対抗するため、川越・江戸間の古道をつなぎ合わせたのが川越街道の起源である。1590(天正18)年に徳川家康が江戸にきてから、白子・膝折・大和田・大井の4宿がおかれ、川越街道は中山道の脇街道として発達した。川越藩主松平信綱は、新河岸川舟運を整備し(1647年)、さらに野火止用水を掘削し、野火止新田を開いた。川越藩主柳沢吉保は三富新田を開発した。江戸幕府8代将軍徳川吉宗の時(任1716～45年)、青木昆陽のすすめなどもあって、その地でサツマイモ栽培が広まり、味がよいことから1700年代末には「川越いも」として人気を得た。1914(大正3)年、池袋・田面沢(川越市の少しさき)間を東上鉄道が開業し、新河岸川舟運は完全に廃止されたが、川越街道は以降も重要な交通路として発達した。2003(平成15)年4月1日に「中核市」となった川越市をはじめ、街道沿いの市町村では、市民生活に影響をあたえる市町村合併の動きもでてきている。

鎌倉街道

　鎌倉街道は、鎌倉幕府が「奉公」としての兵役を御家人たちに課し、地方から「いざ、鎌倉」と馳せ参じさせるためにつくった道である。鎌倉街道のなかで県内をとおるものは、秩父道・上道・中道の3つであるが、そのなかで県西部の丘陵地帯と平野部の境目を南北にとおる上道は、上野と武蔵の国府を結ぶ重要な道であり、鎌倉街道といえばこの上道をさすことも多い。源頼朝の人質であった義仲の子義高が鎌倉から逃走して討たれ、また新田義貞が倒幕の兵を率いて上野から鎌倉をめざしたのもこの街道である。

　鎌倉街道が整備される以前、上道沿道では児玉や比企地方を中心に多くの古墳が築かれたり、渡来人の移住によって高麗郡がおかれるなどした。そして平安時代末期から鎌倉時代、北部の児玉党諸武士や畠山氏、南部の丹党や村山党諸武士をはじめとして、多くの武蔵武士の興亡がこの地域一帯で繰り広げられたのである。室町時代になると児玉や寄居が山内上杉氏や藤田氏の城下町として発展し、戦国時代に後北条氏が寄居の鉢形城を支配して小田原と結ばれると、沿道には多くの宿場が誕生した。江戸時代には人や物の流れが江戸に向かうなかで、坂戸以北の街道筋は中山道脇往還とされ、幕末以降この地域は北部を中心に生糸、南部の狭山丘陵を中心に茶の生産が盛んとなる。開港地横浜に向けてである。昭和になってこの街道付近に国鉄(現、JR)八高線が敷かれた。

　現在、鎌倉街道そのものは、ところどころにかつての遺構をわずかに残すのみである。沿道には、工場誘致や近代的農業・酪農で新しい時代を開こうとしたり、南

部の所沢地域など近代的都市に変貌するところもある。しかし一方で、豊かな自然と懐かしい風景・史跡が各地に残り、訪れる者をつつみこむ「癒しの里」でもある。

秩父往還

　秩父往還とは、一般的に江戸から秩父大宮郷に至るいくつかの経路のなかで、中山道熊谷から矢那瀬・長瀞を経由し秩父へ至る熊谷通りと、秩父から雁坂峠を経由する甲州までの甲州道の両街道を指し示す場合が多い。この街道は、現在の国道140号線にあたり、1998(平成10)年の雁坂トンネルの開通によって、「彩甲斐街道」の名称で秩父・甲府間のみならず、埼玉・山梨両県の人的・物的の交流を盛んにしている。

　秩父は埼玉県の西部に位置し、四方を山に囲まれた地域である。荒川が秩父盆地を縦断して、秩父谷とよばれる渓谷と河岸段丘を形成している。

　秩父の歴史は古く、古来より、人びとはこの荒川筋に生活を営んだ。1万年前といわれる橋立岩陰遺跡や神庭洞窟遺跡をはじめ、各時代の遺跡が多数確認されている。また、古くからの伝統行事も脈々とうけつがれ、埼玉県において独自の文化的風土をもっている。

中山道

　近世に整備された中山道は、古代の東山道、中世の鎌倉街道と道筋は異なるものの、埼玉県域を南北に結ぶ大動脈であった。埼玉県内をとおる中山道の宿駅は、北から本庄・深谷・熊谷・鴻巣・桶川・上尾・大宮・浦和・蕨の9宿である。各宿場には、1655(明暦元)年より、伝馬役として人足50人と伝馬50疋を常備するよう定められた。交通量の増大に伴い伝馬が不足するようになると、周辺の村々に助郷役が課された。助郷役の負担は重く、1764(明和元)年には、中山道周辺の村々の百姓20万人が増助郷免除を要求して蜂起した伝馬騒動がおきている。

　幕末には、皇女和宮が中山道を江戸まで東下した。1861(文久元)年11月11日に上野国から武蔵国にはいり、本庄宿・熊谷宿・桶川宿で宿泊し江戸に至ったのである。近代になって国鉄(現、JR)高崎線が開通すると、本庄・深谷・熊谷・鴻巣・大宮周辺には大規模な製糸工場がたち並び、中山道周辺の地域は勃興期日本経済の先進地帯となった。

　中山道およびその周辺の地域には、古代の稲荷山古墳と出土鉄剣に代表される遺跡・遺物、中世の武蔵武士の足跡、近世の宿場の名残り、明治以降の近代化をささえた遺物などをみることができる。埼玉県の南北を結ぶ中山道の役割は、その後高崎線や国道17号線に引きつがれ、現代に至っている。

日光道中

　この地域は、利根川などによって形成された沖積低地と入り組んだ台地などからなり、台地の縁辺には、花積・関山・黒浜などの著名な縄文時代の貝塚がある。古墳時代から沖積低地も徐々に開発されるようになった。

古代末期から中世にかけて、野与党・私市党などの武蔵武士が活躍し、太田荘・下河辺荘や大河土御厨などの開発が行われ、この地域の鎮守として鷲宮神社・久伊豆神社・玉敷神社などが崇敬された。また、鎌倉街道中道がとおり、関東から奥州へ向かう交通の要所としても発展した。

　近世には、岩槻に譜代大名がおかれ、江戸をまもる要の1つとして重視された。また、利根川東遷事業によって広大な沖積低地の開発が可能になり、葛西用水や青毛堀などの整備によって多くの新田が開発された。五街道の1つである日光道中（日光街道）や、将軍の日光社参のための日光御成道が整備され、利根川水系の舟運が発達するなど、交通網も充実した。

　近代には、主要な輸出産業である養蚕業が発達し、東京の穀倉地帯としての役割も果たした。また、旧国鉄の東北本線や東武鉄道の伊勢崎線・日光線・野田線の開業により、沿線の開発も進んだ。そして、高度経済成長期以降は東京のベッドタウンとなっていった。

【文化財公開施設】

①内容，②休館日，③入館料

川越市立博物館　〒350-0053川越市郭町2-30-1　TEL049-222-5399　①川越の考古・歴史・民俗資料，②月曜日(休日の場合は翌日)，年末年始，第4金曜日(休日は除く)，館内消毒期間，特別整理期間，③有料(中学生以下は無料)

川越市立美術館　〒350-0053川越市郭町2-30-1(川越市立博物館と隣接)　TEL049-228-8080　①郷土ゆかりの作家・作品をおもに展示，②月曜日(休日の場合は翌日)，年末年始，第4金曜日(休日は除く)，館内消毒期間，特別整理期間，③有料(中学生以下は無料)

川越城本丸御殿　〒350-0053川越市郭町2-13-1　TEL049-222-5399(川越市立博物館)　①川越城の遺構，歴史・考古資料，②月曜日(休日の場合は翌日)，年末年始，第4金曜日(休日は除く)，③有料(中学生以下は無料)

川越市蔵造り資料館　〒350-0063川越市幸町7-9　TEL049-222-5399(川越市立博物館)　①蔵造り建築，川越の町方資料，②月曜日(休日は除く)，休日の翌日(土日は除く)，年末年始，第4金曜日(休日は除く)，③有料(中学生以下は無料)

山崎美術館　〒350-0065川越市仲町4-13　TEL049-224-7114　①橋本雅邦らの日本画，②木曜日(祝日は開館)，月末2日間(祝日は開館)，③有料

川越歴史博物館　〒350-0055川越市久保町11-8　TEL049-226-0766　①甲冑・刀剣など武具類，②なし，③有料

服部民俗資料館　〒350-0063川越市幸町6-8　TEL049-222-0337　①町方民具，②月曜日，③無料

川越まつり会館　〒350-0062川越市元町2-1-1　TEL049-225-2727　①川越まつりに関する資料展示，②第2・4水曜日(休日の場合は翌日)，年末年始，臨時休館(特別整理等)，③有料

サツマイモ資料館　〒350-1106川越市小室18-5　TEL049-243-8243　①サツマイモに関する展示，②火曜日，③無料

坂戸市立歴史民俗資料館　〒350-0212坂戸市石井1800　TEL049-284-1052　①考古・歴史・民俗資料，②土日祝日，年末年始，③無料

城西大学水田美術館　〒350-0295坂戸市けやき台1-1　TEL049-271-7327　①浮世絵コレクション，②日・月曜日，夏季・冬季大学休業日，③有料

武者小路実篤記念　新しき村美術館　〒350-0045入間郡毛呂山町葛貫423　TEL049-295-4081　①武者小路実篤関係資料，②月曜日，③有料

丸木美術館　〒355-0076東松山市下唐子1401　TEL0493-22-3266　①『原爆の図』ほか，丸木夫妻作品，②月曜日，③有料

東松山市埋蔵文化財センター　〒355-0036東松山市下野本528-1　TEL0493-27-0333　①考古，②土・日曜日，祝日，年末年始，③無料

ふじみ野市立大井郷土資料館　〒356-0051ふじみ野市大井中央2-19-5　TEL049-263-3111　①歴史・民俗資料，②月曜日，月曜日にあたる祝日，年末年始，③無料

志木市立郷土資料館　〒353-0002志木市中宗岡3-1-2　TEL048-471-0573　①考古・歴史・民俗資料，②月曜，祝日の翌日，年末年始，③無料

新座市立歴史民俗資料館　〒352-0025新座市片山1-21-25　TEL048-481-0177　①考古・歴史・民俗資料，②月曜日，祝日，毎月末日，年末年始，③無料

朝霞市博物館　　〒351-0007朝霞市岡2-7-22　TEL048-469-2285　①考古・歴史・民俗・美術工芸，②月曜日，第4金曜日，祝日の翌日，年末年始，③無料

三芳町立歴史民俗資料館　　〒354-0043入間郡三芳町竹間沢887　TEL049-258-6655　①考古・歴史・民俗資料，②月曜日，祝日，年末年始，③無料

富士見市立水子貝塚資料館　　〒354-0011富士見市大字水子2003-1　TEL049-251-9686　①考古資料，水子貝塚・羽沢遺跡出土物，②月曜日，祝日の翌日，年末年始，③無料

ふじみ野市立上福岡歴史民俗資料館　　〒356-0022ふじみ野市長宮1-2-11　TEL049-262-6065　①考古・歴史・民俗資料，②月曜日，月曜日にあたる祝日，年末年始，③無料

ふじみ野市立福岡河岸記念館　　〒356-0011ふじみ野市福岡3-4-2　TEL049-269-4859　①回漕問屋を保存，新河岸舟運の展示，②月曜日，祝日，年末年始，③有料

入間市博物館ALIT　　〒358-0015入間市大字二本木100　TEL04-2934-7711　①製茶関係，歴史・民俗，②月曜日，祝日の翌日，年末年始，第4火曜日，③有料(小学校就学前，65歳以上，障害者は無料)

狭山市立博物館　　〒350-1324狭山市稲荷山1-23-1　TEL04-2955-3804　①考古・歴史・民俗・絵画，②月曜日，第4金曜日，③有料

飯能市郷土館　　〒357-0063飯能市大字飯能258-1　TEL042-972-1414　①考古・歴史・民俗，②月曜日，③無料

所沢航空発祥記念館　　〒359-0042埼玉県所沢市並木1-13(県営所沢航空記念公園)　TEL04-2996-2225　①航空関係資料，②月曜日，年末年始，③有料

所沢郷土美術館　　〒359-8501埼玉県所沢市久米1447　TEL04-2922-2965　①郷土の美術作品，建物は国有形文化財，②平日・土曜日，12〜3月閉館，③無料

毛呂山町歴史民俗資料館　　〒350-0432入間郡毛呂山町大字大類535　TEL049-295-8282　①歴史・民俗，②月曜日，祝日の翌日，年末年始，③無料

笛畝人形記念美術館　　〒350-0422入間郡越生町小杉5　TEL049-292-6010　①日本の古典人形，②月・火曜日，③有料

埼玉県平和資料館　　〒355-0065東松山市岩殿241-113　TEL0493-35-4111　①第二次世界大戦に関する資料，②月曜日，③有料(中学生以下，65歳以上，障害者は無料)

埼玉県立埋蔵文化財センター　　〒369-0108熊谷市船木台4-4-1　TEL0493-39-3955　①考古，②土・日曜日，祝日，年末年始，③無料(埋文事業団)

川の博物館　　〒369-1217大里郡寄居町小園39　TEL048-581-7333　①荒川関係資料など，②月曜日，祝日の翌日，年末年始，③有料(中学生以下，65歳以上，障害者は無料)

鉢形城歴史館・寄居町埋蔵文化財センター　　〒369-1224大里郡寄居町鉢形2496-2　TEL048-586-0315　①鉢形城資料など，②月曜日，年末年始，③有料(中学生以下，70歳以上，障害者は無料)

埼玉県立嵐山史跡の博物館　　〒355-0221比企郡嵐山町菅谷757　TEL0493-62-5896　①菅谷館跡ほか，歴史・考古・民俗資料，②月曜日(祝日，5月1日と2日を除く)，年末年始，③有料(中学生以下，65歳以上，障害者は無料)

慈光寺宝物殿　　〒355-0364比企郡ときがわ町西平386　TEL0493-67-0040　①法華経一品経ほか，仏教美術資料，②なし，③有料

文化財公開施設

遠山記念館　　〒350-0128比企郡川島町白井沼675　TEL049-297-0007　①古今東西美術品，②月曜日，8月，12月21日〜2月上旬ほか，③有料

小川和紙資料館　　〒355-0324比企郡小川町青山大沢475　TEL0493-74-2155　①手漉製和紙関係資料，②月曜日，③有料

埼玉伝統工芸会館　　〒355-0321比企郡小川町小川1220　TEL0493-72-1220　①手漉和紙実演・体験ほか，伝統工芸資料，②月曜日，第2火曜日，祝日の翌日，③有料

滑川町エコミュージアムセンター　　〒355-0803比企郡滑川町福田763-4　TEL0493-57-1902　①滑川町の自然・文化，②月曜日，第3日曜日，祝日，年末年始，③無料

塙保己一記念館　　〒367-0217本庄市児玉町八幡山446　TEL0495-72-6032　①塙保己一関係資料，②月曜日，年末年始，③無料

皆野町農山村具展示館　　〒369-1412秩父郡皆野町皆野3602　TEL0494-62-4470　①林業・漁撈用具ほか，民俗資料，②月・火・木・金曜日，③有料

埼玉県立自然の博物館　　〒369-1305秩父郡長瀞町長瀞1417-1　TEL0494-66-0404　①県内の地質・動植物資料，②月曜日，祝日の翌日，年末年始，③有料(中学生以下，65歳以上，障害者は無料)

長瀞町郷土資料館　　〒369-1305秩父郡長瀞町長瀞1164　TEL0494-66-0297　①民俗資料，②月曜日，③有料

秩父市立吉田歴史民俗資料館　　〒359-1503秩父市下吉田3871-1(吉田総合支所)　TEL0494-77-1111　①考古・民俗資料，②火・木・土・日曜日，祝日，③無料

倉尾ふるさと館　　〒368-0115秩父郡小鹿野町大字日尾1522-1　TEL0494-78-0031　①ダム水没に関連した地質・考古・歴史・民俗資料，②月曜日，③無料

秩父美術館　　〒368-0013秩父市永田町7-1　TEL0494-23-1177　①古美術，仏教美術，民俗資料，②火曜日，年末年始，③有料

ちちぶ巡礼と民話のやかた(秩父ふるさと館)　　〒368-0044秩父市本町3-1　TEL0494-21-1383　①秩父の巡礼と民話に関する展示，②第4・5火曜日，12月29日〜1月1日，③有料

横瀬町歴史民俗資料館　　〒368-0072秩父郡横瀬町横瀬2000　TEL0494-24-9650　①歴史・民俗・考古・武甲山関係資料，②月曜日，祝日，年末年始，③有料(中学生以下は無料)

秩父市立荒川歴史民俗資料館　　〒369-1803秩父市荒川日野76　TEL0494-54-1058　①考古・歴史・民俗資料，②年末年始，③無料

秩父宮記念三峰山博物館　　〒369-1902秩父市三峰298　TEL0494-55-0221　①三峰講関係・民俗資料，②火曜日，③有料

秩父まつり会館　　〒368-0041秩父市番場町2-8　TEL0494-23-1110　①秩父夜祭り関係資料，②第4・5火曜日，年末〜1月1日，③有料

やまとあーとみゅーじあむ　　〒368-0023秩父市大宮6175-1(羊山公園内)　TEL0494-22-8822　①棟方志功の作品を中心に，②火曜日，冬季休館あり，③有料

本庄市立歴史民俗資料館　　〒367-0053本庄市中央1-2-3　TEL0495-22-3243　①考古・歴史・民俗資料，②日曜日，祝日，毎月末日，年末年始，③無料

渋沢栄一記念館　　〒366-0002深谷市下手計1204　TEL048-587-1100　①渋沢栄一関係資料，②火曜日，年末年始，③無料

熊谷市立図書館郷土資料展示室　〒360-0036熊谷市桜木町2-33-2　TEL048-525-4551　①考古・歴史，②月曜日，第1金曜日，祝日，年末年始，③無料

埼玉県立さきたま史跡の博物館　〒361-0025行田市埼玉4834　TEL048-559-1111　①辛亥年銘鉄剣ほか，考古・民俗資料，②月曜日（GW中，祝日，振替休日を除く），年末年始，③有料（中学生以下，65歳以上は無料）

行田市郷土博物館　〒361-0052行田市本丸17-23　TEL048-554-5911　①考古・歴史，足袋関係資料，②月曜日，祝日の翌日，第4金曜日，③有料

行田市史料館　〒361-0032行田市佐間3-8-9　TEL048-553-1443　①板碑・絵馬関係資料，②月・水・木・金曜日，祝日，年末年始，③無料

鴻巣市川里郷土資料館　〒365-0004鴻巣市関新田1281-1　TEL048-569-3181　①考古・歴史・民俗，②月・土・日曜日，祝日，年末年始，③無料

鴻巣市産業観光館　〒365-0037鴻巣市人形町1-4-21　TEL048-541-1451　①江戸期～現代までの雛人形，郷土玩具ほか，②木曜日，年末年始，③有料

桶川市歴史民俗資料館　〒363-0027桶川市川田谷4405-4　TEL048-786-4030　①後谷遺跡の出土品，桶川と紅花の関わり，桶川宿，②月曜日，祝日，月末，年末年始，③無料

さいたま文学館　〒363-0022桶川市若宮1-5-9　TEL048-789-1515　①埼玉県ゆかりの文学者の作品，②月曜日，第4火曜日，年末年始，③有料（中学生以下，65歳以上，障害者は無料）

学校給食歴史館　〒364-0011北本市朝日2-288　TEL048-592-2115　①学校給食の歴史，②土・日・祝日，年末年始，8月13～15日，③無料

伊奈町立郷土資料館　〒362-0808北足立郡伊奈町小針新宿227　TEL048-721-2111（伊奈町教育委員会生涯学習課）　①衣・食・住から娯楽関係・民俗資料，②月・木・金曜日，祝日，年末年始，③無料

埼玉県立歴史と民俗の博物館　〒330-0803さいたま市大宮区高鼻町4-219　TEL048-645-8171　①県内の考古・歴史・民俗資料，仏教美術，②月曜日（祝日，5月1・2日を除く），年末年始，③有料（中学生以下，65歳以上，障害者は無料）

さいたま市立博物館　〒330-0803さいたま市大宮区高鼻町2-1-2　TEL048-644-2322　①考古・歴史・民俗・美術資料，②月曜日（休日を除く），休日の翌日，年末年始，③無料

旧坂東家住宅見沼くらしっく館　〒330-0816さいたま市見沼区片柳1266-2　TEL048-688-3330　①見沼田圃を開発した坂東家の旧家，②月曜日（祝日は除く），祝日の翌日（土・日曜日，祝日は除く），年末年始，③無料

さいたま市立漫画会館　〒331-0805さいたま市北区盆栽町150　TEL048-663-1541　①北沢楽天関係資料ほか，漫画雑誌，②月曜日，祝日の翌日，年末年始，③無料

さいたま市大宮盆栽美術館　〒331-0804さいたま市北区土呂町2-24-3　TEL048-780-2091　①盆栽や器盆，その他盆栽に関する資料，②木曜日（祝日の場合は開館），年末年始，③有料

埼玉県立近代美術館　〒330-0061さいたま市浦和区常盤9-30-1　TEL048-824-0111　①県内および国内外の近代美術，②月曜日（祝日，県民の日を除く），年末年始，③有料（中学生以下，65歳以上，障害者は無料）

埼玉県立文書館　〒330-0063さいたま市浦和区高砂4-3-18　TEL048-865-0112　①県内古文書・行政文書・地図，②月曜日，祝日，年末年始，③無料

シラサギ記念自然史博物館　〒337-0975さいたま市緑区代山172　TEL048-878-0500　①シラサギほか，動物関係資料，②水曜日(祝日は除く)，祝日の翌日，お盆，年末年始，③無料

うらわ美術館　〒330-0062さいたま市浦和区仲町2丁目5番1号　浦和センチュリーシティー3階　TEL048-827-3215　①地域ゆかりの美術家の作品を中心に収蔵，②月曜(祝日の場合翌日)，年末年始，③有料

さいたま市立浦和博物館　〒336-0911さいたま市緑区三室2458　TEL048-874-3960　①考古・歴史・民俗・見沼関係資料，建物は旧鳳翔閣，②月曜日(休日を除く)，休日の翌日，年末年始，③無料

浦和くらしの博物館民家園　〒336-0925さいたま市緑区下山口新田1179-1　TEL048-878-5025　①旧蓮見家住宅，旧武笠家表門，旧野口家住宅など，②月曜日(祝日は除く)，祝日の翌日(土・日曜日，祝日は除く)，年末年始，③無料

鴻沼資料館　〒338-0832さいたま市桜区西堀4-1-4　TEL048-878-5025(浦和くらしの博物館民家園)　①地域の民俗資料，②月・木曜日，祝日の翌日，年末年始，③無料

さいたま市立岩槻郷土資料館　〒339-0057さいたま市岩槻区本町2 2-34　TEL048-757-0271　①民具・民俗資料，②月曜日，③無料

東玉・人形の博物館　〒339-0057さいたま市岩槻区本町3-2東玉ビル4F　TEL048-756-1111　①人形に関する資料，②5～9月の月曜，年末年始，③有料

酒造資料館　〒349-0057さいたま市岩槻区本町4-8-24　TEL048-756-0067　①酒造関係の資料，②月曜日，年末年始，③無料

河鍋暁斎記念美術館　〒335-0003蕨市南町4-36-4　TEL048-441-9780　①河鍋暁斎関係資料，②木曜日，毎月26日以降の月末，年末年始，③有料

蕨市立歴史民俗資料館　〒335-0004蕨市中央5-17-22　TEL048-432-2477　①江戸時代の宿場「蕨宿」・織物に関する展示，②月曜日，祝日，年末年始，③無料

鋳物資料室(川口市社会教育課分室)　〒332-0012川口市本町1-17-1　TEL048-222-1061(文化財センター)　①鋳物関係資料，②月曜日，祝日，年末年始，③無料

川口市立文化財センター分館郷土資料館　〒334-0002川口市鳩ヶ谷本町2-1-22　TEL048-283-3552　①歴史・民俗資料ほか，近代美術，②月曜日，祝日，年末年始，③無料

戸田市立郷土博物館　〒335-0021戸田市新曽1707　TEL048-443-5600　①荒川関係資料，②第2・4・5月曜日，月末日(土・日曜日，祝日は除く)，年末年始，③無料

彩湖自然学習センター(戸田市立郷土博物館分館)　〒335-0031戸田市大字内谷2887　TEL048-422-9991　①荒川の自然，②月曜日(祝日除く)，祝日の翌日，月末日(土・日・祝日を除く)，年末年始，③無料

鉄道博物館　〒330-0852さいたま市大宮区大成町3-47　TEL048-651-0088　①日本・世界の鉄道に関する遺産・資料，②火曜日，年末年始，③有料

久喜市公文書館　〒346-8501久喜市下早見85-1　TEL0480-23-5010　①歴史・行政資料，②土・日曜日，祝日(企画展開催中は日曜日開館)，年末年始，③無料

久喜市立郷土資料館　　〒340-0217久喜市鷲宮5-33-1　TEL0480-57-1200　①考古・歴史・民俗，鷲宮神社関係資料，②月曜日，祝日の翌日，最終金曜日，年末年始，③無料

利根川資料閲覧室　　〒349-1198久喜市栗橋北2-19-1　TEL0480-52-3921　①利根川の普請・河川改修に関する資料，②土・日・祝日，年末年始(要予約)，③無料

羽生市立郷土資料館　　〒348-0026羽生市大字下羽生948　TEL048-561-8233　①考古・歴史・民俗，藍染め，田山花袋関連資料，②火曜日，月末日，祝日，年末年始，③無料

藍染ふるさと資料館　　〒348-0037羽生市大字小松223　TEL048-561-3358　①藍染に関する資料，②無休，③無料

お種さんの資料館　　〒348-0004羽生市大字弥勒1536　TEL048-565-0391　①『田舎教師』の資料，②無休，③無料

北川辺郷土資料館　　〒349-1212加須市麦倉487　TEL0480-62-0223(生涯学習課)　①考古資料，水害に関する展示，②常時開館(随時開館)，③無料

蓮田市郷土資料館　　〒349-0100蓮田市根金1489　TEL048-766-7301　①考古・歴史・民俗資料，②月曜日，祝日，月末日，年末年始，③無料

宮代町郷土資料館　　〒345-0817南埼玉郡宮代町字西原289　TEL0480-34-8882　①考古・歴史・民俗資料，②月曜日・祝日直後の平日，年末年始，③無料

日本工業大学・工業技術博物館　　〒345-8501南埼玉郡宮代町学園台4-1　TEL0480-33-7570　①工作機械および関連資料，②年末年始，③無料

草加市立歴史民俗資料館　　〒340-0014草加市住吉1-11-9　TEL048-922-0402　①考古・歴史・民俗資料，②月曜日，月末，年末年始，③無料(特別展は有料)

草創庵博物館　　〒340-0002草加市青柳2-16-17　TEL048-936-6302　①煎餅に関する資料，日本画・彫塑などの美術品，②無休，③美術館のみ有料

草加市文化会館伝統産業展示室　　〒340-0013草加市松江1-1-5　TEL048-931-1970　①伝統産業に関する資料，②第1水曜日，年末年始，③無料

春日部市郷土資料館　　〒344-0062春日部市粕壁東3-2-15(春日部市教育センター内)　TEL048-763-2455　①考古・歴史資料，②月曜日，祝日，年末年始，③無料

幸手市民具資料館　　〒340-0125幸手市大字下宇和田58-1　TEL0480-48-1197　①歴史・民俗資料，②団体見学時のみ開館，③無料

八潮市立資料館　　〒340-0831八潮市南後谷763-50　TEL048-997-6666　①水と生活に関する展示，②月曜日，祝日の翌日，年末年始，③無料

三郷市立郷土資料館　　〒341-0053三郷市彦合1-113　TEL048-953-5251　①考古・歴史・民俗資料，②月・水・金曜日，祝日，年末年始，③無料

吉川市郷土資料館　　〒342-0015吉川市中井2-151-1　TEL048-981-6563　①考古・歴史・民俗資料，②月・火・木・金・日曜日，年末年始，③無料

【無形民俗文化財】

国指定

鷲宮催馬楽神楽　　久喜市鷲宮(鷲宮神社)　1月1日，2月14日，4月10日，7月31日，10月10日，12月初酉日

玉敷神社神楽　　加須市騎西　2月1日，5月5日，7月15日，12月1日

秩父祭の屋台行事と神楽　　秩父市各町内　12月3日

鴻巣の赤物製作技術　　鴻巣市本町

川越氷川祭の山車行事　　川越市　10月14・15日

岩槻の古式土俵入り　　さいたま市岩槻区

猪俣の百八燈　　児玉郡美里町大字猪俣1970　8月15日

県指定

萩日吉神社神楽　　比企郡ときがわ町大字西平　小神楽：1月第3日曜日，太々神楽：4月29日

坂戸の大宮住吉神楽　　坂戸市大字塚越(大宮住吉神社)　2月23日，4月3日，11月23日

貴布祢神社神楽　　秩父市下吉田字井上　春祭：4月3日，秋祭：10月3日

出雲伊波比神社のやぶさめ　　入間郡毛呂山町岩井西　11月3日

萩日吉神社のやぶさめ　　比企郡ときがわ町西平　3年に一度1月第3日曜日

大野の送神祭　　比企郡ときがわ町大野　4月第2日曜日

[民俗芸能]

南大塚の餅つき踊り　　川越市大字南大塚(西福寺・菅原神社)　1月第2月曜日(成人の日)

大波見のドンド焼き　　秩父市上吉田字大波見　1月14日

橋詰のドウロク神焼き　　秩父郡小鹿野町河原沢字橋詰　1月第3土曜日

梅宮神社の甘酒祭り　　狭山市大字上奥富　2月10・11日

白石の神送り　　秩父郡東秩父村白石　5月第2日曜日

老袋の弓取式　　川越市大字下老袋(氷川神社)　2月11日

出原の天気占い　　秩父郡小鹿野町両神薄(諏訪神社)　2月25日

河原沢のオヒナゲエ(お雛粥)　　秩父郡小鹿野町河原沢　4月3日

老袋の万作　　川越市大字下老袋(氷川神社)　4月第2日曜日

川越祭りばやし(今福)　　川越市大字今福(菅原神社)　4月15日，7月14・15日に近い土・日曜日

川越祭りばやし(中台)　　川越市大字今福(八雲神社)　4月15日に近い日曜日，8月第1日曜日

椋神社御田植祭　　秩父市蒔田　3月第1日曜日

秩父神社御田植祭　　秩父市番場町　4月4日

小鹿野の歌舞伎芝居　　秩父郡小鹿野町小鹿野123　4月第3土曜日の前日の金曜日ほか

石原の獅子舞　　川越市石原町(観音寺)　4月第3土・日曜日

白久の人形芝居　　秩父市荒川白久(豆早原公会堂)　4月第3日曜日

塚越の花まつり　　秩父市上吉田字塚越　5月4日

大瀬の獅子舞　　八潮市大字大瀬　7月1・2日，同月第4日曜日

下間久里の獅子舞　　越谷市大字下間久里　7月15日

北川崎の虫追い　　越谷市北川崎　7月24日

やったり踊り　　春日部市大畑(香取神社)　7月15日近くの土曜日

台町の獅子舞　　本庄市本庄(八坂神社など)　7月中旬の土・日曜日

原馬室の獅子舞　　鴻巣市原馬室(観音堂ほか)　7月中旬・8月中旬の日曜日

西金野井の獅子舞　　春日部市西金野井　7月21日近くの日曜日

半平の天王焼き　　秩父郡小鹿野町三山字半平　7月海の日の前日

越畑の獅子舞　　比企郡嵐山町大字越畑(八宮神社・宝薬寺・観音寺)　7月25日前後の日曜日

駒衣の伊勢音頭　　児玉郡美里町大字駒衣　7月第4土曜日

芦ヶ久保の獅子舞　　秩父郡横瀬町大字芦ヶ久保(白鬚神社)　8月16日

下中条の獅子舞　　行田市大字下中条　8月18日近くの日曜日

下名栗の獅子舞　　飯能市大字下名栗(下名栗諏訪神社)　8月25日前後の土・日曜日

笹久保の古式土俵入り　　さいたま市岩槻区大字笹久保(八幡神社)　隔年9月15日

ほろ祭　　川越市大字古谷本郷(八幡神社)　9月第3曜日(敬老の日の前日)

皆野椋神社の獅子舞　　秩父郡皆野町大字皆野　10月7・8日(7日は皆野諏訪神社)

平方祇園祭のどろいんきょ行事　　上尾市平方　7月下旬

松原の真言　　桶川市川田谷字松原

西久保観世音の鉦はり　　入間市宮寺　1月17日　8月17日

閏戸の式三番　　蓮田市大字閏戸(愛宕神社)　10月第2土曜日

椋神社の龍勢　　秩父市下吉田　10月第2曜日

釣上の古式土俵入り　　さいたま市岩槻区大字釣上(神明社)　10月21日に近い日曜日

入曽の獅子舞　　狭山市大字南入曽(金剛院・入間野神社)　10月第3土・日曜日

川越氷川祭りの山車行事　　川越市　10月第3土・日曜日

浦山の獅子舞　　秩父市浦山(昌安寺大日堂)　10月第4土・日曜日

横瀬の人形芝居　　秩父郡横瀬町大字横瀬　10月最終曜日

有氏神社の盤台祭り　　児玉郡神川町大字下阿久原　11月19日

白久のテンゴウ祭り　　秩父市荒川白久字原　11月第3土曜日

金谷の餅つき踊り　　東松山市大字上野本(氷川神社)　11月23日

飯田八幡神社の祭り(鉄砲祭)　　秩父郡小鹿野町飯田　12月第2曜日とその前日

内ヶ島の万作　　深谷市内ヶ島　不定期

【おもな祭り】

元旦祈願祭　　秩父市三峰(三峯神社)　1月1日

虚空蔵縁日　　秩父市上宮地(虚空蔵寺)　1月12・13日

馬上のクダゲエ(管粥)　　秩父郡小鹿野町藤倉馬上　1月14・15日

やぶさめ　　比企郡ときがわ町西平(萩日吉神社)　3年ごとの1月第3日曜日

八潮市のオビシャ　　八潮市木曽根(木曽根氷川神社)　1月成人の日に近い日曜日
　　　　　　　　　八潮市鶴ヶ曽根(鶴ヶ曽根上久伊豆神社・鶴ヶ曽根下久伊豆神社)　1月20日

吉川市のオビシャ　　吉川市木売(木売熊野神社)・吉川(吉川香取神社)・高富(高富蕎高神社)・高久(高久蕎高神社)　1月上旬

三郷市のオビシャ	三郷市大広戸	正月
節分会	加須市不動岡(總願寺)	2月3日
節分会	秩父市番場町(秩父神社)	2月3日
節分祭	比企郡嵐山町川島(鬼鎮神社)	2月3日
伊豆沢の天気占い	秩父郡小鹿野町伊豆沢(諏訪神社)	2月11日
上岡観音の絵馬市	東松山市大字上岡(妙安寺)	2月19日
椋神社御田植神事	秩父市蒔田	3月3日
山田の春祭り	秩父市山田(恒持神社)	3月第2日曜日
秩父神社御田植神事	秩父市番場町	4月4日
大野の送神祭	比企郡ときがわ町大野(大野神社)	4月第2日曜日
小鹿神社の春祭り	秩父郡小鹿野町小鹿野	4月第3土曜日と前日の金曜日
大凧あげ祭	春日部市西宝珠花(江戸川堤)	5月3・5日
米山薬師の花祭り	秩父市上吉田	5月4日
胎内くぐり	熊谷市熊谷(高城神社)	6月30日
茅の輪くぐり	さいたま市大宮区高鼻町(氷川神社)	6月30日
番匠免の大般若	三郷市番匠免	7月8日
久喜の提灯祭	久喜市本町	7月12・18日
砂の万灯祭	さいたま市見沼区砂(八雲神社)	数年ごと7月14日
平方のどろいんきょ	上尾市大字平方	7月中旬の日曜日
川瀬祭	秩父市番場町(秩父神社)	7月19・20日
うちわ祭	熊谷市鎌倉町(八坂神社)	7月20〜22日
北川崎の虫追い	越谷市北川崎	7月24日
甘酒祭	秩父市荒川白久(熊野神社)	7月第4日曜日
七夕祭	比企郡小川町	原則として7月第4土・日曜日
水天宮祭	大里郡寄居町(玉淀河原)	8月第1土曜日
脚折の雨乞い	鶴ヶ島市脚折町(脚折白鬚神社・雷電池)	4年ごとの8月第1日曜日
船玉祭	秩父郡長瀞町	8月15日
小川の百八燈	秩父市上吉田字小川	8月16日
立沢の虫送り	秩父郡皆野町大字上日野沢字立沢	8月16日
門平の虫送り	秩父郡皆野町大字上日野沢字門平	8月16日
施餓鬼	秩父市栃谷(四萬部寺)	8月24日
箭弓稲荷大祭	東松山市箭弓町(箭弓稲荷神社)	9月21日
氷川神社例大祭	川越市宮下町(氷川神社)	10月第3土・日曜日
やぶさめ	入間郡毛呂山町岩井(出雲伊波比神社)	11月3日
大湯祭	さいたま市大宮区高鼻町(氷川神社)	12月10日

【有形民俗文化財】( )は管理者――――――――――
国指定

秩父祭屋台	中近笠鉾	秩父市中近 中近笠鉾保存委員会(秩父市)
	下郷笠鉾	秩父市下郷 下郷笠鉾保存会(秩父市)
	宮地屋台	秩父市宮地 宮地屋台保存会(秩父市)

	上町屋台	秩父市上町	上町屋台保存委員会(秩父市)
	中町屋台	秩父市中町	中町屋台保存会(秩父市)
	本町屋台	秩父市本町	本町会(秩父市)

秩父の山村生産用具　　秩父郡皆野町皆野3610・皆野町農山村具展示館　小林茂(皆野町)
荒川水系の漁撈用具　　秩父郡皆野町皆野3610・皆野町農山村具展示館　小林茂(皆野町)
東秩父及び周辺地域の手漉和紙製作用具及び製品　　秩父郡東秩父村御堂1461-9　東秩父村
木曽呂の富士塚　　川口市大字東内野594-1　蓮見裕一ほか(川口市)
北武蔵の農具　　行田市大字埼玉4834　埼玉県(埼玉県立さきたま史跡の博物館)

県指定

秩父札所四番石仏群　　秩父市山田1816　金昌寺
川越氷川祭山車付絵馬一面付絵巻一巻　　川越市元町2丁目ほか9町　川越市元町2丁目ほか9町
出牛人形浄瑠璃人形道具一式　　秩父郡皆野町金沢196　出牛浄瑠璃人形保存会
上中尾の猪垣　　秩父市大滝1522　山中義一
細川紙紙すき家屋　　秩父郡東秩父村御堂436　東秩父村
竹間沢車人形用具　　入間郡三芳町大字竹間沢877　前田益夫(三芳町)
小鹿野祭屋台　春日町屋台　　秩父郡小鹿野町小鹿野93-3　春日町
　　　　　　　上町屋台　　秩父郡小鹿野町小鹿野1823-1　上一丁目・上二丁目
　　　　　　　新原笠鉾　　秩父郡小鹿野町小鹿野914-2　新井・原町
　　　　　　　腰之根笠鉾　　秩父郡小鹿野町小鹿野1432　腰之根
秩父地方の養蚕用具及び関係資料　　秩父郡皆野町　個人(皆野町)
合角ダム水没地域の民俗資料　　秩父郡小鹿野町小鹿野123　小鹿野町
竹間沢の神楽面・面芝居面付衣裳　　入間郡三芳町大字竹間沢　前田益夫
萩平歌舞伎舞台付芝居道具　　秩父市寺尾1012　島田浩男ほか
萩平精進堂　　秩父市寺尾1012　島田浩男ほか
赤山渋生産用具及び渋小屋　　さいたま市大宮区高鼻町4-219　埼玉県(埼玉県立歴史と民俗の博物館)
柴の猪垣　　秩父郡東秩父村坂本1900ほか　田中幸夫(東秩父村)
岡田家芝居衣裳・用具　　さいたま市大宮区高鼻町4-219　埼玉県(埼玉県立歴史と民俗の博物館)
石山家芝居衣裳・用具及び芝居台本　　さいたま市大宮区高鼻町4-219　埼玉県(埼玉県立歴史と民俗の博物館)
武蔵野台地北部の畑作用具　　ふじみ野市亀久保1196-5　ふじみ野市(大井郷土資料館)
中本家神楽師用具　　さいたま市大宮区高鼻町2-1-2　さいたま市(さいたま市立博物館)
中本家神楽師用具　　さいたま市大宮区高鼻町4-219　埼玉県(埼玉県立歴史と民俗の博物館)
押絵羽子板面相師関係資料　　さいたま市大宮区高鼻町4-219　埼玉県(埼玉県立歴史と民俗の博物館)
高梨家神楽師用具　　さいたま市大宮区高鼻町4-219　埼玉県(埼玉県立歴史と民俗の博物館)
江戸川の船大工用具と漁船付船図面2点・流し台1点　　さいたま市大宮区高鼻町4-219　埼玉県(埼玉県立歴史と民俗の博物館)

有形民俗文化財

田子山富士塚　　志木市本町2-1705　敷島神社(田子山富士保存会)
荒川水系戸田周辺の漁撈用具　　戸田市新曽1707　戸田市(戸田市立郷土博物館)
飯能の西川材関係用具　　飯能市飯能258-1　飯能市(飯能市郷土館)

【無形文化財】

国指定

細川紙　　比企郡小川町・秩父郡東秩父村　細川紙技術者協会

鉄釉陶器　　大里郡寄居町　原　清

髹漆　　春日部市　増村紀一郎

県指定

長板中型　　八潮市古新田　大熊栄市
　　　　　　三郷市戸ヶ埼　恩田育男
　　　　　　三郷市戸ヶ埼　初山武雄
　　　　　　八潮市大瀬　初山　寛
　　　　　　八潮市古新田　大熊敏男

江戸木目込人形　　さいたま市岩槻区本町　岩槻江戸木目込人形保存会

【散歩便利帳】

[埼玉県の教育委員会・観光担当部署など]

埼玉県教育委員会生涯学習文化財課　　〒336-0063 さいたま市浦和区高砂3-15-1　TEL 048-830-6915

埼玉県労働商工部観光振興室　　〒336-0063 さいたま市浦和区高砂3-15-1　TEL 048-830-3950

(社)埼玉県物産観光協会　　〒330-0854 さいたま市大宮区桜木町1-7-5 ソニックシティビル地下1階　TEL 048-647-4033

彩の国ふるさと秩父観光情報館　　〒368-0033 秩父市野坂町1-16-15　TEL 0494-25-3192

彩の国入間地域観光キャンペーン推進協議会　〒336-0063 さいたま市浦和区高砂3-15-1　県観光振興室内　TEL 048-830-3950

(財)埼玉伝統工芸協会　　〒355-0321 比企郡小川町小川1220　TEL 0493-72-1220

[さいたま市の教育委員会・観光担当部署など]

さいたま市教育委員会事務局生涯学習振興課　　〒336-0061 さいたま市浦和区常盤6-4-4　TEL 048-829-1703

さいたま市教育委員会文化財保護課　　〒336-0061 さいたま市浦和区常盤6-4-4　TEL 048-829-1723

さいたま市環境経済局経済政策課　　〒336-0061 さいたま市浦和区常盤6-4-4　TEL 048-829-1365

(社)さいたま観光コンベンションビューロー　　〒330-0846 さいたま市大宮区大門町3-1　TEL 048-647-8338

大宮観光案内所　　〒330-0853 さいたま市大宮区錦町630 JR大宮駅構内　TEL 048-644-1144

浦和観光案内所　　〒336-0063 さいたま市浦和区高砂1-16-20　TEL 048-824-0333

北浦和インフォメーションセンター　　〒330-0074 さいたま市浦和区北浦和3-3-1　TEL 048-834-6166

別所沼観光協会　　〒336-0021 さいたま市南区別所4-11-17　TEL 048-863-3605

［市町村の教育委員会・観光担当部署など］

川越市教育委員会　　〒350-0062 川越市元町1-3-1　TEL 049-224-8811
川越市観光課　　〒350-0062 川越市元町1-3-1　TEL 049-224-8811
川越市観光案内所　　〒350-1122 川越市脇田町24-9　TEL 049-222-5556
小江戸川越観光協会　　〒350-0065 川越市仲町2-3　TEL 049-227-8233
熊谷市教育委員会　　〒360-0041 熊谷市宮町2-47-1　TEL 048-524-1111
熊谷市商業観光課　　〒360-0041 熊谷市宮町2-47-1　TEL 048-524-1111
熊谷市観光協会　　〒360-0041 熊谷市宮町2-47-1 熊谷市役所内　TEL 048-524-1111
川口市教育委員会　　〒332-0031 川口市青木2-1-1　TEL 048-258-1110
川口市観光協会　　〒332-0012 川口市本町4-1-8　川口センタービル8階 川口商工会議所内　TEL 048-228-2111
行田市教育委員会　　〒361-0052 行田市本丸2-20 行田市産業文化会館3階　TEL 048-556-8316
行田市商工観光課　　〒361-8601 行田市本丸2-5　TEL 048-556-1111
行田市観光協会　　〒361-0052 行田市本丸2-5 行田市役所内　TEL 048-556-1111
秩父市教育委員会　　〒368-0032 秩父市熊木町8-15 秩父市歴史文化伝承館2階　TEL 0494-22-5227
秩父市観光振興課　　〒368-0032 秩父市熊木町8-15　TEL 0494-22-2211
秩父観光協会　　〒368-0023 秩父市大宮4625 道の駅ちちぶ内　TEL 0494-21-2277
秩父観光総合案内所　　〒368-0046 秩父市宮側町1-7　TEL 0494-24-7538
秩父観光農林業組合　　〒368-0042 秩父市東町29-23　TEL 0494-23-3557
秩父観光文化連絡協議会　　〒368-0046 秩父市宮側町1-7　TEL 0494-25-0088
所沢市教育委員会　　〒359-0042 所沢市並木1-1-1　TEL 04-2998-9242
所沢市観光協会　　〒359-0042 所沢市並木1-1-1 所沢市役所内　TEL 04-2998-9155
飯能市教育委員会　　〒357-0021 飯能市双柳1-1　TEL 042-973-2111
飯能市商工観光課　　〒357-0021 飯能市双柳1-1　TEL 042-973-2111
奥むさし飯能市観光協会　　〒357-0032 飯能市本町1-7 飯能商工会議所内　TEL 042-989-5051
加須市教育委員会　　〒347-8501 加須市下三俣290　TEL 0480-62-1111
加須市観光協会　　〒347-8501 加須市下三俣290 加須市役所内　TEL 0480-62-1111
騎西観光協会　　〒347-0192 加須市騎西36-1 加須市役所騎西総合支所内　TEL 0480-73-1111
童謡のふる里おおとね観光協会　　〒349-1193 加須市北下新井1679-1 加須市大利根総合支所内　TEL 0480-72-1319
本庄市教育委員会　　〒367-8501 本庄市本庄3-5-3　TEL 0495-25-1111
本庄市商工課　　〒367-8501 本庄市本庄3-5-3　TEL 0495-25-1174
本庄市観光協会　　〒367-8501 本庄市本庄3-5-3 本庄市役所内　TEL 0495-25-1174
東松山市教育委員会　　〒355-0017 東松山市松葉町1-1-58　TEL 0493-23-2221
東松山市観光協会　　〒355-0017 東松山市松葉町1-1-58 東松山市役所内　TEL 0493-23-3344
春日部市教育委員会　　〒344-8577 春日部市中央6-2　TEL 048-736-1111
春日部市商工課　　〒344-8577 春日部市中央6-2　TEL 048-736-1111

春日部市観光協会	〒344-8585 春日部市樋堀369-4 春日部商工会議所内	TEL 048-763-1122
狭山市教育委員会	〒350-1305 狭山市入間川1-23-5	TEL 04-2953-1111
狭山市商工課	〒350-1305 狭山市入間川1-23-5	TEL 04-2953-1111
狭山市観光協会	〒350-1305 狭山市入間川1-23-5 狭山市役所内	TEL 04-2953-1205
羽生市教育委員会	〒348-0052 羽生市東6-15	TEL 048-561-1121
羽生市観光協会	〒348-0058 羽生市中央3-7-5 羽生市民プラザ内	TEL 048-560-3111
鴻巣市教育委員会	〒365-0039 鴻巣市東3-8-17	TEL 048-544-1215
鴻巣市商工課	〒365-0032 鴻巣市中央1-1	TEL 048-541-1285
鴻巣市観光協会	〒365-0038 鴻巣市本町6-4-20 鴻巣市商工会館内	TEL 048-542-1169
深谷市教育委員会	〒366-0823 深谷市本住町17-3	TEL 048-574-5811
深谷市商工振興課	〒366-0822 深谷市仲町11-1	TEL 048-574-6650
深谷市観光協会	〒366-0824 深谷市西島町3-1-8 JR深谷駅構内	TEL 048-575-0015
上尾市教育委員会	〒362-0014 上尾市本町3-1-1	TEL 048-775-9490
上尾市観光協会	〒362-0042 上尾市谷津2-1-50 上尾プラザ22内	TEL 048-775-5917
草加市教育委員会	〒340-0015 草加市高砂1-1-1	TEL 048-922-0151
草加市観光協会	〒340-0015 草加市高砂1-1-1 草加市役所内	TEL 048-922-0151
越谷市教育委員会	〒343-0813 越谷市越ヶ谷4-2-1	TEL 048-963-9283
越谷市商業観光課	〒343-0813 越谷市越ヶ谷4-2-1	TEL 048-963-9191
越谷市観光協会	〒343-0828 越谷市レイクタウン4-431	TEL 048-971-9002
蕨市教育委員会	〒335-0004 蕨市中央5-14-15	TEL 048-433-7729
蕨市観光協会	〒335-0004 蕨市中央1-8-5	TEL 048-434-5601
戸田市教育委員会	〒335-0022 戸田市上戸田1-18-1	TEL 048-441-1800
戸田市観光協会	〒335-0031 戸田市美女木5-2-16 西部保健センター内	TEL 048-422-6400
入間市教育委員会	〒358-0003 入間市豊岡1-16-1	TEL 04-2964-1111
入間市観光協会	〒358-0003 入間市豊岡1-16-1 入間市役所内	TEL 04-2964-4889
朝霞市教育委員会	〒351-0011 朝霞市本町1-1-1	TEL 048-463-2920
志木市教育委員会	〒353-0002 志木市中宗岡1-1-1	TEL 048-473-1111
志木市観光協会	〒353-0002 志木市中宗岡1-1-1 志木市役所内	TEL 048-473-1111
和光市教育委員会	〒351-0106 和光市広沢1-5	TEL 048-464-1111
和光市地域振興課	〒351-0106 和光市広沢1-5	TEL 048-464-1111
新座市教育委員会	〒352-0011 新座市野火止1-1-1	TEL 048-477-1111
新座市産業観光協会	〒352-0011 新座市野火止1-1-1 新座市役所内	TEL 048-477-1111
桶川市教育委員会	〒362-0021 桶川市泉1-3-28	TEL 048-786-3211
桶川市産業観光課	〒362-0021 桶川市泉1-3-28	TEL 048-786-3211
桶川市観光協会	〒363-0024 桶川市鴨川1-4-3 桶川市商工会館内	TEL 048-787-5424
白岡市教育委員会	〒349-0292 白岡市千駄野432	TEL 0480-92-1111
白岡市観光協会	〒349-0218 白岡市白岡1172	TEL 0480-92-8151
久喜市教育委員会	〒346-0022 久喜市下早見85-3	TEL 0480-22-1111
久喜市観光協会	〒346-0022 久喜市下早見85-3 久喜市役所内	TEL 0480-22-1111

久喜市菖蒲観光交流協会　　〒346-0192 久喜市菖蒲町新堀38 菖蒲総合支所内　TEL 0480-85-1111
久喜市栗橋観光協会　　〒349-1192 久喜市間鎌251-1 久喜市栗橋総合支所内　TEL 0480-53-1111
北本市教育委員会　　〒364-0033 北本市本町1-103　TEL 048-591-1111
北本市観光協会　　〒364-0035 北本市西高尾1-249-101　TEL 048-591-1473
八潮市教育委員会　　〒340-0816 八潮市中央1-2-1　TEL 048-996-2111
八潮市観光協会　　〒340-0816 八潮市中央1-6-18 八潮市商工会館内　TEL 048-996-1926
富士見市教育委員会　　〒354-0021 富士見市鶴馬1800-1　TEL 049-251-2711
ふじみ野市教育委員会　　〒356-8501 ふじみ野市福岡1-1-1　TEL 049-261-2611
ふじみ野市観光協会　　〒356-8501 ふじみ野市福岡1-1-1 ふじみ野市役所内　TEL 049-261-2611
三郷市教育委員会　　〒341-0041 三郷市花和田648-1　TEL 048-953-1111
三郷市観光協会　　〒341-0041 三郷市花和田648-1 三郷市役所内　TEL 048-953-1111
蓮田市教育委員会　　〒349-0101 蓮田市黒浜2799-1　TEL 048-765-1730
はすだ観光協会　　〒349-0101 蓮田市黒浜2799-1 蓮田市役所内　TEL 048-768-3111
坂戸市教育委員会　　〒350-0214 坂戸市千代田1-1-1　TEL 049-283-1331
坂戸市商工労政課　　〒350-0214 坂戸市千代田1-1-1　TEL 049-283-1331
幸手市教育委員会　　〒340-0114 幸手市東4-6-8　TEL 0480-43-1111
幸手市商工観光課　　〒340-0114 幸手市東4-6-8　TEL 0480-43-1111
幸手市観光協会　　〒340-0114 幸手市東4-6-8 幸手市役所内　TEL 0480-43-1111
鶴ヶ島市教育委員会　　〒350-2217 鶴ヶ島市三ッ木16-1　TEL 049-271-1111
日高市教育委員会　　〒350-1206 日高市南平沢1020　TEL 042-989-2111
日高市観光協会　　〒350-1206 日高市南平沢1020 日高市役所内　TEL 042-989-2111
吉川市教育委員会　　〒342-0055 吉川市吉川2-1-1　TEL 048-982-9697
よしかわ観光協会　　〒342-0055 吉川市吉川2-1-1 吉川市役所内　TEL 048-982-9476

[北足立郡]
伊奈町教育委員会　　〒362-0806 伊奈町小室9493　TEL 048-721-2111
伊奈町観光協会　　〒362-0806 伊奈町小室9454-1 伊奈町商工会館内　TEL 048-724-1055

[入間郡]
三芳町教育委員会　　〒354-0041 三芳町藤久保1100-1　TEL 049-258-0019
毛呂山町教育委員会　　〒350-0441 毛呂山町岩井1291　TEL 049-295-2112
毛呂山町観光協会　　〒350-0441 毛呂山町岩井1291 毛呂山町役場内　TEL 049-295-2112
越生町教育委員会　　〒350-0416 越生町越生900-2　TEL 049-292-3121
越生町観光協会　　〒350-0416 越生町越生900-2 越生町役場内　TEL 049-292-3121

[比企郡]
滑川町教育委員会　　〒355-0803 滑川町福田750-1　TEL 0493-56-6907

滑川町観光協会	〒355-0803 滑川町福田750-1 滑川町役場内　TEL 0493-56-6907
嵐山町教育委員会	〒355-0211 嵐山町杉山1030-1　TEL 0493-62-2150
嵐山町観光協会	〒355-0221 嵐山町大字菅谷445-1　TEL 0493-81-4511
小川町教育委員会	〒355-0328 小川町大塚55　TEL 0493-72-1221
小川町観光協会	〒355-0328 小川町大塚55 小川町役場内　TEL 0493-72-1221
吉見町教育委員会	〒355-0119 吉見町中新井493-1 吉見町民体育館内　TEL 0493-54-5625
鳩山町教育委員会	〒350-0324 鳩山町大豆戸184-16　TEL 049-296-1227
鳩山町産業振興課	〒350-0324 鳩山町大豆戸184-16　TEL 049-296-5895
ときがわ町観光協会	〒355-0364 ときがわ町関堀145-2 ときがわ町商工会館内　TEL 0493-65-1283
ときがわ町教育委員会	〒355-0395 ときがわ町玉川2490　TEL 0493-65-1521
川島町教育委員会	〒350-0131 川島町平沼1175　TEL 049-297-1811

[秩父郡]

横瀬町教育委員会	〒368-0072 横瀬町横瀬4545　TEL 0494-25-0118
横瀬町振興課	〒368-0072 横瀬町横瀬4545　TEL 0494-25-0114
横瀬町観光協会	〒368-0072 横瀬町横瀬4545 横瀬町役場内　TEL 0494-25-0114
皆野町教育委員会	〒369-1412 皆野町皆野1423　TEL 0494-62-4563
皆野町産業観光課	〒369-1492 皆野町皆野1420-1　TEL 0494-62-1230
皆野町観光協会	〒369-1492 皆野町皆野1420-1 皆野町役場内　TEL 0494-62-1230
長瀞町教育委員会	〒369-1304 長瀞町本野上1035-1　TEL 0494-66-3111
長瀞町商工観光課	〒369-1304 長瀞町本野上1035-1　TEL 0494-66-3111
長瀞町観光協会	〒369-1304 長瀞町本野上1035-1 長瀞町役場内　TEL 0494-66-3311
吉田観光協会	〒369-1592 秩父市下吉田6585-2 吉田総合支所内　TEL 0494-77-1529
小鹿野町教育委員会	〒368-0192 小鹿野町小鹿野89　TEL 0492-75-1221
小鹿野町産業観光課	〒368-0201 小鹿野町両神薄2906　TEL 0494-79-1100
小鹿野町観光協会	〒368-0201 小鹿野町薄2906 両神庁舎内　TEL 0494-79-1100
奥秩父大滝観光協会	〒369-1901 秩父市大滝985 大滝総合支所内　TEL 0494-55-0707
奥秩父荒川観光協会	〒369-1802 秩父市荒川上田野1427-1 荒川総合支所内　TEL 0494-54-2114
東秩父村教育委員会	〒355-0375 東秩父村御堂634　TEL 0493-82-1230
東秩父村観光協会	〒355-0375 東秩父村御堂634 東秩父村役場内　TEL 0493-82-1223

[児玉郡]

美里町教育委員会	〒367-0112 美里町木部574 遺跡の森館内　TEL 0495-76-0204
美里町観光協会	〒367-0112 美里町木部323-1 美里町役場内　TEL 0495-76-1111
神川町教育委員会	〒367-0292 神川町植竹909　TEL 0495-77-2111
神川町農政商工課	〒367-0292 神川町植竹909　TEL 0495-77-0703
上里町教育委員会	〒369-0392 上里町七本木982　TEL 0495-35-1246
上里町産業振興課	〒369-0306 上里町七本木982　TEL 0495-35-1221

上武自然公園観光協会　　〒367-0393 神川町下阿久原816-1 神泉総合支所内　TEL 0274-52-3271

[大里郡]
寄居町教育委員会　　〒369-1203 寄居町寄居1180-1　TEL 048-581-2121
寄居町商工観光課　　〒369-1203 寄居町寄居1180-1　TEL 048-581-2121
寄居町観光協会　　〒369-1205 寄居町末野1491　TEL 048-581-3012

[南埼玉郡]
宮代町教育委員会　　〒345-0821 宮代町中央3-6-11　TEL 0480-34-1111
宮代町農政商工課　　〒345-0821 宮代町中央3-6-11　TEL 0480-34-1111

[北葛飾郡]
杉戸町教育委員会　　〒345-0025 杉戸町清地2-9-29　TEL 0480-33-1111
杉戸町観光協会　　〒345-0025 杉戸町清地2-9-29 杉戸町役場内　TEL 0480-33-1111
松伏町教育委員会　　〒343-0111 松伏町松伏2424　TEL 048-991-1873
松伏町観光協会　　〒343-0111 松伏町松伏2424 松伏町役場内　TEL 048-991-1854

【参考文献】

『あなたの街の博物館』　埼玉県博物館連絡協議会編　幹書房　1998
『角川日本地名大辞典11　埼玉県』　角川日本地名大辞典編纂委員会編　角川書店　1980
『鎌倉街道夢紀行　上道コース』　テレビ埼玉編　さきたま出版会　2001
『川越街道』　笹沼正巳・小泉功・井田實　聚海書林　1986
『川越舟運』　斎藤貞夫　さきたま出版会　1982
『川越大事典』　川越大事典編纂会編　国書刊行会　1988
『川越の人物誌』第1-3集　川越の人物誌編集委員会編　川越市教育委員会　1983・86・94
『川越の祭り』　小泉功監修　埼玉新聞社　2002
『旧鎌倉街道・探索の旅』下道編　芳賀善次郎　さきたま出版会　1982
『旧鎌倉街道・探索の旅』中道編　芳賀善次郎　さきたま出版会　1994
『旧鎌倉街道・探索の旅』山の道編　芳賀善次郎　さきたま出版会　1988
『郷土史事典　埼玉県』　大村進・秋葉一男編　昌平社　1982
『埼玉県の百年』　小山博也・池田信・高崎譲治・根岸敏・栗田尚弥　山川出版社　1990
『埼玉県の不思議』　金井塚良一・大村進編　新人物往来社　2001
『埼玉県の歴史　新版』　田代脩・塩野博・重田正夫・森田武　山川出版社　1999
『埼玉事始』　東京新聞浦和支局編　さきたま出版会　1987
『さいたま女性の歩み』上・下巻　埼玉県編　埼玉県　1993
『埼玉人物事典』　埼玉県編　埼玉県　1998
『埼玉人物小百科』　埼玉近代史研究会編　埼玉新聞社　1983
『埼玉大百科事典』1-5　埼玉新聞社編　埼玉新聞社　1974・75
『埼玉東部写真集』　中島清治　国書刊行会　1987
『埼玉の遺跡　土の中からのメッセージ』　塩野博編　さきたま出版会　2000
『埼玉の古城址　新装版』　中田正光　有峰書店新社　2001
『埼玉の自由と民権を語る』　鈴木義治　埼玉新聞社　2002
『埼玉の昭和』　埼玉新聞社編　埼玉新聞社　1990
『さいたまの鉄道』　埼玉県立博物館編　さきたま出版会　1999
『埼玉の鉄道』　老川慶喜　埼玉新聞社　1982
『埼玉ふるさと散歩　岩槻市』　大村進編　さきたま出版会　1992
『埼玉ふるさと散歩　川越市』　新井博編　さきたま出版会　1992
『埼玉ふるさと散歩　久喜市』　渡邉良夫編　さきたま出版会　1997
『埼玉ふるさと散歩　さいたま市』　秋葉一男・青木義脩編　さきたま出版会　2003
『埼玉ふるさと散歩　草加市』　中島清治編　さきたま出版会　1994
『埼玉ふるさと散歩　秩父市』　井上光三郎編　さきたま出版会　1997
『埼玉ふるさと散歩　日光道・古利根川流域編』　秋葉一男編　さきたま出版会　2001
『埼玉ふるさと散歩　比企丘陵編』　梅沢太久夫編　さきたま出版会　2001
『埼玉ふるさと自慢百選』　埼玉新聞社編　埼玉新聞社　2000
『さいたま歴史街道』　吉本富男編　埼玉新聞社　1990
『新編埼玉県史』全38巻　埼玉県編　埼玉県　1980-91
『新編埼玉県史　図録』　埼玉県編　埼玉県　1993

『新編埼玉歳時記』　　埼玉新聞社編　埼玉新聞社　1980
『図説　川越の歴史』　　小泉功監修　郷土出版社　2001
『図説　埼玉県の歴史』　　小野文雄責任編集　河出書房新社　1992
『図説　秩父の歴史』　　井上勝之助監修　郷土出版社　2001
『秩父往還』　　飯野頼治　さきたま出版会　1999
『秩父地方史研究必携』1-3　　埼玉新聞社編　埼玉新聞社　1979
『秩父札所　改訂版』　　清水史郎　さきたま出版会　2000
『中世の道・鎌倉街道の探索』　　北倉庄一　テレコム・トリビューン社　2000
『日光街道繁昌記　補訂版』　　本間清利　埼玉新聞社　1980
『日本歴史地名大系11　埼玉の地名』　　小野文雄編　平凡社　1993
『武州・川越舟運』　　斎藤貞夫　さきたま出版会　1990
『みて学ぶ埼玉の歴史』　　『みて学ぶ埼玉の歴史』編集委員会編　山川出版社　2002
『無形民俗文化財埼玉の神楽』　　佐久間正城　埼玉新聞社　1992
『武蔵における社寺と古文化』　　稲村坦元　さきたま出版会　1999
『武蔵武士』　　福島正義　さきたま出版会　1990
『目で見る浦和の100年』　　小野文雄監修　郷土出版社　2000
『目で見る奥武蔵の100年』　　井上峰次監修　郷土出版社　1999
『目で見る春日部・岩槻・庄和の100年』　　横川好富監修　郷土出版社　2000
『目で見る川口・蕨・鳩ヶ谷の100年』　　元木靖監修　郷土出版社　2003
『目で見る川越の100年』　　小泉功監修　郷土出版社　1998
『目で見る行田・加須・羽生の100年』　　栗原文蔵監修　郷土出版社　1999
『目で見る熊谷・深谷・大里の100年』　　新井壽郎監修　郷土出版社　1998
『目で見る秩父の100年』　　井上光三郎監修　郷土出版社　1997
『目で見る東松山・比企の100年』　　栗原克丸監修　郷土出版社　1999
『目で見る本庄・児玉の100年』　　福島興嚴監修　郷土出版社　1999
『わが町川越歴史散歩』　　小泉功　ルック　1995

【年表】

時代	西暦	年号		事項
旧石器時代		後期		末野遺跡(寄居町)、藤久保遺跡(三芳町)、砂川遺跡(所沢市)、打越遺跡(富士見市)、風早遺跡(春日部市)、白草遺跡(深谷市)
縄文時代		草創期		橋立岩陰遺跡(秩父市)、小岩井渡場遺跡(飯能市)、宮林遺跡(深谷市)
		早期		前原遺跡(宮代町)、北宿西遺跡(さいたま市)、打越遺跡(富士見市)
		前期		花積遺跡(春日部市)、関山貝塚(蓮田市)、水子貝塚(富士見市)
		中期		膳棚遺跡(所沢市)、将監塚・古井戸遺跡(本庄市)、塚越向山遺跡(秩父市)
		後期		神明貝塚(春日部市)、寿能泥炭層遺跡(さいたま市)、赤山陣屋遺跡(川口市)
		晩期		奈良瀬戸遺跡(さいたま市)、後谷遺跡(桶川市)、高井東遺跡(桶川市)
弥生時代		前期		如来堂C遺跡(美里町)、四十坂遺跡(深谷市)
		中期		前組羽倉遺跡(神川町)、上敷免遺跡(深谷市)、小敷田遺跡(行田市)、北島遺跡(熊谷市)、神明ヶ谷戸遺跡(美里町)、向山遺跡(朝霞市)
		後期		霞ヶ関遺跡(川越市)、中里前原遺跡(さいたま市)、花影遺跡(坂戸市)、木曽良遺跡(さいたま市)、駒堀遺跡(東松山市)、岩鼻遺跡(東松山市)
古墳時代		前期		鷺山古墳(本庄市)、山の根古墳(吉見町)、熊野神社古墳(桶川市)、雷電山古墳(東松山市)、長坂聖天塚古墳(美里町)、五領遺跡(東松山市)
	471	中期		金鑽神社古墳(本庄市)、生野山将軍塚古墳(本庄市)、後張遺跡(本庄市)。稲荷山古墳出土の辛亥銘鉄剣が制作される
		後期		埼玉古墳群(行田市)、桜山窯跡群(東松山市)、生出塚埴輪窯跡群(鴻巣市)、青柳古墳群(神川町)、鹿島古墳群(深谷市)、吉見百穴横穴墓群(吉見町)。笠原直使主と同族小杵が武蔵国造職を争う。青塚古墳(東松山市)、八幡山古墳(行田市)、寺谷廃寺(滑川町)
大和時代	684			渡来の百済僧尼・俗人23人が武蔵国に移住させられる
	690			このころ、美里町(中評)から飛鳥浄御原宮に、大贄としてフナが送られる
	708	和銅	元	秩父郡より和銅(自然銅)献上
奈良時代	716	霊亀	2	駿河など東国7国の高麗人1799人を武蔵国に移し、高麗郡が設置される
	741	天平	13	国分寺造営に伴い、武蔵国内各地で瓦の焼成はじまる

	年	元号	事項
	755	天平勝宝7	武蔵国防人部領使の安曇宿禰三国が防人歌を上進(『万葉集』)
	758	天平宝字2	渡来の新羅僧尼・俗人74人が武蔵国に移され、新羅郡が設置される(のちに新座郡と改称)
	766	天平神護2	氷川神社が神戸3戸をうける
	769	神護景雲3	入間郡の正倉が神火で焼失。入間郡の大伴部直赤男が西大寺に土地などを寄進
	771	宝亀2	武蔵国が東山道から東海道に移管される
	788	延暦7	坂東諸国の兵士5万人余が征夷のために徴発
	792	11	武蔵国に105人の健児が設置される
平安時代	830	天長7	武蔵国の空閑地220町歩を勅旨田として開発
	833	10	多摩・入間郡界に悲田所(簡易宿泊所)設置
	845	承和12	前男衾郡大領壬生吉志福正が、国分寺七重塔の再建を申請し、許可される
	861	貞観3	武蔵国の郡ごとに検非違使設置
	903	延喜3	秩父牧の駒牽が行われる
	919	19	前武蔵権介源仕、官舎を焼き官物を奪う
	938	天慶元	前武蔵守興世王と介源経基軍が、平将門と足立郡司武蔵武芝軍と比企郡で戦闘
	1113	永久元	常陸など5カ国の国司に、武蔵国横山党の討伐命令がだされる
	1154	久寿元	源義仲、比企の大蔵館に生まれる
	1176	安元2	宮代町西光院の阿弥陀如来坐像制作される
	1180	治承4	源頼朝、帰服した畠山・河越・江戸氏など武蔵国住人の本知行の地主職を安堵
	1182	寿永元	河越重頼の妻、源頼家の乳母となる
	1187	文治3	河越重頼、源義経を逃したため誅される
鎌倉時代	1192	建久3	熊谷直実、久下直光と地境を争い、のち出家
	1203	建仁3	北条時政、比企能員一族を謀殺
	1205	元久2	畠山重忠、二俣川の戦いで討死にする
	1210	承元4	武蔵国の田文が作成される
	1212	建暦2	鎌倉幕府、武蔵の郷ごとに郷司職を設置
	1221	承久3	承久の乱の戦功により、熊谷直時が安芸国三入荘地頭職に補任される
	1226	嘉禄2	河越重員、武蔵国留守所総検校職となる
	1247	宝治元	小代重俊、肥後国野原荘地頭職となる
	1270	文永7	後鳥羽上皇ゆかりの法華経33巻が、慈光寺に奉納される
	1271	8	小代重員が肥後国に下向し、蒙古襲来の防備にあたる
	1295	永仁3	このころ、『男衾三郎絵詞』が制作される
	1325	正中2	備前長船住景光・景政銘太刀、秩父神社に奉納
	1331	元弘元	河越・安保氏ら、赤坂城攻めに参加
	1333	元弘3	新田義貞、小手指ケ原の戦いで鎌倉勢を破る

時代	西暦	年号		事項
南北朝時代	1335	建武	2	北条時行,女影原・小手指ケ原で足利直義を破る。足利尊氏,佐々目郷を鶴岡八幡宮に寄進
	1350	正平	5	児玉党の安保直実,高師直から足立郡大窪郷を受領する
	1352		7	宗良親王・新田義宗,足利尊氏と小手指ケ原で戦う
	1353		8	鎌倉公方足利基氏,入間川に滞陣
	1368		23	平一揆が鎮圧され,河越氏が没落
	1370	建徳	元	上杉朝房,男衾郡本田の戦いで南朝方馬淵を破る
室町時代	1416	応永	23	上杉禅秀の乱(入間川合戦)
	1454	享徳	3	足利成氏,上杉・長尾氏と対立し武蔵騒乱となる
	1457	長禄	元	太田道灌,岩槻城・川越城を築く
	1469	文明	元	太田道真,川越に宗祇を招き連歌会を催す(河越千句)
	1477		9	長尾景春,上杉氏に背き鉢形城による。太田道灌,用土原で長尾氏を破る
	1488	長享	2	扇谷上杉氏と山内上杉氏が抗争し,菅谷・高見原合戦おこる
	1525	大永	5	北条氏綱,岩槻城(太田資頼)を攻撃
	1534	天文	3	安保全隆,金鑽神社に多宝塔を建立,寄進する
	1546		15	北条氏康,川越城を攻略(川越夜戦)
	1557	弘治	3	岩槻城の太田資正,伝馬制度を実施
	1562	永禄	5	武田・北条連合軍,上杉謙信方の松山城を包囲
	1563		6	武田・北条連合軍により,松山城が落城
	1564		7	太田氏資,北条氏康の婿となり,父資正を岩槻城から追放する。北条氏,武蔵一円を制圧
	1569		12	北条氏康,上杉謙信と和睦。武田信玄,秩父三山谷・鉢形を攻める
	1571	元亀	2	北条氏政,謙信と断交し,信玄と和睦
安土・桃山時代	1580	天正	8	武田勝頼の軍勢,秩父・児玉地方に侵入
	1582		10	北条氏直,神流川で滝川一益と戦闘。北条氏,小川町奈良梨に伝馬の制を定める
	1588		16	豊臣秀吉の関東攻略に備え,太田氏房が岩槻城を修理する。天海,川越無量寿寺北院にはいる
	1590		18	豊臣勢,松山・川越・岩槻・忍・鉢形の諸城をくだす
	1591		19	徳川家康入府後の最初の検地,児玉の藤田で実施される
	1600	慶長	5	徳川家康,上杉景勝征討に出発し,鳩ヶ谷・岩槻に宿泊
江戸時代	1604		9	代官頭伊奈忠次,備前渠を開削
	1614		19	岩槻耕雲寺で,キリシタン原主水が捕らえられる
	1616	元和	2	関所条目が制定され,利根川河岸渡船掟を布令する。喜多院の天海,仙波に東照宮造営を勧請
	1623		9	川口芝のキリシタン竹子屋権七郎,火刑
	1629	寛永	6	伊奈忠治が中山道宿駅を整備,川口赤山陣屋を築く。忠治,荒川流路を入間川に合流させる(荒川の西遷)

1637	寛永	14	忍藩主松平信綱，島原・天草一揆鎮圧に派遣される
1639		16	松平信綱，川越藩主となり城下町を整備
1640		17	岩佐又兵衛，三十六歌仙額を仙波東照宮に奉納
1647	正保	4	このころ，松平信綱，新河岸川舟運(江戸・川越)を開く
1653	承応	2	松平信綱，野火止を開墾し，農家55戸を移す
1665	寛文	5	中山道に伝馬宿規定が定められ，人馬各50をおく
1682	天和	2	江戸大火で，秩父西沢材が新河岸から運ばれる
1696	元禄	9	川越藩主柳沢吉保，三富新田を開拓
1697		10	日光御成街道大門宿に会田家本陣開設
1713	正徳	3	忍藩，秩父絹市の市日の掟を制定
1727	享保	12	見沼干拓と代用水路開削工事が開始される
1731		16	見沼通船堀閘門完成
1751	宝暦	元	入間郡南永井村名主，甘藷栽培を開始
1764	明和	元	平賀源内，秩父で石綿を発見し，火浣布をつくる。明和の伝馬騒動
1783	天明	3	浅間山大噴火，高麗・秩父の各地で一揆発生
1787		7	岩槻で打ちこわしが発生
1799	寛政	11	岩槻藩で児玉南柯が遷喬館を創設
1802	享和	2	測量方伊能忠敬，寄居・秩父を測量
1819	文政	2	塙保己一，『群書類従』を刊行
1826		9	鳩ヶ谷の小谷三志，二宮尊徳の要請により下野桜町の陣屋で不二道を説く。忍藩が藩校進修館を開設
1827		10	川越藩，藩校博喩堂を開設
1828		11	『新編武蔵風土記稿』成立
1832	天保	3	農学者佐藤信淵，足立郡鹿手袋村に滞在
1833		4	幸手宿・騎西領・岩槻で打ちこわしが発生(～1836)
1837		8	このころ，越谷の国学者平田篤胤のもとに門下生多数集まる
1843		14	武州鼻緒騒動おこる
1845	弘化	2	脱獄した高野長英，足立郡大間木村・土呂村にひそむ
1853	嘉永	6	川越藩・忍藩，品川台場を警備
1854		7	高島秋帆，川口の増田金平に大砲をつくらせる
1861	文久	元	和宮降嫁の行列に，中山道筋大助郷が徴発される
1864		4	児玉郡で水戸天狗党の御用盗おき，忍・岡部藩が鎮圧
1866	慶応	2	忍藩，京都警護を命ぜられる。名栗の打ちこわしから武州世直し一揆がおこる。入間郡で農兵新設反対の強訴おこる

明治時代

1868	明治	元	官軍が中山道を江戸に進軍。振武軍が飯能戦争で官軍に敗れる。入間郡・埼玉郡・榛沢郡で打ちこわしが発生
1871		4	廃藩置県。県内は埼玉県・入間県に統廃合される
1873		6	浦和に学校改正局開設。県下の婦女子，富岡製糸場(群馬)へ伝習生として派遣される

	1874	明治	7	学校改正局が埼玉県師範学校と改称
	1875		8	自由民権結社七名社結成
	1876		9	埼玉県立医学校開設。熊谷県(旧入間県)を併合し，現埼玉県誕生
	1877		10	木村九蔵，養蚕改良結社競進社を開く。東京・新潟間に電信が開通し，浦和・熊谷に電信分局を設置
	1878		11	川越に第八十五国立銀行設立。浦和に埼玉県立勧業博物館開設。羽生町に政治結社通見社結成
	1879		12	郡区町村制施行。第1回埼玉県会開会。堀越寛介，羽生町に国会開設期成同盟を結成
	1883		16	高崎線(上野・熊谷間)開通(1日2往復運行)
	1884		17	秩父事件おこる
	1885		18	荻野吟子，日本最初の公認女性医師となる。東北線(大宮・宇都宮間)開通
	1887		20	渋沢栄一，日本煉瓦製造株式会社を設立
	1889		22	町村制施行，2011町村が40町369村に統廃合される
	1895		28	西武鉄道(本川越・国分寺間)開通
	1896		29	郡制施行，18郡が9郡に統廃合される。浦和に第一尋常中学校，熊谷に第二尋常中学校開校。熊谷測候所開設
	1897		30	衆議院議員選挙で自由党と改進党の対立が激化し，吉川・児玉で乱闘事件がおこる。片山潜・高野房太郎ら，大宮町で労働組合期成会の演説会に参加。日本鉄道大宮工場に労働組合期成会鉄工組合第二支部結成
	1899		32	東武鉄道(北千住・久喜間)開通
	1900		33	埼玉県高等女学校開校
	1901		34	片倉組大宮工場設立。女工虐待事件が問題化。秩父鉄道(熊谷・寄居間)開通
	1910		43	県下の河川で大洪水発生，死者324人・流失家屋1679戸
	1911		44	所沢飛行場が開設され，飛行試験を開始
大正時代	1914	大正	3	東武東上線(池袋・川越間)開通
	1915		4	西武池袋線(池袋・飯能間)開通。友愛会川口分会が結成。南埼玉郡青年団結成
	1918		7	米騒動がおき，県下の米穀商，米の安売りをはじめる
	1919		8	埼玉県教員を中心に，全国初の教員組合啓明会結成
	1922		11	近藤光ら，埼玉県水平社を結成
	1923		12	秩父セメント株式会社設立。関東大震災で，朝鮮人虐殺事件発生。銀行の一時休業おこる
	1925		14	日本労働総同盟埼玉支部(埼玉労働組合)が結成
	1926		15	埼玉小作人組合結成。埼玉会館完成
	1927	昭和	2	金融恐慌がおき，県下の銀行で取り付け騒ぎ発生

昭和時代	1928	昭和 3	県下第1回のメーデー，川口で開かれる
	1929	4	西武池袋線(飯能・吾野間)開通
	1930	5	川口で失業対策救済要求大会が開催され，2万人が参加。入間郡福岡村で，陸軍火工廠設置反対運動がおこる
	1931	6	小作争議が頻発，南埼玉郡の婦女子が地主を襲い，大里郡では寄居警察署が襲撃される。児玉争議おこる。八高線(高崎・児玉間)開通
	1933	8	救国埼玉青年挺身隊事件
	1934	9	思想統制のため，埼玉県国民精神文化講習所が設置される
	1939	14	秩父郡中川村の200戸613人「満州」に入植。武者小路実篤の「新しき村」，毛呂山町に建設される
	1940	15	川越線(大宮・高麗川間)開通。大政翼賛会埼玉県支部結成
	1943	18	県内の4銀行が統合され，埼玉銀行となる
	1944	19	比企郡小川町で風船爆弾が製造される
	1945	20	大宮・川口などで空襲，熊谷大空襲で死者234人の被害をうける。米軍1万人が熊谷など県内に進駐する
	1946	21	日本労働組合総同盟埼玉連合会結成。東洋時計上尾工場で争議がおこる
	1947	22	八高線列車転覆事故で死者188人。カスリーン台風で利根川が決壊，死者84人
	1949	24	国立埼玉大学設置。奥秩父国立公園が指定される
	1952	27	埼玉県工場誘致条例公布
	1958	33	ジョンソン基地米兵発砲事件
	1959	34	安保改定阻止県民会議が浦和に結成
	1963	38	狭山市で女子高校生が誘拐殺害される(狭山事件)
	1964	39	東京オリンピックで，朝霞・戸田・大宮・所沢が会場となる
	1965	40	このころ，マンモス団地・工業団地の造成が進む
	1966	41	利根大堰定礎式。地下鉄日比谷線が春日部まで乗り入
	1967	42	東松山に原爆の図丸木美術館が開館。第22回国民体育大会開催
	1969	44	西武秩父線(吾野・西武秩父間)開通
	1971	46	埼玉県立博物館開館。埼玉100年を記念し，11月14日を県民の日と定める。関越自動車道(練馬・川越間)開通
	1972	47	埼玉県知事選挙で畑和が当選し，初の革新県政が誕生。東北自動車道(岩槻・宇都宮間)開通
	1973	48	国鉄上尾事件。武蔵野線(府中本町・新松戸間)開通
	1974	49	国営武蔵丘陵森林公園が開園。和光市の化学工場から入間川に多量のシアンが流出し，県南9万世帯が断水，刑事責任が追及される
	1975	50	関越自動車道，東松山まで延長開通
	1978	53	稲荷山古墳出土の鉄剣に115字の銘文発見。所沢を本拠地とす

				るプロ野球西武ライオンズ球団誕生
	1979	昭和	54	テレビ埼玉開局
	1982		57	東北新幹線(大宮・盛岡間)・上越新幹線(大宮・新潟間)開通
	1985		60	埼京線(大宮・池袋間)開通
	1986		61	東北自動車道(浦和・青森間)全通。地下鉄有楽町線,埼玉に乗り入れ
平成時代	1992	平成	4	東京外郭環状道路(三郷・和光市間)開通。埼玉県教育委員会,業者テストの偏差値を私立高校入試に使用しないよう指導する
	1996		8	首都圏中央連絡自動車道(圏央道,鶴ヶ島JCT・青梅IC間)開通
	1998		10	所沢市内のゴミ焼却炉によるダイオキシン汚染が問題化。雁坂トンネルが開通し,埼玉県と山梨県を結ぶ国道140号道路が完成
	2000		12	さいたまスーパーアリーナ,音楽・スポーツ・文化の拠点としてさいたま新都心に完成
	2001		13	埼玉高速鉄道(赤羽岩淵・浦和美園間)開通
	2002		14	埼玉スタジアム2002(さいたま市),サッカーワールドカップの試合会場となる
	2003		15	さいたま市,全国13番目の政令指定都市に移行
	2004		16	第59回国民体育大会開催。
	2005		17	"平成の大合併"が進む。岩槻市がさいたま市に編入され,県内の市は40市29町1村となる。県人口713万人(2011年11月現在,39市23町1村,県人口719万人)
	2007		19	首都圏中央連絡自動車道,中央自動車道と接続(八王子JCT)

【索引】

―ア―

- 藍染ふるさと資料館 ……………………251
- 青石材採掘遺跡 …………………………118
- 青木与市 …………………………173,174
- 青鳥城跡 ……………………………79,80
- 青葉園 ……………………………………223
- 赤山城跡 …………………………………255
- 秋葉神社 …………………………………220
- 上尾宿 ……………………………210,211
- 朝霞市立博物館 …………………………38
- 浅古家の蔵造り …………………………267
- 旭神社(氷川神社) ………………………270
- 旭天満宮 …………………………………270
- 足利政氏館跡 ……………………………244
- 足利基氏墨跡 ……………………………79
- 麻生加番所跡 ……………………………153
- 愛宕神社 …………………………………261
- 足立神社 …………………………………221
- 新しい村 …………………………………266
- 新しき村 …………………………………65
- 穴八幡古墳 ………………………………90
- 甘酒祭(熊野神社) ………………………161
- 阿弥陀堂(北本市) ………………………215
- 綾瀬貝塚 …………………………………261
- 新井白石 …………………………………264
- 有氏神社 …………………………………112
- 安楽寺 …………………………………74,193

―イ―

- 飯倉御厨跡 ………………………………110
- 飯田の鉄砲祭り …………………………157,162
- 飯田八幡神社 ……………………………157,162
- 飯塚・招木古墳群 ………………………126
- 飯塚森蔵 …………………………………168,170
- 碇神社 ……………………………………274
- 井椋神社 …………………………………99
- 伊古乃速御玉比売神社(伊古神社) ……84
- 井沢弥惣兵衛為永 ………………………227,232,233
- 石川組製糸所川越工場 …………………18
- 石田堤 ……………………………………204
- 石戸城跡 …………………………………214
- 出雲伊波比神社(入間郡毛呂山町) ……64
- 出雲伊波比神社(大里郡寄居町赤浜) …96
- 一乗院(平等寺) …………………………40
- 一夜堤 ……………………………………214
- 一里塚(北葛飾郡杉戸町下高野) ………278
- 一里塚(行田市下忍) ……………………204
- 一里塚(鴻巣市) …………………………209
- 一里塚(草加市蒲生) ……………………268
- 一里塚(さいたま市膝子) ………………257
- 一里塚(白岡市下野田) …………………264
- 厳島弁財天 ………………………………215
- 伊奈氏屋敷跡 ……………………………213
- 伊奈忠次 …………………………208,213,222
- 伊奈忠治 …………………………208,213,232,255
- 稲荷神社(桶川市) ………………………211
- 稲荷塚古墳 ………………………………223
- 稲荷山古墳 ………………………………200,201
- 井上伝蔵 …………………………167,168,170,173
- 井上如常 …………………………………137,145
- 猪俣小平六範綱 …………………………102
- 猪俣党 ……………………………………102,185
- 今宮坊(金剛寺) …………………………137
- 鋳物資料室 ………………………………254
- 入間市博物館 ……………………………48,49
- 入間野神社 ………………………………51
- 岩井堂(円融寺観音堂) …………………142
- 岩槻城跡 …………………………………259
- 岩殿観音(正法寺) ………………………67,79,89
- 岩之上堂 …………………………………139
- 磐船祭祭祀遺跡 …………………………235
- 岩室観音堂 ………………………………74

―ウ―

- 植水古墳群 ………………………………221
- 浮野の里 …………………………………249
- 牛島のフジ ………………………………277
- 内牧(塚内)古墳群 ………………………276

索引 323

梅宮神社	51
梅若塚	276
浦和くらしの博物館民家園	234
浦和宿	230, 231, 267

—エ—

永昌寺	220
永福寺(北葛飾郡杉戸町)	277, 278
永福寺(さいたま市)	219
永宝社跡	173
永明寺古墳	251
江ヶ崎城跡	262
円空仏	97, 262, 274
円乗院	229
円照寺	48
円通寺	174
円福寺	123
円融寺	134, 142

—オ—

大井宿	30, 31
大川戸八幡神社	286
大久保神社	219
大蔵館跡	87-89
大沢家住宅	4
大島有隣	279
太田氏資(資房)	258, 260
太田資清(道真)	11, 14, 38, 62, 259
太田資長(道灌)	11, 14, 26, 36, 38, 61, 62, 67, 86, 214, 259
大達原の高札場	151
大塚古墳(さいたま市)	221
大塚古墳(秩父郡)	125
大伴部真足女遺跡[伝]	102
大野原古墳群	127
大畑香取神社	277
大原霊園	198
大牧氷川神社	234
大間木氷川神社	234
大宮公園	225
大宮住吉神社	67-69
大谷瓦窯跡	55, 82

大和田陣屋跡	226
岡の城山	36
小鹿野の春祭り	158, 160
岡部氏の墓	185
岡部六弥太	184, 185
荻野吟子生誕の地	196
荻野銅鉄店	6
おくま山古墳	77
小倉城跡	85, 86
小栗上野介忠順	223
桶川宿	209, 211
桶川市歴史民俗資料館	211
忍城跡	203, 204
忍領石標	195
尾高惇忠(藍香)	59, 180, 188
落合寅市	135, 168-171
御成河岸跡	214
小野家住宅	46
小被神社(大里郡寄居町富田)	96
小前田の宿	102
小見真観寺古墳	205
音楽寺	140, 169, 171
御嶽神社	16

—カ—

貝塚神社	261
影隠し地蔵	50
火工廠跡	26
笠つき庚申塔	223
加治神社	56
鹿島古墳群	99, 100
鍛冶谷・新田口遺跡	236
菓子屋横丁	9
春日部市郷土資料館	274
春日部重行	274
粕壁宿	273, 275
カスリーン公園	281
片柳の筆塚	226
加藤織平	168, 170
門平の高札場	123
香取神社(越谷市大沢)	272

香取神社(越谷市越ヶ谷)………………271	観音寺(戸田市)………………………236
香取神社(越谷市下間久里)……………273	勘兵衛松……………………………251
金井ヶ原古戦場…………………………46	寛保洪水位磨崖標………………………118
金崎古墳群……………………………125	寛保治水碑………………………118,247
金鑚神社(児玉郡神川町)…………109-111	―キ―
金鑚神社(本庄市)……………………183	菊水寺……………………………134,145
金鑚神社古墳…………………………108	私市城跡…………………………247,248
神庭洞窟遺跡…………………………151	雉岡城跡……………………………105
金子惣太郎……………………………173	木曽呂の富士塚………………………233
鎌形八幡神社……………………………89	喜多院………………………18-23,110
鎌倉街道……45,46,48,51,65-67,85,87-90,	北根代官所跡…………………………100
96,97,102,104,212,253,278	北野天神社………………………………45
上の木戸跡……………………………209	北本市野外活動センター………………215
上之村神社本殿………………………191	木津内貝塚……………………………279
上福岡歴史民俗資料館…………………27	狐塚古墳………………………………130
「亀屋」山崎家…………………………4,5	木ノ宮地蔵堂……………………………31
川角古墳群………………………………66	貴布禰神社……………………………168
川口市立文化財センター分館郷土資料	旧新井家住宅……………………119,120
室……………………………………256	旧石川組製糸西洋館……………47,48,189
川越キリスト教会(日本聖公会)……17,18	旧鋳物問屋鍋平別邸……………………254
川越城跡…………………………12,14,16	旧岩槻警察署…………………………258
川越商工会議所(旧武州銀行川越支店)…4,5	旧浦和市農業協同組合三室支所倉庫……234
川越市立博物館………………12,14,16,77	旧大井村役場庁舎………………………31
川越まつり会館…………………………9	旧高橋家住宅……………………………37
河越館跡…………………………………11	旧西川家潜り門…………………………33
川崎神社………………………………273	旧日本煉瓦製造株式会社…………187,189
川瀬祭り………………………………159	旧坂東家住宅見沼くらしっく館………227
川の大じめ……………………………211	旧藤波家住宅…………………………282
川の博物館……………………………98	旧本庄警察署………………181,183,184,189
川俣関所跡……………………………251	旧本庄商業銀行倉庫…………………184
カワモク本部事務所棟(旧六軒町郵便局)	旧村山快哉堂……………………………33
………………………………24,189	旧山吉デパート…………………………6
元三大師……………………………109,110	旧山崎家別邸……………………………4
灌頂院……………………………………29	旧陸軍児玉飛行場跡……………………109
雷電池……………………………………70	恭倹舎…………………………………279
甘棠院……………………………244,245	競進社模範蚕室………………………105,189
観音院(春日部市)……………………274	行田市郷土博物館……………………203
観音院(秩父郡小鹿野町)…………134,144	行田市はにわの館……………………199
観音寺(さいたま市)…………………219	玉井寺…………………………………196
観音寺(秩父市)………………………139	玉蔵院…………………………………231

玉蔵寺	104
玉蓮寺	104
金昌寺石仏群	131, 134

―ク―

久下氏	192, 194
久下の忠魂碑	197
宮内庁鴨場(御猟場)	273
具学永の墓	94
窪田鷹男	166, 173
熊谷氏	188, 192, 194
熊谷宿	194
熊野神社(秩父郡)	161
熊野神社古墳	215, 216
蔵造り資料館	9
蔵造りの町並み	4, 76
くらづくり本舗	6
栗橋宿	267, 280
栗橋関所跡	280
栗橋関所番士屋敷跡	281
黒浜貝塚	261
黒山三滝	64

―ケ―

桂木寺	65
花蔵院	287
源光寺	286
玄奘三蔵の霊骨塔	261
建福寺	250

―コ―

幸安寺	195
工業技術博物館	266
航空記念公園	44
甲源一刀流「燿武館」道場	146
広見寺	127, 128
光厳寺	286
光西寺	23
高済寺	78
幸春院	111
迎摂院	283, 284
高城寺	217
鴻神社	207

光正寺	128
高倉寺	47
興長禅寺	84
広徳寺	25
向徳寺	87, 88
鴻巣宿	208, 251
広福寺	51
光福寺	82
光明寺	244
黄林閣(旧村野家住宅)	46
語歌堂	132, 134
国昌寺	256
古河の渡し	252
越ヶ谷宿	272
腰越城跡	91
五社神社	265
小杉放庵	251
小谷三志	256, 257
児玉南柯	258
小手指ケ原古戦場	45
古利根川堤防跡	278
小林秀三	250, 251
五百羅漢(喜多院)	21
高麗家住宅	54
高麗神社	53–55
高麗石器時代住居跡	52
五厘沼窯跡群	83
権現堂河岸	279, 280
権現山古墳群	27
金剛寺(川口市)	255
金仙寺	130, 172
金蔵院	74

―サ―

西光院	265
西光寺(桶川市)	213, 214
西光寺(比企郡小川町)	90
最勝院	274
西善寺	135
埼玉県平和資料館	79
埼玉県立さきたま史跡の博物館	199

埼玉県立自然の博物館	121
埼玉県立文書館	230, 258
埼玉県立嵐山史跡の博物館	86, 87
埼玉県立歴史と民俗の博物館	21, 92, 225, 240, 252
さいたま市立岩槻郷土資料館	258
さいたま市立浦和博物館	235
さいたま市立博物館	224
さいたま新都心	227
埼玉りそな銀行川越支店(旧第八十五国立銀行本店本館)	4, 6, 189
才道木日光街道道しるべ	69
斎藤実盛	192, 193
斎藤治水翁(祐美)	218
西福寺	255
埼玉古墳群	55, 199-202
さきたま風土記の丘	199
さぎ山記念公園	257
鷺山古墳	108, 109
佐久間旅館	17, 18
幸宮神社	279
幸手宿	279
狭山茶	49, 189
曝井	102
三覚院	269
産泰神社	182
三富開拓地割遺跡	30
山王山古墳	223
三波石峡	111, 112

―シ―

塩沢城	147
慈恩寺	261
慈覚大師円仁	18, 22, 60, 110, 132, 185, 216, 254, 261, 264
志木河岸	32, 33
慈眼寺(さいたま市)	221
慈眼寺(秩父市)	136, 137
慈眼堂(喜多院)	19
慈光寺	92, 93
治水橋	217, 218
地蔵院	256
地蔵塚古墳	202
地蔵堂(大里郡寄居町今市)	97
地蔵堂(草加市)	267
柴岡熊吉	170-172
渋沢栄一	59, 187, 188
慈宝院	223
島村家住宅土蔵	210
下總皖一	281
下久保ダム	112
錫杖寺	254
鷲窟磨崖仏	144
寿能城跡	225, 226
浄安寺	259
城谷沢の井	135
城ヶ谷堤	215
勝願寺	208
浄空院	81
将軍塚古墳	77, 78
将軍山古墳	55, 202
常光院	190, 191
勝光寺	46
昌国寺(大里郡寄居町赤浜)	97
正樹院	94
清浄寺	284
定勝寺	284
精進堂	127
静栖寺	284-286
聖天院(勝楽寺)	52, 53
聖天山歓喜院	192
浄念寺	210
正福院	264
正福寺	279
聖福寺	279
菖蒲城址	246
正法寺	79
正龍寺	95
小流寺	287
少林寺(大里郡寄居町)	95, 98
少林寺(秩父市)	173

定林寺	131, 134, 138
青蓮寺	78
浄蓮寺	91
白岡八幡宮	264
シラコバト	273
シラサギ記念自然史博物館	257
白鬚神社	70
城山公園	216
城山ふるさとの森	207
真観寺	205
真鏡寺	109
新郷貝塚	254
真光寺	255
甚左衛門堰	189, 268
真性寺	121
神道無念流戸賀崎氏練武遺跡	245
真福寺貝塚	259
神明貝塚	287
陣屋稲荷	279

―ス―

瑞岩寺	46
水潜寺	122, 174
水殿瓦窯跡	102, 103
崇徳寺跡	66
菅谷館跡	86, 87
杉山城跡	85
鈴木家住宅	233
巣場の双体道祖神	150

―セ―

清雲寺	148
清河寺	221
誠之堂	187
清勝院	283
清心寺	185
清蔵院	269
清泰寺	234
関沼	222
関山貝塚	261
仙覚律師遺跡	89
千貫樋水郷公園	219
遷喬館	257, 258
浅間神社古墳	23
善光寺	253
千手観音堂(秩父郡)	149
千住馬車鉄道	274
善宗寺	245
善導寺	95
仙波河岸史跡公園	24
仙波東照宮	20
泉福寺(桶川市)	215
泉福寺(比企郡滑川町)	84
戦没者慰霊の女神像	199
泉立寺(大里郡寄居町今市)	97

―ソ―

草加宿	267, 268, 275
草加市立歴史民俗資料館	267
草加松原	268
宗悟寺	81
相頓寺	212
息障院光明寺	74
側ヶ谷戸古墳群	222

―タ―

大雲寺	209
大淵寺	142
大経寺	283
大興寺	256
台耕地稲荷塚古墳	222
大聖寺	270
大泉院	219
大日堂(大里郡寄居町富田)	97
大梅寺	90
大門宿	256
太陽寺	150
大蓮寺	10
高稲荷古墳	254
高尾さくら公園	215
高坂氏館跡	78
高野の渡し	278
高見城跡	85
高山不動尊(常楽寺)	58

滝川渓谷 …………………………155
滝沢ダム …………………………154
滝の城跡 …………………………46
竹寺(八王寺) ……………………60
武村旅館 …………………………210
田島ヶ原サクラソウ自生地 ………220
田代栄助 ……………130,164,170,172
橘神社 ……………………………216
伊達与兵衛房実 ……………226,261
田中正造 ……………………252,253
田ノ沢の夏祭り …………………159
多福寺 ……………………………31
多宝寺 ……………………………121
玉敷神社 ……………………247,248
——チ——
地下軍事工場跡(比企郡滑川町) …85
地下軍事工場跡(比企郡吉見町) …71,72
智観寺 ……………………………56,59
知足院 ……………………………216
秩父歌舞伎 ……………………159,160
秩父郡役所跡 ……………………172
秩父コミューン ………………163,169
秩父困民党 ……130,135,140,142,163-174,
 176
秩父事件 ……135,140,163-167,171-174,176
秩父事件資料館井上伝蔵邸 ……167
秩父氏館跡 ……………………145,168
秩父自由党 ………………………174
秩父市立吉田歴史民俗資料館 …167
秩父神社 ……129,156,157,159,162,173,175
秩父道しるべ ……………………195
秩父夜祭 ……………………156,159
茶臼塚古墳 ………………………222
茶屋通り …………………………268
忠魂社(大里郡寄居町下郷) ……96
中条氏館跡 ………………………190,191
長久寺 ……………………………205
長光寺 ……………………………58
長興寺 ……………………………132,135
長昌寺(大里郡寄居町牟礼) ……97
長泉院 ……………………………148
長泉寺 ……………………………106
朝鮮人供養塔 ……………………198
長伝寺 ……………………………230
長徳寺 ……………………………238,240
——ツ——
塚越の花祭り ……………………145,146
塚本山古墳群 ……………………109
調神社 ……………………………230
月輪神社 …………………………84,85
恒持神社 …………………………158
鶴ヶ塚古墳 ………………………250
——テ——
手打ちそば百丈(旧湯宮釣具店) …17
鉄道博物館 ………………………212
寺坂橋 ……………………………183
寺谷廃寺 …………………………84
天嶽寺 ……………………………272
天洲寺 ……………………………205
天正寺 ……………………………94
天岑寺 ……………………………52
天神山城 ……………………118,119,121
天王山塚古墳 ……………………245,246
天覧山 ……………………………56,57
——ト——
等覚院(来迎寺) ………………77
東光院 ……………………………222
東光寺 ……………………………214,215
道光寺 ……………………………121
東山道武蔵路の遺構 ……………69
童子堂 ……………………………139,140
洞昌院 ……………………………121
藤助河岸 …………………………269
東竹院 ……………………………192,194
多峰主山 …………………………57
東福寺 ……………………………271
堂山下遺跡 ………………………66
童謡のふる里おおとね ……………281
遠山記念館 ………………………25
時の鐘(岩槻市) ………………257-259

索引　329

項目	ページ
時の鐘(川越市)	9
所沢航空発祥記念館	44
戸田渡船場跡	235
栃本関所跡	153, 154
寅子石	262

―ナ―

項目	ページ
中院	22, 23
長坂聖天塚古墳	101
中宿遺跡公園	184
中宿脇本陣	40
永田家長屋門	217
中津峡	154, 155
長瀞岩畳	120, 121
長瀞綜合博物館	120
長瀞七草寺霊場	121
長瀞町郷土資料館	119
仲町郵便局	180
長宮氷川神社	27
中山家範館の堀跡	56
仲山城	116
七曲井	51
成田山川越別院本行院	22
成田氏	191, 193, 196, 203
成田氏館跡	192
難波田氏館跡	29

―ニ―

項目	ページ
新座市立歴史民俗資料館	35
贄川宿	149, 150
苦林古墳	67
苦林野古戦場	67
苦林野古墳群	66
西金野井香取神社	287
西地総田遺跡	267
西原自然の森	266
二十三夜寺	124
日本赤十字社埼玉県支部旧社屋	89
日本煉瓦史料館	187
如意輪観音堂(入間郡)	61
如意輪観音堂(川口市)	238
人形町	208

―ネ・ノ―

項目	ページ
根古屋城跡	135
子の権現(天龍寺)	60, 61
能仁寺	47, 56, 57, 59
野上下郷青石塔婆	116
野坂寺	136
野本氏館跡	78

―ハ―

項目	ページ
萩平歌舞伎舞台	127
白山神社	86
白鳥飛来地	100
橋立鍾乳洞	147
橋立堂	147
蓮田市郷土資料館	262
畠山重忠館跡	98, 99
鉢形城跡	93-96
鉢形城歴史館	93
八幡神社(春日部市)	275, 276
八幡神社(さいたま市西区二ツ宮)	217
八幡神社(坂戸市)	68
八幡神社(狭山市)	48, 50
八幡神社(所沢市)	45
八幡山古墳	202
八丁堤	232, 233
馬蹄寺	216
鳩ヶ谷宿	255-257
花又道	266
塙保己一旧宅	107
浜川戸遺跡	276
浜川戸富士塚	276
原町の祇園祭	157, 159
原山古墳群	215
班渓寺	89
磐台祭り	112

―ヒ―

項目	ページ
火あぶり地蔵	266
柊塚古墳	38
日枝神社(川越市)	22
日枝神社(さいたま市桜区)	219
日枝神社(鶴ヶ島市)	69

日尾城	144
東石清水八幡神社	103, 111
ヒカリゴケ	72
氷川鍬神社	210
氷川神社(川越市)	13, 14, 17
氷川神社(さいたま市大宮区)	12, 223-225, 235
氷川神社(さいたま市西区島根)	222
氷川神社(さいたま市西区二ツ宮)	217
氷川女体神社	224, 233-235
引又河岸場跡	33
引又宿	32
比丘尼山	81
彦久保岩陰遺跡	145
久伊豆神社(さいたま市岩槻区)	260
久伊豆神社(行田市)	205
久伊豆神社(越谷市)	271, 272
久伊豆神社(白岡市野牛)	264
膝折宿	38, 40
羊山公園	165
百体観音堂	106
樋遣川古墳群	250
平賀源内居	155
平田篤胤の仮寓跡	272
広瀬神社	52

—フ—

風布組	171
深谷宿	185
深谷城址	185
普寛霊場	182
福岡河岸記念館	27, 28
福徳寺(揚秀山)	58
袋の観音寺	221
普光寺(大里郡寄居町赤浜)	96
普済寺	184, 185
富士浅間神社	266
武州(世直し)一揆	33, 40, 59, 223
二瀬ダム(秩父湖)	153
札の辻	9, 14
仏石山鍾乳洞	155
不動ヶ岡不動尊(總願寺)	204, 248, 249
不動寺(大里郡寄居町富田)	97
不動寺(秩父郡長瀞町)	122
不動寺(所沢市)	46
普門院	223
古井戸・将監塚遺跡	109
古尾谷八幡神社	8, 28

—ヘ—

平林寺(平林禅寺)	33-35
平和地蔵尊並火災地蔵	199
別府氏	193, 196
別府城跡(東別府神社)	193
べに花ふるさと館	211
遍照寺	121

—ホ—

坊荒句遺跡群	276
法雲寺	133
法恩寺	62
法光寺	221
宝持寺	206
宝積寺	270
法性寺	133, 134, 143
法善寺	121
法台寺	35
法長寺	135
法養寺	147
芳林寺	258
焙烙地蔵	280
卜雲寺	136
細川紙	90-92
宝登山神社	119, 122
ホフマン輪窯	187
堀兼の井	50
盆栽村	225
本庄市立歴史民俗資料館	181
本田城跡	99
本応寺	9
本法院	238

—マ—

| 増田屋 | 40 |

間瀬湖	106
「町勘」宮岡家	8
松尾芭蕉像	268
松山(唐子)飛行場	81
松山城跡	71, 73, 77
松山道道標	209
まほろばの郷	215
馬室埴輪窯跡	214
丸木美術館	80, 81
丸墓山古墳	200, 204
漫画会館	225
満願寺	206
万年寺	226, 227
満福寺	98
万葉遺跡占肩の鹿見塚	23
万葉歌碑	283

―ミ―

三ヶ島公民館	46
㠀甕神社	102
三嶋神社(大里郡寄居町塚田)	97
水子貝塚	29
水神社	233
水波田(水判土)観音	221
水深遺跡	250
見田方遺跡	270
箕田観音堂	207
御岳の鏡岩	111
箕田古墳群2号墳	206
箕田氷川八幡神社	206, 207
箕田館跡[伝]	206
水塚	252
三ツ木城跡	216
三ツ木原古戦場跡	52
密厳院	284
三峯神社	150-153, 161
皆野本陣	173
源経基館跡[伝]	207
源範頼館跡	74
源義賢の墓	88
見沼代用水	189, 232, 233, 235, 256, 262
見沼田んぼ	232-234
見沼通船堀	233, 235
見沼氷川公園	233
峯ヶ岡八幡神社	254
身形神社	219
都鳥の碑	275
宮代町郷土資料館	265, 266
妙安禅寺	82
妙音寺(熊谷市)	196
妙音寺(四萬部寺)	130, 131, 133, 134
妙玖寺	220
妙行寺	229
妙顕寺	236
妙厳寺	212
明星院	213
妙昌寺	81
三芳野神社	14, 16

―ム―

椋神社	99, 162, 166, 169
武蔵丘陵森林公園	82, 83
武蔵豊岡教会	48
武者小路実篤記念美術館	65
村君古墳群	251
無量寿寺	78

―メ・モ―

めがね橋	274
目沼貝塚	279
目沼浅間塚古墳	278
元巣神社	72
元杢網夫妻の墓	86
諸井家住宅	180, 181
毛呂山町歴史民俗資料館	66

―ヤ―

八枝神社	217
矢尾百貨店	137, 172
箭弓稲荷神社	75
八雲神社	76
八坂神社(川越市)	14
八坂神社(本庄市)	182
八潮市立資料館	282

谷津観音	210
矢那瀬の石幢	116
山合遺跡	278
山口城跡	46
山崎遺跡	266
山崎美術館	4
山田城跡	83
山田の春祭り	158
山吹の里	61
山丸公園	224

―ユ・ヨ―

熊谷寺	188, 194, 198, 199
養寿院	10
養竹院	26
横瀬人形芝居	135, 161
吉田家住宅	91
吉田の龍勢祭り	162
吉見観音(安楽寺)	74
吉見百穴	9, 71, 72, 74
与野宿	228, 229
与野の大カヤ	228, 229

―ラ・リ・レ・ロ―

雷電(大雷)神社	191
雷電社	70
雷電山古墳	82
嵐山渓谷	86
龍淵寺	191
龍穏寺	62-64
竜ヶ谷城	124
竜興寺	248
龍昌寺	206
龍石寺	138, 139
竜泉寺	195
龍蔵寺	249
霊山院	93
林光寺	222
蓮馨寺	11, 12
蓮花院	287
六部堂	222

―ワ―

和井田家住宅	283
若葉台遺跡	70
若御子断層洞	149
若宮八幡古墳	80
和紙の里	89-91
鷲宮神社	246, 247
和銅採掘遺跡	126
和銅宝物館	126, 127
蕨宿	237
蕨城跡	238
蕨市立歴史民俗資料館	237
和楽備神社	237

【写真所蔵・提供者】(五十音順, 敬称略)

朝霞市教育委員会	埼玉県立松山高校	雛屋歴史資料館
荒川村観光課	さいたま市立浦和博物館	深谷市役所秘書室
入間市博物館	慈光寺	本庄市秘書広報課
春日部市	高橋慶助	松永健夫
春日部市教育委員会	秩父市役所経済農林部観光課	美里町役場
金子晃次		皆野町役場観光課
川越市観光課	秩父鉄道株式会社	毛呂山町中央公民館
川越市立博物館	鶴ヶ島市教育委員会	毛呂山町歴史民俗資料館
観音院	東玉人形博物館	山口秀明
菊水寺	都幾川村教育委員会	吉川市政策室広聴広報課
騎西町教育委員会	中島紺屋	吉見町教育委員会
北沢文武	日本煉瓦製造株式会社	嵐山町教育委員会
久喜市商工課	橋本弥喜智商店	嵐山町博物誌編さん室
鯉沼治夫	鉢形城歴史館	鷲宮町立郷土資料館
埼玉県立さきたま資料館	飯能市教育委員会	蕨市立歴史民俗資料館
埼玉県立博物館	日高市立図書館	(2011年12月現在)

本誌に掲載した地図の作成にあたっては, 国土地理院長の承認を得て, 同院発行の50万分の1地方図, 20万分の1地勢図, 数値地図25000(空間データ基盤)を使用したものである(平15総使, 第46-3034号)(平15総使, 第47-3034号)(平15総使, 第108-3034号)。

増刷の地図の作成にあたっては, 国土地理院長の承認を得て, 同院発行の2万5千分1地形図, 5万分1地形図, 20万分1地勢図及び基盤地図情報を使用した(承認番号 平28情使, 第41-M072675号 平28情使, 第42-M072675号 平28情使, 第43-M072675号)。

【執筆者】(五十音順)

編集・執筆委員

滝澤民夫 たきざわたみお(元県立川越高校)
阿部泉 あべいずみ(元県立上尾南高校)
新井浩 あらいひろし(県立坂戸高校)
石橋桂一 いしばしけいいち(県立秩父高校)
大和田英夫 おおわだひでお(元県立与野高校)
小林武史 こばやしたけし(県立総合教育センター)
島村圭一 しまむらけいいち(県立常盤高校)
高橋貞喜 たかはしさだき(県立川越女子高校)
韮塚雄一 にらづかゆういち(県立鳩山高校)
野口孝 のぐちたかし(元県立川越女子高校)
堀口博史 ほりぐちひろし(県立和光南特別支援学校)
三橋洋二 みつはしようじ(元県立川口高校)
南清孝 みなみきよたか(県立小鹿野高校)

執筆委員

青木美智子 あおきみちこ(元県立毛呂山高校)
赤上光司 あかがみみつし(元県立越谷東高校)
新井尚子 あらいなおこ(元県立上尾橘高校)
伊藤誠男 いとうのぶお(元県立不動岡高校)
井上浩司 いのうえひろし(県立秩父高校)
猪鼻裕 いのはなゆたか(元県立草加高校)
今井昭彦 いまいあきひこ(元県立川本高校)
上原一孝 うえはらかずたか(県教育局県立学校部高校教育指導課)
大木昇 おおきのぼる(県立小川高校)
大熊俊之 おおくまとしゆき(県立不動岡高校)
大澤謙司 おおさわけんじ(県立小川高校)
大原弘明 おおはらひろあき(県立川越西高校)
小川満 おがわみつる(元県立越ヶ谷高校)
奥木幹夫 おくぎみきお(県立久喜高校)
甲斐竹一 かいたけいち(星野高校)
加藤雅喜 かとうまさよし(元県立越ヶ谷高校)
清川洋 きよかわひろし(元県立久喜北陽高校)
久保潤一郎 くぼじゅんいちろう(県立熊谷女子高校)
坂本和俊 さかもとかずとし(元県立本庄高校)
坂本行弘 さかもとゆきひろ(県立熊谷女子高校)
佐藤良博 さとうよしひろ(元県立所沢高校)
澤田暁子 さわだあきこ(元市立川越高校)
下谷房道 したやふさみち(県立和光国際高校)
柴田裕克 しばたひろかつ(武蔵越生高校)
島崎貢 しまざきみつき(県立皆野高校)
下山忍 しもやましのぶ(元県立越谷北高校)
鈴木健夫 すずきたけお(県立所沢北高校)
関原正裕 せきはらまさひろ(元県立越谷北高校)
高野俊彦 たかのとしひこ(元県立小川高校)
高橋和弘 たかはしかずひろ(県立北本高校)
高橋朝彦 たかはしともひこ(県立熊谷西高校)
東郷宏 とうごうひろし(県立越ヶ谷高校)
遠山裕一朗 とおやまゆういちろう(県立羽生第一高校)
富田洋二 とみたようじ(元県立熊谷女子高校)
中澤登水子 なかざわとみこ(県立坂戸高校)
長島巌 ながしまいわお(元県立不動岡高校)
永松靖典 ながまつやすのり(元県立川越女子高校)
長谷部晃 はせべあきら(元県立寄居高校)
柳澤健一 やなぎさわけんいち(元県立白岡高校)
山口香 やまぐちかおる(元県立草加高校)
山口浩 やまぐちひろし(川越東高校)
山野井功夫 やまのいいさお(県立浦和西高校)
吉瀬総 よしせおさむ(元県立秩父農工科学高校)

歴史散歩⑪
埼玉県の歴史散歩

| 2005年2月25日　1版1刷発行　　2017年7月20日　1版5刷発行 |

編者―――埼玉県高等学校社会科教育研究会歴史部会
発行者――野澤伸平
発行所――株式会社山川出版社
　　　　〒101-0047　東京都千代田区内神田1-13-13
　　　　電話　03(3293)8131(営業)　　03(3293)8135(編集)
　　　　https://www.yamakawa.co.jp/　　振替　00120-9-43993
印刷所――図書印刷株式会社
製本所――株式会社ブロケード
装幀―――菊地信義
装画―――岸並千珠子

© 2005　Printed in Japan　　　　　　　ISBN 978-4-634-24611-9
・造本には十分注意しておりますが、万一、落丁・乱丁などがございましたら、
　小社営業部宛にお送りください。送料小社負担にてお取り替えいたします。
・定価は表紙に表示してあります。

埼玉県全図

凡例
- 都道府県界
- 市郡界
- 町村界
- 区界
- 新幹線
- JR線
- 私鉄線
- 高速道路
- 都市高速道路
- 有料道路
- ⑰ 国道
- ◎ 県庁

群馬県
- 前橋市
- 安中市
- 高崎市
- 富岡市
- 玉村町
- 伊勢崎
- 本庄市
- 上里町
- 児玉郡
- 甘楽町
- 神川町
- 下仁田町
- 藤岡市
- 児玉郡美里町
- 長瀞町
- 寄居町

埼玉県
- 南牧村
- 神流町
- 皆野町
- 秩父市
- 上野村
- 秩父郡小鹿野町
- 両神山 ▲1723
- 秩父郡横瀬町
- 武甲山 ▲1304
- せいぶちちぶ
- みつみねぐち
- 白石山 ▲2036
- 雲取山 ▲2017
- 飯能

長野県
- 北相木村
- 南相木村
- 御座山
- 川上村
- 甲武信ヶ岳 ▲2475
- 金峰山
- 乾徳山 ▲2031

山梨県
- 山梨市
- 大菩薩嶺 ▲2057
- 小菅村
- 丹波山村
- 甲州市
- 大月市
- 甲府市
- 奥多摩町
- 奥多摩湖
- 御岳山
- 大岳山 ▲1866
- 檜原村
- 上野原市
- 日の出
- あきる野
- 八王子
- 中央自動車道
- 大月Jct

神奈川県
- 相模原市

北陸新幹線
上信越自動車道
関越自動車道
秩父鉄道
青梅線
多摩川
桂川

1:510,000
0 5 10km